U0572147
9787208178861

司馬光全集

資治通鑑考異（上）

（宋）司馬光——撰
邱居里——點校
王水照——主編

上海人民出版社

國家古籍整理出版專項經費資助項目

上海市文教結合「高校服務國家重大戰略出版工程」項目

本書得到北京高校高精尖學科北京師範大學「文化遺產與文化傳播」建設經費的支持

整理説明

一、《考異》與《通鑑》的關係

説到北宋著名史學家司馬光的《資治通鑑》，人們往往以爲這是一部爲皇帝治理天下提供歷史借鑑的書，即注重其政治功效。這種理解當然不錯，也「名副其實」。但由此也容易産生另一種傾向：沖淡和忽視《通鑑》一書最基本的性質，正在於嚴謹的歷史敍事。司馬光不是道學家，也不會以空洞的理論説教來啓迪帝王。他是史學家，其肩負的使命是向帝王講述歷史上各王朝之成敗興亡，以總結其中的經驗教訓。

毋庸贅言，這些總結是否能有效地用來指導政治實踐，取決於對歷史的理解是否準確，即《通鑑》把握史實的精準度。通過史料來確定史實，是古代史學家最基本的工作，也是其最高準的。《通鑑》一書撰成，前後凡易十九寒暑，何其慎重其事。司馬光與其助手如何能保證該書的品質，充分占有史料自然是第一步。但史料多有多的麻煩，少又有少的苦惱，且真僞夾雜，信疑兩難，如何從中鑑別提煉出可信的史實，這是任何高明的史學家都會遭遇到的困擾。能否找到出路，從繁化簡，由晦轉明，史家的高下優劣，由此判然而分。《資治通鑑考異》三十卷，正是司馬光記述如何處理紛繁複雜的史料，通過考訂鑑别史實，從而纂成信史的一部專書。

《考異》是《通鑑》的輔翼之作，也是《通鑑》的直接副産品之一。它的編纂，是與《通鑑》同時間、同步驟進行的。北宋治平三年（一〇六六）四月，英宗詔司馬光自選助手，設立書局於崇文院，開始正式編修《資治通鑑》。其助手先後有劉恕、劉攽、范祖禹三人。《通鑑》編修的方法是，先標列事目，排比史料，以爲《叢目》；繼而就史料異同詳略，考訂抉擇，以成《長編》；這些都由助手分任，最後由司馬光删正定稿。

編次《叢目》，是對史料搜集整理列目編年的過程。司馬光要求助手先取一部較爲原始可信的正史或編年史爲綱（如唐史則用《實録》），將史事依年月日標目列出，然後把所有參考書籍中凡與史事相關涉的材料，皆依年月日添附在提綱中，作成一部編年體的資料事目彙編。這部《叢目》中既有相同、相似的記載，也包含大量互相違戾的史料。因此，編次《叢目》的過程，就已經藴含了《考異》資料的搜集整理。撰修《長編》，則是在《叢目》的基礎上，對搜集整理好的史料進行取捨鑑别，並寫成《通鑑》草稿的過程。司馬光要求將《叢目》所録關於一時一事的史料全部檢出：「其中事同文異者，則請擇一明白詳備者録之。彼此互有詳略，則請左右采獲，錯綜銓次，自用文辭修正之，一如《左傳》敘事之體也。此并作大字寫出。若彼此年月事迹有相違戾不同者，則請選擇一證據分明、情理近於得實者，修入正文，餘者註於其下，仍爲敘述所以取此捨彼之意。」[二]即以考訂爲正確的史料撰成《長編》正文，而相違戾抵牾的史料以及編纂者的取捨緣由，則以《長編》附註的形式加以保存，這就不僅爲《通鑑》删修奠定了堅實的基礎，同時也爲《考異》的纂輯準備了素材。《資治通鑑》定稿，由司馬光親自捉刀。他審核《長編》中已備的考證鑑别，以凝練爲《通鑑》，另將附註中的材料編纂成《考異》。

簡而言之，纂輯《叢目》，是廣泛搜集史料並進行編年整理的過程；撰寫《長編》和附註，是鑑别各種史料之異同真僞，以供取捨，確定信史；而提出考訂的理由和結論，則是爲取信於時人後世。司馬光在《與范内翰論修書帖》的夾註中，曾經對如何在《長編》附註中保存不同的史料和取捨緣由，作出嚴格的規定：「先註所捨者，云某書云云，今按某書證驗云云；或無證驗，則以事理推之云云，今從某書爲定。若無以考其虚實是非者，則云今兩存之。」《考異》的各條，也正是按照這樣的體例編寫起來的。

然而，司馬光對於《考異》，絶非僅有編次之功。首先，《考異》這種史書體裁，是司馬光首創的。《考異》有著完整的系統，全書三十卷，二千九百七十七個條目，依據《通鑑》編年的次序，上

[二] 司馬光《與范内翰論修書帖》，《資治通鑑釋例》卷後附録。

起戰國，下迄五代，分屬於周、漢、魏、晉、宋、齊、梁、陳、隋、唐、後梁、後唐、後晉、後漢、後周十五紀（秦無考異），與《通鑑》的編年體各紀相輔相成。《考異》的體例嚴整劃一，每個條目必先取《通鑑》文句標明所考訂的事目，然後逐一列舉各種文獻的不同記載，最後説明自己的考訂意見和取捨依據。

其次，對於助手在《長編》中鑑别處理過的史料，司馬光並非一味承襲，而是做了認真的審核訂正。若《長編》的考訂正確，便取之直接編入《考異》。如《考異》卷二淮陽王更始二年「刁子都」條：「范《書》作『力子都』。同編修劉攽曰：力當作刁，音彫。」又如《考異》卷三十後漢隱帝乾祐三年「帝爲亂兵所弑」條，先註明張昭《漢隱帝實録》、薛居正《舊五代史》《漢隱帝紀》、《周太祖紀》都記載隱帝爲郭允明殺；接著引劉恕曰：「允明帝所親信，何由弑逆！蓋郭威兵殺帝，事成之後諱之，因允明自殺歸罪耳。」最後司馬光按：「弑帝者未必是允明，但莫知爲誰，故止云亂兵。」這裏司馬光不僅采納了劉恕的後漢隱帝非郭允明所殺的考證，而且進一步解釋了《通鑑》正文「亂兵」一語的意涵。若司馬光不同意《長編》的考訂，就選取自己認爲正確的史料收入《通鑑》，並在《考異》中加以説明。如《考異》卷二十九後唐莊宗同光元年「吴越王鏐始建國置百官」條，先舉劉恕《十國紀年》載錢鏐如何奢靡荒恣，再列《吴越備史》、錢易《家話》記錢鏐如何節儉，然後曰：「劉恕以爲，錢元瓘子信撰《吴越備史》、《備史遺事》、《忠懿王勳業志》、

《戊申英政録》，弘倧子易撰《家話》，俶子惟演撰《錢氏慶系圖譜》、《家王故事》、《秦國王貢奉録》，故吴越五王行事失實尤多，虚美隱惡，甚於他國。」最後司馬光加按語云：「錢鏐起於貧賤，知民疾苦，必不至窮極侈靡，其奢汰暴斂之事，蓋其子孫所爲也。今從《家話》。」對於吴越王錢鏐的行事，司馬光不同意劉恕的考證，於是改取錢易《家話》的記載修入《通鑑》，並在《考異》中對劉恕的意見作了辨析。

經過十九年的不懈努力，宋神宗元豐七年（一〇八四），《資治通鑑考異》與《資治通鑑》、《資治通鑑目録》成書。十一月，司馬光上《進書表》，將三書同時上呈。

二、《考異》的獨特價值

元祐元年（一〇八六），宋哲宗下旨，《資治通鑑考異》與《資治通鑑》、《資治通鑑目録》三書於杭州鏤版刊刻，《考異》單行本開始流傳於世。宋末元初，胡三省註釋《資治通鑑》，將《考異》各條散入《通鑑音註》之中，《考異》出現第二種形式的傳本。然而由於它本身具有的獨立的學術價值，《考異》單行本並未湮滅，明清兩代皆有刊刻、鈔録，流傳不絶。

《考異》是我國現存最早的一部説明修史時如何取捨鑑别史料以考訂史實的專書。自古史家著述，都必定對史料下過一番辨證取捨的工夫，但自創一書，把修史時利用的書籍資料以及對史料的整理考訂情況記録下來的卻幾乎没有。東晉孫盛作《魏氏春秋》三十卷與《魏陽秋異同》八卷，似爲《通鑑》之有《考異》之濫觴。惜兩書久佚，僅於裴松之《三國志註》存録片斷，《考異》所采均出自裴《註》，已無法窺見孫氏二書之全貌。劉宋裴註《三國志》，「博引載籍，增廣異聞，是是非非，使天下後世讀者昭然共見」[一]。但其註的主要目的還是博采衆書以補闕疑、備異聞，雖有所辨正補訂，卻並未形成考訂史料的完整體系。司馬光首創《考異》體裁，將浩如煙海、種類繁多且真僞夾雜的原始材料逐一列出，並完備地記録《通鑑》如何進行史料的甄别考訂，判斷真僞，取信存疑，從而成爲一部具有嚴密系統和統一體例的專書。《考異》的内容極爲豐富，包括對史時、史地、史事、歷史人物、典章制度等多方面的考訂辨正。故《四庫全書總目》指出：「修史之家，未有自撰一書，明所以去取之故者。有之，實自光始。」[二]當是公允之論。

《考異》又是探究《通鑑》史料來源的主要途徑。爲了編撰《資治通鑑》這部編年史巨著，司馬光及助手們「遍閲舊史，旁采小説，簡牘盈積，浩如煙海」[三]。可惜司馬光並未留下完整的參

[一] 錢大昭《三國志辨疑·自序》。

[二] 《資治通鑑考異提要》，永瑢等《四庫全書總目》卷四七史部編年類。

[三] 司馬光《進資治通鑑表》，《資治通鑑》卷後附録。

考書目，告訴後世《通鑑》修撰究竟憑藉了哪些書籍，只能通過《考異》以略窺其涯涘。《考異》引證書籍資料凡三百四十八種〔二〕，除了從《史記》、《漢書》到《舊五代史》、《新五代史》的十九部紀傳體正史外，還有種類豐富數量繁多的編年史、實録、起居註、雜史、霸史、文集、奏議、譜録、行狀、别傳、墓誌、碑銘、地志、小説、政書、類書等等。這些雖非《通鑑》參考書籍之全部，但已經充分顯示《通鑑》史料來源的廣博。分析《考異》對於這些書籍資料的引證考訂和采擇情況，不僅可以瞭解《通鑑》在編寫各朝各代歷史時史料的主要來源和基本依據，還能知曉《通鑑》在記述某一具體史事時根據的是哪些文獻資料。

《考異》還是研究司馬光及其助手的考史方法和治史態度的最好依據。《考異》對於史料的考訂形成了一套完備的體系，其中運用了諸如推曆、反證、推理、溯源、常識判斷、文字校訂、存疑等方法，對史料進行嚴格精確的審核，以辨析真僞，決定棄取。有時爲了辨正一條史料，引書多至十數種，並綜合運用多種方法進行考證。這對於考察和借鑑司馬光甄别史料的方法和特點，有著極大的幫助。司馬光編纂《考異》的宗旨，是要「參考羣書，評其同異，俾歸一塗」〔三〕，

〔二〕詳參本書後附録《資治通鑑考異徵引書目》。

〔三〕司馬光《進資治通鑑表》，《資治通鑑》卷後附録。

「使讀者曉然於記載之得失是非，而不復有所歧惑」[一]，以免後世學人在研讀《通鑑》時，把司馬光捨棄的材料再用作糾正《通鑑》不足的根據。但是司馬光敢於自創《考異》一體，「既著采摭所自，又明去取之由」[二]，正反映了他治史的嚴謹態度和坦蕩胸懷，充分自信對史料的考訂精審可靠，故不懼後人利用《考異》的材料來訂正自己的錯誤，或者説這正是他的意圖。惟其如此，《考異》與《通鑑》並行九百多年，雖有人指出過司馬光取材考證的某些不足，但《通鑑》作爲一部既取材宏富又事實詳覈的信史而享譽後世，《考異》之功實不可没。

《考異》考訂史料的諸多方法，對後世史學的發展影響深遠。

譬如司馬光非常重視史書源流的考察，並由此確定史料的真僞與取捨。南北朝時期，南北分裂，政權興替頻仍，因此，這一時期多部紀傳體正史並存，既有斷朝爲史的《宋書》、《齊書》、《梁書》、《陳書》、《魏書》、《北齊書》、《周書》、《隋書》等八書，又有通代爲史的《南史》、《北史》。司馬光對南北二史評價頗高：「敘事簡徑，比於南北正史（指八書），無煩冗蕪穢之辭。」[三]然而就史源言，李延壽根據八書纂成二史，故當八書與二史抵牾時，《通鑑》往往多取八

[一]《資治通鑑考異書前提要》，《四庫全書》史部編年類。
[二]張煦侯《通鑑學》第三章《通鑑之史料及其鑑别》。
[三]司馬光《貽劉道原》，《傳家集》卷六十三。

書而少采二史。又如《考異》指出《唐懿宗實録》、《新唐書》因誤讀林恩《補國史》，而錯載段文楚「更改舊制」的時間，也是通過考察三書的史料淵源，既辨明史事真僞，又釐清致誤之由〔二〕。對於同樣記述五代前蜀、後蜀史事的張彭與句延慶兩部《錦里耆舊傳》，司馬光雖對張《傳》評價不高〔三〕，卻也肯定其「敘事甚詳，苟無此書，則仁厚功業悉沈没矣」〔三〕。而「句延慶《耆舊傳》止於鈔改張《傳》爲之」〔四〕，史料源於張《傳》，卻又胡亂改移年歲〔五〕，故對句《傳》不甚引取。二十世紀三四十年代，史學大師陳垣先生在北京大學、輔仁大學創設史源學實習（又名清代史學考證法）課程，以《廿二史劄記》、《鮚埼亭集》、《日知録》等清代典籍爲讀本，教授學生「追尋其史源，考證其訛誤，以練習讀史之能力，儆惕著論之輕心」〔六〕，陳垣先生注重史源以考證史事，無疑是受到司馬光《考異》的影響。

年歲月日的確定，是記載歷史不可或缺的元素，編年體史書尤其如此。根據氣朔閏月與干

〔二〕《資治通鑑考異》卷二十三「段文楚坐變更舊制左遷」條。
〔三〕《資治通鑑考異》卷二十五「王建攻成都」條。
〔三〕《資治通鑑考異》卷二十四「高仁厚討阡能」條。
〔四〕《資治通鑑考異》卷二十五「高仁厚擒韓秀昇」條。
〔五〕《資治通鑑考異》卷二十五「楊復光遣使告捷」條。
〔六〕陳垣《史源學實習課程説明二》，載陳智超編《史源學實習及清代史學考證法》。

支紀年、紀日等方法推定年歲月日，是考訂歷史時間的有效方法。《考異》開篇第一條，即運用推曆法據北宋劉羲叟《長曆》考訂戰國紀年，指出《漢書·律曆志》與《史記·魯世家》集解引皇甫謐所紀「歲次皆合」，而《史記·六國年表》則「差繆，難可盡據」[一]。至於根據歷史上的朔閏結合干支紀日法考證史籍記載的日月舛誤，《考異》中更是多見。司馬光還將《長曆》的氣朔閏月載入《通鑑目録》。一九二五年，陳垣先生創製《二十史朔閏表》，其中漢代至五代的朔閏，即依據《通鑑目録》所載劉氏《長曆》。這是對前代史學家運用推曆法考證歷史時間的發展，成爲歷史年代學的經典之作，爲治史者不可或缺之工具書。

上世紀三十年代，陳垣先生在《元典章校補釋例》中歸納出「校法四例」，對校、本校、他校、理校，儼然成爲校勘古籍的四種基本方法。夷考其實，這些方法正是司馬光考訂鑑別史料的常用法，亦可稱之爲對證、本證、他證、理證法。

對證是以同書的不同版本對勘，以查找諸本之異同，糾正記載的訛誤。《考異》徵引班固《漢書》，就使用了《漢書》、《漢書》舊本、兩浙錢王寫本《漢書》三種版本[二]。對於韓愈等

[一]《資治通鑑考異》卷一「安王二十五年魯穆公薨子共公奮立」條。

[二] 分見《資治通鑑考異》卷二「三年四月戊申立子奭爲皇太子」條、「京房言於上」條。

修撰的《唐順宗實録》，更參考了七個版本，其中「五本略而二本詳」，《考異》引用時「以詳、略爲別」〔二〕。

本證乃是以同書的相關部分互證，抉摘異同，訂正謬誤。其運用在《考異》中俯拾皆是，特別是紀傳體正史，如以《史記》的本紀、世家、表、志、傳記相勘，《晉書》的本紀、傳記與載記互證等等。

他證則比他校的範圍寬泛得多。他校法，是以他書校本書，主要指其書有采自前人者，可以後人之書校之；其史料有爲同時之書所並載者，可以同時之書校之。而《考異》中，凡一史事有多種記載，皆可以諸書互證，考訂真僞。不僅紀傳體正史之間，《史記》與《漢書》、《後漢書》與《三國志》、八書與二史、《隋書》與新舊《唐書》、新舊《唐書》與新舊《五代史》等可以相互訂正；紀傳史與編年史之間，《漢書》與《漢紀》、《後漢書》與《後漢紀》、新舊《唐書》與《唐實録》等亦可參據考證；甚至文集奏議、譜録行狀、墓誌碑銘、地理小説、政書類書等，皆可援據以訂正史書之記載。

陳垣之所謂理校，是凡無古本可據，或數本互異而無所適從之時使用的校勘法。司馬光之

〔二〕《資治通鑑考異》卷十九「二月李師古發兵屯曹州」條。

理證法同樣如此。此法既爲迫不得已之法，故風險必多，然亦最見史家之眼光識力。凡一史事記載各異難於判定之時，《考異》多用理證之法。例如根據張九齡《白羽扇賦序》和敕報，説明唐玄宗是「以盛夏遍賜宰臣扇，非以秋日獨賜九齡」，從而駁正《明皇雜録》與《新唐書》記述張九齡獻賦是惶恐棄捐的錯誤〔二〕。又如《大業雜記》載隋煬帝欲殺楊素，毒酒誤飲元德太子致死。《考異》則據理指出：「它書皆無此説，蓋時人見太子與素相繼薨，妄有此論耳。」〔三〕

還須指出，上述諸法非止單獨運用，《考異》常常諸法並用，故其分析史料，辨識真僞，爲後世所服膺。可以説，司馬光考訂鑑别史料的方法，經後世史學大師的傳承光大，方有近代史學和文獻學的巨大進步。

《考異》還保存了大量豐富的史料。在它引據的近三百五十種書籍資料中，很大部分已經湮没無聞。有些文獻在目録書中雖有著録，但因久已散佚，其形式内容已不可曉。還有些書籍甚至目録書亦不見著録。然而由於《考異》保存了這些書籍的片斷材料，使後世得以窺其大略。如唐代原有各朝實録二十三種，除韓愈《順宗實録》外，其他均已亡佚。然而《考異》的隋、唐、五

〔二〕《資治通鑑考異》卷十三「十一月李林甫日夜短九齡於上」條。
〔三〕《資治通鑑考異》卷十三「七月元德太子昭薨」條。

代各紀中，摭引唐代實録尤多，甚至超過《舊唐書》與《新唐書》，既展示了唐代各朝實録的大致情況，也爲唐史的研究保存了大量原始資料，成爲後世輯佚家憑依的重要書籍。

由是可見，《考異》的價值不僅在於可以深入探討《通鑑》本身的許多問題，而且對研究中國傳統史學的基本思想和方法，對史源學和文獻學史，也都具有他書無法取代的作用。司馬光於《通鑑》修成時，不將《考異》作爲《通鑑》的附註，而與《通鑑目録》一併以單行本刊刻，正是考慮到《考異》獨立成書的重要價值。這也正是白壽彝先生堅持以《考異》獨立出版之緣由。

三、《考異》的整理

《資治通鑑考異》的整理，比勘了傳世的六種單行版本，即南宋紹興二年（一一三二）兩浙東路提舉茶鹽司公使庫刻宋元遞修本（卷二十七至三十配清影宋鈔本，簡稱兩浙本）〔二〕、宋刻本（卷二十七、二十九、三十配宋刻元修本，簡稱宋刻本）〔三〕、明嘉靖二十三年（一五四四）孔天胤刻

〔二〕 國家圖書館藏善本，書號八八六。
〔三〕 國家圖書館藏善本，書號七三七三。

本（簡稱孔本）[二]、臺灣商務印書館影印清乾隆文淵閣《四庫全書》本（簡稱《四庫》本）、清光緒十四年（一八八八）胡元常校長沙楊氏刻本（簡稱胡本）、清光緒十九年（一八九三）廣雅書局刻本（簡稱廣雅本）。其中兩浙本是現今存世的《考異》最早版本，但書中有數處缺頁，且文字訛誤頗多，不宜用作底本。宋刻本據傅增湘《藏園羣書經眼録》考訂爲南宋刊本，與宋大字建本《通鑑》行款相似，年代較早。在大陸現存四種宋刻本中，保存最爲完整而又錯誤最少，且是上海商務印書館《四部叢刊》本的影印底本。因此，《考異》的整理，選取宋刻本作爲底本（校勘記簡稱原本）。

整理本對《考異》的格式略做調整。底本《考異》，事目爲單行大字，頂格排列；考異文爲雙行小字，連接於事目之下。整理本《考異》，事目仍頂格排列，用黑色加粗字體；考異文另起，低兩字排列；校勘記則附於每頁之左，以使條理清晰，開卷朗然。

《考異》的校勘，主要采用對校與他校兩種方法。對校是校勘古籍應當首先采用的基本方法。《考異》的對校注意選用單行本與胡註本兩種形式的傳本，既據兩浙本、孔本、《四庫》本、胡本、廣雅本等五種單行本，通校宋刻底本的全文；又取現今最具代表性的中華書局點校本《資治通鑑》（一九五六年版、一九七六年第四次印刷本），以胡三省《音註》中收録的《考異》文校正

[二] 國家圖書館藏善本，書號一三四六六，有清周星詒跋。

底本（簡稱《通鑑》胡註）。凡胡註中説明、訂補、辨正《考異》的條目，亦録入校勘記，以備參考。

他校法是校訂古籍訛誤的重要方法，凡書中有采録前人文獻處，即可用他書校本書。《考異》的他校，分事目勘正與考異引文校訂兩步進行。根據《考異》編纂體例，《考異》的每條事目，都是摘取所需考訂的《通鑑》文句標明，本應與《通鑑》正文相互符合。但是由於編纂中的疏失及後世流傳中難以避免的衍奪，《考異》事目與《通鑑》正文實際上並不能完全合若符節，而存在較多差異不合之處：或年月時日的參差，或人名、地名、官爵等的乖異，或文字的不同，或編排順序的顛倒。更有甚者，有些《考異》本已考訂爲正確的記載，《通鑑》正文卻没有采納，反而采用《考異》認爲是錯誤的説法。有鑑於此，《考異》他校的第一步，是取中華書局點校本《資治通鑑》正文與《考異》事目對勘，校出兩者的不同竟多至七百六十餘處，並參引相關的書籍資料，説明導致差異的緣由，加以訂正。

其次，如前所述，司馬光編撰《資治通鑑》時，參考了大量的書籍資料，僅《考異》徵引的文獻，即有近三百五十種。這些文獻雖大部分已經散佚，但現今存世或大部存世及有較完整輯佚本者，尚有百種之多。因而，據《考異》徵引原書，與《考異》的引文進行比勘，是《考異》他校的第二步，也是《考異》校勘中極爲重要的部分。如《史記》、《漢書》至《新唐書》、《新五代史》等紀傳史，荀悦《漢紀》、袁宏《後漢紀》等編年史，均流傳至今。又如馬總《通曆》、孫光憲《續通曆》等史鈔，卷帙雖有闕失，仍有大部或部分存世。至於薛居正《舊五代史》，原本雖已不傳，但有較完整的《永樂大典》輯佚本。故凡引用文獻今仍傳世或有較完整輯佚本者，整理時均取原書與《考異》引文作他校，以考察《考異》引文與所引原書的差别，訂正《考異》的訛謬。

《考異》的標點遵循古籍整理的通則。但是作爲一部考證鑑别史料的專書，《考異》標點又必不可免地具有如下特點：

其一，徵引文獻均加引號。《考異》每一條目都引用若干文獻並對之進行考訂，其中有全引，也有大量的節引，以減省篇幅並突出考辨的主題。凡徵引之史料，無論全引或節引，整理本一律加引號，以便清晰標識徵引文獻與司馬光辨證之間的區别。

其二，書名、篇名的簡稱亦使用書名號。《考異》徵引文獻，通常會在首次出現時介紹作者和書名，其後則經常使用簡稱以節約篇幅，如《史（記）》、《漢（書）》、范（曄）《（後漢）書》、陳（壽）《（三國）志》、《晉（書）》、《宋（書）》、《齊（書）》、《梁（書）》、《陳（書）》、《魏（書）》、《北齊（書）》、《周（書）》、《隋（書）》、《南（史）》、《北（史）》、《新（唐書）》、《舊（唐書）》、薛（居正）《（五代）史》、歐陽（脩）《（五代）史（記）》、荀（悦）《（漢）紀》、袁（宏）《（後漢）紀》，甚至《（唐太宗）實録》、《（梁太祖）實録》、《（後唐太祖）紀年録》等。这些「實録」、「紀年録」並非泛稱，而是根據《考異》條目的時間和考證内容，指代特定的書籍。因此，即便是文獻的簡稱，整理本亦

使用書名號。同樣,《考異》引用書籍中的篇名,也常常使用簡稱。如《考異》卷第四:

(晉)惠帝元康四年,正月,安昌公石鑒薨。

《本傳》「鑒封昌安縣侯」。今從《帝紀》。

根據《考異》此條的時間和内容可知,這裏的「本傳」、「帝紀」並非泛稱,而是特指《晉書》的《石鑒傳》和《惠帝紀》,因此整理本加書名號。又如《考異》卷第五:

(晉成帝)咸康三年,趙庭燎油灌下盤,死者二十餘人。

《載記》云「七人」。今從《三十國春秋》。

「載記」於此也非泛稱,而是特指《晉書·石季龍載記》,應加書名號。凡是意指特定篇目的簡稱,如紀、世家、表、志、傳、載記等,整理本均使用書名號。

其三,涉及書名與篇名的關係時標點的運用。由於《考異》的性質,書中大量涉及書名與篇名之間的關係。當書名直接對應書中的某一篇目時,整理本用間隔符標明書名與篇名的關係,如《史記·高祖紀》、《舊唐書·房玄齡傳》等。這是古籍標點的通則。但是,當一部史書對應多個篇名,或者多部史書對應同一篇名時,間隔符就難以顯示書名與篇名之間複雜的對應關係。《考異》中經常出現多個篇名隸屬於同一書名的情況。這是因爲對比紀傳體史書中紀、傳、表、志、世家、載記等不同篇章的記載,來鑒別取舍史料,是司馬光常用的方法之一。如《考異》卷第一：

（漢武帝元狩二年）渾邪王降，發車二萬乘迎之。

《漢書·食貨志》云「三萬兩」。今從《史記》《平準書》、《汲黯傳》。

司馬光於此比較了兩部史書的志、書、傳三篇，來辨析裁定史料。其中《食貨志》是《漢書》的篇名，可以直接用間隔符表示書名與篇名的對應關係。而《平準書》和《汲黯傳》同爲《史記》的篇章，如果單獨在《史記》與《平準書》之間加間隔符，則難以顯示《汲黯傳》與《史記》的隸屬關係。所以，整理本對《史記》單獨加書名號，其後不加頓號，以説明《書》、《傳》是同屬於《史記》的篇名，與《史記》是隸屬關係而非並列關係；而在《書》與《傳》之間加頓號，以表示兩個篇名纔是並列關係。又如《考異》卷第一：

（漢武帝元鼎）五年，三月，封樛廣德爲龍亢侯。

《漢書》《功臣表》作「龍侯」，《南越傳》作「龔侯」。晉灼曰：「龔，古龍字。」《史記》《建元以來侯者表》及《南越傳》皆作「龍亢侯」，今從之。

同理，整理本對《漢書》、《史記》單獨加書名號，之後不加頓號，表示《功臣表》、《南越傳》是隸屬於《漢書》的並列篇名，《建元以來侯者表》、《南越傳》是隸屬於《史記》的並列篇名。

《考異》中還經常出現多部史書對應同一篇名的情況。這是由於同一時期的歷史往往有多部史書同時記載，如《史記》與《漢書》，《宋書》、《魏書》等八書與《南史》、《北史》，《舊唐書》與《新唐書》，《舊五代史》與《新五代史》，尤其在朝代交替及分裂割据時期，這種情况更爲普遍。如《考異》卷第一：

（漢太祖）五年，九月，壬子，立盧綰爲燕王。

《史記》、《漢書》《高紀》於此皆云：「使丞相樊噲將兵平代地。」按《樊噲傳》，從平韓王信，乃遷左丞相，是時未爲丞相；又代地無反者，《噲傳》亦無此事，疑《紀》誤。

此處的「《高紀》」，既指《史記》的《高祖本紀》，又指《漢書》的《高帝紀》，與《史》、《漢》皆存在隸屬關係。如果只在《漢書》與《高紀》之間使用間隔符，則《高紀》隸屬於《史記》的關係就難以明晰。所以，整理本在《史記》和《漢書》之間加頓號，説明兩書的並列關係；而《高紀》前不加頓號，且單獨加書名號，以表示《高紀》與《史》、《漢》非並列關係，而是兩部史書所屬的篇名。實際上，「《樊噲傳》」也是《史》、《漢》的共有篇章。又如《考異》卷第九：

（唐高祖武德）八年，四月，西突厥可汗請昏，裴矩謂宜許之。

《新》、《舊》《傳》皆云封德彝之謀。今從《實録》。

此條《考異》的「《新》、《舊》《傳》」，特指《新唐書》和《舊唐書》的《西突厥傳》，而「《實録》」指《唐高祖實録》。整理本在《新》《舊》之間加頓號，説明兩書的並列關係；而《傳》前不加頓號，且單獨加書名號，説明《西突厥傳》與《新唐書》、《舊唐書》非並列關係，而是兩部史書同屬的篇名。與此類似的還有「《隋書》、《北史》《李密傳》」、「薛《史》、歐陽《史》《末帝紀》」等等。

《資治通鑑考異》徵引書籍文獻近三百五十種，絶大部分是直接引用，亦有約四十四種轉引自它書或裴松之《三國志註》等註釋之作。整理本編次《資治通鑑考異徵引書目》附於書末，分始見卷、作者、徵引書目、徵引註釋、存佚輯佚等欄目，以展示《考異》參考文獻之廣博，並備研究者檢索之需。《徵引書目》按照各書在《考異》中的始見順序排列；所列作者、書名，皆依據《考異》爲準。凡《考異》不註明作者姓氏，或作者、書名有疑異者，則參考《漢書·藝文志》、《隋書·經籍志》、《舊唐書·經籍志》、《新唐書·藝文志》、王堯臣《崇文總目》、尤袤《遂初堂書目》、晁公武《郡齋讀書志》、趙希弁《郡齋讀書後志》、陳振孫《直齋書録解題》、鄭樵《通志·藝文略》、馬端臨《文獻通考·經籍考》、《宋史·藝文志》等重要的目録典籍，於校勘記中補充説明。凡《考異》對徵引各書的評述，亦録入校勘記，以供研習者參考。

四、緬懷白壽彝先生

胡三省《通鑑音註》收録《考異》，本意是爲方便讀者，在閱讀《通鑑》時，一書在手，即可同時瞭解《通鑑》對於史料的考證取捨。但是這種便利也部分掩蓋了《考異》作爲一部重要的史學專書的特有價值。上世紀五十年代，國家調集專家整理古籍，《資治通鑑》點校本在一九五六年即由中華書局率先出版，尚早於二十四史。然而，《考異》這部備受歷代史學大師推崇的重要史籍，卻一直未有整理本問世，不能不説是一種遺憾。

《資治通鑑考異》的整理，是在白壽彝先生的規劃和指導下進行的。一九八二年夏，我大學畢業，進入北京師範大學古籍研究所，成爲所裏第一名工作人員。當時，這個全國高校最早成立的古籍所剛剛起步，連辦公室尚且没有。八三年春，古籍所創始人兼首任所長白壽彝先生把我叫到他的書房，從書架上取下一部《四部叢刊》本的《資治通鑑考異》，慎重地放在我手裏，布置我校點這部書的任務。對於初次從事古籍整理的我，白先生並没有給予很多具體的指導，只是囑咐我參考中華書局點校《資治通鑑》和二十四史的體例，如有問題，可隨時向他請教。就這樣，我摸索著在工作中學習，補充從事整理必須的史學史與版本目録學、校勘學、歷史年代學、考據學等文獻學知識，並在學習中不斷調整改進整理工作。當我交出整理樣稿時，白先生笑著勉勵我：做得不錯，就這樣做下去；又進一步啓發我：我們是古籍整理研究所，不能專做整理，更重要的是整理基礎上的研究。在白先生的指導下，我嘗試著逐步理解《考異》的體裁、内容、方法、價值，完成了最初的史學論文。

通過整理《考異》，我深切體會到，作爲卓越的史學大師，白壽彝先生慧眼獨具，敏鋭地覺察到《考異》的豐富内涵與獨特價值。在古籍所創立之初，他親自規劃指導《考異》單行本的校點整理，意在爲後學者指引通向史學與文獻學寶庫的蹊徑。通過研讀《考異》，逐步知曉中國古代史書的淵源流變，理解各類文獻的體裁與價值，學習古代的史學大師如何收輯文獻、整理資料、考訂史實、編纂史著，掌握前輩史學家整理古籍、開創文獻學科的求實精神和基本方法。白先生高瞻遠矚，用心良苦，實在令人欽佩不已。

時光荏苒，在司馬光誕辰一千周年之際，《考異》整理本終於有幸面世，距我當初受命，已經三十五年過去。緬懷往事，難免感慨。我僅以這份微薄的工作，告慰仙逝十八年的白先生，並表達我對先生的永遠尊敬與懷念。

限於學力，整理中的錯誤在所難免，敬祈讀者批評指正。

北京師範大學　邱居里　二〇一八年八月

資治通鑑考異目録

資治通鑑考異卷第一

端明殿學士兼翰林侍讀學士太中大夫提舉西京嵩山崇福宮上柱國河内郡開國公食邑二千六百户食實封壹阡户臣司馬光奉敇編集

周紀

安王二十五年，魯穆公薨，子共公奮立。

司馬遷《史記·六國表》：周威烈王十九年甲戌〔一〕，魯穆公元年。烈王元年丙午，共公元年。顯王十七年己巳〔二〕，康公元年。二十六年戊寅，景公元年。赧王元年丁未，平公元年。二十年丙寅，文公元年。四十三年己丑，頃公元年。五十九年乙巳，周亡。秦莊襄王元年壬子，楚

〔一〕「戌」，原誤作「戍」，今據《通鑑》胡註改。按：原本「戊」、「戌」、「戍」三字或以形近而誤，以下徑改，不再出校。

〔二〕「己」，原誤作「已」，今據《通鑑》胡註改。按：原本「己」、「已」、「巳」三字或以形近而誤，以下徑改，不再出校。

滅魯。按《魯世家》，穆公三十三年卒，若元甲戌，終乙巳，則是三十二年也。共公二十二年卒，若元丙午，終戊辰，則是二十三年也。康公九年卒。景公二十五年卒〔二〕。平公二十二年卒，若元丁未，終乙丑，則是十九年也。文公二十三年卒。頃公二十四年，楚滅魯。班固《漢書·律曆志》「文公」作「緡公」；其在位之年與《世家》異者，惟平公二十年耳。本《志》自魯僖公五年正月辛亥朔旦冬至推之，至成公十二年正月庚寅朔旦冬至，定公七年正月己巳朔旦冬至，元公四年正月戊申朔旦冬至，康公四年正月丁亥朔旦冬至，緡公二十二年正月丙寅朔旦冬至，漢高祖八年十一月乙巳朔旦冬至，武帝元朔六年十一月甲申朔旦冬至，元帝初元二年十一月癸亥朔旦冬至，其間相距皆七十六年，此最爲得實，又與《魯世家》注皇甫謐所紀歲次皆合，今從之。《六國表》差謬，難可盡據也〔三〕。

〔二〕「二十五」，司馬遷《史記·魯世家》（北京中華書局一九八二點校本，下同）、班固《漢書·律曆志》（北京中華書局一九六二年點校本，下同）原作「二十九」，且據《魯世家》集解引皇甫謐所紀「元丙子，終甲辰」，實爲二十九年。

〔三〕司馬光《資治通鑑》胡三省音註（北京中華書局一九五六年點校本，下同）曰：「余按《考異》，自魯僖公五年至漢元帝初元二年，六百餘年間，十二月朔旦冬至，『相距皆七十六年，此最爲得實，又與《魯世家》註皇甫謐所紀歲次皆合』，蓋謂劉彝叟《長曆》也。且言《史記·六國表》『差謬，難可盡據』。又按《通鑑目録》編年用劉彝叟《長曆》。漢武帝太初元年，初用夏正定曆，《史記·曆書》是年書閼逢攝提格，《目録》書强圉赤奮若。閼逢攝提格，甲寅也；强圉赤奮若，丁丑也：有二十四年之差。温公用彝叟《曆》，邵康節《皇極經世書》亦用彝叟《曆》。康節少自雄其才，既學，力慕高遠，一見李之才，遂從而受學，（轉下頁）

顯王七年，燕桓公薨，子文公立。

《史記·蘇秦傳》謂之「燕文侯」。按：春秋時北燕簡公已稱公[一]，文公之子易王尋稱王，豈文公獨稱侯乎？今從《世家》。

三十六年，蘇秦約六國從。

《史記·蘇秦傳》：「秦兵不敢闚函谷關十五年。」又云：「其後秦使犀首欺齊、魏，與共伐趙，蘇秦去趙而從約皆解。」齊、魏伐趙，敗從約，止在明年耳。其自相違戾如此！《秦本紀》：「惠文王七年，公子卬與魏戰，虜其將龍賈。」後二年事耳。烏在其不闚函谷十五年乎！此出於遊談之士誇大蘇秦而云爾，今不取。

慎靚王二年，魏惠王薨，子襄王立。

《史記·魏世家》云：惠王三十六年卒，子襄王立。襄王十六年卒，子哀王立。哀王二十

（接上頁）廬於共城百源，冬不爐，夏不扇，夜不就席者數年，覃思於《易經》也。《皇極經世書》不能違彝叟《曆》。及其來居於洛，而温公亦奉祠以書局在洛，相過從稔，又夙所敬者也。余意其講明之間必嘗及此，而決於用彝叟《曆》。讀《考異》此一段，辭意可見。」

〔二〕「北」，原誤作「此」，今據兩浙本、孔本、《四庫》本、胡本、廣雅本、《通鑑》胡註改。按：原本「北」、「比」、「此」三字或以形近而誤，以下徑改，不再出校。

三年卒，子昭王立。《六國表》：惠王元辛亥，終丙戌；襄王元丁亥，終壬寅；哀王元癸卯，終乙丑。按杜預《春秋後序》云：「太康初，汲縣有發舊冢者，大得古書。其《紀年篇》起自夏、殷、周，皆三代王事，無諸國别也。唯特記晉國，起自殤叔，次文侯、昭侯，以至曲沃莊伯，皆用夏正，編年相次。晉國滅，獨記魏事，下至魏哀王之二十年。蓋魏國之史記也。哀王於《史記》，襄王之子，惠王之孫也。《古書·紀年篇》，惠王三十六年改元，從一年始，至十六年而稱惠成王卒，即惠王也。疑《史記》誤分惠成之世以爲後王年也。哀王二十三年乃卒，故特不稱謚，謂之今王。」裴駰《魏世家》注引和嶠云：「《紀年》起自黄帝，終於魏之今王。今王者，魏惠成王子。」按《太史公書》，惠成王但言惠王，惠王子曰襄王，襄王子曰哀王。惠王三十六年卒，襄王立十六年卒，并惠、襄爲五十二年。今按《古文》，惠成王立三十六年，改元，稱一年，改元後十七年卒。《太史公書》爲誤分惠成之世，以爲二王之年數也。《世本》，惠王生襄王，而無哀王。然則今王者，魏襄王也。彼既魏史，所書魏事必得其真，今從之。

赧王五十七年，魏新垣衍説趙，欲帝秦，魯仲連折之。

《史記·魯仲連傳》云：「新垣衍謝，請出，不敢復言帝秦。秦將聞之，爲却軍五十里。」按：仲連所言，不過論帝秦之利害耳，使新垣衍慚怍而去則有之，秦將何預而退軍五十里乎？此亦遊談者之誇大也，今不取。

漢紀上

太祖元年，十月，沛公至霸上。

《史記》、《漢書》、荀悦《漢紀》皆云：「是月，五星聚東井。」按魏收《後魏書·高允傳》：「崔浩集諸術士考校漢元以來日月薄蝕、五星行度，并譏前史之失〔一〕，別爲魏歷，以示允。允曰：『善言遠者必先驗於近。且漢元年冬十月五星聚於東井，此乃歷術之淺事〔二〕。今譏漢史而不覺此謬，恐後之譏今，猶今之譏古。』浩曰：『所謬云何？』允曰：『按《星傳》，金、水二星常附日而行，冬十月，日旦在尾、箕，昏没於申南，而東井方出於寅北。二星何因背日而行？是史官欲神其事，不復推之於理。』浩曰：『欲爲變者，何所不可！君獨不疑三星之聚，而怪二星之來。』允曰：『此不可以空言爭，宜更審之。』時坐者咸怪，東宮少傅游雅曰〔三〕：『高君長於歷〔四〕，當不虚

〔一〕「譏」，魏收《魏書·高允傳》（北京中華書局一九七四年點校本，下同）原作「識」。

〔二〕「事」，《魏書·高允傳》原無此字。

〔三〕「傅」，原誤作「傳」，今據兩浙本、孔本、《四庫》本、胡本、廣雅本、《通鑑》胡註改。按：原本「傅」、「傳」二字或以形近而誤，以下徑改，不再出校。

〔四〕「歷」下，《魏書·高允傳》原有「數」字。

言也。』後歲餘，浩謂允曰：『先所論者，本不經心[一]，及更考究，果如君語，以前三月聚於東井，非十月也。』」今從之，十月不言五星聚。

三年，酈生勸漢主據敖倉[二]，又請説齊王。

《史記》、《漢書》皆以食其勸取敖倉及請説齊合爲一事，獨劉向《新序》分爲二。臣謂分爲二者是。

五年，九月，壬子[三]，立盧綰爲燕王。

《史記》、《漢書》《高紀》於此皆云：「使丞相噲將兵平代地。」按《樊噲傳》，從平韓王信，乃遷左丞相，是時未爲丞相；又代地無反者，《噲傳》亦無此事：疑《紀》誤。

十年，五月，太上皇崩。七月，癸卯，葬。

《漢書》：「五月，太上皇后崩。七月，癸卯，太上皇崩，葬萬年。」荀《紀》，五月無「后」字，七

[一]「經」，《魏書·高允傳》原作「注」。

[二]「主」，《通鑑》正文、司馬光《資治通鑑目録》（臺灣商務印書館影印清文淵閣《四庫全書》本，下同）作「王」。按：高祖五年二月劉邦即皇帝位，此時僅稱漢王。

[三]「九月壬子」，按：《資治通鑑目録》所録《長曆》、陳垣《二十史朔閏表》（古籍出版社一九六五年版，下同），高祖五年九月己未朔，無壬子，後九月戊子朔，二十五日壬子。《漢書·異姓諸侯王表》亦作「後九月」。

月無「崩」字。蓋荀悦之時，《漢書》本尚未訛謬故也。今從之。

徙周昌爲趙相，以趙堯爲御史大夫。

《史記》、《漢書》《張良傳》皆云：「十二年，上擊黥布還，愈欲易太子。」按《百官表》：「十年，趙堯爲御史大夫。」則是時太子位已定，今從之。

十一年，二月，丙午〔一〕**，立皇子恢爲梁王。**

《漢書·諸侯王表》作「三月丙午」。按劉羲叟《長曆》，三月丙辰朔，無丙午。今從《史記·年表》。

七月，立皇子長爲淮南王。

《史記·諸侯年表》云：「十二月庚子〔二〕，厲王長元年。」《漢書·諸侯王表》：「十月庚午立。」今從《漢書·帝紀》。

上欲使太子擊黥布，太子客使呂釋之夜見呂后。

《史記》、《漢書》皆云：「呂澤夜見呂后。」按《恩澤侯表》，有周呂侯澤、建成侯釋之。今此

〔一〕「二月丙午」，《通鑑》正文此事在三月丙午。按：《史記·漢興以來諸侯王年表》原在二月丙午。《通鑑》胡註曰：「今按《史記·年表》作『二月丙午』，但《通鑑》先書『三月夷彭越三族』，方於此書『立子恢爲梁王』，則又是三月丙午。」

〔二〕「庚子」，《史記·漢興以來諸侯王年表》原作「庚午」。

上云「建成侯」，而下云「呂澤」，恐誤，當爲「釋之」是。又《留侯世家》：「上欲廢太子，立戚夫人子趙王如意，大臣多諫爭，未能得堅決者也。呂后恐，不知所爲。人或謂呂后曰：『留侯善畫計策，上信用之。』呂后乃使建成侯呂澤劫留侯，曰：『君常爲上謀臣，今上易太子〔一〕，君安得高枕而卧乎？』留侯曰：『始，上數在困急之中，幸用臣策。今天下安定，以愛欲易太子，骨肉之間，雖臣等百餘人何益！』呂澤强要曰：『爲我畫計。』留侯曰：『此難以口舌爭也。顧上有不能致者，天下有四人。四人者，年老矣，皆以爲上慢侮人，故逃匿山中，義不爲漢臣。然上高此四人。今公誠能無愛金玉璧帛，令太子爲書，卑辭安車，因使辯士固請，宜來。來，以爲客，時時從入朝，令上見之，則必異而問之。問之，上知此四人賢，則一助也。』於是呂后令呂澤使人奉太子書，卑辭厚禮，迎此四人。四人至，客建成侯所。上欲使太子擊黥布，四人相謂曰：『凡來者，將以存太子。太子將兵，事危矣。』乃説建成侯云云。上遂自行。上破布歸，置酒，太子侍。四人從太子，年皆八十有餘，鬚眉皓白，衣冠甚偉。上怪問之，曰：『彼何爲者？』四人前對，各言名姓，曰東園公、角里先生、綺里季、夏黄公。上乃大驚曰：『吾求公數歲，公辟逃我，今公何自從吾兒游乎？』四人皆曰：『陛下輕士善罵，臣等義不受辱，故恐而亡匿。竊聞太子爲人仁孝，恭

〔一〕「易」上，《史記·留侯世家》原有「欲」字。

敬愛士，天下莫不延頸欲爲太子死者，故臣等來耳。』上曰：『煩公幸卒調護太子。』四人爲壽已畢，起去[一]。上目送之，召戚夫人指示四人者曰：『我欲易之，彼四人輔之，羽翼已成，難動矣！呂氏真而主矣！』戚夫人泣[二]。上曰：『爲我楚舞，吾爲若楚歌。』歌曰：『鴻鵠高飛，一舉千里。羽翮已就，横絶四海。横絶四海，當可奈何！雖有矰繳，尚安所施！』歌數闋，戚夫人嘘唏流涕。上起去，罷酒。竟不易太子者，留侯本招此四人之力也。」按：高祖剛猛伉厲，非畏搢紳譏議者也。但以大臣皆不肯從，恐身後趙王不能獨立，故不爲耳。若決意欲廢太子，立如意，不顧義理，以留侯之久故親信，猶云「非口舌所能爭」，豈山林四叟片言遽能梍其事哉！借使四叟實能梍其事，不過汙高祖數寸之刃耳，何至悲歌云「羽翮已成，矰繳安施」乎！若四叟實能制高祖，使不敢廢太子，是留侯爲子立黨以制其父也，留侯豈爲此哉！此特辯士欲誇大四叟之事，故云然。亦猶「蘇秦約六國從，秦兵不敢闚函谷關十五年」、「魯仲連折新垣衍，秦將聞之，卻軍五十里」耳。凡此之類，皆非事實。司馬遷好奇[三]，多愛而采之，今皆不取。

[一]「起」，《史記・留侯世家》原作「趨」。
[二]「夫」，原誤作「去」，今據兩浙本、孔本、《四庫》本、胡本、廣雅本、《通鑑》胡註改。
[三]「奇」，孔本、《四庫》本、胡本、廣雅本作「事」。

十二年，十一月〔一〕**，陳豨反，漢擊斬豨。**

《盧綰傳》云：「漢使樊噲擊斬豨。」按：斬豨者周勃，非噲也〔二〕。

四月，甲辰，帝崩于長樂宫。

《漢書》云：「吕后與審食其謀盡誅諸將。酈商見審食其，説以：『如此，大臣内畔，諸將外反，亡可蹻足待也。』審食其入言之，乃以丁未發喪。」按：吕后雖暴戾，亦安敢一旦盡誅大臣！又時陳平不在滎陽，樊噲不在代。此説恐妄，今不取。

惠帝三年，季布曰：「前匈奴圍高帝於平城。」

《季布傳》云：「前陳豨反於代，時匈奴圍高帝於平城。」〔三〕按：平城之圍，乃韓王信反，非豨反也〔四〕。

〔一〕「十一月」，《通鑑》正文此事在十月。按：《史記》、《漢書》《高祖紀》此事皆在十月。

〔二〕「噲」上，《通鑑》胡註有「樊」字。

〔三〕按：此語不載《史記》、《漢書》《季布傳》，而見於《漢書·匈奴傳》，季布曰：「前陳豨反於代，漢兵三十二萬，噲爲上將軍，時匈奴圍高帝於平城，噲不能解圍。」

〔四〕「豨」上，《通鑑》胡註有「陳」字。

高后元年，大謁者張釋。

《史記》《文帝本紀》及《惠景間侯者表》、《漢書·匈奴傳》皆作「澤」[一]。《史記·呂后本紀》：「八年，中大謁者張釋。」《漢書》《紀》作「釋卿」，《恩澤侯表》及《周勃傳》皆云「張釋」。顏師古注曰：「《荆燕吴傳》云『張擇』。」[二]今從《史記·呂后本紀》、《漢書》《恩澤侯表》、《周勃傳》[三]。

鄜侯台。

《漢書》《外戚侯表》及《高五王傳》皆作「鄜侯」。今從《史記》《本紀》、《功臣侯表》。

二年，十一月，呂肅王台薨。

《史記·本紀》：「高后元年，立孝惠子不疑爲恒山王，呂台爲呂王。二年，恒山王薨。十一月，呂王台薨。」《年表》，二人皆以元年薨。《漢書·本紀》：「元年，立不疑、呂台、産、禄通爲王。二年，不疑薨。」《年表》：元年，不疑及呂台爲王。二年，皆薨。蓋《史記·年表》「薨」字

[一]按：《史記》《文帝紀》無張澤事，見於《呂太后紀》八年後九月，作「宦者令張澤」。

[二]按：《漢書·周勃傳》顏師古註云「張擇」，而《史記·荆燕世家》作「張子卿」、「張卿」，《漢書·荆燕吴傳》亦作「張卿」。

[三]按：此條《考異》，《通鑑》胡註凡兩引，惠帝三年春爲全引，高后元年夏四月爲節引。

應在二年，誤書於元年耳。其實二人皆以二年薨。《漢書·本紀》云「産、禄通爲王」，亦誤也。

五月，封楚元王子郢客、齊悼惠子章皆爲侯[一]。

《史記·高后紀》在元年，今從《漢書·王子侯表》。

六年，夏，張敖卒。

《史記·吕后本紀》，敖卒在明年六月。按《史記·功臣表》，高后六年敖卒。《漢書·功臣表》，敖以高祖九年封，十七年薨。蓋《本紀》之誤。

七年，七月，封劉澤爲琅邪王。

《史記·世家》、《漢書·列傳》皆云，田生先説張卿，令風大臣立吕産爲吕王，然後説令王澤。按：太后自以吕王嘉驕恣廢之，以産代爲吕王，産非始封於吕[二]。又諸吕之王已久，何必待田生之謀！以此不取。

八年，四月，封張侈爲新都侯，壽爲樂昌侯。

《史記·惠景間侯者表》「新都」作「信都」，「壽」作「受」。今從《本紀》。

[一]《通鑑》正文此事在五月丙申。按：《漢書·王子侯表》原在五月丙申。「惠」下，《通鑑》正文有「王」字。

[二]「産」，《通鑑》胡註無此字。

七月，審食其爲帝太傅。

《史記·將相表》："「八年七月辛巳，食其爲太傅。九月丙戌，復爲丞相。後九月，免。」《漢書·公卿表》："「七年七月辛巳，食其爲太傅。八年九月，復爲丞相。後九月，免。」以《長曆》推之，八年七月無辛巳，九月無丙戌，閏月羣臣代邸上議，無食其名。二表皆誤。今從《史記·本紀》，免相在此月。《本紀》又云："「八月壬戌，食其復爲左丞相。」亦誤〔二〕。

八月，齊王使祝午詐奪琅邪王澤兵。

《史記·澤世家》、《漢書·傳》皆以爲澤與齊王合謀，蓋誤。今從《史記》《呂后本紀》、《齊王世家》、《漢書》《呂后紀》、《齊王傳》。

九月，庚申旦。

《史記·本紀》「八月庚申旦」，上有「八月丙午」。《漢書·高后紀》亦云「八月庚申」。今以《長曆》推之，下「八月」當爲「九月」。

〔二〕 按：張文虎《校刊史記集解索引正義札記》曰："「七月辛巳晦，食其免相，爲帝太傅，即高后崩之日也。九月壬戌復爲相，後九月復免。壬戌，庚申後二日，《將相表》作『丙戌』，誤也。《通鑑考異》以壬戌爲誤，非。」

景帝三年，周亞夫至洛陽，喜曰：「滎陽以東，無足憂者。」

《史記》、《漢書》皆云：「太尉得劇孟，喜，如得一敵國，曰：『吴、楚無足憂者。』」按：孟一游俠之士耳，亞夫得之，何足爲輕重！蓋其徒欲爲孟重名，妄撰此言，不足信也。

中二年，殺郅都。

《史記・本紀》：「後二年正月，郅將軍擊匈奴。」《酷吏傳》：「郅都死後，宗室多犯法，上乃召甯成爲中尉。」成爲中尉在中六年，則後二年所謂郅將軍者，非都也，疑别一人。《漢書・紀》無郅將軍事。

世宗建元元年，十月，策賢良，以董仲舒爲江都相，莊助爲中大夫。

《漢書・武紀》：「元光元年五月，詔舉賢良，董仲舒、公孫弘出焉。」《仲舒傳》曰：「仲舒對册，推明孔氏，抑黜百家。立學校之官，州郡舉茂才、孝廉[一]，皆自仲舒發之。」今舉孝廉在元光元年十一月，若對策在下五月，則不得云自仲舒發之，蓋《武紀》誤也。然仲舒對策，不知果在何時。元光元年以前，唯今年舉賢良見於《紀》。三年，閩越、東甌相攻，莊助已爲中大夫，故皆著

〔一〕「郡」，《通鑑》胡註作「縣」。按：《漢書・董仲舒傳》原作「郡」。

之於此。《仲舒傳》又云：「遼東高廟、長陵高園災，仲舒推説其意。主父偃竊其書奏之，仲舒由是得罪。」按：二災在建元六年。《主父偃傳》上書召見在元光元年。蓋仲舒追述二災而作書，或作書不上，而偃後來方見其草藁也。

二年，石慶爲太僕，御出。

按《百官公卿表》〔二〕，慶不爲太僕，蓋嘗攝職也。

三年，閩越圍東甌，天子問田蚡。

《史記·東越》、《漢書·嚴助傳》皆云：「建元三年，閩越圍東甌，天子問太尉田蚡。」按：是時蚡不爲太尉，云太尉，誤也。下云「太尉不足與計」，蓋追呼其官，或亦誤耳。

上招選天下之士，得朱買臣等，令與大臣論辯〔三〕。東方朔諫起上林苑，司馬相如諫獵。

此多非今年事，因莊助救東甌及微行始出終言之。

〔二〕「按」，原誤作「接」，今據兩浙本、孔本、《四庫》本、胡本、廣雅本、《通鑑》胡註改。按：原本「按」、「接」二字或以形近而誤，以下徑改，不再出校。

〔三〕「論辯」，《通鑑》正文此二字互乙。

元光二年，王恢議誘擊匈奴。

《史記·韓長孺傳》〔一〕，元光元年，聶壹畫馬邑事〔二〕。而《漢書·武紀》在二年。蓋元年壹始言之，二年議乃決也。

三年，春，河水徙，從頓丘東南流。

《漢書·武紀》云：「東南流入勃海。」按：頓丘屬東郡，勃海乃在頓丘東北。恐誤〔三〕，今不取。

五月，丙子，復決瓠子，注鉅野。

《史記·河渠書》：「元光中，河決瓠子，東注鉅野〔四〕。」服虔注《漢書·武紀》曰：「瓠子，堤名，在東郡白馬。」蘇林曰：「在鄄城以南〔五〕，濮陽以北。」《將相名臣表》曰：「五月丙子，河決瓠子。」然則瓠子，即濮陽縣境堤名也。

〔一〕「孺」，原誤作「儒」，今據兩浙本、孔本、《四庫》本、胡本、廣雅本、《通鑑》胡註及《史記》本傳改。
〔二〕「壹」上，《史記·韓長孺傳》原有「翁」字，《漢書·韓長孺傳》無此字。
〔三〕「北」，《通鑑》胡註作「此」。
〔四〕「東」下，《史記·河渠書》原有「南」字。
〔五〕「鄄」，《通鑑》胡註作「甄」。按：《漢書·武帝紀》蘇林註原作「鄄」。

四年，十二月晦，殺竇嬰。

班固《漢武故事》曰：「上召大臣議之，羣臣多是竇嬰，上亦不復窮問，兩罷之。田蚡大恨，欲自殺，先與太后訣，兄弟共號哭，訴太后。太后亦哭，弗食。上不得已，遂乃殺嬰。」按：《漢武故事》語多誕妄，非班固書，蓋後人爲之，託固名耳。

三月，乙卯，丞相蚡薨。

《武安侯傳》云：「元光四年春，丞相按灌夫事。其夏，取夫人。五年十月，論灌夫及家屬。十二月晦，魏其棄市。」徐廣引《武帝本紀》、《侯表》以爲，蚡薨在嬰死後分明，四年當是三年，五年當是四年。今從之。廣又疑十二月爲二月。按漢制，常以立春下寬大詔書，蚡恐魏其得釋，故以十二月晦殺之，何必改爲二月也。

五年，公孫弘對策，一歲中至左内史〔二〕。

《漢書·武紀》云：「元光元年五月，詔策賢良，於是董仲舒、公孫弘等出焉。」按《弘傳》：「元光五年，復徵賢良文學，菑川國推上弘。」其策文與《武紀》元年策文頗相類。又云：「一歲中至左内史。」《百官表》：「元光五年，弘爲左内史。」然則弘之再舉賢良，不在元光元年明矣。

〔二〕「至」上，《通鑑》正文有「遷」字。按：《史記》、《漢書》《公孫弘傳》原無此字。

荀《紀》著於此年「徵吏民明當世之務」下。葛洪《西京雜記》亦云：「弘以元光五年爲國士所推，上爲賢良。」若此續食之詔在八月，則弘不容於今年已爲左内史。蓋此詔在今年，不知何月，故班氏繫之於年末耳。其策文相類，蓋出偶然。或者此策乃弘先舉賢良時所對，班氏誤以爲此年之策。疑未能明，今從《漢紀》。

董偃見上〔一〕。

《漢武故事》曰：「陳皇后廢處長門宮，竇太主以宿恩猶自親近。後置酒主家，主見所幸董偃。」按《東方朔傳》：「爰叔爲偃畫計，令主獻長門園，更名曰長門宮。」則偃見上在陳后廢前明矣。

元朔元年，二月〔二〕**，皇子據生。**

《漢書·武五子傳贊》曰：「建元六年春，戾太子生。」《外戚傳》：「衛皇后，元朔元年生男據。」按《枚皋傳》云：「武帝春秋二十九，乃有皇子。」與《外戚傳》合。蓋《贊》語因蚩尤之旗致此誤，亦猶五星聚在秦二世末年，誤爲漢元年也。

〔一〕按：《通鑑》正文據荀悦《漢紀》，載董偃見上在元光五年七月，公孫弘對策在五年末；《資治通鑑目録》順序同；與《考異》順序相反。

〔二〕「二月」，《通鑑》正文無此二字，此事載於十二月與三月之間。

秋，韓安國病死。

安國死在明年，於此終言之。

東夷薉君南閭等降，爲蒼海郡。

《史記·平準書》曰：「彭吴賈滅朝鮮，置蒼海之郡。」按：滅朝鮮，置蒼海，兩事也，不知何者出賈之謀。

主父偃、嚴安、徐樂上書。

《漢書·主父偃傳》云：「元光元年，三人上書。」按嚴安《書》云：「徇南夷，朝夜郎，降羌、僰，略薉州。」此等事皆在元光元年後，蓋誤以「朔」字爲「光」字耳。

二年，冬，賜淮南王几杖，毋朝〔一〕。

《漢書·武紀》曰：「賜淮南王〔二〕、菑川王几杖，毋朝。」顔師古曰：「淮南王安、菑川王志，皆武帝諸父列也，故賜几杖。」按《諸侯表》，菑川王志在位三十五年，以元光五年薨。《齊悼惠王世家》、《高五王傳》皆同。此云菑川王志，誤也。

〔一〕「毋」，原誤作「母」，今據兩浙本、孔本、《四庫》本、胡本、廣雅本、《通鑑》正文改。按：原本「母」、「毋」二字或不分，以下徑改，不再出校。

〔二〕「王」，《通鑑》胡註無此字。按：《漢書·武帝紀》原有「王」字。

夏，徙豪傑于茂陵。族郭解。

荀《紀》以郭解事著於建元二年。按《武紀》：「建元二年，初置茂陵邑。三年，賜徙茂陵者錢。」當是時，衛青、公孫弘皆未貴。又「元朔二年，徙郡國豪傑于茂陵」。此乃徙解之時也。

三年，張騫自匈奴逃歸。

《史記·西南夷傳》曰：「元狩元年，張騫使大夏來，言通身毒國之利。」按《年表》，騫以元朔六年三月甲辰封博望侯〔二〕，必非元狩元年始歸也。或者元狩元年，天子始令騫通身毒國。疑不能明，故因是歲伊稚斜立終言之。

五年，封丞相弘爲平津侯〔三〕。

《史記·將相名臣表》、《漢書·公卿百官表》，弘爲相皆在今年。《建元以來侯者表》、《恩澤侯表》皆云：「元朔三年封侯。」按：三年弘始爲御史大夫。蓋誤書「五」爲「三」，因置於三年耳。

〔二〕「三」，原誤作「二」，今據孔本、《四庫》本、胡本、廣雅本及《史記·建元以來侯者年表》、《漢書·景武昭宣元成功臣表》改。

〔三〕《通鑑》正文此事在十一月乙丑。按：《史記·漢興以來將相名臣年表》、《漢書·百官公卿表下》原在十一月乙丑。

元狩二年，三月，戊寅，丞相弘薨。壬辰，以李蔡爲丞相，張湯爲御史大夫。

《漢書·百官公卿表》：「元狩三年三月壬辰，廷尉張湯爲御史大夫。六年，有罪自殺。」《史記·將相名臣表》：「元狩二年，御史大夫湯。」按：李蔡既遷，湯即應補其缺，豈可留之期年，復與李蔡爲丞相月日正同乎！又按《長曆》，三年三月無壬辰。又以得罪之年推之，在今年明矣。今從《史記·表》。

渾邪王降，發車二萬乘迎之。

《漢書·食貨志》云「三萬兩」。今從《史記》《平準書》、《汲黯傳》。

三年，得神馬於渥洼水中，次以爲歌。汲黯進言，上不説。

《史記·樂書》：「武帝作十九章歌，常以正月上辛祠太一甘泉[一]，使僮男、僮女七十人俱歌。又嘗得神馬渥洼水中，復次以爲《太一之歌》。後伐大宛，得千里馬，次以爲歌。中尉汲黯進曰，『陛下得馬，詩以爲歌』云云。丞相公孫弘曰：『黯誹謗聖制，當族。』」《漢書·禮樂志》：「武帝定郊祀之禮，祠太一於甘泉，祭后土於汾陰，乃立樂府，作十九章之歌，以正月上辛用事甘泉圜丘。」按《天馬歌》，本《志》云：「元狩三年，馬生渥洼水中作。」《武紀》云：「元鼎四年秋，

[一]「一」，《通鑑》胡註作「乙」。按：《史記·樂書》原作「一」。

馬生渥洼水中。五年十一月，立泰畤於甘泉。太初四年，貳師獲汗血馬，作《西極天馬之歌》。」公孫弘以元狩二年薨。汲黯以元狩三年免右内史，五年爲淮陽太守，元鼎五年卒。又，黯未嘗爲中尉。或者馬生渥洼水作歌在元狩三年，汲黯爲右内史而譏之，言當族者非公孫弘也。雖未立泰畤，或以歌之於郊廟，其十九章之歌，當時未能盡備也。

四年，少翁以方夜致鬼，如王夫人之貌。

《漢書》以此事置《李夫人傳》中，古今相承，皆以爲李夫人事。《史記·封禪書》：「少翁見上，上有所幸王夫人卒，少翁以方夜致王夫人及竈鬼之貌云。」按：李夫人卒時，少翁死已久，《漢書》誤也。今從《史記》。

五年，三月，初行五銖錢。

《漢書·食貨志》：「前以銷半兩錢，鑄三銖錢。明年，以三銖錢輕，更鑄五銖錢。」武帝元狩五年，乃云「罷半兩錢，行五銖錢」，誤也。

六年，冬，楊可告緡。

《漢書·武紀》：「元鼎三年十一月，令民告緡。」據《義縱傳》，則在今冬。

義縱棄市。霍去病射殺李敢。

《史記·封禪書》云：「明年，天子病鼎湖，甚。病愈，幸甘泉，大赦。」莫知其爲何年。《本紀》皆無其事，獨《義縱傳》有之。按《漢書·百官公卿表》，義縱、李敢死皆在今年。《敢傳》云：「從上雍，至甘泉宮。」「雍」蓋衍字也。《平準書》云：「自造白金、五銖錢，後五歲赦。」按《武紀》，元狩四年造白金，元鼎元年赦，首尾四年。若今年更有赦，則四年再赦，與《平準書》不合。今從《百官表》。

顏異誅。

徐廣注《史記·平準書》云，異誅在元狩四年壬戌歲。廣見《漢書·百官公卿表》，其年注云：「大農令顏異，二年坐腹非誅。」不思有「二年」字，致此誤也。

元鼎元年。

《漢書·武紀》此年云：「得鼎汾水上。」《漢紀》云：「六月，得寶鼎于河東汾水上，吾丘壽王對」云云。按《封禪書》，欒大封樂通侯之歲，「其夏六月，汾陰巫錦爲民祠魏脽后土營旁」，得鼎，詔曰「間者巡祭后土」云云。《武紀》：「元鼎四年十月，幸汾陰。十一月，立后土祠于汾陰脽上〔一〕。六月，得寶鼎后土祠旁。」《禮樂志》又云：「元鼎五年，得寶鼎。」《恩澤侯表》：「元鼎四年四月乙巳，欒大封侯。」然則得鼎應在四年。蓋《武紀》因今年改元，而誤增此得鼎一事耳，

〔一〕「脽」，原皆誤作「睢」，今據兩浙本、孔本、《四庫》本、胡本、廣雅本、《通鑑》胡註及《史記·封禪書》改。

非兩曾得鼎於汾水上也。《封禪書》：「天子封太山，反，至甘泉。有司言寶鼎出爲元鼎，以今年爲元封元年。」然則元鼎年號，亦如建元、元光，皆後來追改之耳。

四年，樂成侯丁義薦欒大。

《漢書·郊祀志》作「樂成侯登」。按《史記》、《漢書》《功臣表》，當爲「丁義」。

欒大鬭旗。

《封禪書》、《郊祀志》皆作「棊」，獨《史記·孝武紀》作「旗」。按《漢武故事》云：「大嘗於殿前樹旍數百枚，大令旍自相擊，繙繙竟庭中，去地十餘丈，觀者皆駭。」然則作「旗」字者是也。

五年，三月〔一〕，封缪廣德爲龍亢侯。

《漢書》《功臣表》作「龍侯」，《南越傳》作「龔侯」。晉灼曰：「龔，古龍字。」《史記》《建元以來侯者表》及《南越傳》皆作「龍亢侯」，今從之。

六年，越郎都稽得呂嘉。

《史記》、《漢書》《表》皆作「孫都」，《南越傳》皆云「都稽」，今從《傳》。

〔一〕「三月」，《通鑑》正文此事在三月壬午。按：《史記·建元以來侯者年表》、《漢書·景武昭宣元成功臣表》原在三月壬午。

封樓船、蘇弘、都稽、趙光等皆爲侯。

凡此等封侯者，《年表》皆有月日，爲其先後難齊，故盡附於立功之處。後倣此。

分武威、酒泉置張掖、敦煌郡〔一〕。

《漢書·武紀》：「元狩二年，渾邪王降，以其地爲武威、酒泉郡。元鼎六年，分置張掖、敦煌郡。」而《地理志》云：「張掖、酒泉郡，太初元年開。武威郡，太初四年開。敦煌郡，後元元年分酒泉置。」今從《武紀》。

元封元年，冬，釋兵須如。

《漢書》作「涼如」。今從《史記》。

上問黄帝冢，公孫卿對。

《史記》、《漢書》皆云「或對」。《漢武故事》云「公孫卿對」，今取之。

正月，幸緱氏。

《封禪書》、《郊祀志》作「三月」。《漢書·武紀》及荀《紀》皆作「正月」，今從之。

〔一〕「泉」下，《通鑑》正文有「地」字。

四月，乙卯，封泰山下東方。

《武紀》：「癸卯，上還，登封泰山。」蓋癸卯自海上還，乙卯至泰山行事也。

二年，公孫遂往正之〔一〕。

《史記》作「征之」，蓋字誤。今從《漢書》。

天子誅遂。

《漢書》作「許遂」。按：左將軍亦以爭功相嫉乖計棄市，則武帝必以遂執樓船爲非。《漢書》作「許」，蓋字誤。今從《史記》。

相韓陰〔二〕。

《漢書》「陰」作「陶」。今從《史記》。

三年，七月，膠西于王端薨。

荀《紀》「端」皆作「瑞」。今從《漢書》。

〔一〕「二年」，《通鑑》正文、《資治通鑑目録》此事在三年。按：《漢書·武帝紀》及《史記》、《漢書》《朝鮮傳》云：「元封二年秋，遣楊僕、荀彘擊朝鮮。」「三年夏，朝鮮斬其王右渠降。」使公孫遂往正之在其間。《考異》事目云「二年」，是附此事於擊朝鮮之初言之。而《通鑑》將擊朝鮮事全部録於三年，故差互不合。

〔二〕按：自「公孫遂」至「相韓陰」三事，《通鑑》正文皆在元封三年。

五年，四月，衛青薨。

《漢武故事》云：「大將軍四子皆不才，皇后每因太子涕泣請上削其封。上曰：『吾自知之，不令皇后憂也。』少子竟坐奢淫誅，上遣謝后，通削諸子封爵，各留千户焉。」按：青四子無坐奢淫誅者，此説妄也。

天漢元年，衛律使匈奴還，聞李延年家收，亡降匈奴。

《延年傳》云：「誅延年兄弟宗族。」按：是後李廣利尚爲將帥，蓋止誅延年及弟季妻子耳。

七月，閉城門大搜[一]。

臣瓚注《武帝紀》曰：「《漢帝年記》，六月禁踰侈，七月大搜。」則搜索踰侈者，不必閉城門大搜，蓋搜奸人耳。

四年，正月，遣李廣利等擊匈奴。

《史記·匈奴傳》云，廣利於此降匈奴，誤。

四月，立皇子髆爲昌邑王。

《表》云「六月乙丑立」。今從《武紀》。

[一] 按：《通鑑》正文不載大搜事，胡註引《考異》此條於天漢元年末。

征和二年，七月，壺關三老茂上書，天子感寤。

《漢武故事》云：「治隨太子反者，外連郡國數十萬人。壺關三老鄭茂上書，上感寤，赦反者，拜鄭茂爲宣慈校尉，持節徇三輔，赦太子。太子欲出，疑弗實。吏捕太子急，太子自殺。」按：上若赦太子，當詔吏勿捕。此説恐妄也。

四年，八月，辛酉晦，日有食之。

荀《紀》作「七月」，《漢書》作「八月」。按《長曆》，是年九月壬戌朔，言「八月」是也。

後元元年，六月，商丘成坐祝詛自殺。

《功臣表》云：「坐爲詹事，祠孝文廟，醉歌堂下曰：『出居安能鬱鬱！』大不敬，自殺。」《公卿表》云「坐祝詛」。按：成不爲詹事，《功臣表》誤也。

昭帝始元四年，以上官安爲車騎將軍。

《昭紀》作「驃騎」。今從《百官表》、《外戚傳》。

五年，成方遂自謂衛太子。

《昭紀》云「張延年」。《雋不疑傳》云「成方遂」，又云「一姓張，名延年」。今從《不疑傳》。

元鳳四年，樓蘭王安歸。

《西域傳》作「常歸」。今從《昭紀》及《傅介子傳》。

元平元年，昌邑王嘗見大白犬，頸以下似人，冠方山冠而無尾。

《昌邑王傳》云「無頭」。《五行志》云「無尾」，且云「不得置後之象」。若頸以下似人而無頭，何以辨其爲犬，且安所施冠？蓋《傳》誤也。

中宗本始三年，遣五將軍及烏孫擊匈奴，獲四萬級，馬、牛、羊、驢、橐駝七十餘萬頭。

《常惠傳》「四萬級」爲「三萬九千人」，「七十餘萬頭」爲「六十餘萬頭」。今從《烏孫傳》。

六月，己丑，蔡義薨。

荀《紀》作「乙丑」，誤。

地節二年，四月，戊申，以張安世爲大司馬、車騎將軍。

《百官表》：「地節三年四月戊申，張安世爲大司馬。七月戊戌，更爲衛將軍，霍禹爲大司馬。七月壬辰，禹要斬。」荀《紀》：「三年四月戊辰，安世爲大司馬。」按：明年四月無戊辰，七月無戊戌，又不當再言七月。以《宣紀》、《張安世》、《霍光傳》考之，安世爲司馬當在今年，爲衛將軍當在明年十月，禹死在四年七月。蓋《年表》旁行通連書之，致此誤也。

三年，四月，戊申，立子奭爲皇太子。

荀《紀》立皇太子在去年四月戊申，《漢書》舊本亦然。顔師古據《疏廣》及《邴吉傳》[二]，並云「地節三年，立皇太子」，知在此年者是也。

鄭吉與司馬憙擊車師。

《西域傳》云「地節二年」。以《匈奴傳》校之，知在三年。

元康元年，冬，趙廣漢坐要斬。

《本紀》：「元康二年冬，廣漢有罪要斬。」《百官表》：「本始三年，廣漢爲京兆尹。六年，要斬。元康元年，守京兆尹、彭城太守遺。」按《廣漢傳》：「司直蕭望之劾奏廣漢摧辱大臣。」望之自司直爲平原太守，元康元年，自平原太守爲少府。然則廣漢死當在元康元年，《本紀》誤也。《廣漢傳》又云：「地節三年七月，丞相婢自絞死。」蓋婢死已數年，而廣漢追發其事也。

三年，三月，封故昌邑王賀爲海昏侯。

《王子侯表》，賀以四月壬子封。《宣紀》，賀封在丙吉之前。按：是歲四月癸亥朔，無壬子，《表》誤。

[二]「邴」，《通鑑》胡註作「丙」。按：《漢書》本傳、《通鑑》正文原作「丙」。

四年，八月，求高祖功臣子孫，皆復其家。

《宣紀》：「元康元年五月，復高皇帝功臣絳侯周勃等百三十六人家子孫。四年，又賜功臣適後黄金人二十斤。」按《功臣表》，詔復家者皆云「元康四年」，其數非一，不容盡誤。蓋《紀》誤耳。

神爵二年，五月，趙充國奏罷屯兵。秋，羌斬先零猶非、楊玉首降。

《宣紀》：「五月，羌斬猶非、楊玉降。」《充國傳》：「五月，奏罷屯兵。秋，羌斬猶非、楊玉降。」今從《傳》。

置都護自鄭吉始。

《百官表》曰：「西城都護，加官，地節二年初置。」蓋誤以「神爵」爲「地節」也。《西域傳》又云「神爵三年」，亦誤。

大鴻臚蕭望之議，不可許烏孫結昏。

《烏孫傳》，請昏在元康二年。《望之傳》云「神爵二年」。按：元康二年，望之未爲鴻臚。蓋誤以「神爵」爲「元康」也。

三年，八月，詔益吏百石已下俸十五。

《宣紀》云：「益吏百石以下俸十五。」韋昭曰：「若食一斛〔一〕，則益五斗。」荀《紀》云：「益吏百石以下俸五十斛。」蓋以十五難曉，故改之。然詔云「以下」，恐難指五十斛也。

四年，五月，匈奴單于遣弟呼留若王勝之來朝。

《匈奴傳》：「握衍朐鞮單于立，復修和親，遣弟伊酋若王勝之入漢獻見。」蓋即謂此也。

五鳳元年，春，皇太子冠。

按《宣紀》，太子冠在此年。而荀《紀》於元康三年敘二疏去位事〔二〕，已云「皇太子冠」，至是又重複言之，蓋誤也。

二年，正月，幸甘泉，郊泰時。

《宣紀》云：「三月，行幸甘泉。」荀《紀》作「正月」。按漢制，常以正月郊祀。蓋荀悅作《紀》之時，本猶未誤也。又《楊惲傳》曰：「行必不至河東矣。」蓋時亦幸河東祠后土，史脱之也。

〔一〕「斛」，《通鑑》胡註作「石」。按：《漢書·宣帝紀》韋昭註原作「斛」。
〔二〕「敘」，原誤作「款」，《通鑑》胡註誤作「疑」，今據孔本、《四庫》本、胡本、廣雅本改。

十一月，匈奴烏厲屈與父呼遬累烏厲温敦降，封烏厲屈爲新城侯，烏厲温敦爲義陽侯。

《宣紀》：「匈奴呼遬累單于帥衆來降。」《功臣表》：「信成侯，王定，以匈奴烏桓屠蓦單于子左大將軍率衆降〔一〕，侯。義陽侯，厲温敦，以匈奴謼連累單于率衆降，侯。」此即屈與敦也。未嘗爲單于，或降時自稱單于，或《紀》、《表》二者誤也。

楊惲、戴長樂皆免爲庶人。

《宣紀》：「十二月，楊惲坐前爲光禄勳有罪，免爲庶人。不悔過，怨望，大逆不道，要斬。」荀《紀》因而用之。《惲傳》：「惲與孫會宗書曰：『臣之得罪，已三年矣。』又因日食之變，騶馬猥佐成上書告惲罪，下獄死。」又，楊譚稱杜延年爲御史大夫。按《百官表》，惲以神爵元年爲光禄勳，五年免。戴長樂亦以其年爲太僕，五年免。杜延年以五鳳三年六月辛酉爲御史大夫。又按《蕭望之傳》：「使光禄勳惲策免望之。」其事在今年八月，惲猶爲光禄勳。至四年四月，乃有日蝕之變。蓋惲以今年十二月免爲庶人，至四年乃死。《宣紀》誤也。

三年，六月，辛酉，杜延年爲御史大夫。

荀《紀》作「辛巳」，《百官表》作「辛酉」。按《長曆》，此月丙午朔，無辛巳。

〔一〕「子」，原闕，今據兩浙本、孔本、《四庫》本、胡本、廣雅本、《通鑑》胡註及《漢書·景武昭宣元成功臣表》補。

四年，匈奴單于遣弟谷蠡王入侍〔一〕。

按《匈奴傳》："呼韓邪稱臣，即遣銖婁渠堂入侍。"事在明年。時匈奴有三單于，不知此單于爲誰也〔二〕。

甘露元年，張敞免爲庶人。數月，拜冀州刺史。

荀《紀》載於五鳳二年，因楊惲事并致此誤也。《百官表》："敞以神爵元年爲京兆尹，八年免。"《敞傳》云："爲京兆九歲免。"

二年，春正月，立皇子囂爲定陶王。

《諸侯王表》云"十月乙亥立"〔三〕。今據《宣紀》。

四年，夏，廣川王海陽。

《諸侯王表》作"汝陽"〔四〕。《宣紀》、《景十三王傳》作"海陽"，今從之。

〔一〕「谷」上，《通鑑》正文有「右」字。按：點校本《通鑑》下引章鈺《胡刻通鑑正文校宋記》曰：「甲十五行本無『右』字，乙十一行本同，孔本同。」《漢書·宣帝紀》及荀悦《漢紀》（明正德何景明刻本、嘉靖黄姬水刻本、萬曆南京國子監刻本、清康熙蔣國祚刻本，下同）亦無「右」字。

〔二〕《通鑑》胡註曰：「余按《通鑑》據班《紀》而書此事，又參考《匈奴傳》以明其異。」

〔三〕「云」，《通鑑》胡註無此字。

〔四〕「王」，《通鑑》胡註無此字。

元帝初元二年，二月，丁巳〔一〕，立弟竟爲清河王。

荀《紀》「竟」作「寬」〔二〕。今從《漢書》。

戊午，隴西地震，敗城郭、屋室，壓殺人衆。

《劉向傳》云：「三月，地大震。」今從《元紀》。

四月，詔賜蕭望之爵關内侯。

《元紀》此詔在今冬。按《劉向傳》云：「前弘恭奏望之等獄決，三月，地大震。」然則望之等黜免，在今春地震前也。又曰：「夏，客星見昴、卷舌間，上感悟，下詔賜望之爵關内侯。」《望之傳》曰：「後數月，賜望之爵關内侯。」蓋《紀》見望之死在十二月，因置此詔於彼上耳。

七月，己酉，地復震。

《劉向傳》曰：「冬，地復震。」《元紀》此月詔曰：「一年中地再動。」《漢紀》在七月己酉，今從之。

〔一〕「二月丁巳」，按：《漢書·元帝紀》、《漢紀》立竟皆在春正月，《漢書·諸侯王表》在二月丁巳。

〔二〕「寬」，《漢紀》原作「音」。

五年，六月，匈奴郅支單于殺谷吉。

《陳湯傳》：「初元四年，郅支求侍子。」《元帝紀》：「五年，谷吉使匈奴，不還。」《湯傳》又云：「御史大夫貢禹議吉不可遣。」按：禹今年六月始爲御史大夫，或者郅支以四年求侍子，而吉以五年使匈奴也。

永光元年，九月，于定國、史高、薛廣德皆罷，韋玄成爲御史大夫。

《百官表》〔二〕：「七月癸未，大司馬高免。辛亥，韋玄成爲御史大夫。十一月戊寅，丞相定國免。」荀《紀》：「七月己未，高免。」《薛廣德傳》：「酎祭後月餘，以歲惡民流，乞骸骨，罷。廣德爲御史大夫，凡十月，免。」月日參差，未知孰是，故皆没不書。

賈捐之謂楊興曰：「使我得見，言君蘭。」

荀《紀》作「君簡」。今從《漢書》。

建昭二年，六月，立皇子興爲信都王。

荀《紀》「興」作「礜」。今從《漢書》。

〔二〕「官」，原誤作「宮」，今據兩浙本、孔本、《四庫》本、胡本、廣雅本、《通鑑》胡註改。按：原本「官」或以形近而誤作「宮」，以下徑改，不再出校。

京房言於上曰：「陛下視今爲治邪，亂邪？所任者誰與？」

故資政殿學士邵亢得兩浙錢王寫本《漢書》，無「亂邪」二字，有「上曰：『亦極亂耳，尚何道！』房曰：『今』」十二字，今取之。

京房棄市。

《元紀》及荀《紀》，京房死皆在此年末。按《房傳》：「二月朔〔一〕，上封事。去月餘，徵下獄。」《百官表》：「八月癸亥，匡衡爲御史大夫。」房死必不在歲末也。《紀》不知月日，故繫之歲末耳。

成帝河平元年，匈奴單于遣右皋林王伊邪莫演等朝正月。

《匈奴傳》：「河平元年，單于遣莫演朝正月。」下云：「明年，單于上書願朝。河平四年正月，遂入朝。」據此，則是莫演以元年至漢，朝二年正月也。而荀《紀》繫於元年正月之下，恐誤。《漢紀》又以「莫演」爲「黄渾」，今從《漢書》。

二年，夜郎與鉤町相攻，陳立討誅之。

《西南夷傳》但云「河平中」；而胡曰《漢春秋》云在此年十一月，未知何據也。

〔一〕「朔」，《通鑑》胡註作「末」。按：《漢書·京房傳》原作「朔」。

鴻嘉三年，上微行，過陽阿主家。

《五行志》作「河陽主」，伶玄《趙后外傳》及荀《紀》亦作「河陽」。《外戚傳》顔師古注曰：「陽阿，平原之縣也。今俗書『阿』字作『河』，又或爲『河陽』[一]，皆後人所妄改耳。」今從之。

永始元年，春，正月，癸丑，太官凌室火。戊午，戾后園南闕火。

《五行志》及荀《紀》二「火」皆作「災」。今從《漢書》。

劉輔上書曰：「腐木不可以爲柱，人婢不可以爲主。」

《劉輔傳》云：「腐木不可以爲柱，卑人不可以爲主。」荀《紀》「柱」作「珪」，「卑人」作「人婢」。今「柱」從《漢書》，「人婢」從荀《紀》。

七月，癸卯，封蕭何六世孫喜爲酇侯。

《成紀》：「元延元年，封蕭相國後喜爲酇侯。」荀、胡皆用之。按《功臣表》：「永始元年，釐侯喜紹封，三年薨。永始四年，質侯尊嗣，五年薨。綏和元年[二]，質侯章嗣。」蓋《本紀》誤以「永始」爲「元延」故也。

[一]「又」，《通鑑》胡註無此字。
[二]「綏和元年」，《通鑑》胡註無此四字。按：《漢書·高惠高后文功臣表》原有「綏和元年」四字。

立城陽哀王弟俚爲王〔一〕。

《漢紀》「俚」作「悝」〔二〕。今從《漢書》。

九月，丁巳晦，日有食之。

荀《紀》作「乙巳」。按《長曆》，丁巳晦。荀悦誤。

二年，上諸舅風丞相、御史免張放。

《敘傳》云：「王音以風丞相、御史。」按《放傳》：「丞相宣、御史大夫方進奏放過惡。」音以正月乙巳薨，方進以三月丁酉爲御史大夫，然則風丞相、御史者，疑非音也。《放傳》又云：「上諸舅皆害其寵。」故但云「上諸舅」。

十一月，己丑，丞相宣免，御史大夫方進貶。壬子，方進爲丞相。

《方進傳》：「薛宣免〔三〕，方進亦左遷執金吾。二十餘日，遂擢爲丞相。」而荀《紀》云：「秋八月，方進貶爲執金吾。」蓋以《公卿表》云：「三月丁酉，京兆尹翟方進爲御史大夫。八月，貶爲執金吾。」故致此誤也。按《公卿表》所云者，謂方進自三月爲御史大夫，至十一月而貶，凡居官八

〔一〕「哀王弟」，《漢書・成帝紀》、《漢紀》皆作「孝王子」，《漢書・諸侯王表》作「哀王弟」。
〔二〕「悝」，《漢紀》原作「理」。
〔三〕「薛」上，《通鑑》胡註有「丞相」二字。按：《漢書・翟方進傳》原有「丞相」二字。

月耳。又黑龍見東萊，在去年九月，《谷永傳》著之甚明。而荀悦亦載之於此年，云：「冬，黑龍見東萊。」蓋因陳湯獲罪在今年故也。《漢春秋》雖正黑龍之誤，而方進貶官猶承荀悦之失。

陳湯徙邊，陳咸、逢信免官。

咸、信免官皆在明年以後，因陳湯事連言之。

三年，十一月，李譚等殺樊並，皆封侯。

《本紀》云五人，而《功臣表》止有四人，蓋《紀》誤。

元延元年，劉向上書。

《向傳》云：「星孛東井，岷山崩。向懷不能已，上此奏。」按〔一〕：岷山崩在三年，此奏云：「自建始以來，二十歲間而食八〔二〕，率二歲六月而一發。」則上此奏當在今年也。胡旦亦載之三年〔三〕。

〔一〕「按」，原誤作「披」，今據兩浙本、孔本、《四庫》本、胡本、廣雅本、《通鑑》胡註改。

〔二〕「食八」，《漢書・劉向傳》此二字原互乙。

〔三〕《通鑑》胡註曰：「余按《劉向傳》，若以星孛東井爲據，則上奏當在今年。若以岷山崩爲據，則上奏當在三年。若以二十歲間日八食爲據，則上奏當在去年。然向言日食之變，『率二歲六月而一發』。以班《書》考之，自建始三年十二月，至河平元年四月，則一年五月而食；至四年三月癸丑朔，則纔一年而食；又至陽朔元年二月丁未晦，則又期年而食；永始元年九月丁巳晦，《志》書食而《紀》不書；至二年二月乙酉晦，則凡九期，而《志》所書永始元年九月丁巳晦不計也。又至永始三年正月己卯晦，則未及一期而食；又至四年七月辛未晦，則一年六月而食。向所謂率二歲六月而一發，亦通二十歲而約言之耳。自建始三年至今年，以《紀》考之則九食，以《志》考之則十食，此其差異，又未有所折衷也。」

十二月，乙未，王商爲大將軍。辛亥，商薨。庚申，王根爲大司馬。

荀《紀》云「十一月」，《成紀》云「十二月」。按：是歲十一月甲子朔，無乙未、辛亥、庚申，荀悦誤。

揚雄待詔〔一〕**。**

《雄傳》云：「車騎將軍王音奇其文雅，薦雄待詔。」按雄《自序》云：「上方郊祠甘泉泰畤，召雄待詔承明之庭，奏《甘泉賦》。其十二月，奏《羽獵賦》。」事在今年。時王音卒已久，蓋王根也。胡旦遂誤以爲曲陽侯云〔二〕。

二年，四月，立廣陵孝王子守爲王。

荀《紀》「守」作「憲」。今從《漢書》。

立烏孫小昆彌安日弟末振將爲小昆彌。

《烏孫傳》以末振將爲安日弟。《段會宗傳》以爲兄〔三〕，「兄」字誤耳。

〔一〕按：《通鑑》正文不載揚雄待詔事，胡註引《考異》此條於王根爲大司馬下。

〔二〕《通鑑》胡註曰：「余按：曲陽侯即王根也。王音則封安陽侯。」

〔三〕「段」，原誤作「叚」，今據《通鑑》胡註改。按：原本「段」或誤作「叚」，以下徑改，不再出校。

三年，上令胡人搏禽獸。

《成紀》：「元延二年冬，行幸長楊宮，從胡客大校獵，宿萯陽宮，賜從官。」胡旦用之。按《揚雄傳》：「祀甘泉、河東之歲，十二月，羽獵，雄上《校獵賦》。明年，從至射熊館，還，上《長楊賦》。」然則從胡客校獵，當在今年。《紀》因去年冬有羽獵事，致此誤耳。

綏和二年，二月。

荀《紀》云「赦天下」。今《本紀》無之，故不取。

四月，己卯，葬孝成皇帝于延陵。

《成紀》：「三月丙戌，帝崩于未央宮。四月己卯，葬延陵。」臣瓚曰：「自崩至葬〔二〕，凡五十四日。」《漢紀》：「三月丙午，帝崩。四月己卯，葬延陵。」自崩及葬，三十四日。按：是年三月己巳朔，無丙午；四月己亥朔，無己卯。若依《成紀》，則當云「五月己卯葬」；依荀《紀》，當云「閏三月丙午崩」。二者各有差舛，未知孰是。按：是年閏七月，不當頓差四月。今且從《成紀》之文。

〔二〕「至」，《通鑑》胡註作「及」。按：《漢書·成帝紀》原作「至」。

七月，丁卯，王莽罷就第。

《公卿表》：「十一月丁卯，大司馬莽免。庚午，師丹爲大司馬。四月徙。」又曰：「十月癸酉，丹爲大司空。」又曰：「太子太傅師丹爲左將軍，五月遷。」荀《紀》：「七月丁巳，大司馬莽免。」按：丹若以十一月爲司馬，四月徙官，不得以十月爲司空也。七月丁卯朔，無丁巳。《年表》月誤，荀《紀》日誤。

九月，庚申，地震，上問李尋。

《尋傳》云：「使侍中、衛尉傅喜問尋。」按《公卿表》：「傅喜爲衛尉，二月，遷右將軍。十一月，罷。」地震在九月，當是時，喜已不爲衛尉矣。

資治通鑑考異卷第二

端明殿學士兼翰林侍讀學士太中大夫提舉西京嵩山崇福宫上柱國河内郡開國公食邑二千六百户食實封壹阡户臣司馬光奉敕編集

漢紀中

哀帝建平元年，正月，解光奏：「趙昭儀殺成帝子，皆在四月丙辰赦令前。」

《趙后傳》作「丙辰」。按《哀帝紀》：「四月丙午，即位，赦天下。」蓋《傳》誤也。或者即位十日，然後赦也〔一〕。

丁酉，傅喜爲大司馬。

《公卿表》：「綏和二年十一月庚午，師丹爲大司馬，四月徙。建平元年四月丁酉，傅喜爲大

〔一〕「然」，《通鑑》胡註無此字。

司馬。」《喜傳》云：「明年正月，徙師丹爲大司空，而拜喜爲大司馬。」荀《紀》亦在正月。按《長曆》，此年四月癸亥朔，無丁酉。今從《喜傳》、《漢紀》。

二年，四月，戊午，朱博爲御史大夫。乙亥，丞相孔光免，博爲丞相。

《公卿表》：「四月乙未，孔光免，朱博爲丞相。」又曰：「四月戊午，博爲御史大夫。乙亥，遷。」《五行志》：「四月乙亥朔〔一〕，博爲丞相。」荀《紀》：「乙亥，孔光免。」按《長曆》，是月丁巳朔，無乙未； 十九日乙亥，非朔也。《表》、《志》皆有誤。

三年，正月〔二〕，癸卯〔三〕，桂宮正殿火。

《五行志》云：「桂宮鴻寧殿災。」荀《紀》云：「桂宮正殿火〔四〕。」今從《哀紀》。

四年，二月，癸卯，封傅商爲汝昌侯。

《哀紀》及《恩澤侯表》皆云「商以今年二月封」，而《孫寶傳》云「制詔丞相、大司空」。按：

〔一〕「四」，《通鑑》胡註作「五」。按：《漢書·五行志》原作「四」。

〔二〕「正」，原誤作「五」，今據兩浙本、孔本、《四庫》本、胡本、廣雅本、《通鑑》正文及《漢書·哀帝紀》改。

〔三〕「癸卯」，《通鑑》正文脱此二字。按：《漢書·哀帝紀》原有「癸卯」二字。

〔四〕「火」，《漢紀》原作「災」。按：《考異》行文，先舉《漢書·五行志》、《漢紀》異文，再明《通鑑》據《漢書·哀帝紀》之說，則《漢紀》不當與《哀帝紀》同文。

建平二年已罷大司空官，疑《傳》誤。

元壽元年，正月，辛丑朔。

荀《紀》云「辛卯朔」，誤[一]。

十二月，王閎諫上云欲禪董賢。

《董賢傳》但云：「遣閎出，不得復侍宴。」自「歸郎署」以下，皆《漢紀》所載也。荀《紀》無《漢書》外事，不知此語荀悦何從得之。又云：「閎歸郎署二十日，長樂宫深爲閎謝。」又：「御史大夫彭宣上封事，言國安危繼嗣事。上覺寤，召閎。」按：太皇太后居長信宫，云「長樂宫」，誤也[二]。

八月[三]，廢孝成皇后、孝哀皇后爲庶人。是日，皆自殺。

《漢春秋》云「八月甲寅」[四]，未知胡旦所據。

[一] 按：《考異》此條據《漢書·哀帝紀》。
[二] 《通鑑》胡註曰：「余按《漢書》註，長信宫以長樂宫中長信殿爲稱，亦可言長樂宫也。」
[三] 《通鑑》正文此事在二年八月，《資治通鑑目録》亦在二年。按：《漢書·哀帝紀》、《漢紀》廢二后事皆在二年。
[四] 「云」，《通鑑》胡註無此字。

十月，壬寅，葬孝哀皇帝於義陵。

《哀紀》云：「九月壬寅，葬義陵。」按《長曆》，是月辛酉朔，無壬寅；壬寅，乃十月十二日。又臣瓚注曰：「自崩至葬，凡百五日〔一〕。」按：帝以六月戊午崩，然則葬在十月審矣。蓋《本紀》月誤也。

平帝元始元年，二月，丙辰，褒賞孔光、王舜等。

《平紀》作正月事，而《王子侯表》、《公卿表》皆云「二月丙辰」，今從之〔二〕。

封宣帝耳孫信等三十六人爲列侯〔三〕。

《平紀》：「元始元年，封孝宣曾孫信等三十六人〔四〕。」《莽傳》在五年。按《王子侯表》，皆以元年二月丙辰封，《莽傳》誤也〔五〕。

〔一〕「百」上，《通鑑》胡註有「一」字。按：《漢書・哀帝紀》臣瓚註原無「一」字。

〔二〕《通鑑》胡註曰：「余按《考異》所謂《王子侯》云二月丙辰封者，謂宣帝耳孫信等也。由今考之，不能無疑。」

〔三〕「爲」上，《通鑑》正文有「皆」字。

〔四〕「曾」，《漢書・平帝紀》作「耳」。按：《漢紀》作「玄」，《漢書・王莽傳》作「曾」，若《平帝紀》亦作「曾」，《通鑑》正文「耳」即無所據。《考異》疑當作「耳」。

〔五〕《通鑑》胡註曰：「余按《王子侯表》，陶鄉侯恢等十五人皆以二月丙辰封，不及三十六人之數，又無信名。按：恢等皆宣帝曾孫也。」

四年，二月，丁未，立皇后王氏。

《王莽傳》云「四月丁未」。《平紀》云：「二月丁未，立皇后王氏。」下云：「夏，皇后見於高廟。」《外戚傳》云：「明年春，迎皇后於安漢公第。」然則言「四月」者，誤也。

冬，置西海郡。

《王莽傳》，置西海郡在明年秋。今從《平紀》。

五年，閏五月，丁酉，封劉秀等爲列侯。

《恩澤侯表》，劉歆等十一侯皆云「丁酉」，獨平晏云「丁丑」。按：十二人同功俱封，是年閏五月甲午朔，無丁丑，《表》誤。

泠褒[一]、段猶等徙合浦[二]。

《師丹傳》云：「復免高昌侯宏爲庶人。」按《功臣表》，建平四年董宏已死，元壽二年子武坐父爲佞邪免，不得至今。《丹傳》誤也。

[一]「泠」，原誤作「冷」，今據《通鑑》正文及《漢書・師丹傳》改。
[二]「等」，《通鑑》正文脱此字；「等」下，《通鑑》正文有「皆」字。按：《漢書・師丹傳》原有「等皆」二字。

封師丹爲義陽侯。

《恩澤侯表》：「丹，元始三年二月癸巳，更爲義陽侯。」胡旦因此并發傅太后陵、徙泠褒等事俱著之三年。按《外戚傳》云：「元始五年，莽發共王母及丁姬冢，改葬之。」《馬宫傳》：「莽發傅太后陵，追誅前議者，宫慚懼，乃乞骸骨。」《公卿表》，宫以今年八月壬午免。然則褒等徙合浦及丹封侯，皆在今年明矣。按《長曆》，二月丙申朔，無癸巳。日月必有誤者。

王莽始初元年〔一〕。

《莽傳》作「初始」。荀《紀》及韋莊《美嘉號録》、宋庠《紀年通譜》皆作「始初」，今從之。

始建國元年，正月，漢諸侯王皆降爵爲公，王子侯者降爵爲子，後皆奪爵。

《諸侯王表》皆云：「莽篡位，貶爲公。明年，廢。」《王子侯表》但云「絶」，或云「免」，皆在今年。按：明年立國將軍建奏，諸劉爲諸侯者，以户多少就五等之差，亦不云奪爵也。《後漢·城陽王祉傳》云：「劉氏侯者皆降爲子，後奪爵。」不知奪在幾年。

二年，匈奴號良、帶曰烏賁都尉。

《匈奴傳》云「烏桓都將軍」。《西域傳》云「烏賁都尉」，今從之。

〔一〕「始初」，《通鑑》正文同，《資治通鑑目録》此二字互乙。按：據《考異》當作「始初」。

率禮侯劉嘉。

《燕王旦傳》：「廣陽王嘉封扶美侯。」《莽傳》云「率禮侯劉嘉」。未知其改封，或别一人也。今從《莽傳》〔二〕。

四年，牂柯大尹周歆。

《西南夷傳》作「周欽」。《莽傳》作「周歆」，今從之。

天鳳元年，改作貨布。

《食貨志》，改作貨布在天鳳元年。《莽傳》在地皇元年，蓋以大錢盡之年，至地皇元年乃絶不行耳，非其年始作貨布也。

淮陽王更始元年，張卬拔劍擊地〔三〕。

司馬彪《續漢書》「卬」作「印」，袁宏《後漢紀》作「斤」，皆誤。今從范曄《後漢書》。

安定大尹王向。

《王莽傳》作「卒正王旬」，袁《紀》作「太守王向」。今從范《書》。

〔二〕《通鑑》胡註曰：「余按：率禮侯劉嘉，安衆侯劉崇之族父也，事見上卷居攝元年。」

〔三〕《通鑑》正文此事在正月。

前鍾武侯劉望。

《王莽傳》作「劉聖」。今從范《書·劉玄傳》。

國將哀章。

袁《紀》作「褒章」。今從班、范《書》〔一〕。

二年，邳肜曰〔二〕：「邯鄲勢成，民不肯背成主而千里送公〔三〕。」

范《書·邳肜傳》：「邯鄲成，民不肯背成主。」字皆作「城」。袁《紀》作：「邯鄲和城，民不肯捐棄和城而千里送公〔四〕。」《漢春秋》作：「邯鄲之民不能捐父母，背成主。」按文意，「城」皆當作「成」。「邯鄲成」，謂邯鄲勢成也。「成主」，謂王郎爲已成之主也〔五〕。

〔一〕「班」，《通鑑》胡註無此字。按：班固《漢書·王莽傳》亦作「國將哀章」，此處當有「班」字。

〔二〕「肜」，孔本、《四庫》本、胡本、廣雅本及《資治通鑑目録》作「彤」。按：范曄《後漢書》（北京中華書局一九六五年點校本，下同）、袁宏《後漢紀》（上海商務印書館《四部叢刊》影印梁溪孫氏小渌天藏明嘉靖黄姬水刻本，下同）皆作「肜」。

〔三〕「背」上，《通鑑》正文有「捐父母」三字。按：《後漢書·邳肜傳》原有此三字。

〔四〕「棄」，《通鑑》胡註無此字。按：《後漢紀》原有「棄」字。

〔五〕「王」，原誤作「三」，今據孔本、《四庫》本、胡本、廣雅本、《通鑑》胡註改。

刁子都〔二〕。

范《書》作「力子都」。同編修劉攽曰：「力」當作「刁」，音彫。

大司馬曰：「何意二郡良爲吾來！」

袁《紀》作「良牧爲吾來」。今從《景丹傳》。

宛人朱祜。

范《書》、袁《紀》「朱祜」皆作「祐」。按《東觀記》，「祜」皆作「福」，避安帝諱。許慎《説文》「祜」字無解，云「上諱」。然則祜名，當從「示」旁古今之「古」〔三〕，不當作左右之「右」也。

拜寇恂河内太守。

袁《紀》：鄧禹初見王於鄴，即言欲據河内。至是又云：「更始武陰王李軼據洛陽，尚書謝躬據鄴，各十餘萬衆。王患焉，將取河内以迫之，謂鄧禹曰：『卿言吾之有河内，猶高祖之有關中。關中非蕭何，誰能使一方晏然，高祖無西顧之憂！吴漢之能，卿舉之矣，復爲吾舉蕭何。』禹曰：『寇恂才兼文武，有御衆才，非恂莫可安河内也！』」按：世祖既貳更始，先得河内、魏郡，

〔二〕「刁」，《通鑑》正文、《資治通鑑目録》作「力」，與《考異》文不合。
〔三〕「從」，《通鑑》胡註作「作」。

因欲守之，以比關中，非本心造謀即欲指取河内也。今依范《書》爲定。

世祖建武元年，六月，己未，即皇帝位。

《光武本紀》，馮異破蘇茂，諸將上尊號，光武還至薊，皆在四月前。而《馮異傳》，異與李軼書云：「長安壞亂，赤眉臨郊，王侯構難，大臣乖離，綱紀已絶。」又勸光武稱尊號，亦曰：「三王反叛，更始敗亡。」按：是年六月己未，光武即位。是月甲子，鄧禹破王匡等於安邑，王匡、張卬等還奔長安，乃謀以立秋貙膢時，共劫更始。然則三王反叛，應在光武即位之後，夏秋之交，馮異安得於四月之前已言之也！或者史家潤色其言，致此差互耳[一]。

王匡等奔還長安。

《劉玄傳》：「王匡、張卬守河東，爲鄧禹所破，奔還長安[二]。」《鄧禹傳》無張卬名，今從之。

張卬等説更始掠長安，東歸，不從，謀劫更始。

袁《紀》云：「申屠建等勸更始讓帝位，更始不應，建等謀劫之。」今從范《書》。

[一] 「互」，孔本、《四庫》本、胡本、廣雅本作「舛」。

[二] 「奔還」，《後漢書·劉玄傳》此二字原互乙。

十月，鄧禹引軍至栒邑。

袁《紀》：「禹曰：『璽書每至，輒曰無與窮赤眉爭鋒。』」按：世祖賜禹書，責其不攻長安，不容有此語。二年十一月，詔徵禹還，乃曰「毋與窮寇爭鋒」。袁《紀》誤也。

十一月〔一〕**，隗囂擊破馮愔。**

《鄧禹傳》，愔叛在建武元年。《隗囂傳》在二年。蓋愔以元年冬末叛，延及二年；囂拜官在二年也。

二年，正月，起高廟于洛陽。

《帝紀》「正月壬子」。按：正月甲子朔，不應有壬子，誤。

二月，鮑永、馮衍降。

《鮑永傳》稱：「永等降於河内，時攻懷未拔，帝謂永曰：『我攻懷三日而兵不下〔二〕，關東畏服卿，可且將故人自往城下譬之。』即拜永諫議大夫。至懷，乃説更始河内太守，於是開城而降。」按：光武未都洛陽以前屢幸懷，又祠高祖於懷宫，並無更始河内太守據懷事。《本紀》亦

〔一〕「十一月」，《通鑑》正文此事在十二月。
〔二〕「兵」，《通鑑》胡註作「城」。按：《後漢書・鮑永傳》原作「兵」。

無攻懷一節。按田邑書稱「主亡一歲，莫知定所」，則永、衍之降必在此年。而《帝紀》光武此年不曾幸河内，但有幸修武事。然則永、衍實降於修武。修武，亦河内縣也。其稱降懷等事，當是史誤，故皆略之。

九月，鄧禹斬李寶。

更始柱功侯李寶時爲劉嘉相。此蓋別一人，同姓名〔一〕。

三年，三月，朱浮遁走，城降彭寵。

《朱浮傳》：「尚書令侯霸奏：『浮敗亂幽州，構成寵罪，徒勞軍師，不能死節，罪當伏誅。』」按：霸明年乃爲尚書令，蓋追劾之。

四年，七月，丁亥，幸譙〔二〕。

袁《紀》「六月幸譙」。今從范《書》。

馮異破李育、程焉〔三〕。

《公孫述傳》：「使李育、程烏與吕鮪徇三輔。三年，馮異擊鮪、育於陳倉，大敗之。」按《本

〔一〕《通鑑》胡註曰：「余參考范《書》，究其本末，漢中王嘉即以更始柱功侯李寶爲相，禹誅之，非別一人也。」
〔二〕「幸」上，《通鑑》正文有「上」字。
〔三〕「焉」，《通鑑》正文、《資治通鑑目録》仍作「烏」，與《考異》文不合。

紀》：「四年，馮異與述將程焉戰陳倉，破之。」《馮異傳》亦在今年。蓋《述傳》誤以「四年」爲「三年」，「焉」作「烏」耳。

五年，正月，使來歙送馬援歸隴右。

袁《紀》曰：「援與拒蜀侯國遊先俱奉使，遊先至長安，爲仇家所殺。其弟爲囂雲旗將軍，來歙恐其怨恨，與援俱還長安。」按：囂使被殺者，周遊也，不在此時。

三月〔二〕**，龐萌襲破蓋延。**

《東觀記》、《續漢書》皆云〔三〕：「萌攻延，延與戰，破之。詔書勞延曰：『龐萌一夜反畔，相去不遠，營壁不堅，殆令人齒欲相擊。而將軍有不可動之節，吾甚美之。』」《延傳》言「僅而得免」，與彼不同。今從《延傳》。

楚郡太守孫萌。

袁《紀》作「楚相孫萌」。今從范《書》。

〔二〕「三月」，《通鑑》正文此事在二月。按：《後漢書·光武帝紀》亦在三月。

〔三〕「續」，《通鑑》胡註誤脱此字。

十月，張步大將軍費邑。

袁《紀》作「濟南王費邑」。今從《耿弇傳》。

六年，春，申屠剛自隗囂所來。

《本傳》云「七年徵剛」。按：明年囂已臣公孫述，必不用詔書。當在此年。

七年，八月〔二〕，隗囂侵安定，馮異拒之，囂别將攻祭遵。

《帝紀》：「六年冬，隗囂將行巡寇扶風，馮異拒破之。」《馮異傳》：「六年夏，諸將上隴，爲隗囂所敗，乃詔異軍栒邑。未及至，囂乘勝使王元、行巡將二萬人下隴，分遣巡取栒邑。異即先據栒邑，破巡。」又云：「祭遵亦破王元於汧。」《隗囂傳》，侵三輔事亦同。按此文勢，緣諸將才敗還，隗囂即遣二將追之，故得云「乘勝」，又云「馮異未及至栒邑也」。然則馮異、祭遵之破王元、行巡，實在六年明矣。至七年八月〔三〕，《紀》又有「隗囂寇安定，馮異、祭遵擊卻之」。此即《隗囂傳》所書「秋，囂侵安定，至陰槃，馮異拒之。又令别將攻祭遵於汧，兵並無利」者也。據此，是囂兩歲各嘗攻馮異、祭遵矣，故《遵傳》亦云「數挫隗囂」也。而袁《紀》不載六年事，併在

〔二〕「八月」，《通鑑》正文作「秋」。按：《後漢書》《光武帝紀》在八月，《隗囂傳》在秋。

〔三〕「七」，原誤作「十」，今據孔本、《四庫》本、胡本、廣雅本、《通鑑》胡註及《後漢書·光武帝紀》改。

七年秋紀之。且《傳》云「囂乘勝」，若事已一年，安可云乘勝！又，馮異何緣稽緩爾久不至栒邑！故知袁《紀》誤矣。

八年，十二月〔一〕**，温序伏劍而死。**

按《序傳》及袁《紀》，皆稱序爲「護羌校尉」。檢《西羌傳》，九年方置此官，牛邯爲之，又云「邯卒職省」，則序無緣作護羌。今但云「校尉」。

十一年，三月，己酉，幸南陽。

《帝紀》：「己酉，幸南陽。庚午，車駕還宫。」上有「二月己卯」。袁《紀》：「三月己酉，幸南陽。」以《長曆》考之，二月壬申朔，己卯，八日也。己酉、庚午，皆在三月。蓋《帝紀》「己酉」上脱「三月」字。今從袁《紀》。

十二年，任延曰：「忠臣不和，和臣不忠。」

《延傳》作「忠臣不私，私臣不忠」。按：高峻《小史》作「忠臣不和，和臣不忠」，意思爲長，又與上語相應，今從之。

〔一〕「十二月」，《通鑑》正文此事在十一月。

十七年，二月，乙未晦，日有食之。

《帝紀》「乙亥晦」。袁《紀》「乙未」。據《長曆》，三月丙申朔，《帝紀》誤。

十九年，四月，馬援擊都陽等，嶠南悉平。

《援傳》作「都羊」。《帝紀》作「都陽」，今從《紀》。又《帝紀》：「十八年四月，遣援擊交趾。十九年四月，斬側、貳等，因擊都陽等，降之。」《援傳》：「十七年，拜伏波將軍，討側、貳。十八年春，軍至浪泊。明年正月，斬側、貳。」蓋《紀》之所書者，援奏破側、貳及傳側、貳首至雒之時也。沈懷遠《南越志》云：「徵側奔入金溪穴中，二年乃得之。」《援傳》近是，今從之。

二十一年，八月，伏波將軍馬援築堡塞，擊烏桓。

劉昭注補《後漢書》志，亦謂之《續漢志》，其《郡國志》注云「中郎將馬援」，誤也。《帝紀》：「冬十月，遣援出塞擊烏桓。」《援傳》：「十二月，出屯襄國。明年秋，將三千騎出高柳。」袁《紀》在八月祭肜事前，今從之。

二十二年，匈奴單于蒲奴求和親，遣李茂報命。

《帝紀》：「是歲，匈奴日逐王比遣使詣漁陽，請和親，使茂報命。」按：明年，又有「比遣使詣西河内附」。然則茂所報者，非比也。今從《南匈奴傳》。

二十五年，烏桓内屬。

《帝紀》今春既著「烏桓來朝」，歲末又紀「是歲，烏桓朝貢内屬」。蓋始獨大人來朝，後乃率種族内屬耳。

二十六年，秋，賜南單于璽綬。

《帝紀》：「今年春，使段郴賜璽綬〔一〕，置使匈奴中郎將。」據《匈奴傳》，賜璽綬在秋，其置中郎將，亦未知決在何時。或者今春置之，至是更爲之約束制度耳。

二十七年，樊宏薨。

袁《紀》「宏」皆作「密」。今從范《書》。

三十年，十一月，賈復薨。

《本傳》在三十一年。今從袁《紀》。

中元元年，四月〔二〕，改元。

《續漢志》云：「以建武三十二年爲建武中元元年。」《紀年通譜》云：「據《紀》、《志》俱出

〔一〕「郴」，《通鑑》正文及胡註作「彬」。按：《後漢書》《光武帝紀》、《南匈奴傳》原作「郴」。

〔二〕「四月」，《通鑑》正文此事在四月己卯。按：《後漢書·光武帝紀》原在四月己卯。

范氏，而所載不同，此必傳寫脱誤。今官書累經校定，學者失於精審，但見改元復有『建武』二字〔一〕，輒以意删去，斯爲謬矣。梁武帝大同、大通之號，俱有『中』字，是亦憲章於此。」今從袁《紀》、范《書》〔二〕。

顯宗永平二年，十月，賜桓榮爵關内侯。

《帝紀》載詔文，上言李躬而下獨封榮，似脱「躬」字。《榮傳》、袁《紀》，詔獨言桓榮，不及李躬。今闕疑。

十四年，春，周澤行司徒事，復爲太常。

《澤傳》云「十二年」。按：十二年不闕司徒，當是虞延免後、邢穆未至間，澤行司徒事爾，故云數月。

〔一〕「改」，《通鑑》胡註作「紀」。

〔二〕《通鑑》「中元元年」之下胡註曰：「洪氏《隸釋》曰：成都有漢蜀郡太守何君造《尊楗閣碑》，其末云『建武中元二年六月』。按范史《本紀》，建武止三十一年，次年改爲中元，直書爲中元元年。觀此所刻，乃是雖别爲中元，猶冠以建武，如文、景中元、後元之類也。又《祭祀志》載封禪後赦天下詔，明言云『改建武三十二年爲建武中元元年』。《東夷倭國傳》：『建武中元二年，來奉貢。』證據甚明。宋莒公《紀元通譜》云：『《紀》、《志》俱出范《史》，必傳寫脱誤。學者失於精審，以意删去。梁武帝大同、大通，俱有中字，是亦憲章於此。』司馬公作《通鑑》，不取其説。余按《考異》，温公非不取宋説也，從袁、范書中元者，從簡易耳。」

蹇朗。

范《書》作「寒」。陸龜蒙《離合詩》云：「初寒朗詠徘徊立。」袁《紀》作「蹇」。按：今有蹇姓，音件，與袁《紀》合。今從之〔二〕。

十六年，吴棠下獄，免。

袁《紀》「棠」皆作「常」。今從范《書》。

十七年，正月，謁原陵，降甘露於陵樹。

《帝紀》云：「甘露降甘陵。」《皇后紀》云：「謁原陵，甘露降於樹。」然則實降原陵也。《帝紀》誤以「原」爲「甘」。

班超立疏勒故王兄子忠爲王。

袁《紀》云：「求索故王近屬，得兄榆勒立之，更名忠。」《續漢書》云：「求得故王兄子榆勒，立之，更名忠。」今從《超傳》。

陳睦爲西域都護。

袁《紀》「睦」作「穆」。今從范《書》。

〔二〕《通鑑》胡註曰：「余按《姓譜》有寒姓，以爲夏諸侯后寒之後，又曰周武王子寒侯之後。」

柳中城。

袁《紀》作「折中」。今從范《書》。

十八年，酒泉太守段彭。

《耿恭傳》云「秦彭」。今從《帝紀》。

肅宗建初三年，春，馬防大破羌於布橋[一]**。**

《帝紀》，防破羌在四月。蓋春破而京師四月始聞也。今從《防傳》。

四年，四月，癸卯，封馬廖等爲侯。

《皇后紀》稱：「廖等並辭讓，願就關内侯，太后聞之云云，廖等不得已受封爵。」按：太后之辭，皆不欲封廖等之意，而史家文勢，反似太后欲令廖等受封。今輒移廖等辭讓於太后語下，使文勢有序，讀者易解。

七年，十二月，東平獻王。

范《書》作「憲」。今從袁《紀》。

[一] 「於」，《通鑑》正文無此字。按：《後漢書》《馬防傳》、《西羌傳》，布橋是羌豪人名，非地名，《考異》誤衍「於」字。

元和元年，褒寵毛義、鄭均。

《義傳》云「建初中」。今從《均傳》。

二年，《太初曆》失天益遠，作《四分歷》。

按：王莽初已廢《太初》，用《三統歷》。今云「《太初歷》失天益遠」，蓋光武中興，廢莽歷，復用《太初》也。《續漢志》又云：「自太初元年始用《三統歷》。」按：《三統歷》劉歆所造，云太初元年始用，誤也。

三年，四月，鄭弘上書言竇憲。

袁《紀》云：「弘爲尚書僕射，烏孫王遣子入侍，上問弘：『當答其使不〔一〕？』弘對曰：『烏孫前爲大單于所攻，陛下使小單于往救之，尚未賞。今如答之，小單于不當怨乎！』上以弘議問侍中竇憲，對曰：『禮有往來〔二〕。弘章句諸生，不達國體。』上遂答烏孫。小單于忿恚，攻金城郡，殺太守任昌。上謂弘曰：『朕前不從君議，果如此。』弘對曰：『竇憲，奸臣也，有少正卯之行，未被兩觀之誅。陛下前何爲用其議〔三〕！』」按：肅宗時無小單于寇金城事，今不取。

〔一〕「不」，《通鑑》胡註作「否」。按：《後漢紀》原作「不」。
〔二〕「有」，《通鑑》胡註作「存」。按：《後漢紀》原作「有」。
〔三〕「爲」、「其」，《後漢紀》原無此二字。

章和二年，正月，何敞奏記宋由。

《敞傳》此事在肅宗崩後，云：「竇氏專政，外戚奢侈，賞賜過制。敞奏記云云。」袁《紀》在元和三年。按：敞記云，「明公視事，出入再期」，又言臘賜，知在此時。

七月，南單于請伐北虜。

袁《紀》：「章和元年十月，南單于上書，求出兵破北成南。宗意諫[一]，不聽，師未出而帝寢疾。」范《書·南匈奴傳》，事並在此年七月。按：單于書云，「孝章皇帝聖思遠慮」，則范《書》是也。今從之。

都鄉侯暢。

袁《紀》作「郁鄉」[二]。今從范《書》。

冬，鄧訓破迷唐[三]。

《西羌傳》：「永元元年，張紆坐徵，以訓代爲校尉。」《鄧訓傳》：「章和二年，紆誘誅羌，羌謀報怨。公卿舉訓代紆，擊破之。其春，迷唐復欲歸，訓又破之。」按：《訓傳》下云「永元二

[一] 「宗」，《通鑑》胡註作「宋」。按：《後漢紀》原作「宋」。

[二] 「鄉」下，《通鑑》胡註有「侯暢」二字。

[三] 按：《通鑑》胡註引此條考異於永元元年春鄧訓再破迷唐之下。

年」，則「其春」者，永元元年春也。今從《訓傳》。

和帝永元二年，五月〔二〕**，副校尉閻礱**〔三〕。

《西域傳》作「閻槃」。今從《帝紀》〔三〕。

三年，十二月，竇憲請立於除鞬爲單于，宋由等以爲可許，袁安獨上封事，上竟從憲策。

《袁安傳》云：「憲請立左鹿蠡王阿佟爲北單于，安以爲不可，憲竟立右鹿蠡王於除鞬。」據此，則阿佟與於除鞬是二人。袁《紀》作「阿脩」。《南匈奴傳》止有「右谷蠡王於除鞬」，無阿佟名。今從之。袁《紀》又云：「宋由、丁鴻、尹睦以爲阿脩誅君之子，又與烏丸、鮮卑爲父兄之讎，不可立。南單于先帝所置，今首破北虜，新建大功，宜令并領降衆。」與范《書》不同。又云「卒從安議」，蓋誤。今從《袁安傳》。

六年，正月，骨都侯喜殺南單于安國〔四〕。

《帝紀》在去年，誤。今從《南匈奴傳》。

〔二〕「五月」，《後漢書・和帝紀》此事在五月己未，《後漢紀》在六月。

〔三〕「礱」，《後漢書》《和帝紀》原作「磐」，《西域傳》作「槃」，《竇憲傳》作「盤」。

〔三〕《通鑑》胡註曰：「余謂副校尉閻槃，即前戰於稽落山，恐當作『盤』。」

〔四〕「喜」下，《通鑑》正文有「爲」字。按：《後漢書》《和帝紀》作「喜」，《南匈奴傳》作「喜爲」。

七月，班超斬尉犂王汎。

袁《紀》「汎」作「況」〔二〕。今從《超傳》。

九年，閏八月，樊調妻嫕。

袁《紀》「嫕」皆作「憑」。今從《皇后紀》、《梁竦傳》。

越騎校尉趙世。

《西羌傳》作「趙代」。今從《帝紀》〔三〕。

十四年，八月，班超至洛陽。九月，卒。

《本傳》稱超十二年上疏，十四年至洛陽。而妹昭上書曰：「延頸踰望，三年於今。」注引《東觀記》曰：「安息遣使獻大雀、師子，超遣子勇隨入塞。」按《帝紀》：「十三年，安息國入貢。」袁《紀》載超書亦在十三年。今并置其書於此。袁《紀》又云：「超到數月，薨。」今從《本傳》。

安帝永初元年，三月，甲申，葬清河孝王，司空、宗正護喪事。

《帝紀》書「車騎將軍護葬」。今從《傳》。

〔二〕「況」，原誤作「沉」，《通鑑》胡註誤作「沈」，今據孔本、《四庫》本、胡本、廣雅本及《後漢紀》改。

〔三〕《通鑑》胡註曰：「余謂唐太宗諱世民，賢註范《史》，偶檢點及此，遂改『世』爲『代』耳。」

封鄧閶爲列侯。

袁《紀》前作「閶」，後作「閬」，蓋誤。

十二月，詔鄧騭、任尚屯漢陽。

《帝紀》在六月。今從《西羌傳》。

三年，六月，烏桓寇代郡、上谷。

《紀》有涿郡，《傳》無之。今從《傳》。

四年，鄧騭欲棄涼州，虞詡言於張禹，以爲不可。

《龐參》、《虞詡傳》皆云：「四年，羌轉盛，故有棄涼州之畫，又干説鄧騭。」則是騭未以喪罷以前明矣。而《虞詡傳》中言：「詡辟太尉李脩府爲郎中，説李脩。」脩以五年正月方自光禄勳拜太尉。按袁《紀》：「四年春，匈奴寇常山。」下載「騭欲棄涼州，詡説太尉張禹。」又其語言小異於范《書》〔一〕。此近得實，今從之。

五年，三月，詔隴西徙襄武。

上云「金城徙襄武」，此又云「隴西徙襄武」，《紀》、《傳》皆然。或者二郡皆寄治於襄武歟！

〔一〕「語言」，《通鑑》胡註此二字互乙。

元初元年，二月，乙卯，日南地坼。三月，癸亥，日食。

《帝紀》："二月己卯，日南地坼。三月癸酉，日食。"《本志》及袁《紀》皆云："三月己卯，日南地坼。"按《長曆》，是年二月壬辰朔，無己卯；三月壬戌朔，癸酉十二日，不應日食。二月當是「乙卯」，三月當是「癸亥」。

十月，涼州刺史皮楊。

《紀》作「皮陽」。今從《西羌傳》。

二年，八月〔一〕，詔班雄屯三輔。

《帝紀》："冬十月，遣任尚屯三輔。"按《西羌傳》，司馬鈞、龐參抵罪後〔二〕，尚乃代雄屯三輔耳〔三〕。

右扶風仲光。

袁《紀》作「右扶風太守种暠」。今從范《書》。

〔一〕「八月」，《通鑑》正文此事在九月。按：《後漢書·西羌傳》載其事於秋，不言月。

〔二〕「龐參」，《通鑑》胡註脱此二字。按：《後漢書·西羌傳》原有「龐參」二字。

〔三〕按：《考異》此條考任尚代班雄屯三輔的時間，而非詔班雄屯三輔事。故《通鑑》胡註引《考異》文於「十月，任尚代班雄屯三輔」之下。

十月，龐參、梁慬下獄，馬融上書。

《慬傳》曰：「慬爲度遼將軍。明年，安定、北地、上郡皆被羌寇，不能自立，詔慬發邊兵迎三郡吏民，徙扶風界。慬即遣南單于兄子優孤塗奴將兵迎之。既還，慬以塗奴接其家屬有勞，輒授以羌侯印綬，坐專擅，徵下獄，抵罪。明年，校書郎馬融上書訟慬與參。」按：慬爲度遼將軍在永初四年，徙三郡民在五年，參下獄在今年，不得云明年融訟之也。疑《傳》誤。

以虞詡爲武都太守。

《詡傳》曰：「羌寇武都，太后以詡有將帥之略，遷武都太守。」又曰：「賊敗散，南入益州。」《本紀》：「元初元年，羌寇武都、漢中。」據此，似詡以元初元年爲武都太守也。然按《西羌傳》，龐參抵罪後，任尚屯三輔，時詡猶爲懷令，説尚用騎兵。袁《紀》亦云「懷令虞詡説尚」，如范《書》所言。又云：「上問：『何從發此計？』尚表之：『受於懷令虞詡。』由是知名，遷武都太守。」以此驗之，當在龐參抵罪後也。

四年，四月，己巳，鮮卑連休等入寇。

范《書·鮮卑傳》上作「連休」，下作「休連」。今從上文。

十二月，大牛種封離等反。

《西南夷傳》云「五年叛」。今從《帝紀》。

五年，八月，代郡鮮卑入寇，殺長吏。

《獨行傳》云：「元初中，鮮卑數百餘騎寇漁陽。太守張顯率吏士追出塞，遥望虜營烟火，急趣之。兵馬掾嚴授慮有伏兵，苦諫止，不聽。顯蹙令進，授不獲已，前戰，伏兵發，授身被十創，殁於陣。顯拔刃追散兵，不能制，虜射中顯，主簿衛福、功曹徐咸遽趣之〔一〕。顯遂墮馬，福以身擁蔽，虜并殺之。朝廷愍授等節，詔書褒歎，厚加賞賜。」按：元初凡六年，鮮卑不曾犯漁陽，殺長吏，惟是入代郡曾殺長吏。今疑此漁陽本是代郡〔二〕，史之誤也〔三〕。

永寧元年，春，北匈奴、車師共攻殺後部司馬〔四〕。

《班勇傳》：「元初六年，曹宗遣索班屯伊吾。後數月，北單于與車師後部共攻没班〔五〕。」按

〔一〕「趣」，兩浙本作「起」。按：《後漢書·獨行傳》原作「起」，點校本據殿本改作「赴」。

〔二〕「此」，《通鑑》胡註無此字。

〔三〕《通鑑》胡註曰：「余按：張顯事，《通鑑》已書於上卷殤帝延平元年，從范《書·帝紀》也。」今按：《後漢書》《和帝紀》、《鮮卑傳》皆載此事於延平元年。《獨行傳》雖載於「元初中」，然其下又有「永初二年」，而永初在延平後、元初前。則張顯事確在延平元年，《獨行傳》誤。《通鑑》正文已於延平元年夏四月記載張顯事，又在元初五年重複記載，《考異》復疑張顯事是代郡而非漁陽，皆誤。

〔四〕「攻」，《通鑑》正文無此字，《資治通鑑目録》作「擊」。按：《後漢書·西域傳》原無此字。

〔五〕「班」上，《通鑑》胡註有「索」字。按：《後漢書·班勇傳》原無「索」字。

《本紀》：「永寧元年，車師後王叛，殺部司馬。」《車師傳》亦曰：「永寧元年，後王軍就及母沙麻反畔，殺後部司馬及敦煌行事。」蓋班以去年末屯伊吾，今春見殺。或今春奏事方到也。

建光元年。

《陳禪傳》曰：「北匈奴入遼東，追拜禪遼東太守。胡憚其威彊，退還數百里。禪不加兵，但使吏卒往曉慰之〔一〕。單于隨使還郡，禪於學行禮，爲説道義以感化之。單于懷服，遺以胡中珍貨而去。」當在此年矣。又按：北單于，漢朝所不能臣，未嘗入朝天子，安肯見遼東太守！此事可疑，今不取〔二〕。

七月，壬寅，馬英薨。

《傳》作「策罷」，誤。今從《紀》。

九月，戊子，幸衛尉馮石府，留飲十許日〔三〕。

袁《紀》曰：「十二月丙申，乃還宫。」今從《石傳》。

〔一〕「使」，《通鑑》胡註作「遣」。按：《後漢書·陳禪傳》原作「使」。

〔二〕《通鑑》胡註曰：「余按：和帝以來，北匈奴益西徙，自代郡以東至遼東塞外之地，皆鮮卑、烏桓居之，北單于安能至遼東耶！不取，當也。」

〔三〕「許」，《通鑑》正文、《資治通鑑目録》作「餘」。按：《後漢書·馮石傳》原作「許」。

延光元年，四月，龐奮斬姚光，收馮焕。

《帝紀》：「建光元年四月甲戌，龐奮承僞璽書，殺姚光。」《馮緄傳》亦云「建光元年」。按《帝紀》，去年十二月，高驪圍玄菟。而《高驪傳》有姚光上言。蓋光實以延光元年被殺，《紀》、《傳》誤以「延」爲「建」。又今年四月無甲戌。

三年，三月，楊震上疏曰：「去年十二月四日，京師地動。」

《震傳》作「十一月四日」。按下文，其日戊辰。十一月丙申朔，戊辰，乃十二月四日也[一]。

四年，三月，立北鄉侯懿。

《東觀記》、《續漢書》作「北鄉侯犢」。今從袁《紀》、范《書》。

十月[二]，閻崇屯平朔門。

《宦者傳》作「朔平門」。今從袁《紀》[三]。

順帝永建元年，八月，三公劾奏虞詡，詡上書自訟。

《詡傳》云：「帝省其章，乃爲免司空陶敦。」按袁《紀》，孫程就國在九月，而敦免在十月。

[一] 「二」，原誤作「三」，今據兩浙本、孔本、《四庫》本、胡本、廣雅本、《通鑑》胡註改。
[二] 「十月」，《通鑑》正文此事在十一月。按：《後漢紀》在十月，《後漢書·宦者傳》在十一月。
[三] 《通鑑》胡註曰：「余按《百官志》，朔平門，北宮正門也；恐當以《宦者傳》爲是。」

蓋帝由此知敦不直，因事免之。不然，何三府共奏，而獨免敦也？

孫程等就國。

袁《紀》：「秋七月[一]，有司奏：『浮陽侯孫程、祝阿侯張賢爲司隸校尉虞詡訶叱左右，謗訕大臣，妄造不祥，干亂悖逆[二]；王國等皆與程黨，久留京都[三]，益其驕溢。』詔免程等，徙爲都梁侯。程怨恨，封還印綬，更封爲宜城侯。」范《書・孫程傳》亦云：「坐訟虞詡，呵叱左右，就國。」按《虞詡傳》：「程言見用，上不以爲怒。」《周舉傳》云：「程坐爭功，就國。」今從之。

二年，帝設壇見樊英。

《英傳》云：「四年三月，乃設壇場見英。」《黄瓊傳》，李固勸書已云「樊英設壇席」，及瓊至，上疏薦英，稱光禄大夫。則是瓊至之時，英已嘗設壇見之，而爲光禄大夫矣。至三年旱，瓊復上疏。若四年方設壇場見英，則都與《瓊傳》異，知其必不在四年也。

〔一〕「七」，《後漢紀》原作「九」。

〔二〕「干」，原誤作「于」，今據兩浙本、孔本、《四庫》本、胡本、廣雅本、《通鑑》胡註及《後漢紀》改。按：原本「干」、「千」、「于」三字或以形近而誤，以下徑改，不再出校。

〔三〕「都」，《通鑑》胡註作「師」。按：《後漢紀》原作「都」。

永和二年，三月，丁丑，郭虔爲司空。

袁《紀》作「乾」〔一〕。今從范《書》。

五月，黄龍等九侯與宋娥更相賂遺，發覺，並遣就國。

《孫程傳》云：「龍等誣罔曹騰、孟賁。」按《梁商傳》，誣罔騰、賁者，張逵等，非龍等也。

三年，八月〔二〕，丙戌，令公卿舉武猛。

《宦者傳》云：「陽嘉中，詔舉武猛，良賀獨無所薦。」按：此詔蓋誤以「永和」爲「陽嘉」也。

六年，三月，武都太守趙沖擊鞏唐羌〔三〕。

《西羌傳》作「武威太守」。今從《帝紀》。《皇甫規傳》云，「與護羌校尉趙沖」。按《西羌傳》，沖時尚爲太守，《規傳》誤也〔四〕。

〔一〕「紀」，《通鑑》胡註誤作「書」。

〔二〕「八月」，《通鑑》正文此事在九月。按：《後漢書·順帝紀》在九月丙戌。且據《二十史朔閏表》，是年八月庚子朔，無丙戌；九月庚午朔，十七日丙戌。

〔三〕「擊」上，《通鑑》正文有「追」字。按：《後漢書·西羌傳》原有「追」字。

〔四〕《通鑑》胡註曰：「余按：沖以追羌之功詔督河西四郡兵，則武威太守爲是。武都西北接漢陽，東北接扶風，南接漢中，無緣遠督河西四郡兵。」

夏，鞏唐羌寇北地。

《西羌傳》作「罕種羌」。今從《帝紀》。

漢安元年，八月，張嬰詣張綱降。

《帝紀》：「九月，張嬰寇郡縣。」又云：「是歲，嬰詣綱降。」按：《張綱傳》云「寇亂十餘年」，則非今年九月始寇郡縣也。袁《紀》置嬰降事於八月下、十月上，今從之。

二年，六月，丙寅，立兜樓儲爲南單于〔一〕。

袁《紀》：去年「六月，立兜樓儲爲單于」。今從范《書》。

建康元年，八月，遣馮緄督州郡討賊〔二〕。

《帝紀》作「馮赦」，袁《紀》作「馮放」，皆誤。今據《緄傳》。

九月，皇甫規對策，梁冀忿之，遂廢於家〔三〕**，積十餘年。**

《規傳》云：「沖、質之間，規對策，免歸，積十四年。」檢《帝紀》，此後別無舉賢良事。或者

〔一〕「南」，《資治通鑑目録》同，《通鑑》正文作「呼蘭若尸逐就」。按：《後漢書》《順帝紀》原作「南」，《南匈奴傳》原作「呼蘭若尸逐就」。

〔二〕「州郡」，《通鑑》正文作「州兵」。按：《後漢書·順帝紀》、《後漢紀》作「州郡兵」。

〔三〕「廢」上，《通鑑》正文有「沈」字。

此時規舉賢良，其至對策時，已在質帝世也，故云「沖、質之間」。自明年數至梁冀誅，亦整十四年也。

十一月，馬勉稱皇帝〔一〕。

《帝紀》：「永嘉元年三月，勉稱黄帝。」今據《滕撫傳》。

永嘉元年。

袁《紀》作「元嘉」，誤〔二〕。

十一月，丁未，趙序坐畏懦不進〔三〕**，詐增首級，棄市。**

《東觀記》曰：「取錢縑三百七十五萬。」今從《滕撫傳》。

〔一〕「皇帝」，《後漢書》《質帝紀》、《滕撫傳》原作「黄帝」。

〔二〕按：王先謙《後漢書集解》（上海古籍出版社《續修四庫全書》影印民國王氏虚受堂刻本）引錢大昕曰：「史繩祖《學齋佔畢》記淳熙二年，邛州蒲江縣上乘院僧闢地，得古甓封石，有文二十九字，云：『永憙元年二月十二日，蜀郡臨邛漢安鄉安定里公乘校官椽王幽，字珍儒。』繩祖大父勤齋先生子堅跋之，略云：『永憙之號，不見於史。漢沖帝即位改元，史傳相承，以爲永嘉。嘉、憙文字易亂，一年而改，見於它文者幾希，非此刻出於今日，孰知沖帝永嘉之爲永憙也。』」則《通鑑》、《考異》「永嘉」當作「永憙」。

〔三〕「不進」，《通鑑》正文無此二字。按：《後漢書·滕撫傳》原有「不進」二字。

金蛇輸司農。

《种暠傳》云：「二府畏懦，不敢按之。」今從《杜喬傳》。

桓帝建和元年，六月，光禄勳杜喬爲太尉。

《帝紀》云「大司農杜喬」。《喬傳》，喬自司農累遷爲大鴻臚、光禄勳，乃爲太尉。袁《紀》亦然。《荀淑傳》云：「光禄勳杜喬舉淑方正。」今從之。

七月，杜喬諫封梁冀等。

《喬傳》此章在爲太尉前，袁《紀》在爲太尉後。今從袁《紀》。

八月，乙未，立皇后梁氏。

《皇后紀》、袁《紀》皆云「八月」而無日。《帝紀》云「七月乙未」。以《長曆》考之，七月戊申朔，無乙未；乙未，八月十八日也。蓋《帝紀》脱「八月」字。

十一月，梁冀誣杜喬，請按罪〔一〕，太后不許。

《喬傳》云「策免而已」。喬前已免官，《傳》誤也。

〔一〕「請」下，《通鑑》正文有「逮」字。按：《後漢書·杜喬傳》原有「逮」字。

元嘉元年，四月，己丑，上微行，私幸河南尹梁胤府舍〔一〕。

袁《紀》作「梁不疑府」。今從范《書》。

二年，正月，敦煌太守馬達。

《車師傳》作「司馬達」。今從《于闐傳》〔二〕。

永壽元年，秋，南匈奴左薁鞬臺耆、且渠伯德等反。

《帝紀》作「左臺、且渠伯德等叛」。今從《張奂傳》。

二年，七月，李膺爲度遼將軍。

袁《紀》：「延熹二年六月，鮮卑寇遼東，度遼將軍李膺擊破之。」今從范《書》。

十二月，封梁不疑子馬、梁胤子桃爲侯〔三〕。

袁《紀》，馬、桃封在建和元年〔四〕，「馬」作「焉」，「桃」作「祧」。今從范《書》。

〔一〕「私」，《資治通鑑目録》同，《通鑑》正文無此字。按：《後漢書·楊秉傳》原有「私」字。

〔二〕「闐」，《通鑑》正文、《資治通鑑目録》作「窴」。

〔三〕按：《後漢書》《桓帝紀》不載立馬、桃事，《梁冀傳》此事在「永興二年」，與《通鑑》正文、《考異》不合。

〔四〕「年」，原脱，今據孔本、《四庫》本、胡本、廣雅本、《通鑑》胡註補。

三年，十一月，司徒尹頌薨。

袁《紀》在「六月」。今從范《書》。

延熹元年，五月，梁冀殺陳授，帝由此發怒〔一〕。

袁《紀》曰：「冀以私憾專殺議郎邴尊，上益怒之〔二〕。」今從范《書》。

十二月，陳龜爲度遼將軍。

按《匈奴傳》，每除度遼將軍輒書之。此陳龜及前李膺、後种暠皆不記。一時既不當有兩官，今約其事，分著前後。

詔遣南單于車兒還庭。

袁《紀》：「元康元年四月，中郎將張奂以車兒不能治國事，上言更立左鹿蠡王都紺爲單于，詔不許。」范《書·匈奴傳》在延熹元年，今從之。

二年，七月，黄門令具瑗。

《宦者傳》作「中常侍」〔三〕。今從《梁冀傳》。

〔一〕「由此發怒」，《通鑑》正文作「由是怒冀」，《資治通鑑目録》作「由是怒」。按：《後漢書·梁冀傳》原作「由此發怒」。

〔二〕「之」，《通鑑》胡註無此字。按：《後漢紀》原有「之」字。

〔三〕「侍」下，《通鑑》胡註有「貝瑗」二字。

八月，陳蕃薦徐穉等。

范《書·徐穉傳》云：「延熹二年，尚書令陳蕃、僕射胡廣等上疏薦穉。」袁《紀》：「五年，尚書令陳蕃薦五處士。」按：二年胡廣已爲太尉，五年蕃已爲光禄勳。今置在二年，從范《書》；去廣名，從袁《紀》。

楊秉按單超兄子匡，坐論作左校。叔孫無忌寇暴徐、兖，第五種坐徙朔方〔二〕。

《楊秉傳》作「超弟」，《宦者傳》作「弟子」。今從《第五種傳》。范《書》李雲死在延熹三年春，袁《紀》在二年秋。按《楊秉傳》：「三年，坐救雲免歸田里。其年冬，復徵拜河南尹，坐單匡使客任方刺衛羽，繫獄亡走，論作左校。」《第五種傳》：「匡遣客刺羽，超積忿，以事陷種。」若如范《書》，則雲死時單超已卒，何得更能陷種！又雲書所論者，立鄧后與封五侯事，皆在二年。袁《紀》似近之。《種傳》又云：「衛羽爲種説叔孫無忌，無忌率其黨與三千餘人降〔三〕。」按《帝紀》：「延熹三年十一月，無忌攻殺都尉侯章。」又，臧旻訟種書稱：「種所坐盜賊公負，筋力未就。」然則種必不能降無忌，此説妄也。

〔二〕《通鑑》正文此事在延熹二年十二月。
〔三〕「千」，《通鑑》胡註作「十」。按：《後漢書·第五種傳》原作「千」。

三年，正月，左回天、具獨坐、徐卧虎、唐雨墮。

太子賢注范《書》，「雨墮」作「兩墮」，云：「謂隨意所爲〔一〕，不定也。諸本『兩』或作『雨』。」按：雨墮者，謂其性急暴如雨之墮，無有常處也。

四年，二月，种暠爲司徒。

袁《紀》在去年。按：祝恬薨後有盛允，允免，暠爲司徒，相去半年，袁《紀》誤也。今從范《書》。

五年，十月，度尚爲荆州刺史，馮緄討武陵蠻。

《帝紀》：「三年十二月，武陵蠻寇江陵，車騎將軍馮緄討，皆降散。荆州刺史度尚討長沙蠻，平之。」此事當在今年，三年重出〔二〕，誤也。

七年，二月，丙戌，黄瓊薨。

范《書》：「四年，瓊免司空。至七年，卒。」袁《紀》：「七年，瓊以太尉薨。」范《書》，楊秉五年代劉矩爲太尉。袁《紀》，此年瓊卒，秉乃爲太尉。今從范《書》。

〔一〕「謂」，《通鑑》胡註無此字。按：《後漢書·宦者傳》李賢註原有「謂」字。

〔二〕「年」，《通鑑》胡註誤作「月」。

十二月，誅寇榮。

袁《紀》置此事於延熹元年。按范《書·榮傳》云「延熹中被罪」，榮書又云：「遇罰以來，三赦再贖。」不知榮死果在何年。按：襄楷、竇武上書，皆言梁、孫、寇、鄧之誅。今置於此。

八年，正月，楊秉劾奏宦官。

《楊秉傳》：「南巡之明年，秉劾侯覽。」則是在此年矣。《宦者傳》：「韓演奏具瑗〔一〕，瑗坐奪國爲鄉侯。」與《秉傳》所云「削瑗國」共是一時事明矣〔二〕。而袁《紀》載在去年春，與范不同。今從范《書》。

五月，張磐會赦，不肯出獄。

按：張磐會赦得原，檢《帝紀》，此後未有赦，不知會何赦也。六年三月赦，前此二年；永康元年六月赦，後此二年。今從《帝紀》〔三〕。

九年，七月，富賈張汎。

《陳蕃傳》作「張汜」，謝承《書》作「張子禁」。今從《岑晊傳》。

〔一〕「演」，《通鑑》胡註作「縯」。按：《後漢書·宦者傳》原作「演」。

〔二〕「時」，《通鑑》胡註無此字。

〔三〕按：《後漢書·桓帝紀》：延熹八年「三月辛巳，大赦天下」。疑張磐會此赦。

張儉舉奏侯覽。

袁《紀》：「儉行部至平陵〔一〕，逢覽母。儉按劍怒曰：『何等女子干督郵，此非賊邪！』使吏卒收覽母，殺之，追擒覽家屬、賓客，死者百餘人，皆僵尸道路。伐其園宅，井堙木刊，雞犬器物，悉無餘類。」《苑康傳》亦云：「張儉殺侯覽母，按其宗黨，或有迸匿太山界者〔二〕。康窮相收掩，無得遺脱。覽大怨之，徵詣廷尉，坐徙日南。」按《侯覽傳》云：「覽喪母還家。」《陳蕃傳》云：「翟超没入侯覽財産，坐髡鉗。」皆不云儉殺其母。若果殺之，則苑康不止徙日南也。《侯覽傳》又云：「建寧二年，喪母。」蓋以誅黨人在其年，致此誤耳。

成瑨等下獄，陳蕃、劉茂共諫請之。

《陳蕃傳》又有司徒劉矩。按：時胡廣爲司徒，非矩也。

襄楷上疏曰：「前年冬，竹柏傷枯。」

《帝紀》此年十二月書「洛城傍竹柏枯傷」，誤也。

〔一〕「至」，《通鑑》胡註作「下」。按：《後漢紀》原作「至」。

〔二〕「太」，原誤作「大」，今據孔本、《四庫》本、胡本、廣雅本、《通鑑》胡註及《後漢書·苑康傳》改。按：原本「大」、「太」二字或不甚分别，以下徑改，不再出校。

司隸李膺促捕張成。

《黨錮傳》云「膺爲河南尹」〔二〕。按：膺此事非作尹時也。

牢脩上書誣告李膺等。

袁《紀》作「牢順」。今從范《書》。

陳蕃上書極諫，帝策免之。

袁《紀》，李膺下獄在九月。范《書》，蕃免在七月。《蕃傳》：「上書極諫曰：『膺等或禁錮閉隔，或死徙非所』云云。」按：膺等赦出在明年六月，再下獄死徙在建寧二年十月。蕃既以此年七月免，則《蕃傳》所云，疑非蕃書也。又袁《紀》無陳蕃免事，靈帝即位，以太尉陳蕃爲太傅。按：蕃免後有太尉周景，蓋袁《紀》誤也。

永康元年，五月，竇武上疏曰：「今臺閣近臣尚書朱寓等。」

《武傳》：「武上疏曰：『今臺閣近臣，尚書令陳蕃〔三〕、僕射胡廣、尚書朱寓等。』」按：蕃、廣

〔二〕「河」，原誤作「何」，今據兩浙本、孔本、《四庫》本、胡本、廣雅本、《通鑑》胡註及《後漢書·黨錮傳》改。按：原本「河」、「何」二字或以形近而誤，以下徑改，不再出校。

〔三〕「令」，原誤作「今」，今據孔本、《四庫》本、胡本、廣雅本、《通鑑》胡註及《後漢書·竇武傳》改。按：原本「今」、「令」二字或以形近而誤，以下徑改，不再出校。

時不爲令、僕，故去之。

六月，黨人書名三府。

《帝紀》於去年冬書：「李膺等二百餘人受誣爲黨人，並坐下獄，書名三府。」按：陳蕃以訟李膺免，即膺等下獄已在前，後遇赦，方得書名三府。則《帝紀》所紀，爲兩無所用，故去之。又，故書「三府」爲「王府」，劉攽曰：「當爲三府。」

十二月，迎解瀆亭侯宏，時年十二。

范《書》云：「即帝位，年十二〔一〕。」袁《紀》，初立爲嗣，詔書云「年十有二」；建寧二年誅黨人時，云「年十四」。袁《紀》是也。

靈帝建寧元年，正月，壬午，竇武爲大將軍。

袁《紀》：「延熹九年四月戊寅〔二〕，特進竇武爲大將軍。武移病固讓，至于數十，不許。」范《書》在今年正月壬午，《武傳》爲大將軍亦在迎立靈帝後，今從之。

〔一〕「二」，《通鑑》胡註作「三」。按：《後漢書・靈帝紀》原作「一二」。

〔二〕「熹」，原誤作「喜」，今據兩浙本、孔本、《四庫》本、胡本、廣雅本、《通鑑》胡註及《後漢紀》改。

陳蕃爲太傅。

《帝紀》拜蕃太傅在即位後，《傳》在前。緣有蕃責尚書等語，故知從《傳》是也。

九月，辛亥，朱瑀盜發竇武奏。

范《書·帝紀》作「丁亥」，袁《紀》作「辛亥」。按《長曆》，是年九月乙巳朔，無丁亥。今從袁《紀》。

陳蕃聞難，將官屬諸生拔刃突入承明門。

袁《紀》：「蕃到承明門，使者不内，曰：『公未被詔召，何得勒兵入宫！』蕃曰：『趙鞅專兵向宫，以逐君側之惡，《春秋》義之。』有使者出，開門，蕃到尚書門，正色云云。」今從范《書》。

王甫使劍士收蕃，送北寺獄。

范《書·蕃傳》曰：「蕃拔劍叱甫，甫兵不敢近，乃益人圍之數十重，遂執蕃送獄。」今據袁《紀》。

二年，四月，壬辰，青蛇見御坐。癸巳，大風，雨雹。

《帝紀》：「建寧二年四月癸巳，大風，雨雹。」《楊賜傳》：「熹平元年，青蛇見御坐。」《續漢志》：「熹平元年四月甲午，青蛇見御坐。」袁《紀》：「建寧二年四月壬辰，青蛇見。癸巳，大風。」按《張奂傳》，論陳、竇，薦王、李，與袁《紀》相應。今從之。

九月〔一〕，郭泰聞黨人死，私爲之慟曰：「漢室滅矣。」

范《書》以泰此語爲哭陳、竇。袁《紀》以爲哭三君、八俊，今從之。

中常侍袁赦。

袁《紀》作「袁朗」。今從范《書·袁隗傳》。

熹平元年，五月〔二〕，曹節等欲别葬竇太后，陳球下議，太尉李咸上疏。

袁《紀》云：「河南尹李咸執藥上書曰：『昔秦始皇幽閉母后，感茅焦之言，立駕迎母，供養如初。夫以秦后之惡，始皇之悖，尚納直臣之語〔三〕，不失母子之恩。豈況皇太后不以罪殁，陛下之過有重始皇！臣謹左手賫章，右手執藥，詣闕自聞。如遂不省，臣當飲鴆自裁，下覲先帝，具陳得失。』章省，上感其言，使公卿更議。廷尉陳球乃下議。」與范不同，今從范《書》。

七月，有人書朱雀闕言：「天下大亂，曹節、王甫幽殺太后。」

舊云「常侍侯覽多殺黨人」。按：時覽已死，恐誤。今去之。

〔一〕「九月」，《通鑑》正文此事在十月。按：《後漢紀》在九月，《後漢書·靈帝紀》在十月。
〔二〕「五月」，《通鑑》正文此事在六月。按：《後漢書·靈帝紀》、《後漢紀》原在六月。
〔三〕「直臣」，《後漢紀》原作「茅焦」。

十二月，袁隗爲司徒。

袁《紀》在「四年」。今從范《書》。

三年，三月，嗣中山穆王暢薨〔一〕**，無子，國除。**

《本傳》云：「子節王稚嗣，無子，國除。」與《帝紀》異。未知孰是，又不知稚薨在何年，今且從《帝紀》。

六年，四月，旱，蝗。三公條奏長吏苛酷貪汙者，陽球坐嚴酷，徵詣廷尉。

《本傳》：「司空張顥條奏。」按：顥光和元年爲太尉，未嘗爲司空。球光和元年陷蔡邕時已爲將作大匠，不知被徵果在何年。唯熹平五年、六年大旱，故附於此。

光和元年，九月，司空來豔薨。

袁《紀》云：「豔以久病罷。」今從范《書》。

二年，三月，袁滂免，劉郃爲司徒。

袁《紀》：「二月丁巳，滂免。」「劉郃」作「劉邵」。今從范《書》。

〔一〕「嗣」，《通鑑》正文無此字。按：《後漢書》《靈帝紀》、《中山王傳》原無「嗣」字。

四月，辛巳，陽球奏收王甫，下獄死。曹節見磔甫屍道次，抆淚曰：「我曹自可相食〔一〕。」

袁《紀》云：球會虞貴人葬，還入夏城門，曹節見謁於道旁。球大駡曰：「賊臣曹節！」節收淚於車中，而有是語。今從范《書》。

三年，十二月，己巳，立何皇后。

袁《紀》在「十一月」。今從范《書》。

帝問侍中任芝、樂松。

范《書》云「中常侍樂松」。松本鴻都文學，必非中常侍。袁《紀》云「侍中」，今從之。

四年，九月，劉寬免，許馘爲太尉。

袁《紀》：「十月，許郁坐辟召錯繆，免。楊賜爲太尉。」今從范《書》。

閏月，楊賜免。十月，陳耽爲司徒。

袁《紀》：「三年閏月，楊賜久病，罷。十月，陳耽爲司徒。」蓋誤置閏於去年。按《長曆》，此年閏十月。以袁《紀》考之，閏九月爲是，恐《長曆》差一月。今從范《書·帝紀》。

〔一〕「自可」，《通鑑》正文此二字互乙。按：《後漢書·陽球傳》原作「自可」。

五年，正月，陳耽上言。

《劉陶傳》：「光和五年，以謡言舉二千石，耽與議郎曹操上言。」按：耽已爲司徒，不應與議郎同上言。王沈《魏書》曰：「是歲以災異博問得失，太祖因此上書切諫。」不云與耽同上言也。今但云陳耽。

六年，冬〔一〕。

《本紀》云「大有年」。按：今夏大旱，縱使秋成，亦不得爲大有年。今不取。

張角置三十六方。

袁《紀》作「坊」。今從范《書》。

中平元年，春，濟南唐周告張角反。

袁《紀》云「濟陰人唐客」。今從范《書》。

車裂馬元義。

袁《紀》曰：「五月乙卯，馬元義等於京都謀反，伏誅〔二〕。」今從范《書》。

〔一〕按：《通鑑》正文六年無「冬」字，胡註引《考異》此條於「秋五原山岸崩」之下。

〔二〕「京」，原誤作「哀」，今據兩浙本、孔本、《四庫》本、胡本、廣雅本、《通鑑》胡註及《後漢紀》改。

二月，角自稱天公將軍，角弟寶稱地公將軍，寶弟梁稱人公將軍。

司馬彪《九州春秋》云：「角弟梁，梁弟寶。」袁《紀》云：「角弟良、寶。」今從范《書》。

張鈞上書請斬十常侍。

范《書·宦者傳》上列常侍十二人名，而下云「十常侍」，未詳〔一〕。

七月，巴郡張脩反。

范《書·靈帝紀》有此「張脩」。陳壽《魏志·張魯傳》有「劉焉司馬張脩」，劉艾《典略》有「漢中張脩」，裴松之以爲：「張脩應是張衡，非《典略》之失，則傳寫之誤。」按《魯傳》云：「祖父陵，父衡，皆爲五斗米道。衡死，魯復行之。」劉焉司馬張脩與魯同擊漢中，魯襲殺脩，非其父也。今此據范《書》。

十二月，王允下獄，袁隗、楊賜上疏請之。

《允傳》云「太尉袁隗、司徒楊賜」。按：隗、賜時皆不爲此官，恐誤。

〔一〕《通鑑》胡註曰：「據《宦者傳》，是時張讓、趙忠、夏惲、郭勝、孫璋、畢嵐、栗嵩、段珪、高望、張恭、韓悝、宋典十二人皆爲中常侍。言十常侍，舉大數也。」

三年，二月，趙忠爲車騎將軍，傅燮出爲漢陽太守。

袁《紀》在明年九月。今從范《書》。

四年，四月，傅燮戰歿。

袁《紀》在明年五月。今從范《書》。

十月，長沙賊區星。

范《書》作「觀鵠」。今從陳壽《吴志》。

五年，三月，益州刺史郤儉。

范《書》作「郗儉」。今從陳壽《蜀志》。

南匈奴右部醯落攻殺單于羌渠。

《帝紀》：「休屠各胡攻殺并州刺史張懿〔一〕，遂與南匈奴左部胡合，殺其單于。」今從《匈奴傳》。

八月，置西園八校尉。

范《書·袁紹傳》：「紹爲佐軍校尉。」《何進傳》：「淳于瓊爲佐軍校尉。」今從樂資《山陽公

〔一〕「休」，《通鑑》正文、胡註無此字。按：《後漢書·靈帝紀》原有「休」字。

載記》。

十月，甲子，帝講武，問蓋勳。

《勳傳》云：「勳時與宗正劉虞、佐軍校尉袁紹同典禁兵，勳謂虞、紹云云。」按：虞於匈奴未叛之前已爲幽州牧，又宗正非典兵之官。今除之。

六年，四月，劉虞爲太尉。

袁《紀》：「三月己丑，光禄劉虞爲司馬，領幽州牧。」今從范《書》。

戊午，皇子辯即位，年十四。

《帝紀》云「年十七」。張璠《漢紀》曰「帝年十四」，今從之。

中常侍郭勝。

袁《紀》作「郭脉」，《九州春秋》作「郎勝」。今從《何進傳》[一]。

六月，辛亥，董后暴崩。

《九州春秋》曰：「太后憂懼，自殺。」今從《皇后紀》。

[一] 「何」，原誤作「柯」，今據孔本、《四庫》本、胡本、廣雅本、《通鑑》胡註改。

七月，皇甫嵩從子酈。

袁《紀》作「從子邏」。今從范《書》。

何進召董卓。

《進傳》曰：「召卓屯關中上林苑。」按：時卓已駐河東，若屯上林，則更爲西去，非所以脅太后也。今從《卓傳》。

袁術燒南宫青瑣門〔一〕**。**

《何進傳》作「九龍門」。今從袁《紀》。

十月，白波賊寇河東。

《帝紀》：「五年九月，南單于叛，與白波賊寇河東。」按《匈奴傳》，帝崩之後，於扶羅乃與白波賊爲寇。《紀》誤，今從《傳》。

十二月，尚書武威周毖、城門校尉汝南伍瓊。

范《書》云「吏部尚書漢陽周珌、侍中汝南伍瓊」。袁《紀》作「侍中周毖」。今從《魏志》及《英雄記》。

〔一〕《通鑑》正文此事在八月。按：《後漢書·何進傳》、《後漢紀》原在八月。

孔伷爲豫州刺史。

《九州春秋》作「孔胄」。今從《董卓傳》。

韓馥聽袁紹舉兵。

范《書》、《魏志》俱有此事，范《書》在舉兵之後，《魏志》在舉兵之前。若在舉兵後，時紹已爲盟主，馥何敢禁其發兵？若在舉兵前，則近是也。今從《魏志》。

資治通鑑考異卷第三

端明殿學士兼翰林侍讀學士太中大夫提舉西京嵩山崇福宮上柱國河内郡開國公食邑二千六百户食實封壹阡户臣司馬光奉敕編集

漢紀下

獻帝初平元年，三月，乙巳，車駕入長安。

袁《紀》作「己巳」。今從范《書》。

袁術據南陽。

范《書·術傳》云：「劉表上術爲南陽太守。」《表傳》云：「術阻兵屯魯陽，表不得至荆州。」《魏志·術傳》：「孫堅殺張咨，術得據南陽。」《魏·武帝紀》此年二月已云「術屯南陽」。蓋術初奔魯陽，此春孫堅取南陽，術乃據之，猶以魯陽爲治所也。

六月，王匡殺胡母班等〔二〕。

謝承《後傳漢書》曰〔三〕：「班，王匡之妹夫。班與匡書云：『僕與太傅馬公、太僕趙岐、少府陰脩俱受詔命。關東諸郡雖實嫉卓，猶以銜奉王命，不敢玷辱。而足下獨囚僕於獄，欲以釁鼓，此悖暴無道之甚者也！』」按范《書》：此年「六月，遣韓融等安集關東，袁術、王匡各執而殺之。三年八月，遣馬日磾及趙岐慰撫天下。」袁《紀》，遣馬、趙亦在三年八月，時董卓已死。而此書云與馬、趙俱受詔，又云恚卓遷怒，自相乖迕。疑非班書，今不取。

冬，蔡邕議省廟號。

袁《紀》在明年。今從范《書》。

二年，四月，皇甫嵩答董卓。

范《書·嵩傳》及《山陽公載記》記嵩語與此不同。今從張璠《漢紀》。

韓馥以冀州讓袁紹，長史耿武、治中李歷諫。

《九州春秋》作「耿彧」。今從范《書》、《魏志》、袁《紀》。又范《書》「騎都尉沮授諫」，無李

〔二〕「母」，孔本、《四庫》本、胡本、廣雅本、《通鑑》正文、《資治通鑑目録》作「毋」。按：《後漢書》、陳壽《三國志·魏書·袁紹傳》（北京中華書局一九八二年點校本，下同）皆作「母」。

〔三〕「傳」，點校本《通鑑》於字下註「衍」。

歷。今從《魏志》、袁《紀》。

十月，帝遣劉和詣父虞。

范《書·劉虞傳》：「虞使田疇使長安，時和爲侍中，因遣從武關出。」按《魏志·公孫瓚傳》，但云天子思歸，不云因疇至也。若爾，當令和與疇俱還，不應出武關。又疇未還，劉虞已死。虞死在初平四年冬，界橋戰在三年春。范《書》誤也。

孫堅戰死。

范《書》：「初平三年春，堅死。」《吴志·孫堅傳》亦云「初平三年」。《英雄記》曰「初平四年正月七日死」。袁《紀》「初平三年五月」。《山陽公載記》載策表曰〔一〕：「臣年十七，喪失所怙。」裴松之按：「策以建安五年卒，時年二十六，計堅之亡，策應十八，而此表云十七，則爲不符。張璠《漢紀》及胡沖《吴歷》並以堅初平二年死，此爲是，而《本傳》誤也。」今從之。

三年，袁紹斬嚴綱。

《九州春秋》作「劉綱」。今從范《書》、《魏志》。

〔一〕 按：《三國志·吴書·孫堅傳》裴松之註，載孫策表者是《吴録》，非《山陽公載記》。

四月，騎都尉李肅。

袁《紀》作「李順」。今從范《書》、《魏志》。

荀攸與鄭泰、种輯謀殺董卓。

《魏志》云：「攸與何顒、伍瓊同謀。」按：顒、瓊死已久，恐誤。

五月。

范《書》：「丁酉，大赦。」袁《紀》：「丁未，大赦。」按：是年正月丁丑大赦，及李傕求赦，王允曰：「一歲不再赦。」然則五月必無赦也。

李傕等圍長安〔二〕，守之八日。

《魏志》云「十日」。今從范《書》。

揚州刺史陳温卒〔三〕，袁術以陳瑀爲刺史。

《獻帝紀》：「四年三月，袁術殺陳温，據淮南。」《魏志·術傳》云：「術殺温，領其州。」裴松

〔二〕「傕」，原誤作「催」，今據兩浙本、孔本、《四庫》本、胡本、廣雅本、《通鑑》正文、《資治通鑑目録》及《後漢書》、《三國志·魏書》《董卓傳》改。

〔三〕「揚」，原誤作「楊」，今據《四庫》本、廣雅本、《通鑑》正文改。按：原本「揚」、「楊」二字或不分，以下徑改，不再出校。

之按：「《英雄記》，温自病死，不爲術所殺。《九州春秋》曰：『初平三年，揚州刺史陳禕死，術以瑀領揚州。』蓋『陳禕』當爲『陳温』，實以三年卒。」今從之。

四年，正月，丁卯，赦。

袁《紀》「五月丁卯赦」。今從范《書》。

六月，闕宣稱天子，陶謙擊殺之。

范《書·謙傳》作「閻宣」。今從《魏志》《武紀》及《謙傳》。《魏·武紀》又曰：「謙與宣共舉兵，取泰山華、費，掠任城。」《謙傳》亦云：「謙始與合從，後遂殺之，并其衆。」按：謙據有徐州，託義勤王，何藉宣數千之衆而與之合從！蓋謙别將與宣共襲曹嵩，故曹操以此爲謙罪而伐之耳〔一〕。

興平二年，正月，癸丑，赦。

袁《紀》作「癸酉」。按《長曆》，是月癸卯朔，無癸酉。今從范《書》。

拜袁紹爲右將軍。

袁《紀》作「後將軍」。今從范《書》。

〔一〕「伐」，原誤作「代」，今據兩浙本、孔本、《四庫》本、胡本、廣雅本、《通鑑》胡註改。

閏月，己卯，帝使皇甫酈和傕、汜。

袁《紀》「酈」作「麗」。今從范《書》。

沮授説袁紹迎天子。

《魏志·紹傳》曰：「天子在河東，紹遣郭圖使焉。圖還，説紹迎天子都鄴〔二〕，紹不從。」今從范《書》。

孫策渡江。

《魏志》、袁《紀》皆云：「初平四年，策受袁術使渡江。」《漢·獻帝紀》、《吴志·孫策傳》皆云「興平元年」。虞溥《江表傳》云：「策興平二年渡江。」按：術初平四年始得壽春。《策傳》云：「術欲攻徐州，從陸康求米。」事必在劉備得徐州後也。《劉繇傳》稱吴景攻繇，歲餘不克，則策渡江不應在興平元年已前。今依《江表傳》爲定。

劉繇敗走。

《帝紀》，繇敗走在興平元年。今從《江表傳》。

〔二〕「紹」，原誤作「紀」，今據孔本、《四庫》本、胡本、廣雅本、《通鑑》胡註及《三國志·魏書·袁紹傳》改。

繇使朱晧攻諸葛玄。

袁暐《獻帝春秋》云：「劉表上玄領豫章太守。」范《書·陶謙傳》亦云劉表所用，而陳《志·諸葛亮傳》云術所用。按：許劭勸繇依表，必不攻其所用也。今從《亮傳》。

建安元年，六月，劉備戰敗，屯於海西。

《蜀志·備傳》於此云：「楊奉、韓暹寇徐、揚間，備邀擊，盡斬之。」按：暹、奉後與呂布同破袁術，於時未死也。《備傳》爲誤。

備屯小沛。

《備傳》云：「遣關羽守下邳。」此在布敗後，《備傳》誤也。

八月，董承等拒曹洪。

《魏志》此事在正月，而《荀彧傳》迎天子在都雒後。今從《傳》〔一〕。

曹操爲鎮東將軍。

《魏志》在六月，而《董昭傳》在都雒後。今從《傳》。

〔一〕「從」，原誤作「後」，今據兩浙本、孔本、《四庫》本、胡本、廣雅本、《通鑑》胡註改。

十月，郭嘉諫操圖劉備。

《傅子》以爲程昱、郭嘉勸操殺備。今從《魏書》。

二年，孫策襲烏程侯。

《江表傳》曰：「建安二年夏，王誧奉戊辰詔書賜策。」不知其何月也。

九月，操擊斬橋蕤。

范《書·呂布傳》云：「布破張勳於下邳，生擒橋蕤。」此又一橋蕤，將蕤被獲又還也？然《魏志·呂布傳》無橋蕤事，當是范《書》誤。

操攻呂布，灌城月餘〔二〕。

范《書·布傳》云「灌其城三月」，《魏志·傳》亦曰「圍之三月」。按：操以十月至下邳，及殺布，共在一季，不可言三月。今從《魏志·武紀》。

劉備諫操緩呂布〔三〕。

《獻帝春秋》曰：「太祖意欲活布，命使寬縛。主簿王必趨進曰：『布，勍虜也，其衆近在外，

〔二〕《通鑑》正文此事在三年十一月，《資治通鑑目録》亦在三年。按：《三國志·魏書》《武帝紀》、《呂布傳》、《後漢書》《獻帝紀》、《呂布傳》原在三年。

〔三〕《通鑑》正文此事在三年十二月。

不可寬也。』太祖曰：『本欲相緩，主簿復不聽，如之何？』」今從范《書》、陳《志》。

十二月，桓階説張羨附曹操。

《魏志·桓階傳》，袁、曹相拒官渡，而階説羨。按范《書·劉表傳》，建安三年，羨拒表〔一〕，在官渡前也。

孫策遣張紘獻方物。

《江表傳》曰：「倍於元年所獻。其年，制書拜討逆，封吴侯。」按：策貢獻在二年，非元年也。又陳《志·紘傳》曰：「建安四年，遣紘奉章詣許。」按《吴書》：「紘述策材略忠款，曹公乃優文褒崇，改號加封。」然則紘來在策封吴侯前，《本傳》誤也。

四年，四月〔二〕，袁術部曲奔劉勳。

《吴志·孫策傳》曰：「術死，長史楊弘、大將張勳等將其衆欲就策。廬江太守劉勳邀擊，悉虜之，收其珍寶以歸。」與諸書不同。今從范《書》、陳《志》《術傳》及《江表傳》。

〔一〕「拒」，原脱，今據《通鑑》胡註補。按：《後漢書·劉表傳》作「畔」，《三國志·魏書·桓階傳》作「拒」。

〔二〕「四月」，《通鑑》正文此事在六月。按：《後漢書·袁術傳》原在六月。

十二月，華歆迎孫策。

華嶠《譜敘》曰：「孫策略有揚州，盛兵徇豫章，一郡大恐，官屬請出郊迎，歆曰：『無然。』策稍進，復白發兵，又不聽。及策至，一府皆造閤，請出避之，乃笑曰：『今將自來，何遽避之！』有頃，門下白曰：『孫將軍至。』請見，乃前與歆共坐，談議良久，夜乃別去。義士聞之，皆長歎而心自服也。」此説太不近人情，今不取。

劉備殺車胄。

《蜀志》先敘董承謀泄誅死，備乃殺車胄。《魏志》，備殺車胄後，明年，董承乃死。袁《紀》，備據下邳亦在承死前。《蜀志》誤也。

五年，正月，曹操破備。

《魏書》曰：「備謂操與大敵連，不得東，而候騎卒至，言曹公來。備大驚，然猶未信，自將數十騎出望公軍，見麾旌，便棄衆而走。」計備必不至此，《魏書》多妄。

四月，孫策擊陳登，到丹徒〔一〕**。**

此事出《江表傳》。據《策傳》云：「策謀襲許，未發而死。」《陳矯傳》云：「登爲孫權所圍於

〔一〕「到」上，《通鑑》正文有「軍」字。

匡奇。登令矯求救於太祖，太祖遣赴救。吴軍既退，登設伏追奔，大破之。」《先賢行狀》云：「登有吞滅江南之志。孫策遣軍攻登於匡奇城，登大破之，斬虜以萬數。賊忿喪軍，尋復大興兵向登。登使功曹陳矯求救於太祖。」此數者，參差不同。孫盛《異同評》云：「按袁紹以建安五年至黎陽，策以四月遇害。而《志》云策聞曹公與紹相拒於官渡，謬矣。伐登之言，爲有證也。」今從之。

策殺許貢。

《江表傳》曰：「初，貢上表於漢帝，言策驍雄，宜召還京邑，若放於外，必作世患。候吏得表以示策，策以讓貢，貢辭無表，策令武士絞殺之。」按：貢先爲朱治所迫，已去郡依嚴白虎，安能復爾！蓋策破白虎時殺貢耳。

丙午，策卒。

虞喜《志林》云，策以四月四日死，故置此。陳《志·策傳》：「策陰欲襲許，迎漢帝，密治兵。部署未發，爲許貢客所殺。」《郭嘉傳》曰：「策渡江，北襲許，衆聞皆懼。嘉料之曰：『策輕而無備，必死於匹夫之手。』果爲貢客所殺。」嘉雖先見，安能知策死於未襲許之前乎！蓋時人見策臨江治兵，疑其襲許，嘉料其不能爲耳。

十月，許攸奔曹操。

《魏志·武紀》曰：「攸貪財，袁紹不能足，來奔。」今從范《書·紹傳》。

操破紹，殺七萬餘人。

范《書·紹傳》曰：「所殺八萬人。」按《獻帝起居注》：「曹公上言，凡斬首七萬餘級。」

周瑜止魯肅。

《肅傳》曰：「劉子揚招肅往依鄭寶，肅將從之。瑜以權可輔，止肅。」按：劉曄殺鄭寶，以其衆與劉勳，勳爲策所滅，寶安得及權時也。

七年，五月[二]，南單于降。

《魏志·張既傳》曰：「高幹及單于皆降。」非也。

八年，二月，曹操攻黎陽。

《魏志·武紀》作「三月」。今從范《書·袁紹傳》。又《魏志·紹傳》云：「譚、尚與太祖相拒黎陽，自二月至九月。」當云自九月至二月。

[二]「五月」，《通鑑》正文此事在九月。按：《三國志·魏書》《鍾繇傳》、《張既傳》載南匈奴降事無年月。然此事起因於袁尚拒曹操於黎陽，遣郭援、高幹及南匈奴單于攻平陽，故《通鑑》正文附此事於建安七年九月曹操征袁譚、袁尚事後。

操追袁譚、袁尚至鄴〔一〕。

范《書·紹傳》曰：「尚逆擊，破操軍。」今從《魏志·紹傳》〔二〕。

九年，七月，袁尚保祁山。

《魏志·紹傳》云「還走濫口」，范《書》作「藍口」。今從《魏·武紀》〔三〕。

十三年，正月，趙温免。

《獻帝起居注》在十五年，范《書·帝紀》在十三年。按：是年罷三公官，温不至十五年也。

甘寧奔孫權。

《吴志·孫權傳》，建安八年、十二年，皆嘗討黄祖。《凌統傳》，父操死時，統年十五，攝父兵。後擊麻、保屯，刺殺陳勤。按《周瑜》、《孫瑜傳》，以十一年擊麻、保屯，則操死似在八年。然後五年寧乃奔權，似晚。今無年月可據，追言之。

〔一〕《通鑑》正文此事在四月。按：《三國志·魏書·武帝紀》亦在四月。

〔二〕《通鑑》胡註曰：「余謂此諸葛孔明所謂偪于黎陽時也，必有破操軍事，魏人諱而不書耳。」

〔三〕《通鑑》胡註曰：「陳壽《魏》《武紀》作『祁山』，《袁紹傳》作『濫口』，范《史·袁紹傳》作『藍口』。賢註曰：相州安陽縣界有藍嵯山，與鄴相近，蓋藍山之口。」

六月，曹操表馬騰爲衛尉。

《典略》曰：「建安十五年，徵騰爲衛尉。」按《張既傳》：「曹公將征荆州，令既説騰入朝。」蓋「三」字誤爲「五」耳。

八月，蒯越等説劉琮降。

范《書》、陳《志》《表傳》皆云，韓嵩亦説琮降。按：嵩時被囚，必不預謀。

九月，操以王粲爲掾屬。

《粲傳》曰，「太祖置酒漢濱，粲奉觴賀」云云。按：操恐劉備據江陵，至襄陽即過，日行三百里。引用名士，皆至江陵後所爲，不得更置酒漢濱，恐誤。

十二月，孫權圍合肥。

《魏志·武紀》：「十二月，權爲備攻合肥。公自江陵征備，至巴丘，遣張憙救合肥〔二〕。權聞憙至，乃走。公至赤壁，與備戰，不利。」孫盛《異同評》曰：「按《吴志》，備先破公軍，然後權攻合肥。而此《紀》云，先攻合肥，後有赤壁之事。二者不同。《吴志》爲是。」又《陳矯傳》云：「陳登爲權所圍於匡奇，令矯求救於曹操。」而《先賢行狀》云：「登爲策所圍。」按：策始欲攻登，未

〔二〕「憙」，原皆誤作「喜」，今據孔本、廣雅本及《三國志·魏書·武帝紀》改。

濟江，已爲許貢客所殺。《吴書》云：「權征合肥，命張昭别討匡奇。」於時陳矯已爲曹仁長史。又陳登年三十六而卒，必已不在。不知登之被圍果在何時也。

十四年，三月，權燒圍走。

《魏志·武紀》：「十二月，權圍合肥。」《劉馥傳》云「攻圍百餘日」。《孫權傳》云「踰月不能下」。由此言之，權退必在今年，明矣。

張遼討斬陳蘭、梅成〔二〕。

《遼傳》無年。按繁欽《征天山賦》云：「建安十四年十二月甲辰，丞相武平侯曹公東征，臨川未濟，羣舒蠢動，割有灊、六〔三〕，乃俾上將盪寇將軍張遼治兵南岳之陽。」又云：「陟天柱而南徂。」故置於此。

十五年，十二月，周瑜卒。

按《江表傳》，瑜與策同年。策以建安五年死，年二十六，瑜死時年三十六，故知在今年也。

〔二〕《通鑑》正文此事在十二月，與《征天山賦》同。

〔三〕「灊」，原誤作「潛」，今據胡本、廣雅本、《通鑑》胡註及《三國志·魏書·張遼傳》改。

魯肅勸權以荆州借備。

《肅傳》曰：「曹公聞權以土地業備，方作書，落筆於地。」恐操不至於是，今不取。

十六年，八月，操遣徐晃等渡蒲阪津。

《晃傳》曰：「太祖至潼關，恐不得渡，召問晃。晃曰：『公盛兵於此，而賊不復別守蒲阪，知其無謀也。今假臣精兵，渡蒲阪津，爲軍先置，以截其裏，賊可禽也。』太祖曰：『善。』」按《武帝紀》，潛遣二將渡蒲阪，皆太祖之謀，而《晃傳》云皆晃之策。蓋陳氏各欲稱其功美，不相顧耳。

操與韓遂語〔一〕。

《許褚傳》曰：「太祖與韓遂、馬超等會語，左右皆不得從，唯將褚。超負其力，陰欲前突太祖，素聞褚勇，疑從騎是褚，乃問曰：『公有虎侯者安在？』太祖顧指褚，褚瞋目眄之，超不敢動。」按：時超不與遂同在彼，故疑遂，此說妄也〔二〕。

十二月，法正說劉備取益州。

韋曜《吴書》曰：「備前見張松，後得法正，皆厚以恩德接納〔三〕，盡其殷勤之歡。因問蜀中闊

〔一〕《通鑑》正文此事在九月。按：《三國志·魏書·武帝紀》原在九月。
〔二〕「遂」，《通鑑》胡註無此字。
〔三〕「德」，《三國志·蜀書·先主傳》裴松之註引《吴書》原作「意」。

狹，兵器府庫，人馬衆寡，及諸要害道里遠近，松等具言之。」按《劉璋》、《劉備傳》，松未嘗先見備，《吴書》誤也。

十七年，十月，荀彧飲藥而卒。

陳《志·彧傳》曰「以憂薨」。范《書·彧傳》曰：「操饋之食，發視，乃空器也，於是飲藥而卒。」孫盛《魏氏春秋》亦同。按：彧之死，操隱其誅。陳壽云以憂卒，蓋闕疑也。今不正言其飲藥，恐後世爲人上者，謂隱誅可得而行也。

十八年，九月，馬超奔張魯。

《楊阜傳》云「十七年九月」。《武帝紀》：「十八年，超在漢陽，復因羌、胡爲害。十九年正月，趙衢等討超，超奔漢中。」按：姜敘九月起兵〔二〕，超即應出討，超出，衢等即應閉門，不應至來年正月。蓋魏史書捷音到鄴之月耳。《楊阜傳》誤也。

十九年，七月，操留少子植守鄴。

《植傳》云：「太祖戒之曰：『吾昔爲頓丘令，年二十三，思此時所行，無悔於今。今汝年亦二十三矣。』」又云：「植，太和六年薨，年三十一。」按：植今年年二十三，則死時當年四十一

〔二〕「姜」，原誤作「羌」，今據兩浙本、孔本、《四庫》本、胡本、廣雅本、《通鑑》胡註及《三國志·魏書·楊阜傳》改。

矣。《本傳》誤也。

二十年，五月，呂蒙留孫河，委以後事。

按：孫河已死，或它人同姓名耳。

劉備聞操將攻漢中。

《備傳》云「曹公定漢中」，《孫權傳》云「入漢中」。按：操以七月入漢中，備未應即聞之，而八月權已攻合肥。蓋聞曹公兵始欲向漢中，即引兵還耳。

七月，張衛等夜遁。

《武帝紀》曰：「公至陽平，張魯使弟衛等據關，攻之不拔，乃引還。賊守備解散，公乃密遣解慓等乘險夜襲〔一〕，大破之。」《劉曄傳》曰：「太祖欲還，令曄督後諸軍。曄策魯可克，馳白太祖，不如致攻，遂進兵，魯乃奔走。」郭頒《世語》：「魯遣五官掾降，弟衛拒，王師不得進。魯走巴中。軍糧盡，太祖將還。西曹掾郭諶曰：『魯已降，留使既未反，衛雖不同，偏攜可攻。縣軍深入，以進必克，退必不免。』太祖疑之。夜有野麋數千，突壞衛營，軍大驚。高祚等誤與衛衆遇，衛以爲大軍見掩，遂降。」《魏名臣奏》載楊曁表曰：「武皇帝征張魯，以十萬之衆，身親臨履。張

〔一〕「慓」，《通鑑》胡註作「摽」。按：《三國志・魏書・武帝紀》原作「慓」。

衛之守，蓋不足言。地險守易，雖有精兵虎將，勢不能施。對兵三日，欲抽軍還。天祚大魏，魯守自壞，因以定之。」又載董昭表，其「承涼州」以下，皆昭表所述，必得實。今從之。

守將雖斬之。

《劉曄傳》云，「備雖斬之」[一]。按《備傳》云：「備下公安，聞曹公定漢中，乃還。」如此，則備時猶在公安也。

二十二年，正月，操軍居巢。

《孫權傳》，曹公次居巢，攻濡須，並在去冬。今從《魏·武紀》。

二十四年，正月，劉備營於定軍山。

《備傳》云「於定軍山勢作營」，《法正傳》作「定軍、興勢」。今從《黄忠傳》。

斬夏侯淵。

《淵傳》曰：「備夜燒圍鹿角。淵使張郃護東圍，自將輕兵護南圍。備挑郃戰，郃軍不利。淵分兵半助郃，爲備所襲，戰死。」《張郃傳》曰：「備於走馬谷燒都圍，淵救火，從他道與備相遇，交戰，短兵接刃，淵遂没。」今從《劉備》、《黄忠》、《法正傳》。

[一] 「備雖斬之」，按：《三國志·魏書·劉曄傳》不載此語，此語見於裴松之註引《傅子》曰。

魏紀

高祖黄初元年[一]，十月，辛未，升壇受禪。

陳《志》云：「丙午，行至曲蠡，漢帝禪位。庚午，升壇即阼[二]。」袁《紀》亦云：「庚午，魏王即位。」按《獻帝紀》[三]，乙卯始發禪册，二十九日登壇受命。又，文帝受禪碑至今尚在，亦云辛未受禪。陳《志》、袁《紀》誤也。范《書》云：「魏遣使求璽綬，曹皇后不與。如此數輩，后乃呼使者，以璽抵軒下，因涕泣横流，曰：『天不祚爾！』左右皆莫能仰視。」按：此乃前漢元后事，且璽綬無容在曹后之所，此説妄也。

二年。

陳《志》：「正月乙亥，朝日于東郊。」裴松之以爲朝日在二月。按：二月辛丑朔，無乙亥。

烈祖太和二年，正月，姜維降漢。

孫盛《雜語》曰：「維詣諸葛亮，與母相失。後得母書，令求當歸。維曰：『良田百頃，不在

[一]「高」，《資治通鑑目録》同，《通鑑》正文作「世」。
[二]「阼」，胡本、《通鑑》胡註作「祚」。按：《三國志・魏書・文帝紀》原作「阼」。
[三]「紀」，《三國志・魏書・文帝紀》裴松之註原作「傳」。

一畝，但有遠志，不在當歸也。』」按：維粗知學術，恐不至此。今不取。

青龍二年。

唐太宗《晉書·景懷夏侯后傳》，后以此年死，云：「宣帝居上將之重，諸子並有雄才大略。后知帝非魏之純臣，而后既魏氏之甥，帝深忌之〔一〕，遂以鴆崩。」按：是時司馬懿方信任於明帝，未有不臣之迹，況其諸子乎！徒以魏甥之故，猥鴆其妻，都非事實，蓋甚之之辭。不然，師自以他故鴆之也。今不取。

景初二年，六月，公孫淵圍塹二十餘里。

《晉·宣紀》云「南北六七十里」。今從《淵傳》。

十二月，劉放執帝手作詔，免燕王宇等官。

《放傳》曰：「宇性恭良，陳誠固辭。帝引見放、資入卧内，問曰：『燕王正爾爲？』放、資對曰：『燕王實自知不堪大任，故耳！』帝曰：『曹爽可代宇否？』放、資因贊成之。又深陳宜速召太尉司馬宣王，帝納其言。放、資既出，帝意復變，詔止宣王勿來。尋更見放、資曰：『我自召太

〔一〕「忌」，原誤作「思」，今據兩浙本、孔本、《四庫》本、胡本、廣雅本、《通鑑》胡註及房玄齡等《晉書·景懷夏侯后傳》（北京中華書局一九七四年點校本，下同）改。

尉，而曹肇等反使吾止之。』命更爲詔，帝獨召爽與放、資俱受詔命，遂免宇、獻、肇、朗官。」按：陳壽當晉世作《魏志》，若言放、資本情，則於時非美，故遷就而爲之諱也。今依習鑿齒《漢晉春秋》、郭頒《世語》，似得其實。

邵陵厲公正始四年，十二月〔一〕**，陸遜諫吴主不分嫡庶。**

《吴録》曰：「權時見楊竺，辟左右而論霸之才。竺深述霸有文武英姿，宜爲嫡嗣，於是權乃許立焉。既而遜有表極諫，權疑竺泄之，乃斬竺。」按：竺死在太子廢後，《吴録》所述妄也。

嘉平元年，正月，曹爽、何晏等族誅。

《魏氏春秋》曰：「宣王使晏典治爽等獄，晏窮治黨與，冀以獲宥。宣王曰：『凡有八族。』晏疏丁、鄧等七姓。宣王曰：『未也。』晏窮急，乃曰：『豈謂晏乎？』宣王曰：『是也。』乃收晏。」按：宣王方治爽黨，安肯使晏典其獄！就令有之，晏豈不自知與爽最親，而冀獨免乎！此殆孫盛承説者之妄耳。

〔一〕「四年十二月」，《通鑑》正文此事在六年正月，《資治通鑑目録》亦在六年。按：《三國志・吴書・陸遜傳》載陸遜諫嫡庶事無年月，故《通鑑》於正始六年春陸遜卒前述此事。

五年，十月，吴孫峻殺諸葛恪。

《恪傳》曰：「恪省張約等書而去，未出路門，逢太常滕胤。恪曰：『卒腹痛，不任入。』胤不知峻陰計，謂恪曰：『君自行旋未見上。今上置酒請君，君已至門，宜當力進。』恪躊躇而還。」孫盛以爲不然。今從《吴歷》。

高貴鄉公正元二年，十二月〔一〕**，吴作太廟。**

《吴歷》：「太平元年正月，立太祖廟。」沈約《宋書》：「孫亮立，明年正月，立權廟。」今從《吴志》。

元帝景元元年，正月〔二〕**，高貴鄉公出懷中黄素詔，王沈、王業奔走告司馬昭，王經不從。**

《世語》曰：「經因沈、業申意。」今從《晉諸公贊》。

陳泰請斬賈充。

《魏氏春秋》曰：「帝之崩也，太傅司馬孚、尚書右僕射陳泰枕帝尸於股，號哭盡哀。大將軍入禁中，泰見之悲慟，大將軍亦對之泣，謂曰：『玄伯，其如我何？』泰曰：『獨有斬賈充，少可以

〔一〕「十二月」，《通鑑》正文脱去「二」字。按：《三國志·吴書·孫亮傳》原在十二月。

〔二〕「正月」，《通鑑》正文此事在五月己卯。按：《三國志·魏書·高貴鄉公紀》原在五月己卯。

謝天下耳！』大將軍久之曰：『卿更思其他。』泰曰：『豈可使泰復發後言！』遂歐血薨。」裴松之以爲違實。今從干寶《晉紀》。

四年，九月，護軍荀愷。

《晉書·文紀》作「部將易愷」。今從《魏志》。

咸熙元年，正月，衆殺姜維、鍾會。

《衛瓘傳》曰：「會留瓘謀議，乃書板云『欲殺胡烈等』[一]，舉以示瓘，瓘不許[二]，因相疑貳。瓘如厠，見胡烈故給使，使宣語三軍，言會反。會逼瓘定議，經宿不眠，各横刀膝上。在外諸軍已潛欲攻會，瓘既不出，未敢先發。會使瓘慰勞諸軍，瓘便下殿。會悔遣之，使呼瓘，瓘辭眩疾動，詐仆地，比出閤，數十信追之。瓘至外解[三]，服鹽湯，大吐。會遣所親人及醫視之，皆言不起，會由是無所憚。及暮，門閉，瓘作檄宣告諸軍，並已唱義。陵旦，共攻會，殺之。」常璩《華陽國志》曰：「會命諸將發喪，因欲誅之。諸將半入，而南安太守胡烈等知其謀，燒成都東門，以襲殺會及維。」今從《魏志》。又《世語》曰：「維死時見剖，膽如斗大。」如斗，非身所能容，恐當作「升」。

[一] 「板」，《通鑑》胡註作「版」。按：《晉書·衛瓘傳》原作「板」。
[二] 「瓘」，《通鑑》胡註無此字。按：《晉書·衛瓘傳》原有「瓘」字。
[三] 「解」，《通鑑》胡註作「廨」。按：《晉書·衛瓘傳》原作「解」。

晉紀上〔一〕

世祖泰始元年，九月，乙亥，葬文王。

《晉書·文紀》作「癸酉」。今從《魏·陳留王紀》〔二〕。

二年，八月，陸凱上疏諫吳主。

陳壽曰：「予連從荆、揚來者得凱所諫皓二十事，博問吳人，多云不聞凱有此表。又按其文殊甚切直，恐非皓之所能容忍也。或以爲凱藏之篋笥，未敢宣行，病困，皓遣董朝省問欲言，因以付之。虛實難明，故不著于篇。然愛其指擿皓事，足爲後戒，故鈔列于《凱傳》左。」今不取。

十月，丙午朔，日食。

《宋書·志》無此食。今從《晉書》。

十二月，吳主還都建業。

《吳志·陸凱傳》：「或曰：寶鼎元年十二月，凱與丁奉、丁固謀因皓謁廟，欲廢皓，立孫休

〔一〕「上」，原脱，今據《考異》卷四「晉紀中」補。按：《考異》晉紀部分分入三卷，當分上、中、下。

〔二〕「魏」下，《通鑑》胡註有「志」字。

子。時左將軍留平領兵先驅，故密語平，平拒而不許，誓以不泄，是以不果。」按：凱盡忠執義，必不爲此事。況皓殘酷猜忌，留平庸人，若聞凱謀，必不能不泄。殆虚語耳，今不取。

四年，正月，丙戌，賈充等上律令，帝令裴楷執讀。

《刑法志》云：「泰始三年，事畢，表上。」今從《武紀》。《裴楷傳》云：「文帝時，詔楷於御前執讀。」今從《刑法志》。

九月，石苞免官。

《晉書》《武紀》及《苞傳》，皆無苞免官年月。蕭方等《三十國春秋》、杜延業《晉春秋》置在此〔一〕，今從之。《苞傳》又云：「敕琅邪王伷自下邳會壽春。」按《武紀》，伷明年二月乃鎮下邳，恐《傳》誤。

十月，吴萬彧寇襄陽。

《晉・帝紀》作「郁」。今從《吴志》。

五年，二月，文立言：「蜀名臣子孫宜敘用。」

《立傳》載此表在遷太子中庶子後。按：泰始七年立舉郤詵時，猶爲濟陰太守，於今未爲

〔一〕《通鑑》胡註曰：「蕭方等，梁元帝子也。」

庶子也。若諸葛京署吏，不因立表，則京先已署吏，立不當更云宜量材敘用也〔二〕。

六年，正月，吴丁奉入渦口。

《吴志·丁奉傳》："建衡元年，攻晉穀陽。"《晉·帝紀》不載，《奉傳》不言入渦口，疑是一事。

七年，四月，吴陶璜襲殺董元。

《璜傳》云："出其不意，徑至交趾。"按：元乃九真太守，非交趾也。《華陽國志》云："元病亡，楊稷更以王素代之。"按《武帝紀》："四月，九真太守董元爲吴將虞汜所攻，軍敗，死之。"則元非病亡。蓋稷雖以素代元，未至郡而元死也。

衆胡内叛，與樹機能圍牽弘，弘死之。

崔鴻《十六國春秋·秃髮烏孤傳》云："其先樹機能，本河西鮮卑。泰始中，殺秦州刺史胡烈，斬涼州刺史牽弘。"《晉·帝紀》："叛虜殺胡烈，北地胡殺牽弘"，皆不言鮮卑。蓋言羣虜内叛，則鮮卑亦在其中矣。或北地胡即樹機能也。

〔二〕「立」，原誤作「一」，今據兩浙本、孔本、《四庫》本、胡本、廣雅本、《通鑑》胡註改。

七月，癸酉，賈充都督秦、涼。

《三十國春秋》、《晉春秋》，充出並在八年二月。按《武帝紀》，充出在此月。蓋二《春秋》以太子納妃在八年二月，致此誤也。

陶璜陷交趾，殺毛炅。

《漢晉春秋》曰：「初，霍弋遣楊稷、毛炅等戍交趾，與之誓曰：『若賊圍城未百日而降者，家屬誅；若過百日救兵不至而城沒者，吾受其罪。』稷等守未百日，糧盡，乞降於璜，不許而給糧使守。諸將並諫，璜曰：『霍弋已死，不能救稷等必矣。可須其日滿，然後受降，使彼得無罪，而我取有義，内訓吾民，外懷鄰國，不亦可乎！』稷等期訖糧盡，救兵不至，乃納之。」《華陽國志》則云：「稷等城破被囚，稷歐血死，炅駡賊死。」二者相戾，不可得合，而《晉·陶璜傳》兼載之[一]。按：孫皓猜暴[二]，恐璜不敢以糧資敵。今從《華陽國志》。

十月，丁丑朔，日食。

《宋書·五行志》，有五月庚辰食，無十月丁丑食。《晉書》《紀》及《天文志》，有十月丁丑

[一]「晉」下，《通鑑》胡註有「書」字。

[二]「暴」，孔本、《四庫》本、胡本、廣雅本作「忌」。

食，無五月庚辰食。今從《晉書》。

十二月，安樂思公劉禪卒。

《晉春秋》云「禪謚惠公」。今從王隱《蜀記》。

八年，夏，張弘殺皇甫晏，王濬討斬之。

《華陽國志》，弘殺晏在十年五月。《武帝紀》在今年六月。按：王濬請伐吴表云：「臣作船七年，日有朽敗。」濬再爲益州刺史，方受詔作船。咸寧五年，下詔伐吴，借使濬以其年上表，則再爲益州亦在泰始九年之前矣。今從《晉·紀》爲定。

祜表留濬復爲益州。

《羊祜傳》曰：「表留濬監益州諸軍事，加龍驤將軍。」按《濬傳》：「祜密表留濬，重拜益州刺史。」又曰：「尋以謡言拜龍驤將軍，監梁、益諸軍事。」然則作刺史與監軍，自是二事也。《華陽國志》又云：「咸寧四年，濬遷大司農。五年，拜龍驤，監梁、益二州〔二〕。」按：時羊祜已卒，尤不可據。

〔二〕「二」，原誤作「一」，今據兩浙本、孔本、《四庫》本、胡本、廣雅本、《通鑑》胡註及常璩《華陽國志》（上海商務印書館《四部叢刊》影印烏程劉氏嘉業堂藏明錢叔寶鈔本，下同）改。

濬造舟艦。

《華陽國志》云：「咸寧三年三月[一]，濬受詔作船。」按：濬表云「作舡七年」[二]，則《國志》不可據也。

十月，尹璩卒，宋質廢梁澄，表令狐豐爲敦煌太守。

《晉春秋》「璩」作「據」。今從《武紀》。《武紀》云：「令狐豐廢澄，自領郡事。」今從《晉春秋》。

賈充宴朝士。

《三十國春秋》在十一月，《晉春秋》在十月己巳。恐皆非實，故附于冬末。

吴萬彧自殺。

《吴志·孫皓傳》云：「彧被譴憂死。」今從《江表傳》。

九年，正月，辛酉，鄭袤卒。

按《本傳》：「袤爲司空，固辭。久之，見許，以侯就第，拜儀同三司。」而《帝紀》云「司空鄭

[一]「三年」，原誤作「二年」，今據兩浙本、孔本、《四庫》本、胡本、廣雅本及《華陽國志》改。

[二]「舡」，《通鑑》胡註作「船」。

衮薨」，誤也。

七月，丁酉朔，日食。

《宋·志》無此食。今從《晉書》。

十年，四月，吴主誅章安侯奮。

《江表傳》曰：「張布女有寵於皓而死，皓厚葬之。國人見葬太奢麗，皆謂皓已死，所葬者是也。皓舅子何都，顔狀似皓，故民間訛言都代立。臨海太守奚熙信訛言，舉兵欲還秣陵誅都。都叔父植時爲備海督，擊殺熙，夷三族，訛言乃息。」又云：「奮本在章安，徙還吴城禁錮，使男女不得通婚，或年三十、四十，不得嫁娶。奮上表乞自比禽獸，使男女自相配偶。皓大怒，遣察戰賫藥賜奮父子，皆飲藥死。」裴松之按：「建衡二年至奮之死，孫皓即位尚未久。若奮未被疑之前，兒女年二十左右，至奮死時，不得年三十、四十也。若先已長大，自失時未婚娶，不由皓之禁錮矣。此雖欲增皓之惡，然非實理。」又《吴志·孫皓傳》：「鳳凰三年，會稽妖言奮爲天子，遂誅奚熙。」不言誅奮。《孫奮傳》：「建衡二年，左夫人王氏卒，民間訛言，遂誅奮及五子。」《三十國》、《晉春秋》，自皓納張布女至殺奮，皆在天册元年。按：奮若以建衡二年死，不容至鳳凰三年會稽方有訛言。不知奮死果在何年，今因奚熙之死終言之。

咸寧三年，五月，吴將邵顗。

《武紀》作「邵凱」。今從《羊祜傳》。

七月，楊珧議封建。

《職官志》以爲，珧與荀勖以齊王攸有時望，懼太子有後難〔一〕，故建此議，使諸王之國。帝初末之察，於是下詔議其制。按《勖傳》有異議，又時齊王不之國，疑此説非實。今不取。

十二月，衛瓘離間二虜，務桓降，力微死。

魏收《後魏書》：「鐵弗劉虎，匈奴去卑之孫。昭成四年死，子務桓立。」按：昭成四年，晉成帝咸康七年也。務桓不應與瓘同時，蓋二人皆名務桓耳。

四年，七月，司、冀等州大水，螟傷稼。杜預上疏。

《食貨志》云「咸寧三年」，《杜預傳》云「四年」。按《五行志》，三年大水，無蟲災，四年螟。今從《預傳》。

九月，張尚忤吴主，徙建安，尋殺之。

《三十國春秋》云：「岑昏等泥頭請代尚死，尚得免死，徙廣州。」今從《尚傳》，參取環氏《吴

〔一〕「子」，原誤作「守」，今據孔本、《四庫》本、胡本、廣雅本、《通鑑》胡註及《晉書·職官志》改。

紀》〔一〕。

十月，衛瓘撫床，帝令太子決尚書疑事。

《三十國春秋》在泰始八年。按《瓘傳》：「泰始初，爲青州刺史，徙幽州，八年不得在京師。」《瓘傳》在遷司空後。按《帝紀》：「太康三年，賈充卒，十二月，瓘爲司空。」故移在入爲尚書令下。

傅玄卒〔二〕。

《玄傳》曰：「五年，遷太僕，轉司隸。景獻皇后崩，坐爭位罵尚書免，尋卒。」按：景獻后崩在四年，《玄傳》誤也。

五年，十一月，馬隆轉戰而前。

《隆傳》曰：「或夾道累磁石，賊被鐵鎧，行不得前。隆卒悉被犀甲，無所留礙，賊以爲神。」按：此說太誕，恐不可信〔三〕。

〔一〕《通鑑》胡註曰：「余觀尚之爲人，蓋以辯給得親近於孫皓，而亦以辯給取怒，請其死者必岑昏之徒。《三十國春秋》所書，蓋得其實。」

〔二〕《通鑑》正文此事在十二月。

〔三〕《通鑑》胡註曰：「余謂磁石脇鐵鎧，誠有此理。」

太康元年，二月，乙丑，王濬擊殺吴陸景。

《武紀》：「壬戌，濬克夷道、樂鄉城，殺陸景。」《陸抗傳》[一]：「壬戌，殺晏。癸亥，殺景。」《王濬傳》：「壬戌，克夷道，獲晏。乙丑，克樂鄉，獲景。」今從《濬傳》。

或曰：「方春水生，難於久駐。」

《杜預傳》曰：「今向暑，水潦方降[二]，疾疫將起。」按：時未暑，今依《三十國春秋》。

五月，丁亥朔，孫皓至。

《吴志·皓傳》：「天紀四年三月丙寅，殺岑昏。戊辰，陶濬從武昌還。壬申，王濬到，受皓降。五月丁亥，集于京邑。四月甲申，封歸命侯。」《晉·武紀》：「太康元年二月，王濬等破武昌，王渾斬張悌。三月壬申，濬下石頭[三]，皓降。乙酉，大赦，改元。四月，遣朱震等慰撫[四]。五月辛亥，封歸命侯。丙寅，引皓升殿。庚午，詔士卒六十歸家。庚辰，以濬爲輔國將軍。」《王濬

[一]「抗」，原誤作「忼」，今據兩浙本、孔本、《四庫》本、胡本、廣雅本、《通鑑》胡註及《三國志·吴書》本傳改。

[二]「潦」，原誤作「源」，今據孔本、《四庫》本、胡本、廣雅本、《通鑑》胡註及《晉書·杜預傳》改。

[三]「下」，兩浙本、孔本、《四庫》本、胡本、廣雅本作「至」。按：《晉書·武帝紀》原作「至」。

[四]「遣」，原誤作「遺」，今據孔本、《四庫》本、胡本、廣雅本、《通鑑》胡註及《晉書·武帝紀》改。按：原本「遣」、「遺」二字或以形近而誤，以下徑改，不再出校。

傳》：「二月庚申，克西陵。」又云，「壬寅，濬入石頭」，而無月。又上書曰，「臣十四日至牛渚，十五日至秣陵」，亦無月。又曰：「去二月，武昌失守，皓左右皆得寶散走。」《三十國春秋》：「四月甲子，王渾斬張悌〔二〕。丙寅，殺岑昏，與何楨書。庚午，送降書。壬申，濬入石頭。甲申，封歸命侯。五月丁亥，至洛陽。」《晉春秋》略與之同。按《長曆》，去年閏七月，今年二月戊午朔，三月戊子朔，四月丁巳朔，五月丁亥朔，六月丙辰朔。然則三月無戊辰、丙寅、壬申，五月無庚午、庚辰，與《吴志》、《晉書》不合。若依《三十國春秋》，月日雖合，然二月武昌失守，皓左右離散，不容四月十六日王濬乃至秣陵而皓降。又，皓以四月十六日降，舉家西上，至五月一日未能至洛。今事之先後並依《吴志》、《晉書》，但削去其日之不與《曆》合者。

遷王濬鎮軍大將軍。

《濬傳》云：「領步兵校尉。舊校唯五，置此營自濬始也。」按《職官志》：「屯騎、步兵、長水、越校、射聲校尉，是爲五校，並漢官也。」然則步兵之名，非自濬始。《武帝紀》：「是年六月丁丑，初置翊軍校尉官。」疑濬所領者翊軍也。

〔二〕「悌」，原誤作「俤」，今據孔本、《四庫》本、胡本、廣雅本、《通鑑》胡註改。

是歲，凡州十九。

《宋書·州郡志》云：「太康元年，天下一統，凡十六州。後又分雍、梁爲秦〔一〕，分荆、揚爲江，分益爲寧，分幽爲平，而爲二十矣。」按杜佑《通典》：「平吴，分十九州：司、兖、豫、冀、并、青、徐、荆、揚、梁、雍、秦、益、涼、寧、幽、平、交、廣〔二〕。」今從之。

山濤言不宜去武備。

《濤傳》云「與盧欽論之」。按：欽咸寧四年三月已卒。

二年，十月，慕容涉歸寇昌黎〔三〕。

《帝紀》云「慕容廆」。按范亨《燕書·武宣紀》：「廆，泰始五年生。年十五，父單于涉歸卒。」太康四年也。此年入寇，當是涉歸。

十一月，陳騫薨。

《帝紀》云「大司馬」。按：騫以咸寧三年辭位，以高平公還第。

〔一〕「雍梁」，沈約《宋書·州郡志》（北京中華書局一九七四年點校本，下同）原作「涼雍」。

〔二〕「梁」與「涼」，《通鑑》胡註此二字互乙。按：杜祐《通典》（北京中華書局一九八四年影印《萬有文庫》十通本）與胡註順序同。

〔三〕「歸」下，《通鑑》正文有「始」字。按：《晉書·武帝紀》原無「始」字。

三年，正月，帝問司隸校尉劉毅。

《地理志》：「太康元年，省司隸，置司州。」《毅傳》：「毅爲司隸校尉，帝嘗南郊，禮畢，問毅。」而無年月。《晉春秋》問毅在此月，而不言毅官。按《毅傳》：「六年，自司隸遷左僕射。」或者此年尚未改爲司州也。今從《毅傳》。

四年，慕容刪篡立。

《載記》「刪」作「耐」。今從《燕書》。

五年，正月，己亥，青龍見。

《五行志》作「癸卯」。今從《帝紀》。

罷寧州，置南夷校尉。

《地理志》：「太康三年，廢寧州，置南夷校尉。」今從《華陽國志》。

六年，正月，劉毅卒。

《晉春秋》在七年十月。今從《本傳》。

七年，正月，魏舒遜位。

舒遜位，《紀》、《傳》皆無年月[一]。《本傳》曰：「以災異遜位，帝不聽。後因正旦朝罷還第，表送章綬。」按《本傳》又曰：「遜位之際，莫有知者[二]。」若今年正旦日食遜位，至他年正旦乃送章綬，不得云人無知者。蓋止因今者正旦朝罷，遂以災異遜位，不復起耳。

〔一〕「紀」，原誤作「記」，今據兩浙本、孔本、《四庫》本、胡本、廣雅本、《通鑑》胡註改。按：原本「記」、「紀」二字或不分，以下徑改，不再出校。

〔二〕「莫有」，《通鑑》胡註作「人莫」。按：《晉書・魏舒傳》原作「莫有」。

資治通鑑考異卷第四

端明殿學士兼翰林侍讀學士太中大夫提舉西京嵩山崇福宫上柱國河内郡開國公食邑二千六百户食實封壹阡户賜紫金魚袋臣司馬光奉敕編集

晉紀中

惠帝元康四年，正月，安昌公石鑒薨〔一〕。

《本傳》「鑒封昌安縣侯」。今從《帝紀》〔二〕。

傅咸卒。

《三十國》、《晉春秋》：「元康四年七月，傅咸爲司隸。五年五月，始親職。十月，卒。」二書

〔一〕「公」上，《通鑑》正文有「元」字。按：《晉書·石鑒傳》鑒謚曰元，故《通鑑》作「元公」。

〔二〕按：吴士鑒、劉承幹《晉書斠註》（上海古籍出版社《續修四庫全書》影印民國十七年劉氏嘉業堂刻本）曰：「以石尠、石定二墓碣證之，『安昌』當作『昌安』。」

附年月多差舛，故以《本傳》爲定。

五年，十月，武庫火。

《三十國》、《晉春秋》云「閏月」，《宋》、《晉》《五行志》云「閏月庚寅」。今從《晉書·帝紀》。

八年，九月，李特入蜀。

《帝紀》：「元康七年，關中饑。八年，雍州有年。」而《華陽國志》、《三十國》、《晉春秋》皆云：「八年，特就穀入蜀。」今從之。

九年，正月，出成都王穎爲平北將軍。

《帝紀》云：「以穎爲鎮北大將軍。」今從《本傳》。

六月，高密王泰薨〔一〕。

《帝紀》云「隴西王」。《本傳》云：「泰爲尚書令，改封高密。」《紀》誤。

裴頠、賈模、張華議廢賈后。

《賈后傳》曰：「模與裴頠、王衍謀廢之，衍後悔而止。」今從《頠傳》。

〔一〕「王」上，《通鑑》正文有「文獻」二字。按：《晉書·司馬泰傳》原作「文獻王」。

八月，裴頠、劉頌上表、疏。

《刑法志》敘頌奏，續頠表之下，而云「侍中、太宰、汝南王亮」。按：頠表引元康八年事，時亮死已久，蓋《志》誤也。

永康元年，正月。

《帝紀》、《天文志》皆有「己卯日食」，《宋・志》無之。按《長曆》，己卯十七日，安得日食。

皇孫彪卒〔一〕。

《帝紀》「彪」作「霖」。按：彪字道文，不當作「霖」。今從《傳》。

八月，石崇、潘岳、歐陽建被收。

《崇傳》曰：「崇、建潛知其計，陰勸淮南王允、齊王冏圖趙王倫。」若崇果與允同謀，允敗，崇應惶遽〔二〕，不應被收時方宴於樓上。蓋倫、秀以舊怨誣殺之耳〔三〕。

〔一〕《通鑑》正文此事在正月丙子。按：《晉書》《惠帝紀》原在正月丙子，《愍懷太子傳》在正月，不書日。

〔二〕「遽」，《通鑑》胡註作「懼」。

〔三〕《通鑑》胡註曰：「今按《石崇傳》：『孫秀索緑珠，崇不許，秀怒，乃勸倫誅崇。崇正宴於樓上，介士到門，崇謂緑珠曰：我今爲爾得罪。緑珠泣曰：當效死於君前，因自投於樓下而死。』」

以劉頌爲光禄大夫。

《三十國春秋》云：「倫黨大怒，謀害頌，頌懼，自殺。」《頌傳》云：「頌爲光禄，尋病卒。」今從《傳》。

十一月，耿滕爲益州刺史。

《帝紀》作「耿勝」。《載記》、《華陽國志》作「滕」，今從之。

滕欲入州。

《華陽國志》曰：「戰於廣漢宣化亭，殺傳詔。」按：州、郡俱治成都，不容戰於廣漢。又趙廞若已與滕戰，不應欲直入州。今從《載記》。

趙廞殺趙模、陳總。

《帝紀》：「廞又殺犍爲太守李密、汶山太守霍固。」按《華陽國志》，犍爲太守李苾，汶山太守楊邠，非密、固也。《載記》亦作「李苾」。蓋《紀》誤。

廞自稱益州牧。

《晉春秋》云「建號太平元年」。他書無之，今不取。

永寧元年，正月[一]，趙王倫即帝位。

《三十國春秋》云：「倫將篡位，義陽王威執詔示嵇紹曰：『聖上法堯、舜之舉，卿其然乎？』紹厲聲曰：『有死而已，終不有二！』威怒，拔劍而出。及惠帝遷于金墉城，唯紹固志不從，直于金墉，絶不通倫，時人皆爲之懼。」《晉書·忠義傳》云：「倫篡位[二]，紹爲侍中，惠帝復祚[三]，遂居其職。」二説不同，今皆不取。

趙廞殺李庠及其子姪十餘人。

《載記》曰：「及其子姪宗族三十餘人。」今從《華陽國志》。又《國志》，庠死去年冬[四]。《晉春秋》在今年春，今從之。

三月，羅尚使王敦討汶山羌，死之。

《帝紀》在八月，疑是洛陽始知。今從《華陽國志》。

[一]「正月」，《通鑑》正文此事在正月乙丑。按：《晉書·惠帝紀》原在正月乙丑。
[二]「位」，原脱，今據《通鑑》胡註及《晉書·忠義傳》補。
[三]「祚」，《晉書·忠義傳》原作「阼」。《通鑑》胡註曰：「『復祚』之『祚』，當作『阼』。」
[四]「死」下，《通鑑》胡註有「在」字。

趙王倫使管襲討斬王盛、處穆〔一〕**。**

《齊王冏傳》曰："冏潛與盛、穆謀起兵誅倫，未發，恐事泄，乃與襲殺穆，送首於倫，以安其意。"今從《三十國春秋》。

四月，大戰于湨水。

《趙王倫傳》作"激水"。今從《帝紀》。

六月，復封賓徒王晏爲吴王。

《晏傳》："自賓徒徙封代王。倫誅，復本封。"今從《帝紀》。

齊王冏爲大司馬，成都王穎爲大將軍、録尚書。

《穎傳》曰："至鄴，詔王粹加九錫〔二〕，進位大將軍、都督中外。穎拜受徽號，讓殊禮。"按：穎在洛，盧志已謂穎曰〔三〕："今當與齊王共輔朝政。"明已有録尚書之命，但穎不受歸鄴，故朝廷使粹追命之耳。且穎功大於冏，不應獨賞冏而穎未賞也。今從《帝紀》。

〔一〕"處"上，《晉書·齊王冏傳》有"王"字。
〔二〕"錫"，原誤作"賜"，今據兩浙本、孔本、《四庫》本、胡本、廣雅本、《通鑑》胡註及《晉書·成都王穎傳》改。
〔三〕"盧"，原誤作"慮"，今據孔本、《四庫》本、胡本、廣雅本、《通鑑》胡註及《晉書·成都王穎傳》改。

路秀。

《帝紀》作「路季」。今從《齊王冏傳》。

八月，齊王冏殺東萊王蕤。

《帝紀》：「六月庚午，蕤與王輿謀廢冏，事覺得罪。甲戌，冏爲大司馬。」按：誅輿詔已稱冏爲大司馬，則輿事覺不應在冏爲大司馬前。今從《三十國春秋》，在八月。

九月，東安王繇舉東平王楙鎮下邳。

《帝紀》：「八月，楙爲平東，督徐州。九月，繇復爵。」按《楙傳》：「繇爲僕射，舉楙爲平東。」故移在繇還後。

太安元年，慕容廆擊素怒延。

《載記》作「素延」，下云「素延怒，率衆圍棘城」。按《燕書》《紀》、《傳》，皆謂之「素怒延」，然則怒是其名也〔二〕。

二年，正月，李特改元建初。

《帝紀》：「太安元年五月，特自號大將軍。」《載記》：「太安元年，特稱大將軍，改元。」《後

〔二〕「怒」下，兩浙本、《通鑑》胡註有「延」字。

魏書·李雄傳》云:「昭帝七年,特稱大將軍,號年建初。」昭帝七年,太安元年也。祖孝徵《修文殿御覽》云:「太安二年,特大赦,改年建初。元年,特見殺。」《三十國》、《晉春秋》云:「太安二年正月,特僭位改年。」今從《御覽》等書。

蜀郡任叡。

《載記》作「任明」,《羅尚傳》作「任鋭」。今從《華陽國志》。

六月,李雄殺陳圖。

《華陽國志》作「陳岿」。今從《載記》。

七月,處士范長生。

《華陽國志》作「范賢」。今從《載記》。

涪陵徐轝。

《華陽國志》作「徐輿」。今從《載記》。

長沙王乂徵李含爲河南尹。

《含傳》云:「河間王顒表含爲河南尹。」今從《皇甫重傳》。

張昌逃于下雋山。

《帝紀》：「八月庚申，劉弘及張昌戰于清水，斬之。」《昌傳》云：「昌敗，竄于下雋山[二]。明年秋，擒斬之。」按：弘斬張弈表云：「張昌姧黨初平，昌未梟首。」故從《昌本傳》。

八月，以長沙王乂爲太尉、都督中外諸軍事。

《帝紀》：「太安元年十二月，乂誅齊王[三]，即以乂爲太尉、都督中外。」《晉春秋》：「二年七月，顒、穎起兵，乃以乂爲太尉、都督以討之。」按：齊王死後，穎懸執朝政，乂未應都督中外。又顒見爲太尉，乂不應更爲太尉。今從《晉春秋》。

十月，戊申，戰于建春門。

《陸機傳》云「戰于鹿苑」。今從《帝紀》。

孫拯下獄。

《晉春秋》作「孫承」。今從《晉書·傳》。

[二] 「雋」，《通鑑》正文、胡註皆作「儁」。按：《晉書·張昌傳》原作「儁」。

[三] 「王」下，《通鑑》胡註有「冏」字。

張方退屯十三里橋。

《河間王顒傳》云「駛水橋」。今從《帝紀》。

閏月，羅尚留張羅守城。

《載記》作「羅特」。今從《華陽國志》。

永興元年，正月，癸亥，東海王越收長沙王乂。

《越傳》云：「殿中諸將及三部司馬疲於戰守，密與左衛將軍朱默夜收乂別省，逼越爲主。」今從《乂傳》。

甲子，大赦，改元。

《帝紀》：「太安二年十二月甲子，大赦。」「永興元年正月，大赦，改元。」疑是一事。

丙寅，張方殺乂。

《帝紀》、《三十國》、《晉春秋》云：「太安二年十二月〔一〕，殺乂。」《乂傳》云：「初，乂執權之始，洛下謡曰：『草木萌牙殺長沙〔二〕。』乂以正月二十五日廢，二十七日死，如謡言焉。」《樂廣

〔一〕「十二月」，點校本《通鑑》胡註誤作「十三月」。

〔二〕「牙」，《通鑑》胡註作「芽」。按：《晉書·長沙王乂傳》原作「牙」。

傳》云：「成都王穎，廣之壻也。及與長沙王乂遘難，而廣既處朝望，羣小讒謗之，廣以憂卒。」《惠帝紀》：「永興元年正月丙午，樂廣卒。」若廣卒時乂未死，即《乂傳》正月二十五日廢爲是，合移在永興元年正月。而《晉春秋》：「太安二年八月，樂廣自裁。」按《帝紀》，今年正月，以穎爲丞相，遣兵屯城門代宿衛者，疑此皆乂初死時事。又今年正月末，亦有甲子、丙寅。今從《乂傳》。

十月，劉淵遷都左國城。

下云「離石大飢，遷于黎亭」，則是淵猶在離石也。按杜佑《通典》：「離石有南單于庭左國城。」然則淵雖遷左國，猶在離石縣境内也。

淵即漢王位。

《帝紀》，李雄、劉淵稱王，皆在十一月惠帝入長安後。《華陽國志》，李雄十月稱王，一本作十二月。《三十國》、《晉春秋》、《十六國鈔》皆在十月，今從之。

范陽王虓等請降封太弟穎。

《虓傳》云：「與鎮東將軍周馥同上言。」按《馥傳》：「帝自長安還，馥出爲平東將軍，都督揚州，代劉準爲鎮東。」據此表，張方猶存，蓋自鄴還洛陽時也。

十二月，高密王略鎮洛陽。

《惠紀》作「高密王簡」。按《宗室傳》，高密孝王略，字元簡，時都督青州，後遷都督荆州，未嘗鎮洛陽。蓋簡即略也，時雖有朝命而略不至，或嘗鎮洛陽，而《本傳》遺脱耳〔二〕。

二年，六月，拓拔猗㐌斬漢將綦毋豚〔三〕。

《後魏書》《桓帝紀》及《劉淵傳》皆云，「淵南走蒲子」。按《晉·載記》，淵無走蒲子事，下云「自離石遷黎亭」，蓋《後魏書》夸誕妄言耳。

八月，琅邪王睿請王導爲司馬。

《導傳》曰：「元帝鎮下邳，請導爲安東司馬。」按：元帝時爲平東，及徙揚州，乃爲安東耳。或者「平」字誤爲「安」，或後爲安東司馬。故但云司馬。

十月，詔劉弘、彭城王釋等討劉輿。

《劉喬傳》「釋」作「繹」。《帝紀》、《宗室傳》皆作「釋」，蓋《喬傳》誤。《帝紀》：「八月，車騎大將軍劉弘逐平南將軍彭城王釋于宛。」《弘》、《釋傳》及衆書皆無之。《弘傳》但云：

〔二〕《通鑑》胡註曰：「以余觀之，時朝廷命令不行於方鎮，略蓋未嘗赴洛也。」

〔三〕「拔」，《資治通鑑目録》同，孔本、《四庫》本、胡本、廣雅本、《通鑑》正文作「跋」。

「彭城前東奔，有不善之言。」按：弘晉室純臣，劉喬與范陽構難，弘猶以書和解之，以安天下，尊王室。釋受王命鎮宛，而弘肯更自逐之乎！據此詔，令弘、釋共討劉輿，疑無弘逐釋事。《帝紀》必誤。

十一月，河間王顒遣呂朗收劉暾。

《暾傳》云：「顒遣陳顏、呂朗率騎五千收暾。」按：暾匹夫，安用五千騎！蓋朗時在洛，顒敕使收暾耳。說者欲大其事，故云爾。

十二月，王浚以突騎資劉琨。

《琨傳》云：「得突騎八百人。」按《劉喬傳》云：「琨率突騎五千濟河攻喬。」疑八百太少。或因下文迎東海王之數〔二〕，致有茲誤〔三〕。今闕疑。

劉喬奔平氏。

《帝紀》云：「喬奔南陽。」按《地理志》，南陽無平氏縣。武帝分南陽置義陽郡，有西平氏

〔二〕「文」，原誤作「又」，今據兩浙本、孔本、《四庫》本、胡本、廣雅本、《通鑑》胡註改。

〔三〕「茲」，《通鑑》胡註作「此」。

縣。或者南陽有東平氏而非縣與〔一〕！

吴王常侍甘卓棄官東歸。

《卓傳》云：「州舉秀才，爲吴王常侍。討石冰，以功賜爵都亭侯。東海王越引爲參軍，出補離狐令。棄官東歸，遇陳敏。」《敏傳》云：「吴王常侍甘卓自洛至。」按：卓爲常侍，不應討石冰；爲離狐令，不應自洛至。今從《敏傳》。

光熙元年，三月，李毅女秀守寧州城。

《懷帝紀》：「永嘉元年五月，建寧郡夷攻陷寧州，死者三千餘人。」《李雄載記》云：「南夷李毅固守不降，雄誘建寧夷使討之。毅病卒，城陷，殺壯士三千餘人，送婦女千口於成都。」《王遜傳》云：「李毅卒，城中奉毅女固守經年。」《華陽國志》有毅卒年月及女秀守城事，今從之。

〔一〕《通鑑》胡註曰：「今按《前漢書・地理志》，平氏縣屬南陽郡。《晉書・地理志》，平氏縣屬義陽郡。平氏之上有厥西縣。沈約《宋書・地理志》，南義陽太守領厥西、平氏二縣。且曰：厥西令，二漢無。晉《太康地志》屬義陽。以此證之，蓋後人傳寫《晉書》者，誤以厥西之『西』字聯平氏而書之。其實晉義陽之平氏，即漢南陽之平氏也。《帝紀》所謂『喬奔南陽』，以漢古郡大界書之也。劉昫曰：唐申州義陽縣，漢南陽郡平氏縣之義陽鄉與唐州之桐柏、平氏二縣，皆漢南陽平氏縣地。」

六月，復羊后。

《后傳》曰：「張方首至洛陽，即日復后位。」按：方傳首已久，不至今日。今從《帝紀》。

司空越遣麋晃擊河間王顒〔一〕。

《牽秀傳》云：「顒密遣使就東海王越求迎，越遣將麋晃等迎顒。」今從《顒傳》。

李雄即帝位，改元晏平。

《晉·帝紀》、《三十國》、《晉春秋》皆云：「永興二年六月，雄即帝位。」《華陽國志》：「光熙元年，雄即帝位。」《後魏書》《序紀》及《李雄傳》皆云，「昭帝十二年，雄稱帝」，即光熙元年也。《十六國春秋鈔》：「晏平元年六月，雄即帝位。」《十六國春秋目録》，雄年號，建興二，晏平五，與《華陽國志》同，今從之。諸書雄改元晏平，無大武年號；惟《晉·載記》改元大武〔二〕，無晏平年號。按：雄國號大成。《魏書·雄傳》云：「雄稱帝，號大成，改年晏平〔三〕。」故《三十國春秋》誤云「改年大成」，《載記》轉寫誤爲「大武」。今從諸書，去大武之號〔四〕。

〔一〕「麋」，原誤作「糜」，今據《通鑑》正文、胡註及《晉書》《牽秀傳》、《河間王顒傳》改。
〔二〕「大武」，《晉書·李雄載記》原作「太武」。
〔三〕「年」，《通鑑》胡註作「元」。按：《魏書·李雄傳》原作「元」。
〔四〕「去」，原誤作「云」，今據兩浙本、孔本、《四庫》本、胡本、廣雅本、《通鑑》胡註改。

以范長生爲天地太師。

《華陽國志》：「尊長生曰四時八節天地太師。」今從《晉·載記》。

八月，以范陽王虓爲司空。

《虓傳》云「爲司徒」〔二〕。今從《帝紀》。

十二月，南陽王模殺河間王顒。

《三十國》、《晉春秋》云，「東海王越殺顒」。今從《顒傳》。

懷帝永嘉元年，二月，陳敏弟處勸敏殺顧榮等。

《敏傳》云：「弟昶勸殺榮。」按《晉春秋》：「敏臨死謂處曰：『我負卿〔三〕！』」時昶已先死。今從《晉春秋》。

七月，琅邪王睿鎮建業。

《元帝紀》曰：「東海王越之收兵下邳，以帝都督揚州。越西迎大駕，留帝居守。永嘉初，用王導計，始鎮建業。」按：既都督揚州，不當猶鎮下邳。又《懷帝紀》明言：「七月己未，睿都督

〔二〕「云」，《通鑑》胡註無此字。
〔三〕「負」，原誤作「貝」，今據兩浙本、孔本、《四庫》本、胡本、廣雅本、《通鑑》胡註改。

揚州，鎮建業。」今從之〔一〕。

九月，王導説睿引顧榮、賀循。

《導傳》曰：「元帝鎮建康，居月餘，士庶莫有至者。會從兄敦來朝，導謂之曰：『琅邪王仁德雖厚，而名論猶輕。兄威風已振，宜有以匡濟者。』會三月上巳，帝觀禊，敦、導皆騎從。」《王敦傳》：「東海王越誅繆播後，乃以敦爲揚州刺史。其後徵拜尚書，不就。」《周玘傳》：「錢璯聞劉聰逼洛陽，不敢進，乃謀反。時王敦遷尚書，與璯俱西，欲殺敦，敦奔告元帝。」《懷帝紀》：「永嘉元年七月，琅邪王睿鎮建業。三年三月，殺繆播。四年二月，錢璯反。」是時睿在建業已三年矣，安得言月餘！又睿名論雖輕，安有爲都督數年而士庶莫有至者！陳敏得江東，猶首用周、顧以收人望，導爲睿佐，豈得待數年然後薦之乎！然則《導傳》所云，難以盡信，今删去導語及敦名而已。

十一月，以王敦爲青州刺史。

《晉春秋》：「王衍言於太傅越，以王澄爲荆州，敦爲揚州，據吴、楚以爲形援，越從之。於是澄、敦同發，越餞之。」《敦傳》，自青州入爲中書監，東海王越誅繆播後，始出爲揚州。播死在永

〔一〕「業」，《晉書》《元帝紀》、《懷帝紀》皆作「鄴」。

嘉三年三月，此年越在許昌，不在洛，故以《晉書》爲定。

十二月，王彌、劉靈降漢。

《彌傳》曰：「彌逼洛陽，敗於七里澗，乃與其黨劉靈謀歸漢。」按《十六國春秋》，靈爲王讚所逐，彌爲苟純所敗，乃謀降漢。今年春，靈已在淵所，五月，彌乃如平陽。然則二人先降漢已久矣，《彌傳》誤也。

以魏興太守王遜爲寧州刺史。

《華陽國志》：「以廣漢太守王遜爲寧州。」按：時廣漢已爲李雄所陷。今從《遜傳》。

二年，正月，丙午朔，日食。

《帝紀》、《天文志》云「丙子朔」，誤。今從《長曆》。

劉淵遣劉聰等據太行，石勒等下趙、魏。

《石勒載記》曰：「元海使劉聰攻壺關，命勒率所統七千爲前鋒都督。劉琨遣護軍黃秀等救壺關，勒敗秀於白田，殺之，遂陷壺關。」事在明年。今從《十六國春秋》。

二月，西平太守曹祛。

《晉春秋》作「曹祗」。今從《張軌傳》。

治中楊濬。

《晉春秋》作「張濬」。今從《張軌傳》。

七月，劉淵徙蒲子。

劉琨《答太傅府書》曰：「潛遣使驛離間其部落，淵遂怖懼，南奔蒲子〔一〕，雜虜歸降，萬有餘落。」《琨傳》亦然。按：時淵彊琨弱，豈因畏琨而徙都！蓋琨爲自大之辭，史因承以爲實耳。

氐酋單徵降漢。

《載記》作「氐酋大單于徵」。按：當時戎狄酋長皆謂之「大」。徵，即光文單后之父。「于」，衍字也。

十二月，成尚書令楊褒卒。

《載記》云「丞相楊褒」。今從《晉春秋》。

三年，正月，宣于脩之言於漢主。

《晉春秋》作「鮮于脩之」。今從《載記》、《十六國春秋》〔二〕。

〔一〕「南」上，孔本、《四庫》本、胡本有「一大于」三字。

〔二〕《通鑑》胡註曰：「余按姓氏諸書，有鮮于而無宣于。」

夏，石勒敗黄肅於封田。

《石勒載記》「肅」作「秀」，「封」作「白」。今從《十六國春秋》及《劉琨集》。

淮南内史王曠。

《十六國春秋》作「王廣」。今從《帝紀》。

龐淳降漢。

《十六國春秋》作「劉惇」，《劉琨傳》作「龔醇」。今從《帝紀》。

白部鮮卑。

《劉琨集》作「百部」。今從《後魏書》、《晉書》。

劉琨自將擊劉虎。

《帝紀》：「七月，劉聰及王彌圍壺關，琨使兵救之，爲聰所敗。王曠等及聰戰〔二〕，又敗，龐淳以郡降賊〔三〕。」《十六國春秋》：「淵五月遣聰攻壺關，敗韓述、黄肅。六月，晉遣王廣等來討。七月，戰於長平，晉師敗，劉惇以壺關降。」按：《劉琨集》載六月癸巳琨《答太傅府書》曰：「聰、彌

〔二〕「曠」，《通鑑》胡註作「廣」。按：《晉書・懷帝紀》原作「曠」。

〔三〕「淳」，原誤作「浮」，《通鑑》胡註作「惇」，今據孔本、《四庫》本、胡本、廣雅本及《晉書・懷帝紀》改。

入上黨，龐惇不能禦。」又曰：「安居失利，韓述授首，封田之敗，黄肅不還，浹辰之間，名將仍殄。」又曰：「即重遣江陶都尉張倚領上黨太守，疾據襄垣；續遣鷹揚將軍趙擬、梁余都尉李茂與倚併力，輕行夜襲。賊捐棄輜車，宵遁而退，追尋討截，獲三分之二。當聰、彌之未走，烏丸、劉虎構爲變逆，西招白部，遣使致任，稱臣於淵。殘州困弱，内外受敵，輒背聰而討虎，自四月八日攻圍。」然則琨討虎以上事，皆在四月以前也。蓋《晉》、《漢》二史，皆據奏報，事畢而言之。今依《琨集》爲定。

十二月，李臻遣其子成擊王浚。

《燕書·王誕傳》「成」作「咸」。今從《李洪傳》。

四年，七月〔一〕**，劉淵卒。**

《十六國春秋》：「八月丁丑，淵召太宰歡樂等受遺詔。己卯卒，辛未葬。」按《長曆》，七月壬戌朔，十六日丁丑，十八日己卯。八月辛卯朔，無丁丑、己卯及辛未。辛未乃九月十一日。蓋淵以七月卒，九月葬。《十六國春秋》誤也。

〔一〕「七月」，《通鑑》正文此事在七月己卯。

北海王乂。

《載記》作「乂」。按《十六國春秋》作「乂」，今從之。

十月，劉琨以地與猗盧。

《懷帝紀》：「永嘉五年十一月，猗盧寇太原，劉琨徙五縣居之。六年八月辛亥，劉琨乞師于猗盧，表盧爲代公。」《宋書·索虜傳》在永嘉三年。《晉春秋》在永嘉四年，且云：「猗盧率萬餘家避難，自雲中入雁門。」《後魏·序紀》在穆帝三年，即永嘉四年也。《琨集》，永嘉四年六月癸巳《上太傅府牋》云，「盧感封代之恩」，故知在四年六月之前。又琨《與丞相牋》曰：「昔車騎感猗㐌救州之勳，表以代郡封㐌爲代公，見聽。時大駕在長安，會值戎事，道路不通，竟未施行。盧以封事見託，琨實爲表上，追述車騎前意，即蒙聽許，遣兼謁者僕射拜盧，賜印及符册，浚以此見責。戎狄封華郡，誠爲失禮，然蓋以救弊耳，亦猶浚先以遼西封務勿塵。此禮之失，浚實啓之。浚遂與盧爭代郡，舉兵擊盧，爲所破，紛錯之由，始結於此。雁門郡有五縣在陘北，盧新并塵官，國甚彊盛，從琨求陘北地，以並遣三萬餘家，散在五縣間，既非所制；又於琨殘弱之計，得相聚集，未爲失宜，即徙陘北五縣著陘南。盧因移，頗侵逼浚西陲圍塞諸軍營，浚不復見恕危弱而見罪責。」以此觀之，盧非避難而來也。

琨遣猗盧兵歸國。

《後魏·序紀》曰：「劉琨乞師救洛，穆帝遣步騎二萬助之，東海王越以洛陽飢荒，不許。」按琨《與丞相牋》曰：「琨傾身竭辭，北和猗盧，遂引大衆，躬啓戎行。即具白太傅，切陳愚見，取賊之計，聽宜時討，勒不可縱。而宰相意異，所慮不同，更憂茍晞、馮嵩之徒，而稽二寇之誅，遣使節抑，挫臣鋭氣。臣即解甲，遣盧衆歸國。」若猗盧果遣衆赴洛，琨牋安得不言也！

十一月，加張軌鎮西將軍。

《帝紀》云「安西」。按：惠帝永興二年，已加軌安西將軍。今從《本傳》。

五年，正月，琅邪王睿使甘卓等攻周馥。

《帝紀》：「戊寅，睿使卓攻馥於壽春，馥衆潰。」未知其爲命卓之日與攻日、潰日，故闕之。

三月，丙子，東海王越薨。

《帝紀》：「五年正月，帝密詔茍晞討越。乙未，越遣楊瑁、裴盾共擊晞。三月戊午，詔下越罪狀，告方鎮討之，以晞爲大將軍。丙子，越薨。」《晞傳》：「晞移告諸州，陳越罪狀。帝惡越專權，乃詔晞：『施檄六州，協同大舉。』晞移諸征鎮。帝又密詔晞討越，晞復上表稱：『李初至，奉被手詔，卷甲長驅，次于倉垣。』五年，帝復詔晞，陳越罪惡：『詔至之日，宣告天下，率齊大舉。』晞表稱，輒遣王讚將兵詣項。越使騎於成皋間獲晞使，遂大構嫌隙。」《晉春秋》：「五年正月，上遣李初詔晞討越。」按：越若已得晞使，則帝亦不能自安，潘滔、何倫等不容晏然在洛。且滔等未去，則帝亦不敢明言使晞討越。年月事迹，既前後參差如此，今並置於越薨之時，庶爲不失。

四月，四十八王皆没於石勒。

《東海王越傳》云「三十六王」。今從《帝紀》。

六月，丁未，劉聰封帝平阿公。

《帝紀》：「聰以帝爲會稽公。」《載記》、《三十國春秋》云「平阿公」。《晉春秋》云「平河公」，「河」字蓋誤。《十六國》、《三十國》、《晉春秋》：「明年二月，乃封帝會稽公。」蓋先封平阿，後進會稽。《帝紀》闕略，今從諸書。

秦王業南奔密。

《晉書》：「愍帝諱鄴，又改建鄴爲建康。」按《三十國》、《晉春秋》，愍帝名子業，或作業〔一〕。又《吴志》，孫權改秣陵爲建業〔二〕，取興建基業爲名。皆不爲「鄴」字。今從之。

〔一〕「業」，《通鑑》胡註作「鄴」。

〔二〕「秣」，原誤作「秼」，今據孔本、《四庫》本、胡本、廣雅本、《通鑑》胡註及《三國志·吴書·吴主傳》改。

中書令李絙。

《閻鼎傳》作「李恒」[一]。今從《王浚傳》。

七月，王浚立皇太子。

《晉書》初無其名。劉琨《與丞相牋》曰：「浚設壇場，有所建立，稱皇太子。」不知爲誰。

九月，劉粲殺南陽王模。

《帝紀》：「八月，模遇害。」按劉琨《上丞相牋》曰：「平昌以九月遇禍，世子時鎮隴右，故得無恙。」今以爲據。

十月[二]，猗盧遣子六脩助劉琨。

《晉春秋》作「利孫」。按：利孫即六脩也，胡語訛轉耳[三]。

六年，七月，高喬、郝聿以晉陽降漢。

《劉琨傳》曰：「屬龐醇降于聰[四]，雁門烏丸復反，琨親出禦之，粲乘虛襲取晉陽。」按

[一]「恒」，孔本、《四庫》本、胡本、廣雅本作「峘」。按：《晉書・閻鼎傳》原作「峘」。

[二]「十月」，《通鑑》正文此事在十二月。

[三]《通鑑》胡註曰：「余按孔穎達曰：聲相近者，聲轉字異。」

[四]「龐」，《晉書・劉琨傳》原作「襲」。

琨《上太子牋》曰：「聰以七月十六日復決計送死，臣即自東下，率中山、常山之卒，並合樂平、上黨諸軍，未旋之間，而晉陽傾潰。」《十六國春秋》亦云：「琨收兵常山。」《本傳》誤也。

九月〔一〕**，賈疋等奉秦王業爲皇太子。**

《懷帝紀》云：「賈疋討劉粲於三輔，走之，關中小定，奉秦王爲太子。」按：賈疋等以永嘉五年攻劉粲于新豐，粲敗，還平陽，奉秦王入雍城。六年三月，劉曜棄長安走，秦王入長安，漢兵皆已退矣。秦王爲太子時，劉粲方在晉陽。《懷紀》誤。

十月，猗盧遣其子六脩及兄子普根等攻晉陽。

《十六國春秋》云「遣子曰利孫、宥六須」〔二〕。《載記》云「賓六須」。《劉琨集》云「左、右賢王」，又云「右賢王撲速根」。今從《後魏書》〔三〕。

箕澹。

《十六國春秋》、《後魏書》作「姬澹」。今從《劉琨傳》。

〔一〕「九月」，《通鑑》正文此事在九月辛巳。按：《晉書·懷帝紀》此事原在九月辛巳。
〔二〕「子曰」，廣雅本、《通鑑》胡註作「其子」。
〔三〕「今」，原誤作「本」，今據兩浙本、孔本、《四庫》本、胡本、廣雅本、《通鑑》胡註改。

漢人殺盧志〔一〕。

《劉聰載記》：「志勸太弟乂作亂〔二〕，被誅。」按：志勸成都王穎起義兵，諫穎攻長沙王乂，忠義敦篤，始終不虧，非勸人作亂者也。今從《盧諶傳》。

十二月，賈疋戰死。

《帝紀》曰：「疋討賊張連，遇害。」《疋傳》：「天護攻之〔三〕，疋敗走，墜澗死。」今從《十六國春秋》。

段疾陸眷。

《石勒載記》及《後魏書》作「就陸眷」〔四〕。今從《王浚傳》。

末杯。

《後魏書》作「末破」〔五〕。今從《王浚傳》。

〔一〕《通鑑》正文此事在十一月。

〔二〕「乂」，孔本、《四庫》本、胡本、《通鑑》胡註作「义」。按：《晉書・劉聰載記》原作「乂」。

〔三〕「天」，《晉書・賈疋傳》原作「夫」。

〔四〕「陸」，《晉書・石勒載記》、《魏書》原作「六」。

〔五〕「破」，孔本、《四庫》本、胡本、廣雅本作「波」。按：《魏書・徒河段就六眷傳》原作「波」。

王敦屯豫章。

《王澄傳》曰：「時王敦爲江州，鎮豫章。」按：敦時爲揚州刺史，都督征討諸軍，非爲江州也。

王機入廣州。

王澄死，周顗敗，王敦鎮豫章，機入廣州，《紀》、《傳》皆無年月。按《衛玠傳》，玠依敦於豫章，以永嘉六年卒，故附於此。

王如降於王敦。

如降亦無年月，明年有如餘黨入漢中，故附此。

愍帝建興元年，四月，琅邪王睿用郗鑒爲兖州。

《劉琨集》，建興二年十一月壬寅朔《與丞相牋》曰：「焦求雖出寒鄉，有文武膽幹。荀晞用爲陳留太守，獨在河南距當石勒，撫綏有方。琨以求行領兖州刺史。後聞荀公以李述爲兖州，以素論門望，不可與求同日而論；至於膽幹可以處危，權一時之用，李述亦不能及求。而王玄年少，便欲共討求。琨以求已與玄構隙，便召還，而州界民物，甚不安服述，二千石及文武大姓，連遣信使求刺史，是以遣兄子演代求領兖州事。往年春正月，遣詣鄴，至是斬王桑、走趙固」云云。「今勒據襄國，逼近鄴城，故令演轉南。演今治在廩丘，而李述、郗鑒並欲爭兖州，或云爲荀公所用，或云爲明公所用。大寇未殄而自共尋干戈，此亦大潰也。輒敕演謹自守而已。」按：王桑、趙固之敗及石勒攻鄴，皆在永嘉六年。琨牋又云：「傳長安消息，主上是秦王[一]。」又建興二年十一月丙申朔，元年十一月壬申朔，十二月壬寅朔。然則琨發牋之日，建興元年十二月壬寅朔也，傳寫誤耳。

九月，荀藩薨於開封。

《帝紀》曰「薨于滎陽」。今從《藩傳》。

二年，正月，陳元達言女寵太盛。

《載記》：「元達等曰：『臣恐後庭有三后之事。』」按：立三后在明年[二]，於時未也。

二月，劉琨移檄州郡。

《琨集》，檄首云「三月庚午朔，五日甲戌」[三]。按：石勒以壬申克幽州，蓋時晉陽尚未知也。欲敘琨事畢，然後敘勒事，故置此。

[一]「主」，原誤作「王」，今據兩浙本、孔本、《四庫》本、胡本、廣雅本、《通鑑》胡註改。

[二]「三」，原誤作「二」，今據孔本、《四庫》本、胡本、廣雅本、《通鑑》胡註改。

[三]「日」，原誤作「月」，今據兩浙本、孔本、《四庫》本、胡本、廣雅本、《通鑑》胡註改。

三月，壬申，石勒至薊。

《三十國春秋》，先言「癸酉，勒取幽州」，後言「壬午，勒晨至薊」。按劉琨《表》曰：「勒以三月三日徑掩薊城。」然則當言壬申是也。

五月，己丑，張軌薨。

《帝紀》作「壬辰」。今從《前涼録鈔》。《前涼録鈔》又曰「葬建陵」，蓋張祚僭號後，追尊其墓耳。

六月，殷凱帥衆向長安。

《晉春秋》作「段凱」。今從《麴允傳》。

三年，三月，漢改元建元。

《十六國春秋》，建元元年在晉建興二年。同編修劉恕言，今晉州臨汾縣嘉泉村有《漢太宰劉雄碑》，云「嘉平五年，歲在乙亥，二月六日立」。然則改建元，在乙亥二月後也。

八月，杜弢遁走，道死。

《弢傳》云：「弢逃遁，不知所在。」《晉春秋》云：「城潰，弢投水死。」今從《帝紀》。

以第五猗爲安南將軍。

《周訪傳》云「征南大將軍」。今從《杜曾傳》。

四年，正月，追謚吴王晏曰孝。

《本傳》「晏謚敬王」。今從《愍帝紀》。

漢太宰河間王易[一]**。**

《晉春秋》「易」作「士通」。今從《載記》。

七月，漢三后之外，佩后璽者七人。

《劉聰載記》曰「四后之外」。按：時靳上皇后已死，唯三后耳。云四，誤也。

十一月，侍中宗敞。

《帝紀》作「宋敞」。今從《晉春秋》。

十二月，乙卯朔，日食。

《帝紀》、《天文志》皆誤作「甲申朔」。《宋・志》「乙卯朔」，與《長曆》合，今從之。

中宗建武元年，五月，壬午，日食。

《帝紀》、《天文志》皆云：「五月丙子，日食。」按《長曆》，是月壬午朔，無丙子。今以《曆》爲據。

[一] 《通鑑》正文此事在二月。

十二月，己酉朔，日食。

《帝紀》、《天文志》皆云：「十一月丙子，日食。」按《長曆》，十月、十一月皆己卯朔，是月己酉朔，二十八日丙子。《晉書·元帝紀》，十一月有甲子、丁卯。若丙子朔，則甲子、丁卯乃在十月。又《劉琨集》，是年三月癸未朔，八月庚辰朔，皆與《長曆》合，今以爲據。

太興二年，蒲洪降趙。

《三十國》、《晉春秋》，洪降劉曜在太興元年。按：元年曜未都長安。《晉書·洪載記》無年，但云「曜僭號長安，洪歸曜」，故置此年〔一〕。

三年，六月，閻沙、趙印等殺張寔。

《晉書·寔傳》作「閻沙、趙仰」〔二〕，又云：「寔知其謀，收劉弘殺之。」據《晉春秋》，作「閻沙」、「趙印」，又弘死在寔被殺後。今從之。

四年，十二月，以慕容廆爲車騎將軍、平州牧。

《燕書》云「車騎大將軍、平州刺史」。按《晉書·載記》，先拜平州刺史，尋加車騎、州牧。

〔一〕「此」，《通鑑》胡註作「是」。

〔二〕「寔傳」，《通鑑》胡註無此二字。

今從之。

永昌元年，十月，王敦以王諒爲交州刺史。

《諒傳》：「永興三年，敦以諒爲交州。」按：永興三年，即惠帝光熙元年也。《諒傳》誤。

肅宗太寧元年，四月，王敦移鎮姑孰，屯于湖。

《晉春秋》及《後魏書·僭晉傳》云「屯蕪湖」。《晉書·明帝紀》云「敦下屯于湖」〔二〕，今從之。

六月，阮放卒。

《放傳》云，「成帝幼沖，庾氏執政，放求爲交州」，下乃云「逢高寶平梁碩還」，非成帝時也，《放傳》誤。

二年，六月，温嶠與右將軍卞敦守石頭。

《敦傳》云：「王敦表爲征虜將軍、都督石頭軍事。明帝討敦，以爲鎮南將軍、假節。」今從《明帝紀》。

〔二〕「敦」，《通鑑》胡註無此字。

詔「有能殺錢鳳送首，封五千户侯」。

《晉春秋》此詔在王導爲敦發喪前，故云：「有能斬送敦首，封萬户侯，賞布萬匹。」按：此詔云「敦以隕斃」，是稱敦已死也，不應復購其首[一]。今從《敦傳》。

七月，王含等水陸五萬。

《敦傳》及《晉春秋》皆云「三萬」。今從《明帝紀》。

周光斬錢鳳。

《晉春秋》云「戴淵弟良斬鳳」。今從《敦傳》。

三年，二月，宇文乞得歸遣兄子悉拔雄拒慕容仁。

《燕書·征虜仁傳》作「悉拔堆」，《後魏書·宇文莫槐傳》作「乞得龜、悉跋堆」[二]，《載記》亦作「龜」。《燕書·武宣紀》作「乞得歸、悉拔雄」，今從之。

四月，石瞻攻兖州，殺檀斌[三]。

《帝紀》作「石良」。今從《石勒載記》。

[一]「其」，《通鑑》胡註作「敦」。

[二]「跋」，孔本、《四庫》本、胡本、廣雅本、《通鑑》胡註作「拔」。按：《魏書·宇文莫槐傳》原作「跋」。

[三]《通鑑》胡註曰：「《晉·本紀》『斌』作『贇』，《載記》作『斌』。」

顯宗咸和三年，二月，後趙改元太和。

《晉春秋》云：「勒即帝位，改元太和。」按：勒建平元年始即帝位，今從《勒載記》。

四月，温嶠從弟充。

《晉春秋》作「從兄」。今從《晉書·嶠傳》。

五年，六月，趙以翟斌爲句町王。

《晉書》、《春秋》作「翟真」。按：秦亡後，慕容垂誅翟斌，斌兄子真北走，故知此乃斌也。

九月，趙王勒即帝位〔一〕。

《載記》云「自襄國都臨漳」，即鄴也。按：建平二年四月，勒如鄴，議營新宫。三年，勒如鄴，臨石虎第。勒疾，虎詐召石宏還襄國。至虎建武元年九月，始遷鄴。是勒未嘗都鄴也。

封彭城王子浚高密王〔二〕。

《宗室傳》作「俊」〔三〕。今從《帝紀》。

〔一〕「帝」上，《通鑑》正文、《資治通鑑目録》有「皇」字。按：《晉書·石勒載記》原有「皇」字。

〔二〕「浚」，《通鑑》正文作「俊」。按：《晉書·成帝紀》原作「浚」。「浚」下，孔本、《四庫》本、胡本、廣雅本、《通鑑》正文有「爲」字。

〔三〕「俊」，《通鑑》胡註作「浚」。按：《晉書·宗室傳》原作「俊」。

十月，楊謙退保宜都。

《帝紀》作「陽謙」。今從《李雄載記》。

七年，正月，趙主勒大饗羣臣。

《晉春秋》云：「陶侃遣使聘後趙，趙王勒饗之。」按：侃與勒必無通使之理，今不取。《載記》云：「勒因饗高句麗、宇文屋孤使。」今但云饗羣臣。

九年，十一月，石虎稱居攝趙天王。

《三十國》、《晉春秋》：「虎即位，改元永熙。」陳鴻《大統歷》云：「石虎即位，改建平五年爲延興。明年，改建武。」按：《三十國》、《晉春秋》不記弘改元延熙，虎之立，實延熙元年也，故誤云永熙。弘既號延熙，虎安肯稱永熙！陳鴻云虎改建平五年爲延興，即是弘踰年不改元也。恐二説誤〔一〕。

咸康三年〔二〕，趙庭燎油灌下盤，死者二十餘人。

《載記》云「七人」。今從《三十國春秋》。

〔一〕「二」，原誤作「云」，今據兩浙本、孔本、《四庫》本、廣雅本改，胡本、《通鑑》胡註作「鴻」。

〔二〕「三年」，《通鑑》正文此事在正月庚辰。

七月，趙王虎殺太子邃。

《燕書·文明紀》云："咸康四年四月，石虎至燕城下，會鄴使至，太子邃在後恣酒，入宮殺害，石主大恐，狼狽引還。"又云："初，帳下吴胄使鄴還，説四月浴佛日，行像詣宮，石太子邃騎出迎像，往來馳騁，無有儲君體。王曰：『古者觀威儀以定禍福，此子虎之副貳，而輕佻無禮，將不得其死然。』及石主東歸，留邃監國，荒敗内亂，以致誅戮。"按《十六國》、《晉春秋》，殺邃皆在咸康三年，《燕書》恐誤。今從《十六國》、《晉春秋》。

六年，九月〔二〕，**燕王皝襲趙，略三萬餘家。**

《燕書》云："略燕、范陽二郡男女數千口而還。"今從後趙、燕《載記》。

八年，正月，己未朔，日食。

《天文志》作"乙未"。今從《帝紀》及《長曆》。

〔二〕"九月"，《通鑑》正文此事在十月。

資治通鑑考異卷第五

端明殿學士兼翰林侍讀學士太中大夫提舉西京嵩山崇福宫上柱國河内郡開國公食邑二千六百户食實封壹阡户臣司馬光奉敕編集

晋紀下

康帝建元元年，七月，桓温率衆入臨淮。

《帝紀》，「温入臨淮」下云：「庾翼爲征討大都督，遷鎮襄陽。」按《翼傳》，翼先表移鎮安陸，至夏口上表云：「九月十九日發武昌，二十四日達夏口。」始請徙鎮襄陽，始詔加都督征討諸軍事，故知不在此月。

八月，燕王皝遣世子儁等擊代〔一〕。

《後魏·序紀》：「八月，慕容元真遣使請薦女。」無用兵事。今從《燕書》。

二年，正月，宇文涉夜干。

《慕容皝載記》作「涉弈干」〔二〕。今從《燕書》。

燕王皝殺慕容翰。

《三十國春秋》云：「永和二年九月，殺翰。」《燕書·翰傳》：「翰嘗臨陳，爲流矢所中，病臥歲時不出入，後漸差，試馬。」按：自討宇文後，翰未嘗預攻戰。自建元二年正月，至永和二年九月，已踰年矣。《三十國春秋》恐誤。今從《載記》、《翰傳》。

孝宗永和三年，七月，趙王虎遣將擊張重華，遂城長最。

《晉春秋》作「上最」。今從《重華傳》。

五年，四月，拜慕容儁幽、平二州牧。

《儁載記》云「幽、冀、并、平四州牧」。今從《帝紀》。

〔一〕「儁」，《通鑑》正文、《資治通鑑目録》作「儁」。按：《晉書·慕容皝載記》原作「儁」；以下同，不再出校。

〔二〕「干」，《晉書·慕容皝載記》原作「于」。

五月〔一〕**，石遵封世爲譙王，廢劉氏爲太妃。**

《晉春秋》及《十六國春秋鈔》皆云，「廢太后爲昭儀」。今從《載記》。《十六國春秋》及《載記》又云，世立三十三日。按：四月己巳至五月庚寅，凡二十二日。

燕王儁講武戒嚴。

《燕·景昭紀》，集兵在四月。時石虎方死，諸子未爭，《十六國春秋》在五月，故從之。而《燕書》載封弈、慕輿根言，俱指冉閔。按：是時閔未篡趙，蓋撰史者附會耳，故削去。

八月，褚裒退還，河北遺民二十餘萬，死亡略盡。

《裒傳》云：「爲慕容皝及苻健所掠〔二〕，死亡咸盡。」按：是時慕容皝卒已踰年矣。永和六年，慕容儁始率衆南征。石鑒即位後，蒲洪始有衆十萬；永和六年，洪死，健始嗣位。皆與裒不相接，今不取。

六年，閏月。

《帝紀》「正月」後云「閏月」〔三〕。《三十國》、《晉春秋》皆云「閏正月」。按《長曆》，閏二月。

〔一〕「五月」，《通鑑》正文脱此二字，事在辛卯。按：《晉書·穆帝紀》原在五月。

〔二〕「苻」，原誤作「符」，今據《通鑑》胡註及《晉書·褚裒傳》改。按：原本「苻」或誤作「符」，以下徑改，不再出校。

〔三〕「正月」，《通鑑》胡註無此二字。

《帝紀》，閏月有丁丑、己丑。按：是歲正月癸酉朔，若閏正月，即無丁丑、己丑。今以《長曆》爲據[二]。

三月，趙新興王祗即帝位。

《晉·帝紀》，祗即位在閏月。《三十國》、《晉春秋》皆在三月。按《十六國春秋》，祗稱帝，拜姚弋仲、苻健官，而不言苻洪。洪三月死，故疑祗以三月即位。

七年，十一月[三]，樂陵太守賈堅。

《燕書·賈堅傳》：「烈祖問堅年，對以受新命始及三載。烈祖悦其言，拜樂陵太守。」按：堅以去年九月獲於燕，至明年始三年。若未爲樂陵太守，豈能安集諸縣，告諭逄鈞！故知堅先已爲樂陵太守，非因問年而授。

八年，正月，冉閔殺劉顯。

閔殺顯，《晉·帝紀》在正月，《十六國春秋鈔》在二月，《燕書》在三月己酉。未知孰是，今從《帝紀》。

[二] 按：《通鑑》正文「閏月」在「正月」與「二月」之間，仍是閏正月，與《考異》不合。

[三] 「十一月」，《通鑑》正文脱「一」字。

升平二年，八月，郗曇爲荀羡軍司〔一〕。

《帝紀》，「謝萬爲豫州」下云：「郗曇爲北中郎將，督五州軍事、徐兗二州刺史。」《曇傳》云：「荀羡有疾，以曇爲軍司。頃之，羡徵還，除曇北中郎將、都督、刺史。」按《帝紀》：「十二月，北中郎將荀羡及慕容儁戰于山茌，王師敗績。」《燕書》：「十二月，荀羡寇泰山，殺太守賈堅。」《載記》，「荀羡殺賈堅」下云：「敗羡，復陷山茌。」故知八月曇未爲徐、兗二州〔二〕，恐始爲軍司耳。

哀帝興寧元年，閏八月，張天錫弑玄靚。

《帝紀》，天錫殺玄靚自立在七月。今從《晉春秋》。

十月，朱斌克許昌。

《燕書》作「朱黎」。今從《晉·帝紀》。

二年，八月，慕容恪將取洛陽。

《帝紀》，「慕容暐寇洛陽」上云：「苻堅別帥侵河南。」按：明年，恪拔洛陽，堅親將以備潼

〔一〕「郗」，原誤作「郄」，今據孔本、《四庫》本、胡本、廣雅本、《通鑑》正文及《晉書》《穆帝紀》、《郗曇傳》改。「荀羡」，《通鑑》正文無此二字。

〔二〕「二」，原誤作「一」，今據兩浙本、孔本、《四庫》本、胡本、廣雅本、《通鑑》胡註改。

關，是未敢與燕爭河南也。《十六國春秋·堅傳》亦無此舉，《帝紀》恐誤。

三年，二月，桓沖監江州及荆、豫。

《帝紀》云：「沖領南蠻校尉。」按：江左唯荆州領南蠻，《沖傳》亦無，蓋《紀》因桓豁重出，今不取。

海西公太和二年，正月，庾希免官。

《帝紀》，是月，希有罪，走入海。按《本傳》，海西廢後，希始逃于海陵，此時才坐免官耳。

五月，秦使曹轂發使如燕朝貢，郭辯副之。

燕建熙八年，皇甫真爲太尉。《燕書》及《載記》《真傳》，郭辯至燕皆在真爲太尉下。《晉春秋》在建熙十年八月。恐皆非是，故附於曹轂降秦下。

四年，十二月，王猛攻洛陽。

《燕·少帝紀》，此年十二月，王猛攻洛，明年正月，拔洛[一]。《十六國·秦春秋》，十一月，王猛伐燕，遣慕容紀書，紀請降。十二月，猛受降而歸。今按《獻莊紀》云，慕容令之奔還鄴，建熙元年二月也，時王猛猶在洛。又猛遺紀書云：「去年桓温起師。」故從《燕書》。

[一] 「洛」，原誤作「落」，今據孔本、《四庫》本、胡本、廣雅本、《通鑑》胡註改。

五年，八月，慕容評將兵三十萬拒秦。

《載記》云「四十萬」。今從《晉春秋》。

太宗咸安元年，十一月，桓温使劉亨收東海王璽綬。

《帝紀》、《三十國春秋》「亨」皆作「亨」。《後魏書·僭晉傳》作「亨」，今從之。

十二月，庚寅，東海王封海西公〔一〕。

《海西公紀》云：「咸安二年正月，降封。」今從《簡文帝紀》。

孝武帝太元元年，五月，苻堅伐張天錫，周虓曰：「戎狄以來，未之有也。」

《虓傳》曰：「吕光征西域，堅出餞之，戎士二十萬，旌旗數百里。問虓曰：『朕衆力何如？』虓曰：『戎夷以來，未之有也。』」按：建元十八年二月，虓謀反，徙朔方。十九年正月，吕光發長安。故知在伐涼州時。今從《十六國春秋》。

四年，二月，秦彭超據彭城。

《謝玄傳》云：「何謙進解彭城圍。」又云：「於是罷彭城、下邳二戍。」《帝紀》及諸傳皆不言此年彭城陷没。而《十六國·秦春秋》云：「超據彭城。」又云：「超分兵下邳，留徐褒守彭城。」

〔一〕「公」上，《通鑑》正文有「縣」字。按：《晉書》《廢帝紀》有「縣」字，《簡文帝紀》無此字。

至七月，以毛當爲徐州刺史，鎮彭城；王顯爲揚州，戍下邳。」是二城俱陷也。

安帝隆安五年，九月，吕隆降秦。

《姚興載記》，姚平伐魏與姚碩德伐吕隆同時。《魏書》：「天興五年五月，姚平來侵〔二〕。」晉元興元年，秦弘始四年也。《晉・帝紀》、《晉春秋》皆云「隆安五年降秦」。《十六國・西秦春秋》云：「太初十四年五月，歸隨姚碩德伐涼〔三〕。」《南涼春秋》云：「建和二年七月，姚碩德伐吕隆，孤攝廣武守軍以避之。」皆隆安五年也。按：秦小國，既與魏相持，豈暇更興兵伐涼！蓋《載記》之誤也。今以《晉・帝紀》、《晉春秋》、《十六國》《西秦》、《南涼春秋》爲據。

義熙十二年，二月，姚興卒。

《晉・本紀》、《三十國》、《晉春秋》皆云，義熙十一年二月姚興卒。《魏・本紀》、《北史・本紀》、《姚興》、《姚泓載記》皆云十二年。按《後魏書・崔鴻傳》：「太祖天興二年，姚興改號，鴻以爲元年。」故《晉・本紀》、《三十國》、《晉春秋》凡弘始後事，皆在前一年，由鴻之誤也。

〔二〕「來」上，原衍「未」字，今據廣雅本、《通鑑》胡註及《魏書・太祖紀》删。
〔三〕「歸」上，《通鑑》胡註有「乾」字。

宋紀上

高祖永初元年，正月，乞伏熾磐立其子暮末爲太子〔一〕。

《晉書》作「慕末」，《宋書》作「乞佛茂蔓」。今從《十六國春秋》〔二〕。

二年，九月，殺零陵王。

《宋・本紀》：「九月己丑，零陵王薨。」《晉・本紀》「九月丁丑」。據《長曆》，九月丙午朔，無己丑、丁丑。今不書日。

營陽王。

《宋・本紀》、《高氏小史》皆作「滎陽」〔三〕，《臧后》、《謝晦》、《蔡廓傳》作「營陽」。營陽，南方郡名也，今從之。

〔一〕「磐」，原誤作「盤」，今據兩浙本、孔本、《四庫》本、胡本、廣雅本、《通鑑》正文、《資治通鑑目録》及《晉書・乞伏熾磐載記》改。

〔二〕「十」上，《通鑑》胡註有「崔鴻」二字。

〔三〕「宋」，原誤作「來」，今據兩浙本、孔本、《四庫》本、胡本、廣雅本、《通鑑》胡註改。「滎陽」，《宋書・少帝紀》原作「營陽」。

景平元年，正月，魏叔孫建入臨淄。

《索虜傳》云：「虜又遣楚兵將軍徐州刺史安平公涉歸幡能健、越兵將軍青州刺史臨淄侯薛道千、陳兵將軍淮州刺史壽張子張模東擊青州，所向城邑皆奔走。」《本紀》亦云：「安平公涉歸寇青州。」按：《後魏書》無涉歸等姓名，蓋皆胡中舊名，即叔孫建等也。

四月，己巳，檀道濟軍于臨朐。

裴子野《宋略》作「乙巳」。按《長曆》，是月丁卯朔，無乙巳，必己巳也。

五月，魏主還平城。

《後魏・帝紀》：「五月庚寅，還次雁門。」〔二〕「庚寅，車駕至自南巡。」必一誤〔三〕，今皆不取。

太祖元嘉元年，正月。

《宋・本紀》：「正月癸巳朔，日有食之。」《宋紀》「二月己巳」，《宋略》「二月癸巳」，李延壽

〔二〕 按：點校本《魏書・太宗紀》已據《考異》與李延壽《北史・魏本紀・太宗紀》（北京中華書局一九七四年點校本，下同），將還雁門時間改作「五月丙寅」。

〔三〕 「一」上，《通鑑》胡註有「有」字。

《後魏書》《紀》、《南史》「二月己卯朔」，皆誤也。按《長曆》，是年正月丁巳、二月丁亥朔〔一〕。《志》是年無食〔二〕，今從之。

六月，癸丑，徐羨之等殺廬陵王義真。

《宋》、《南史》《本紀》，二月廢義真徙新安之下，即云「執政使使者誅義真于新安」。《宋》《義真傳》：「六月癸未，羨之等遣使殺義真於徙所。」《羨之傳》亦云：「廢帝後，殺義真於新安，殺帝於吴縣。」按《長曆》，六月庚寅朔，無癸未，蓋癸丑也。

八月，魏世祖自將輕騎討柔然。

《後魏・本紀》云：「赭陽子尉普文率輕騎討之，虜乃退走。」李延壽《北史・紀》云：「帝帥輕騎討之，虜乃退走。」今據《蠕蠕傳》，從《北史》。

〔一〕 按：《資治通鑑目録》所録《長曆》，《考異》所引「正月丁巳、二月丁亥朔」，實爲元嘉二年之朔，《考異》誤引作元年之朔，故以《宋略》二月癸巳朔爲誤。《宋書・五行志》曰：「二月癸巳朔，日有蝕之。」與《宋略》合，亦與《通鑑目録》所録《長曆》三月壬戌朔相合。

〔二〕 「食」上，《通鑑》胡註有「日」字。

二年，十月〔一〕，魏長孫翰等出黑漠。

《翰傳》云：「與娥清出長川。」今從《蠕蠕傳》。

蛾清出栗園。

《清傳》云：「與長孫翰出長川。」今從《蠕蠕傳》。

十一月，以楊玄爲北秦州刺史。

《宋·本紀》癸酉，《南史》庚午。按：十一月壬午朔，無癸酉及庚午。今不書日〔二〕。

三年，十一月，夏東平公乙斗。

《奚斤傳》作「乙升」。今從《帝紀》。

五年，二月，魏安頡擒赫連昌。

《十六國春秋鈔》云：「承光三年五月，戰于黑渠，爲魏所敗。昌與數千騎奔還，魏追騎亦至。昌河内公費連烏提守高平，徙諸城民七萬户于安定以都之。四年二月，魏軍至安定，三城潰，昌奔秦州，魏東平公娥清追擒之，送于魏。」與《後魏》《紀》、《傳》不同。今從《後魏書》。

〔一〕「十月」，《通鑑》正文此事在十月癸卯。

〔二〕按：《資治通鑑目録》所録《長曆》，元嘉二年十一月壬子朔，十九日庚午，二十二日癸酉。

三月，赫連定擒奚斤等。

《宋・索虜傳》：「元嘉五年，使大將吐伐斤西伐長安，生擒赫連昌于安定，封昌爲公，以妹妻之。昌弟定在隴上，吐伐斤乘勝以騎三萬討之。定設伏於隴山彈箏谷，破之，斬吐伐斤，盡坑其衆。定率衆東還，復克長安。燾又自攻，不克，乃分軍戍大城而還。」今從《後魏書》。

十月，徐州刺史王仲德伐魏。

《後魏・紀》云「淮北鎮將」。按《南史》，仲德時爲安北將軍、徐州刺史。《宋書・仲德傳》闕。又，《宋書》、《南史》《本紀》、《北史・本紀》及宋、魏諸臣列傳、《魏・劉裕傳》、《宋・索虜傳》，皆無是年王仲德等伐魏事，唯《後魏・本紀》有之，今從之。

七年，十月，崔模降魏。

《宋書》云：「模抗節不降，投塹死。」按《後魏書》，模仕魏爲武城男[一]。《宋書》誤也。

乞伏暮末東如上邽。

《後魏・乞伏國仁傳》云：「爲赫連定所逼，遣烏訥等求迎。」《宋・氐胡傳》云：「茂蔓聞赫連定敗，將家户及興國東征，欲移居上邽。」今從《十六國春秋》。

〔一〕「城」，《魏書・崔模傳》原作「陵」。

八年，六月，益州刺史慕利延〔一〕**、寧州刺史拾虔**〔二〕**。**

《十六國春秋》作「没利延、拾虎」。今從《宋書》。

十一月，北部敕勒。

《後魏書》、《北史》《本紀》皆作「敕勒」，《鄧淵傳》皆作「高車」。按：高車即敕勒別名也。

九年，十二月，魏李順使涼。

《後魏書》，順初奉册拜沮渠蒙遜爲涼州牧，即有蒙遜不拜及順使還論牧犍事〔三〕。《南史》，順册拜蒙遜還，拜都督四州、長安鎮都大將、開府，徵爲四部尚書，加常侍。延和初使涼，始有不拜等事。今據順云「不復周矣」，明年蒙遜死，帝曰「卿言蒙遜死，驗矣」，故從《南史》〔四〕。

十年，三月〔五〕**，蕭思話爲梁、南秦二州刺史。**

《思話傳》云，楊難當寇漢中，乃用思話。按《本紀》及《氐胡傳》，難當寇漢中皆在十一月。

〔一〕「慕利延」，按：《宋書·吐谷渾傳》作「慕延」，《魏書》、《北史》《吐谷渾傳》作「慕利延」。

〔二〕「拾虔」，按：《宋書》或作「拾虔」，或作「拾寅」，《魏書》、《北史》《吐谷渾傳》作「拾寅」。

〔三〕按：《魏書·李順傳》同，無初使即有蒙遜不拜及使還論牧犍事。

〔四〕「南史」，按：李延壽《南史》（北京中華書局一九七五年點校本，下同）無《李順傳》，出使涼事載《北史·李順傳》，《考異》兩處「南史」皆當作「北史」。

〔五〕「三月」，《通鑑》正文此事在四月。按：《宋書·文帝紀》原在四月。

涼王蒙遜立牧犍爲世子。

《宋書》、《十六國春秋》作「茂虔」。《後魏書》《紀》、《傳》作「牧犍」，今從之。

十一年，三月〔一〕**，魏于什門還平城。**

《後魏書·節義傳》云：「什門在燕歷二十四年。」按《後魏·本紀》，神瑞元年八月，遣于什門招諭馮跋，至此年，二十一年矣。若二十四年，乃在太延三年，而太延二年馮氏亡矣。

十二年，五月，焉耆入貢于魏。

《後魏書》皆作「烏耆」，云「漢時舊國也」。按：《漢書》作「焉耆」，今從之。

十一月，楊難當使楊保宗鎮童亭。

《後魏書》作「薰亭」。《宋書》作「童」，今從之〔二〕。

十三年，四月，燕尚書令郭生。

《後魏·古弼傳》作「大臣古泥」〔三〕。今從《十六國春秋鈔》。

〔一〕「三月」，《通鑑》正文此事在閏三月。

〔二〕《通鑑》胡註曰：「《水經註》：谷水出上邽東南注谷之山，東北歷董亭下，楊難當使兄子保宗鎮董亭，即是亭也。董、童字相近。」

〔三〕「泥」，《魏書·古弼傳》原作「涅」。

十六年，九月，沮渠牧犍兄子萬年降魏。

《宋書·氐胡傳》曰：「茂虔兄子萬年爲虜内應[二]，茂虔見執。」今從《後魏書》。

牧犍弟宜得、安周。

《宋書》「宜得」作「儀德」，「安周」作「從子豐周」。今從《後魏書》。

十月，魏徙涼州吏民三萬户于平城。

《十六國春秋鈔》云「十萬户」。今從《後魏書》。

十七年，四月，劉湛言：「天下艱難，詎是幼主所御！」

《南史》以爲義康有此言，湛、景仁並不答。按：義康雖不識大體，豈敢自爲此言！湛常欲推崇義康，豈肯聞而不答！今從《宋書》及《宋略》。

五月，湛以母憂去職。

《南史》云：「湛伏甲於室，以俟上臨弔，謀又泄，竟弗之幸。」《宋書》無此事。按：湛若謀泄，當即伏誅，豈得尚延半歲！今從《宋書》。

[二] 「虔」，原誤作「虎」，今據兩浙本、孔本、《四庫》本、胡本、廣雅本、《通鑑》胡註及《宋書·氐胡傳》改。

十八年，十二月，詔裴方明等討楊難當。

《氐胡傳》作「十九年正月遣方明等」。今從《帝紀》。

十九年，七月，以劉真道爲雍州，裴方明爲梁、南秦二州，方明不拜。

《真道傳》，此事在胡崇之歿後。《氐胡傳》，崇之歿在明年二月，即《真道傳》誤。

魏安西將軍古弼。

《宋》《索虜傳》作「吐奚愛弼」，《氐胡傳》作「吐奚弼」，蓋其舊姓。今從《後魏書》。

唐契攻闞爽。

《宋·氐胡傳》作「闞爽」。今從《後魏書》。

九月，沮渠無諱將衛興奴。

《宋書》「衛興奴」作「衛奈」。今從《後魏書》。

封無諱爲河西王〔二〕。

《宋》《本紀》封爵在六月，《傳》在九月末。今從《傳》。

〔二〕「河西」，此二字原誤乙，今據孔本、《四庫》本、胡本、廣雅本、《通鑑》正文及《宋書·氐胡傳》乙正。

二十年，四月，魏河間公齊殺楊保宗，苻達等立楊文德爲主。

《宋・氐胡傳》云：「拓跋齊聞兵起，遁走。達追擊，斬齊，因據白崖。」按《後魏・河間公齊傳》云：「文德求援於宋，宋遣房亮之、苻昭、啖龍等率衆助文德，斬龍，禽亮之，氐遂平。以功拜内都大官，卒。」然則《宋書》誤也。

文德自稱秦、河、梁三州牧。

《宋書》在三月。《魏書》在四月，今從之。

十一月[一]**，魏主令太子副理萬機。**

《宋・索虜傳》：「晃與大臣崔氏、寇氏不睦，崔、寇譖之。玄高道人有道術，晃使祈福，七日七夜。佛狸夢其祖、父並怒，手刃向之曰：『汝何故信讒，欲害太子！』佛狸驚覺，下僞詔曰：『王者大業，纂承爲重，儲宮嗣紹，百王舊例。自今已往，事無巨細，必經太子，然後上聞。』」[二]事節小異。今從《後魏書》。

[一] 「十一月」，《通鑑》正文此事在十一月甲子。按：《魏書・世祖紀》原在十一月甲子。

[二] 按：《宋書・索虜傳》不載此事，見於蕭子顯《南齊書・魏虜傳》（北京中華書局一九七二年點校本，下同）。

二十一年，正月，己亥，藉田，大赦。

《宋略》「辛酉，藉田，大赦」，下有「戊午」，又有「辛酉」，誤也。今從《宋書》。

二十二年，八月，鄯善王真達降魏。

《本紀》作「真達興」。今從《西域傳》。

二十三年，二月，魏人寇兖、青、冀三州。

《宋・文帝紀》：「三月，索虜寇兖、豫、青、冀，刺史申恬破之。」《魏・太武紀》：「二月，永昌王仁至高平，禽劉義隆將王章，略金鄉、方與，遷其民五千家於河北。高涼王那至濟南東平陵，遷其民六千餘家於河北。」蓋宋、魏各據奏到之月書之耳。《宋・索虜傳》又云：「虜破掠太原〔一〕，得四千餘口。」蓋魏人夸張其數，故不同耳。

五月，檀和之等破林邑。

《本紀》在六月，《傳》在五月。當是六月賞檀和之等。今從《傳》。

八月，魏破蓋吴，傳首平城。

《宋・索虜傳》云：「屠各反，吴自攻之，爲流矢所中，死。吴弟吾生率衆入木面山，尋皆破

〔一〕「掠」，《宋書・索虜傳》原作「略」。

散[二]。」今從《魏書》。

二十四年，十二月，魏晉王伏羅卒。

《宋・索虜傳》曰：「燾所住屠蘇爲疾雷所擊，屠蘇倒，見壓殆死。左右皆號泣，晉王獨不悲。燾怒，賜死。」此出於傳聞。今從《後魏書》。

二十七年，二月，辛亥，魏主至南頓[三]。

《宋書》：「是月辛丑，南平王鑠進號西平[三]。辛巳，索虜寇汝南。」按《長曆》，二月壬辰朔，十日辛丑，二十日辛亥。「巳」當作「亥」。

三月，參軍劉泰之。

《後魏・紀》作「劉坦之」。今從《宋書》。

七月，乙亥，魏王買德棄城走。

《宋略》云：「虜濟州刺史王淮敗走，虜支解王淮，傳示列戍。」今從《宋書》。

[二] 「尋皆」，《宋書・索虜傳》此二字原互乙。

[三] 「至南頓」，《通鑑》正文作「奄至」。

[三] 「西平」，《宋書》《文帝紀》、《南平王鑠傳》原作「平西將軍」。

王玄謨圍滑臺[一]。

《宋略》："九月庚申，玄謨前軍次白馬，與虜兗州刺史歌得跋戰，破之，玄謨進攻滑臺。"今從《宋書》。

南平王鑠遣梁坦出上蔡。

《鑠傳》作"到坦之"。今從《宋略》。

十一月，辛卯，魏主至鄒山。

《宋略》云："戊子，至鄒山。"今從《後魏書》。

魏洛州刺史張是連提。

《宋略》作"張是連踶"。今從《宋書》。

魏永昌王仁追及劉康祖於尉武[二]。

《宋略》及《南平王鑠傳》皆作"尉氏"。按：《康祖傳》云"去壽陽裁數十里"，然則非尉氏

[一]"圍"上，《通鑑》正文有"進"字。按：《宋書·沈慶之傳》無此字，《南史·沈慶之傳》有"進"字。

[二]《通鑑》正文此事在十一月癸卯。

也。今從《康祖》及《索虜傳》，作「尉武」〔二〕。

康祖衆潰。

《康祖傳》云「大戰一日一夜」，又云「虜死者太半」。今從《宋略》。

十二月，己未，魏兵至淮上。

《魏·本紀》云：「丁卯，至淮。」按《宋略》：「己未，虜至淮西。」《宋·本紀》：「乙丑，胡崇之等敗。」今從之。

臧質使臧澄之營東山。

《序傳》「臧證之」。今從《帝紀》、《質傳》，作「澄之」。

質營於城南。

《宋略》云：「質屯盱眙北〔三〕。」今從《宋書》。

魏主設氊屋於瓜步山。

《魏·帝紀》云：「癸未，車駕臨江，起行宮於瓜步山。」蓋謂此也。今從《宋書》。

〔二〕《通鑑》胡註曰：「今按沈約《志》，秦郡有尉氏縣。秦郡治堂邑，屬南兖州，非南平王鑠所統，其地又不在壽陽北數十里。温公之考核精矣。按《北史·拓拔崘傳》：尉武，亭名，劉康祖戰死于此。」

〔三〕「眙」下，《通鑑》胡註有「城」字。

魏主求婚，不成。

《魏·帝紀》云：「甲申，義隆使獻百牢，貢其方物，又請進女於皇孫以求和好。帝以師昏非禮，許和而不許昏，使散騎侍郎夏侯野報之。詔皇孫爲書，致馬通問焉。」此皆魏史誇辭，今從《宋書》。

二十八年，二月，魏主赦盧度世。

《宋·柳元景傳》：「元景從祖弟光世，先留鄉里，索虜以爲折衝將軍、河北太守，封西陵男。光世姊夫爲司徒崔浩〔一〕，虜之相也。元嘉二十七年，虜主拓跋燾南寇汝、潁，浩密有異圖。光世要河北義士與浩應接，謀泄被誅，河東大姓坐連謀夷滅者甚衆。光世南奔得免，太祖以爲振武將軍。」與魏事不同〔二〕，今從《後魏書》〔三〕。

四月，以魯秀爲潁川太守。

《宋略》云「滎陽太守」。今從《宋書》〔四〕。

〔一〕「爲」，《宋書·柳元景傳》原作「僞」。
〔二〕「事」，各本同，點校本《通鑑》疑當作「書」。
〔三〕「後」，原誤作「從」，今據兩浙本、孔本、《四庫》本、胡本、廣雅本改，《通鑑》胡註無此字。
〔四〕《通鑑》胡註曰：「余謂帝蓋以秀兄弟自潁川來降，遂因以潁川太守授秀。」按：《宋書》、《南史》《魯爽傳》皆作「以秀爲滎陽、潁川二郡太守」。

六月〔一〕**，魏太子晃以憂卒。**

《宋・索虜傳》云：「燾至汝南瓜步，晃私遣取諸營鹵獲甚衆。燾歸聞知，大加搜撿。晃懼，謀殺燾。燾乃詐死，使其近習召晃迎喪，於道執之。及國，罩以鐵籠，尋殺之。」蕭子顯《齊書》亦云：「晃謀殺佛狸，見殺。」《宋略》曰：「燾既南侵，晃淫于内，謀欲殺燾。燾知之，歸而詐死，召晃迎喪。晃至，執之，罩以鐵籠，捶之三百，曳於叢棘以殺焉。」又《索虜傳》云：「晃弟秦王烏弈旰與晃對掌國事〔二〕，晃疾之，訴其貪暴。燾鞭之二百，遣鎮枹罕。」此皆江南傳聞之語〔三〕。今從《後魏書》。

二十九年，二月，甲寅，魏主被弑。

《宋書》作「庚申」。今從《魏書》。

五月，詔蕭思話等北伐。

《索虜》、《徐爰》、《張永傳》並云，王玄謨亦北伐。《玄謨傳》中不曾行，蓋脱誤。《魏・紀》載：「六月，劉義隆將檀和之寇濟州，梁坦及魯安生軍于京、索，龐萌、薛安都寇恒農。」都不言蕭

〔一〕「六月」，《通鑑》正文此事在六月戊辰。按：《魏書・恭宗紀》原在六月戊辰。
〔二〕「旰」，《宋書・索虜傳》原作「肝」；以下同，不再出校。
〔三〕「語」，《通鑑》胡註作「誤」。

思話等。而《宋紀》亦無此數人者，至七月云：「韓元興討之，和之退，梁坦、安生亦走。」不言思話之歸。《宋略》有「臧質遣柳元景徇蒲阪」，《元景傳》亦有之，今從《宋書》、《宋略》〔一〕。

七月，張永等至碻磝。

《宋略》：「七月壬辰，永師及碻磝。」下又有乙酉、壬辰。按《長曆》，此月丁丑朔，四日庚辰，六日壬午，十六日壬辰。疑永以庚辰或壬午至碻磝〔二〕，非壬辰也。

潘淑妃生始興王濬。

《太子劭傳》云：「濬母卒，使潘淑妃養之〔三〕。」《濬傳》及《文九王傳》皆云，濬實潘子。《南史》亦云：「淑妃養爲子。淑妃愛濬，濬心不附。」今從《濬本傳》。

十月〔四〕**，魏皇孫濬即位，改元興安。**

《宋·索虜傳》：「燾以烏弈肝有武略〔五〕，用以爲太子。會燾死，使嬖人宗愛立可博真爲

〔一〕《通鑑》胡註曰：「今按《考異》所謂《索虜》、《徐爰》、《張永傳》，亦《宋書》也。」
〔二〕「或」，《通鑑》胡註無此字。
〔三〕按：《宋書·元凶劭傳》亦作「濬母潘淑妃」，潘爲濬養母事載《南史·宋宗室及諸王下·元凶劭傳》。
〔四〕「十月」，《通鑑》正文此事在十月戊申。按：《魏書·高宗紀》原在十月戊申。
〔五〕「略」，《宋書·索虜傳》無此字。

後[一]。宗愛、博真恐爲弈盰所危，矯殺之而自立，號年承平。博真懦弱，不爲國人所附。晃子濬字烏雷直懃，素爲燾所愛。燕王謂國人曰：『博真非正，不宜立；直懃嫡孫，應立耳。』乃殺博真及宗愛，而立濬爲主，號年正平。」與《後魏書》不同。又云在二十八年。皆《宋書》之誤也。

十二月，戊午，魏陸俟進爵東平王。

《魏・紀》云「戊申」[二]。按：上有丁巳，下有癸亥，不當中有戊申，蓋「戊午」字誤耳。

三十年，正月，東宮實甲萬人。

《宋・元凶劭傳》云：「二十八年，彗星入太微，掃帝座。二十九年十一月，霖雨連雪，太陽罕曜。三十年正月，風霰且雷。上憂有竊發，輒加劭兵衆，東宮實甲萬人。」按：二十九年，劭、濬巫蠱事已發，豈有因十二月及明年正月災異而更加劭兵！今從《宋略》。

癸亥夜[三]，劭爲逆。

《劭傳》云「二十一日夜」。按《長曆》，是月甲辰朔。《宋略》云「癸亥夜」，乃二十日也。今

[一] 「孽人」，此二字原誤乙，今據胡本、《通鑑》胡註及《宋書・索虜傳》乙正。
[二] 「戊申」，《魏書・高宗紀》原作「戊寅」。按：「戊寅」亦誤，當從《考異》作「戊午」。
[三] 按：《資治通鑑目録》所録《長曆》，元嘉三十年二月甲辰朔，癸亥二月二十日。《通鑑》正文、《考異》「癸亥」前脱去「二月」二字。

從之。

三月，劭殺新渝懷侯玠。

《劭傳》作「球」。今從《長沙王道憐傳》。

辛卯，臧質子敦等逃亡。

《宋略》：「庚申，武陵王戒嚴。辛亥，臧敷逃。」按《長曆》，是月甲戌朔，無庚申、辛亥。又《宋略》上有甲申，下有癸巳，此必庚寅、辛卯字誤也。《宋書》「敷」作「敦」，今從之。

庚子，武陵王移檄四方。

《宋略》移檄亦在庚申日。按《謝莊傳》曰：「奉三月二十七日檄。」然則發檄在庚子日也。

四月，癸亥，柳元景至新亭〔一〕。

《宋略》云：「壬戌，元景次新林，依山爲壘。」按《本紀》：「癸亥，元景至新亭。」《元景傳》：「元景至新亭經日，劭乃水陸出軍。」今從之。

五月，甲戌，魯秀等攻大航。

《元凶傳》云「其月三日」。按《宋略》，甲戌乃二日也。

〔一〕「至」上，《通鑑》正文有「潛」字。按：《宋書》《孝武帝紀》無此字，《柳元景傳》有「潛」字。

七月，南海太守鄧琬。

《蕭簡傳》作「劉玩」。今從《本紀》。

世祖孝建元年，正月，魯爽舉兵。

《宋·本紀》：「二月庚午，爽、臧質、南郡王義宣、徐遺寶舉兵反。」《義宣傳》云，其年正月便反。《宋略》云：「二月，義宣等反。」按：爽之反，帝猶遣質收魯弘，則非同日反明矣。又按《長曆》，是月戊辰朔，然則庚午三日也。《義宣傳》，起兵在二月二十六日，但不知爽反在正月與二月耳。

三月，己亥，内外戒嚴。

《宋·本紀》、《宋略》皆作「癸亥」，下有辛丑。按《長曆》，是月戊戌朔，癸亥二十六日，辛丑乃四日也；當作「己亥」。

四月，薛安都等斬楊胡興。

《安都傳》作「胡與」。今從《宗越傳》。

李延壽論魯爽。

此語本出沈約《宋書·吴喜黄回傳贊》，而延壽取之。以約施用失所，故絀其名。

柳元景進屯姑熟〔一〕。

《垣護之傳》作「南州」。蓋南州即姑熟也〔二〕。

五月，胡子反等守梁山西壘，西南風急。

《義宣傳》曰：「五月十九日，西南風猛。」《宋略》曰：「己亥，質遣尹周之攻梁山西壘，陷之。」按《長曆》，是月丁酉朔，三日己亥，八日甲辰，十八日甲寅。《宋略》於己亥上有甲辰，下有甲寅。然則決非十九日與己亥，或者是己酉與辛亥也。今不書日，闕疑。

六月，義宣至江陵，魯秀北走。

《宋略》云：「秀自襄陽敗退，將及江陵，聞敗北走。」今從《宋書》。

大明二年，十月，遣龐孟虯救清口。

《宋・顔師伯傳》云〔三〕：「魏遣清水公拾賁敕文寇清口〔四〕，世祖遣孟虯及殷孝祖赴討。」

〔一〕「熟」，《通鑑》正文、胡註、《資治通鑑目録》皆作「孰」。按：《宋書・柳元景傳》原作「孰」。

〔二〕《通鑑》胡註曰：「按宋白《續通典》曰：『桓玄居南州，以在國南，故曰南州。』載之宣州之下。《晉書》云：『桓玄於南州起齋，號曰盤龍齋。劉毅小字盤龍。玄既敗，毅以豫州刺史出鎮姑孰，正居是齋。』桓玄既誅司馬元顯，出鎮姑孰，起盤龍齋，蓋是時也。《晉書》正指姑孰爲南州，宋白誤矣。」

〔三〕「顔」，原誤作「顧」，今據胡本、《通鑑》胡註及《宋書・顔師伯傳》改。

〔四〕「拾」，原誤作「捨」，今據兩浙本、孔本、《四庫》本、廣雅本及《宋書・顔師伯傳》改。

《魏·本紀》：「孝祖修兩城於清水東，詔封敕文擊之。」今從之。

三年，四月，劉道龍。

《宋略》、《南史》作「道就」〔一〕。今從《宋書》。

竟陵王誕殺垣閬。

《宋略》云：「己亥，殺閬。」按《本紀》：「乙卯，貶誕爵。」今從之。

内外纂嚴。

《宋略》：「乙亥，纂嚴。」按《長曆》，是月戊戌朔，無乙亥，蓋己亥也。

四年，三月，魏人寇北陰平，朱提太守楊歸子破之〔二〕。

《宋·帝紀》：「索虜寇北陰平孔堤，太守楊歸子擊破之。」《宋略》云：「索虜寇壯降平，朱太守楊歸子擊破之。」按：郡縣名無「壯降平」及「孔堤」、「北陰平」。參酌二書，當爲朱提〔三〕。

〔一〕「道就」，《南史·宋宗室及諸王下·竟陵王誕傳》原作「道龍」。

〔二〕「破」上，《通鑑》正文有「擊」字。按：《宋書·孝武帝紀》原有「擊」字。

〔三〕《通鑑》胡註曰：「今按魏收《地形志》，武都郡有孔堤縣。《五代志》：武都建威縣，後周併西魏之孔堤郡及縣入焉。此時魏人蓋寇北陰平之孔堤，爲北陰平太守楊歸子所破也。當從《宋·紀》。朱提郡在南中，時屬寧州，去陰平甚遠。蓋《考異》誤以《宋·紀》、《宋略》二書所載合爲朱提也，當讀作孔堤，屬上句。《宋略》所謂『壯降平』，亦『北陰平』三字之誤，『朱』字於下文無所附着，當爲衍字。」

五年，九月，詔沈慶之位次司空。

《宋略》此事在戊戌。按《長曆》，是月甲寅朔，無戊戌。

以歷陽王子顒爲臨海王〔一〕。

《宋略》作「子瑱」〔二〕。今從《宋書》。

六年，四月，殷淑儀卒。

《南史》云：「殷淑儀，南郡王義宣女也。義宣敗後，帝密取之，假姓殷氏，左右宣泄者多死〔三〕。或云，貴妃是殷琰家人，入義宣家。義宣敗，入宫。」今從《宋書》。

七年，正月，江智淵以憂卒。

《宋略》曰：「帝既以僧安辱智淵，自是詆之無度，智淵不堪其耻，退而自殺。」今從《宋書》。

〔一〕《通鑑》正文此事在閏月壬寅。按：《宋書・孝武帝紀》原在閏月壬寅。「顒」，《通鑑》正文作「瑱」。按：《宋書・孝武帝紀》、《臨海王傳》原作「瑱」。

〔二〕「瑱」，《通鑑》胡註作「瑱」。

〔三〕「宣」，《通鑑》胡註作「言」。按：《南史・后妃上・宋宣貴妃傳》原作「宣」。

太宗泰始元年，七月，華願兒言於廢帝曰：「官爲鴈天子。」〔二〕

《宋書》作「應天子」，《宋略》作「鴈天子」。按字書，贗，僞物也。韓愈詩曰「居然見真贗」，書或作「鴈」。今從《宋略》。

十月〔三〕**，少府劉曚妾孕臨月。**

《宋書》《帝紀》作「少府劉勝」，《始安王休仁傳》作「廷尉劉曚」，《宋略》及《南史》《帝紀》皆作「少府劉曚」，《休仁傳》作「廷尉劉蒙」。今從其多者。

廢帝使朱景雲賜晉安王子勛死，謝道邁等告鄧琬，請計。

《子勛傳》云：「景雲遺信使告琬。」《宋略》云「帝使道遇賫敕至潯陽，琬謂道遇」云云。今從《琬傳》。

姜産之。

「産」或作「彦」。《宋書》、《宋略》、《南史》皆作「産」，今從之。

〔二〕「鴈」，《通鑑》正文作「贗」。

〔三〕「十月」，《通鑑》正文此事在十一月。按：《宋書・前廢帝紀》、《南史・宋本紀・前廢帝紀》原在十一月。

二年，正月，辛亥，以山陽王休祐督諸軍西討。

《宋略》：「二月庚申，以休祐都督西討。」今從《宋書》。

壬子，路太后殂。

《宋略》、《南史》皆曰：「義嘉之難，太后心幸之，延上飲酒，置毒以進。侍者引上衣，上寤，起，以其卮上壽。是日，太后崩，喪事如禮。」《宋書》無之，今不取。

三月〔一〕**，以鄭黑爲司州。**

《宋・殷琰傳》作「鄭墨」。今從《宋・本紀》、《宋略》。

六月，始安内史王識之。

《宋書》作「王職之」。今從《宋略》。

蕭賾據郡起兵。

《宋・鄧琬傳》云：「世子與南康相沈用之等據郡起義。」《宋略》亦云：「沈肅之以郡招義〔二〕。」按：賾始自獄中劫出，琬所署南康相不容便與之同。今從蕭子顯《南齊書・紀》。

〔一〕「三月」，《通鑑》正文此事在三月乙巳。按：《宋書・明帝紀》原在三月乙巳。

〔二〕「招」，《通鑑》胡註作「起」。

七月〔二〕**，劉胡攻錢溪。**

《宋略》曰：「胡進軍鵲頭，遣其將陳慶以三百舸逼錢溪。」今從《宋書》。

十月，梁州刺史柳元怙。

《宋略》作「元哲」。今從《宋書》。

兗州刺史畢衆敬。

《宋略》作「畢榛」，《後魏書》云「小名捺」〔三〕。今從《本傳》。

命張永等迎薛安都。

《後魏·紀》，安都與常珍奇降皆在九月。而《宋·本紀》、《宋略》遣張永等北出皆在十月，今從之。

常珍奇降魏。

《宋略》：「十二月甲寅，珍奇復以郡叛。」蓋於時宋朝始聞之耳。

〔二〕「七月」，《通鑑》正文此事在七月庚子。

〔三〕「捺」，《通鑑》胡註作「榛」。按：《魏書·畢衆敬傳》原作「捺」。

畢衆敬子元賓先坐誅。

《後魏書·衆敬傳》云：「元賓有它罪，彧獨不捨之〔一〕。」《宋略》云「榛息在都已誅矣」，今從之。

三年，正月，張永等棄城夜遁。

《宋·本紀》：去年冬，「永、攸之大敗，遂失淮北四州及豫州淮西地」。《宋略》：今年正月，「永、攸之師次彭城，虜掩其輜重，敗王穆之于武原，薛安都開彭城以納虜，永等引退，虜追之，王師敗績，畢捺亦舉兗州歸虜，遂失淮北之地」。《魏·帝紀》：去年九月，「常珍奇、薛安都内屬，張永、沈攸之擊安都，詔尉元救彭城，西河公石救懸瓠。十一月，畢衆敬内屬。十二月己未，次于秺，周凱、張永、沈攸之相繼退走」。今年正月癸巳，「尉元破永、攸之於吕梁東。閏月，沈文秀、崔道固舉州内屬」。按：青、冀今歲始叛宋，去年豈得已失淮北！安都爲永、攸之所逼，故降魏，豈得今年永、攸之始次彭城，安都始納魏兵乎！蓋去冬穆之等已敗退，今春永大敗耳。今從《後魏·帝紀》。

〔一〕「彧」，原誤作「或」，今據孔本、《四庫》本、胡本、廣雅本、《通鑑》胡註及《魏書·畢衆敬傳》改。

失淮北四州及豫州淮西之地。

《後魏・帝紀》：「閏月，沈文秀、崔道固舉州内屬。」《宋・索虜傳》曰：「永、攸之敗退，虜攻青、冀二州，執文秀、道固。又下書曰：『淮北三州民，自天安二年正月三十日壬寅昧爽已前罪，一切原免。』」按：青州破在五年。淮北三州，蓋謂徐、司、豫。壬寅二十日，壬子三十日也。

二月，魏西河公石攻張超。

《宋・帝紀》云：「索虜寇汝陰，太守張景遠擊破之。」景遠，即超也。《宋略》：「七月，張景遠先卒，汝陰城又陷。」亦誤也。今從《後魏書》。

三月，申纂爲魏所殺。

《宋略》云：「七月，纂戰死。」蓋贈官之月。今從《魏・帝紀》。

四月，魏尉元上表。

《尉元傳》，先上表論取四城利害，後乃云：「沈攸之欲援下邳，遣孔道恭擊破之〔二〕。」按：元以泰始二年九月受詔救薛安都，此表云「受命出疆，再離寒暑」，又云「今雖向熱，猶可行師」，

〔二〕「道」，《魏書・尉元傳》原作「伯」。

則似上表時在四年春末夏初也。又按：沈攸之以三年八月出師，尋即敗退，則上表當在攸之敗後。今此表但言陳顯達循宿豫，不言攸之救下邳。又慕容白曜以四年二月十七日拔歷城，而此表「欲釋青、冀之師，先定東南之地」，則此表不在其年春末夏初決矣。蓋「再」當作「載」，是語助之辭，非謂兩經寒暑也。故置於此。

七月，遣沈攸之等擊彭城。

《宋·沈攸之傳》、《宋略》皆云：「帝怒攸之云：『卿若不行，便可使吴喜獨去。』」按《喜傳》，乃無與攸之討彭城事。《後魏書》作「吴僖公」〔一〕，不知即吴喜，爲别一人也〔二〕？

八月，魏長孫陵等入東陽西郭，暴掠，沈文秀擊破之。

《文秀傳》云：「八月，虜蜀郡公拔式入西郭。」今從《慕容白曜傳》。

十月〔三〕**，徙義陽王昶爲晉熙王。**

《宋·帝紀》在「十一月」。今從《宋略》。

〔一〕「僖」，《魏書·尉元傳》原作「憘」。
〔二〕《通鑑》胡註曰：「按《南史》，亦有謂吴喜爲吴喜公者。」
〔三〕「十月」，《通鑑》正文此事在十月辛巳。

四年，正月，魏以高閭、張讜對爲東徐州刺史。

《尉元傳》：「沈攸之既走，元以書諭王玄載。玄載與魯僧遵、崔武仲相繼皆走〔一〕，遂以高閭與張讜對爲東徐州刺史。」按：三年十一月乙卯，始以讜爲東徐州刺史，則於時未降魏也，故置於此。

二月，庚寅，魏慕容白曜拔歷城東郭。癸巳，崔道固降。

《宋略》云：「丙申，索虜陷歷城，執崔道固。」按《後魏·列傳》道固表云：「以今月十四日臣東郭失守，以十七日面縛請罪。」《長曆》是月丁丑朔。今從之。

六年，四月〔二〕，吐谷渾王拾寅。

《宋·本紀》作「拾虔」。今從《後魏書》。

十月〔三〕，立皇子智隨爲武陵王。

《宋·本紀》作「智贊」〔四〕，《宋略》作「贊」，《列傳》作「智隨」。按：太宗生子皆筮之，以卦

〔一〕「相」，《通鑑》胡註誤作「楊」。
〔二〕「四月」，《通鑑》正文此事在四月戊申。
〔三〕「十月」，《通鑑》正文此事在十月辛卯。
〔四〕「智」，《宋書·明帝紀》原無此字。

爲其字。今從《列傳》。

七年，二月，内外百官並斷俸禄。

《宋·本紀》云「日給料禄俸」。今從《南史》。

帝密取諸王姬有孕者内宫中，生男則殺其母。

《宋書》云「閉其母於幽房」。今從《宋略》。

七月，或譖蕭道成有貳心於魏。

《南齊書·太祖紀》云：「帝常嫌太祖非人臣相，而民間流言蕭諱當爲天子，帝逾以爲疑。」今從《宋略》。

帝使吴喜賜道成酒。

《南齊·紀》云：「太祖戎服出門迎，即酌飲之。喜還，帝意乃解。」《宋略》云：「道成懼，弗肯飲，將出奔。喜語以誠[一]，先爲之酌。於是喜得罪，而道成被徵。」蓋《南齊書》欲成太祖之美，故云爾。今從《宋略》。

[一]「誠」，《通鑑》胡註作「情」。

八月，魏顯祖傳位太子。

《後魏・天象志》云：「上迫於太后，傳位太子。」按：馮太后若迫顯祖傳位，當奪其大政，安得猶總萬機！今從《帝紀》。

泰豫元年，二月，王景文飲藥而卒。

《南史》云：「帝使謂景文曰：『朕不謂卿有罪，然吾不能獨死，請子先之。』」若使者有此語，則坐客不容不知，更終棋局。又曰：「景文酌酒謂客曰：『此酒不可相勸。』自仰而飲之。」按：焦度勸拒命，必不對坐客言之，何得死時客猶在坐也！今從《宋書》。

六月，乙巳，蒼梧王尊皇太后。

《宋略・本紀》作「癸未」。今從《宋・本紀》。

資治通鑑考異卷第六

端明殿學士兼翰林侍讀學士太中大夫提舉西京嵩山崇福宫上柱國河内郡開國公食邑二千六百户食實封壹阡户臣司馬光奉敕編集

宋紀下

蒼梧王元徽二年，五月，壬午，桂陽王休範反。

《宋書》作「壬子」。按《長曆》，此月辛未朔，無壬子。今從《宋略》。

休範登臨滄觀，以數十人自衛。

《張敬兒傳》云：「左右數百人，皆散走。」按：休範左右若有數百人，黄回、敬兒雖勇，何敢徑往取之！今從《休範傳》。

陳靈寶送休範首，棄之於水。

《南齊書》云「埋首道側」，《宋略》云「棄諸溝中」。今從《宋書》。

杜黑騾攻新亭。

《宋書》、《南齊書》作「黑蠡」〔一〕。今從《宋略》。

褚澄開東府門納南軍〔二〕。

《宋書》作「撫軍典籤茅恬開東府納賊」，《南齊書》作「車騎典籤茅恬」，蓋皆爲褚澄諱耳。

今從《宋略》。

六月，休範使陳公昭遺沈攸之書，攸之送之朝廷。

《宋略》云：「桂陽遺攸之書，署曰『沈丞相』，攸之斬其使。」今從《宋書》。

癸卯，毛惠連降。

《宋略》作「癸亥」。按：下有戊申。今從《宋書》。

九月。

《後魏·帝紀》：「使將軍元蘭五將三萬騎〔三〕，及假東陽王丕爲後繼，伐蜀漢。」不言勝負。

《列傳》及《宋書》皆無之，今不取。

〔一〕「黑」，《宋書·休範傳》原作「墨」。

〔二〕《通鑑》正文此事在五月甲午。按：《宋書·後廢帝紀》在五月戊午，《南史·宋本紀·後廢帝紀》在五月甲午。

〔三〕「三」，原誤作「二」，今據兩浙本、孔本、《四庫》本、胡本、廣雅本、《通鑑》胡註及《魏書·高祖紀》改。

司徒左長史蕭惠明。

《宋略》作「惠朗」。按：惠朗不爲司徒長史，今從《南史》。

四年，六月[一]**，魏馮太后鴆顯祖。**

元行沖《後魏國典》云：「太后伏壯士於禁中，太上入謁，遂崩。」按：事若如此，安得不彰，而中外恬然不以爲怪，又孝文終不之知。按：《後魏書》及《北史》皆無殺事，而《天象志》云：「獻文暴崩[二]，實有鴆毒之禍[三]。」今從之。

順帝昇明元年，端午，太后賜蒼梧王毛扇。

《宋略》作「太妃賜」。今從《宋書》[四]。

六月，蒼梧王殺杜幼文等。

《南史》云：「孝武二十八子，太宗殺其十六，餘皆帝殺之。」按《宋書》，孝武諸子，十人早卒，二人爲景和所殺，餘皆太宗殺之，無及蒼梧時者。《南史》誤也。

〔一〕「六月」，《通鑑》正文此事在六月辛未。按：《魏書·高祖紀》、《北史·魏本紀·高祖紀》原在六月辛未。
〔二〕「獻」，《通鑑》胡註作「顯」。按：《魏書·天象志》原作「獻」。
〔三〕「實」上，胡本、《通鑑》胡註有「蓋」字。按：《魏書·天象志》原無此字。
〔四〕「宋」，原誤作「未」，今據兩浙本、孔本、《四庫》本、胡本、廣雅本、《通鑑》胡註改。

蕭道成族弟順之[一]。

《齊·高帝紀》、姚思廉《梁書·武帝紀》，自相國何至皇考二十餘世[二]，皆有名及官位。蓋史官附會，今所不取。

七月，蒼梧王於臺岡賭跳。

《南史》作「蠻岡」。今從《宋書》。

蕭道成開承明門而入。

《齊·高帝紀》云：「衛尉丞顏靈寶窺見太祖乘馬在外，竊謂親人曰：『今若不開，内領軍入，天下會是亂耳。』」[三]按：靈寶若語所親，則須有知者，豈得宿衛晏然不動！今從《宋·後廢帝紀》。

十月，氐楊文度遣弟文弘陷仇池[四]。

《魏書》《本紀》作「楊鼀」，《氐傳》作「鼠」，皆避顯祖諱也。

[一]《通鑑》正文此事在六月。

[二]「二」，原誤作「一」，今據兩浙本、孔本、《四庫》本、胡本、廣雅本及《南齊書·高帝紀》、姚思廉《梁書·武帝紀》（北京中華書局一九七三年點校本，下同）改。

[三] 按：《南齊書·高帝紀》不載此事，見於《齊書·王敬則傳》。

[四]「氐」，原誤作「氏」，今據兩浙本、孔本、《四庫》本、胡本、廣雅本、《通鑑》正文改。

李訢信用范㯹[一]，弟瑛諫。

《魏典》「㯹」作「摽」[二]，「瑛」作「璞」。今從《後魏書》[三]。

十二月，魏軍至建安，楊文弘棄城走。

是年魏置閏在十一月，宋之十二月也。

劉韞入直門下省。

《南齊書》「韞」作「韜」。今從《宋書》、《南史》。

王蘊帥部曲數百向石頭。

《宋書》云：「齊王使蘊募人，已得數百。」《宋略》云：「是夕徵其私衆，倏忽之間，被甲數百，莫知所從出。」按：道成素已疑蘊，必不使之募兵。《宋略》近是也。

戴僧靜殺袁粲父子。

《南史》云：「僧靜奮刀直前，欲斬之。子最叫，抱父，乞先死，兵士人人莫不隕涕。粲曰：『我不失忠臣，汝不失孝子。』仍求筆作啓云：『臣義奉大宋，策名兩畢。今便歸魂墳隴，永就山

[一] 「㯹」，《通鑑》正文、胡註作「檦」。按：《魏書・李訢傳》原作「㯹」。以下同，不再出校。
[二] 「摽」，《通鑑》胡註作「標」，並曰：「余按：『檦』與『標』同。」
[三] 「後」，《通鑑》胡註無此字。

丘。』僧靜乃并斬之。」按：時僧靜掩粲不備，挺身直往，安肯容粲作啓，從容如此！《宋書》皆無此等事，今不取。

閏月，癸巳，沈攸之至夏口。

沈約《齊紀》：「十一月，攸之遂謀爲亂。張敬兒遣使詣攸之慶冬，攸之呼使人於密室，謂之曰：『奉皇太后令，得袁司徒、劉丹楊諸人書〔一〕，呼我速下。可令雍州知此意。』答敬兒書曰『信口一二』，而封雞毛、桃耳數物置函中。敬兒賀冬使即乘驛白公。十二日壬辰，攸之遣孫同等先發。十七日丁酉，張敬兒使至。十八日戊戌，公率衆入鎮朝堂。閏月十四日癸巳，攸之至夏口。」按：是歲，宋曆閏十二月庚辰朔，魏曆閏十一月庚戌朔，然則冬至必在十一月晦。攸之對敬兒賀冬使者猶隱秘，豈可十二日已發兵東下乎！又攸之若十二日已舉兵於江陵，豈可六十餘日始至夏口！又《宋·順帝紀》：「十二月，攸之反。丁卯，齊王入守朝堂。」丁卯，乃十二月十八日也。「閏月癸巳，攸之圍郢城。」《攸之傳》：「十一月反。十二月十二日，遣孫同等東下。閏月十四日，至夏口。」《宋略》：「十二月，沈攸之作亂。丁卯，蕭道成入屯朝堂。閏月癸巳，攸之師及郢州。」《南齊·高帝紀》：「十二月，攸之舉兵。乙卯，太祖入居朝堂。」諸書大抵略相符

〔一〕「楊」，《通鑑》胡註作「陽」。

合，惟《齊紀》不同。蓋《齊紀》之誤，今不取。

二年，正月，沈攸之帥衆過江，軍遂大散。

《宋略》云：「甲辰，攸之衆潰〔一〕，西逃。乙巳，華容民斬其首。」按：是月己酉朔，無甲辰、乙巳。

張敬兒至江陵。

《宋略》云：「辛未，敬兒克江陵。」按：己巳，攸之以敬兒據城走死，不容敬兒至辛未乃入城也。

齊紀〔二〕

太祖建元元年，五月〔三〕，賞佐命之功，褚淵、王儉等進爵、增户。

《南史・崔祖思傳》曰：「帝將加九錫，內外皆贊成之。祖思獨曰：『公以仁恕匡社稷，執股

〔一〕「攸」，原誤作「敬」，今據兩浙本、孔本、《四庫》本、胡本、廣雅本、《通鑑》胡註改。
〔二〕「紀」下，原衍「上」字。按：《考異》齊紀皆在卷第六，無上下之分，今據删。
〔三〕「五月」，《通鑑》正文此事在五月壬子。按：《南齊書・高帝紀》原在五月壬子。

肱之義。君子愛人以德，不宜如此。』帝聞而非之曰：『祖思遠同荀令[一]，豈孤所望也。』由此不復處任職，而禮見甚重[二]。垣崇祖受密旨，參訪朝臣。光禄大夫垣閎曰：『身受宋氏厚恩，復蒙明公眷接，進不敢同，退不敢異。』冠軍將軍崔文仲與崇祖意同。及帝受禪，閎存故爵，文仲、崇祖皆封侯，祖思加官而已。」按：宋朝初議封帝爲梁公，祖思啓高帝曰：「讖云：『金刀利刃齊刈之。』今宜稱齊，實應天命。」從之。然則祖思安得誠節於宋[三]！今删之。

丙寅，追尊考妣。

《南史》在「四月甲午」。今從《齊書》。

十月，初，帝在淮陰，欲附魏，遣書結王玄邈。房叔安勸玄邈不答。

《南史》云：「仍遣叔安奉表詣闕告之，帝於路執之，并求玄邈表。叔安曰：『王將軍表上天子，不上將軍。且僕之所言，利國家不利將軍，無所應問。』荀伯玉勸帝殺之，帝曰：『物各爲主，無所責也。』」按：太祖時爲邊將，若執叔安，又不殺，便應不復爲宋臣。《齊書》無此事，今不取。

[一]「荀」，原誤作「苟」，今據孔本、《四庫》本、胡本、廣雅本、《通鑑》胡註及《南史·崔祖思傳》改。
[二]「見」，《通鑑》胡註作「貌」。按：《南史·崔祖思傳》原作「見」。
[三]「得」下，胡本、《通鑑》胡註有「盡」字。

十一月，謝天蓋欲附魏，韋珍引兵應接，豫章王嶷遣蕭惠朗助蕭景先討天蓋。

《齊・蕭景先傳》云：「天蓋與虜相構扇，景先言於督府。豫章王遣惠朗助景先，討天蓋黨與。虜尋遣僞南部尚書頹䟦屯汝南[一]，洛州刺史昌黎王馮莎屯清丘，景先嚴備待敵，虜退。」《魏・韋珍傳》云：「天蓋自署司州刺史，規以内附。事泄，爲道成將崔慧景所攻圍，詔珍率在鎮士馬渡淮援接。時道成聞珍將至，遣將苟元賓據淮[二]，逆拒珍。珍腹背奮擊，破之。天蓋尋爲左右所殺，降於慧景。珍乘勝馳進，又破慧景，擁降民七千餘户内徙，表置城陽、剛陵、義陽三郡以處之。」按：魏將無類䟦、馮莎，而慧景亦非討天蓋之將。蓋時二國之史，各出傳聞，互有訛謬[三]。今約取二史大概而用之。

帝遣王洪範約柔然寇魏。

《齊書》作「王洪軌」。今從《齊紀》。

二年，正月，以褚淵爲司徒，不受。

《齊書》：「建元二年正月，以淵爲司徒。十二月戊戌，以淵爲司徒。四年六月癸卯，以司徒

[一]「類」，《南齊書・蕭景先傳》原作「頽」。
[二]「苟」，原誤作「茍」，今據兩浙本、孔本、《四庫》本、胡本及《魏書・韋珍傳》改。
[三]「互」，孔本、《四庫》本、胡本、廣雅本作「疑」。

褚淵爲司空。八月癸卯，司徒褚淵薨。」《淵傳》：「二年爲司徒〔二〕，又固讓。四年寢疾遜位，改授司空。及薨，詔曰『司徒奄至薨逝』。」蓋二年正月辭，十二月受耳。《紀》、《傳》前後各不相顧。

崔孝伯攻魏龍得侯等，殺之。

《齊紀》作「龍渴侯」。今從《齊書》。

北上黄蠻文勉德寇汶陽。

《齊紀》作「文施德」。今從《齊書》。

五月，王圖南、崔慧景破李烏奴。

《魏書・帝紀》：「八月，慧景寇武興。」今從《慧景傳》。

十月，徐州民桓標之爲寇。

《魏書》「蘭陵民桓富」，蓋即標之也〔三〕。今從《齊書》。

三年，二月，桓康拔魏樊諧城。

《齊紀》作「樊階城」。今從《齊書》。

〔二〕「二」，原誤作「三」，今據兩浙本、孔本、《四庫》本、胡本、廣雅本及《南齊書・褚淵傳》改。

〔三〕「標」，《南齊書・李安民傳》原作「摽」。

魏議者欲盡殺道人。

《齊書·魏虜傳》[一]：「咸陽王欲盡殺道人。」按[二]：咸陽王禧時尚幼，太和九年始封，恐非也。

己酉，垣崇祖破魏師。

《齊書》作「丁卯」。按：是月辛卯朔，無丁卯。今從《齊紀》。

三月[三]，魏滅桓標之等，掠三萬餘口歸平城。

《魏書》云：「南征諸將擊破蕭道成游擊將軍桓康於淮陽。道成豫州刺史垣崇祖寇下蔡，昌黎王馮熙擊破之。假梁郡王嘉大破道成將，俘獲三萬餘口，送平城。」今從《齊書》、《齊紀》，亦以《魏書》參之。

世祖永明二年，十一月，乙未，魏李彪來聘。

《齊紀》：「十二月庚申，虜使李道固至。」今從《魏·帝紀》[四]。

[一]「書」，原誤作「盡」，今據孔本、《四庫》本、胡本、廣雅本、《通鑑》胡註改。
[二] 按語之「按」，原本或作「案」，以下據《通鑑》胡註統一作「按」，不再出校。
[三]「三月」，《通鑑》正文此事在四月。按：《魏書·高祖紀》原在二月。
[四]「魏」上，《通鑑》胡註有「後」字。

三年，七月〔一〕**，魏立梁彌承爲宕昌王。**

《齊書》，是歲八月丁巳，以行宕昌王梁彌頡爲河、涼二州刺史〔二〕。六年五月甲午，以彌承爲河、涼二州刺史。今從《魏書》。

四年，六月，辛酉，魏主如方山。

《魏·帝紀》，是日幸方山，七月戊戌又云幸方山，皆不言還宫，蓋闕文耳。

五年，五月，魏公孫邃、張儵寇舞陰。

《齊書·魏虜傳》云：「僞安南將軍遼東公、平南將軍上谷公又攻舞陰。」《魏書·帝紀》云：「詔南部尚書公孫文慶、上谷公張伏干南討舞陰。」按《公孫邃傳》：「邃字文慶，與内都幢將上谷公張儵討蕭賾舞陰戍。」蓋伏干亦儵字也。

七月〔三〕**，高車阿伏至羅自立爲王。**

《魏書》《高車傳》云在太和十一年，《蠕蠕》在十六年〔四〕。今從《高車傳》。

〔一〕「七月」，《通鑑》正文此事在七月癸未。按：《魏書·高祖紀》原在七月癸未。

〔二〕「涼」，原誤作「梁」，今據孔本、《四庫》本、胡本、廣雅本及《南齊書·武帝紀》改。

〔三〕「七月」，《通鑑》正文此事在八月。按：《魏書·高祖紀》原在八月。

〔四〕《通鑑》胡註曰：「按：『蠕蠕』下當有『傳』字。」

八年，四月，魏陽平王頤。

《帝紀》作「熙」，又作「賾」。今從《本傳》。

八月，河南王世子伏連籌。

《齊書》作「世子休留成」。今從《魏書》。

蕭順之縊殺巴東王子響。

《齊書》曰：「子響部下恐懼，各逃散。子響乃白服出降，詔賜死。」蓋蕭子顯爲順之諱耳。

十二月，孔顗上言。

今從《南史》〔一〕。

《齊紀》作「孔覬」〔二〕。今從《齊書》、《南史》。

九年，二月，魏著作郎成淹遷侍郎。

楊松玠《談藪》作「朱淹」，又云「自著作作郎遷著佐郎」〔三〕。今從《魏書》。

〔一〕《通鑑》胡註曰：「按：順之，梁武帝之父。蕭子顯者，仕梁朝而作《齊書》，故《通鑑》言其爲順之諱。」

〔二〕「覬」，原誤作「顗」，今據孔本、《四庫》本、胡本、廣雅本、《通鑑》胡註改。

〔三〕「著作作郎」，孔本、《四庫》本、胡本、廣雅本作「著作佐郎」，《通鑑》胡註作「著作郎」。又，「著佐郎」，孔本、《四庫》本、胡本、廣雅本作「著作郎」。按：楊松玠《談藪》已佚，無考。

八月，乙巳，魏帝問羣臣禘祫之義。

《禮志》作「太和十三年五月壬戌」。今從《本紀》。

十年，正月，壬戌，魏主詔承晉爲水德。

《禮志》，「太和十五年正月，穆亮等言」云云。按《帝紀》：「十六年正月壬戌，詔定行次，以水承金。」蓋《志》誤以「六」爲「五」耳。

七月，吐谷渾世子賀虜頭。

《魏》《吐谷渾傳》作「賀魯頭」。今從《帝紀》。

八月〔一〕，魏陽平王頤、陸叡擊柔然。

《魏·帝紀》：「太和十一年八月壬申，蠕蠕犯塞，遣平原王陸叡討之，事具《蠕蠕傳》。十六年八月乙未，詔陽平王頤、左僕射陸叡討蠕蠕。」按：《蠕蠕傳》無十一年犯塞及征討事，唯有十六年八月頤、叡出征事，與《紀》合。蓋十一年《紀》誤也。

〔一〕「八月」，《通鑑》正文此事在八月乙未。按：《魏書·高祖紀》原在八月乙未。

十一年，三月[一]，遣呂文顯、曹道剛收王奂，殷叡勸奂録取，奂納之。

《南史》：「奂子彪議閉門拒命。叡諫曰：『今開門白服接臺使，不過隳官免爵耳。』彪堅執不同[二]。叡又請遣典籤間道送啓，奂從之。典籤出城，爲文顯所執。叡曰：『忠不背國，勇不逃死。』勸奂仰藥。叡與彪同誅。」今從《齊書》。

王肅奔魏。

《南史》：「奂弟份自拘請罪，帝宥之。肅屢引魏人至邊，帝謂份曰：『比有北信不？』份曰：『肅近忘墳柏，寧遠憶有臣！』」按：奂以三月死，帝以七月殂，是冬肅始見魏主於鄴。《南史》誤也。《齊書》無此語。

九月，魏穆亮與支酉戰，兵敗。

《齊書》「穆亮」作「繆老生」。今從《魏書》。

高宗建武元年，三月，壬申，魏主至平城[三]。

《魏・帝紀》作「閏月」。按：魏閏二月，齊曆之三月也。

[一]「三月」，《通鑑》正文遣呂文顯收王奂在二月，王奂被誅在三月乙亥，與《南齊書・武帝紀》同。
[二]「同」，孔本、《四庫》本、胡本、廣雅本作「開」。按：《南史・王奂傳》原作「從」。
[三]「平」，原誤作「彭」，今據孔本、《四庫》本、胡本、廣雅本、《通鑑》正文、《資治通鑑目録》及《魏書・高祖紀》改。

四月，庚辰，魏罷西郊祭天。

《魏》《帝紀》、《禮志》、《北史·紀》皆云「三月庚辰」。按《長曆》，三月丙午朔，無庚辰。魏閏二月，齊閏四月〔二〕；魏三月乙亥朔，齊曆之四月也，故置於此。

五月，甲戌朔，日食。

《齊》、《魏書》《帝紀》皆無此食。今據《齊書·志》、《南史·紀》。

九月，乙亥，纂嚴。

《齊·帝紀》作「乙未」。按：是月壬申朔，而上有癸未，下有乙酉、丁亥。蓋「癸未」當作「癸酉」，「乙未」當作「乙亥」耳〔三〕。

何昌寓拒徐玄慶，臨海王昭秀得還建康。

《南史》：「明帝使裴叔業賫旨詔昌寓，令以便宜從事。昌寓拒之曰：『臨海王未有失，寧得從君單詔邪！即時自有啓聞，須反更議。』叔業曰：『若爾，便是拒詔；拒詔，軍法行事耳。』答曰：『能見殺者君也，能拒詔者僕也！』叔業不敢逼而退。昭秀由此得還都。」今從

〔二〕「閏」，原誤作「門」，今據兩浙本、孔本、《四庫》本、胡本、廣雅本、《通鑑》胡註改。

〔三〕按：《南齊書·海陵王紀》此事上有癸酉、辛巳、辛亥，下有丁亥，無乙酉。故點校本校勘記云：「《通鑑》作『乙亥』，亦非，乙亥不當在癸未後也。癸未、丁亥間有乙酉，疑『乙未』當作『乙酉』。」

《齊書》。

十二月，魏盧淵、韋珍攻赭陽。

《齊書》作「盧陽烏、韋靈智」〔二〕。按：陽烏，淵小字；靈智，珍字也。

二年，四月，房伯玉等敗魏薛真度於沙堨。

《齊書·魏虜傳》，真度敗在建武元年下。《魏·帝紀》，城陽王鸞以敗軍獲罪，在太和十九年五月，今從之。

三年，正月，丁卯，以楊崇祖爲沙州刺史。

《齊·本紀》作「丁酉」。按《長曆》，是月乙丑朔，無丁酉。下有己巳，當作「丁卯」。

魏主改功臣姓。

魏初功臣，姓皆複重奇僻，孝文太和中，變胡俗，始改之。魏收作《魏書》，已盡用新姓，不用舊姓。《宋書·索虜傳》、《南齊書·魏虜傳》所稱者，蓋其舊姓名耳。今並從《魏書》，以就簡易。

〔二〕「烏」，原誤作「馬」，今據兩浙本、孔本、《四庫》本、胡本、廣雅本、《通鑑》胡註及《南齊書·魏虜傳》改。

魏薛宗起入郡姓。

《北史·薛聰傳》："爲羽林監。帝曾與朝臣論海内姓地人物，戲謂聰曰：『人謂卿諸薛是蜀人。定是蜀人不？』聰對曰：『臣遠祖廣德，世事漢朝，時人呼爲漢。臣九世祖永，隨劉備入蜀，時人呼爲蜀。臣今事陛下，是虜，非蜀也。』帝撫掌笑曰：『卿可自明非蜀，何乃遂復苦朕！』聰因投戟而出。帝曰：『薛監醉耳。』其見知如此。」今從元行沖《後魏國典》。

閏月，丙寅，魏主廢太子恂。

《齊書·魏虜傳》云："大馮有寵，日夜讒恂〔一〕。"《魏書》無之。又《魏·帝紀》在十二月丙寅。按《長曆》，魏閏十一月，齊閏十二月。今從齊曆。

四年，正月，大赦。

《齊·帝紀》云："庚午，大赦。"按《長曆》，是月己丑朔，無庚午，故不日。

丙辰，誅王晏。

《晏傳》云："元會畢，乃召晏誅之。"《本紀》："丙辰，晏伏誅。"丙辰，正月二十八日也。按：郊禮必在正月，既云未郊一日敕停，則誅晏必非元會之日也，《本傳》蓋言元會禮

〔一〕「恂」，《南齊書·魏虜傳》原作「詢」。

後耳。

二月，魏穆泰等伏誅。

《齊書·魏虜傳》云：「僞征北將軍恒州刺史鉅鹿孤賀鹿渾守桑乾[一]，宏從叔平陽王安壽戍懷栅，在桑乾西北。渾非宏任用中國人，與僞定州刺史馮翊公自鄴、安樂公拓跋阿幹兒謀立安壽[二]，分據河北。期久不遂，安壽懼，告宏。殺渾等數百人，任安壽如故。」與《魏書》名姓全不同。今從《魏書》。

九月，魏中書舍人孫延景。

《齊書》作「公孫雲」。今從《魏書》。

十一月[三]，以楊靈珍爲北秦州刺史。

《齊》《氏傳》作「北梁州」。今從《帝紀》[四]。

[一]「鉅鹿」下，《南齊書·魏虜傳》原有「公伏鹿」三字。
[二]「公」下，原衍「主」字，今據《通鑑》胡註及《南齊書·魏虜傳》删。
[三]「十一月」，《通鑑》正文此事在十一月丙辰。按：《南齊書·明帝紀》原在十一月丙辰。
[四]「帝紀」，《通鑑》胡註作「齊書」。按：楊爲北秦州刺史事原載《南齊書·明帝紀》。

十二月，曹虎頓軍樊城。

《齊》《魏虜傳》云「均口」。今從《虎傳》。

東昏侯永元元年，三月，張千戰死。

《魏書》作「張干達」[一]。今從《齊書》。

以陳顯達爲江州刺史。

《齊·明帝紀》：「永泰元年七月癸卯，以顯達爲江州。」《本傳》：「顯達敗於馬圈，求降號，不許，乃除江州。」又云：「東昏立，顯達彌不樂京師，得此授甚喜。」按：明帝末，顯達方以三公將兵擊魏，不容無故除江州。今從《本傳》。

四月，魏賜馮后死。

《元嵩傳》曰：「將遣使者賜馮后死，而難其人，顧任城王澄曰：『任城不負我，嵩亦當不負任城，可使嵩也。』乃引高平侯嵩入内，親詔遣之。」《高祖紀》曰：「詔司徒勰徵太子與喪會魯陽[二]，踐阼[三]。」按《馮后傳》，梓宫至魯陽，乃行遺詔賜后死，安有高祖遺嵩之事！又《勰傳》：

[一]「干」，孔本、《四庫》本、胡本、廣雅本、《通鑑》胡註作「千」，《魏書·高祖紀》原作「于」。
[二]「詔」，原誤作「詞」，今據兩浙本、孔本、《四庫》本、胡本、廣雅本、《通鑑》胡註及《魏書·高祖紀》改。
[三]「阼」，原誤作「作」，孔本、《四庫》本、胡本、廣雅本作「祚」，今據《通鑑》胡註及《魏書·高祖紀》改。

「高祖崩，䚟遏秘喪事，遣張儒徵世宗。」亦無高祖詔䚟徵太子事。

八月〔一〕**，垣歷生降曹虎，虎斬之。**

《南史》云：「歷生出戰，爲曹虎所禽，謂虎曰：『卿以主上爲聖明，梅、茹爲賢相，我當死。且我今死，卿明亦死〔二〕。』遂殺之。」按：歷生若見獲，遥光不當殺其子。今從《齊書》。

二年，三月，左興盛拒崔慧景於北籬門。

《紀》云「王瑩屯北籬門」，《傳》云「左興盛」。今從《傳》。

四月，癸酉，慧景敗走，斬之。

《齊·本紀》：「四月丁未，以張沖爲南兖州刺史。崔慧景於廣陵起兵襲京師。壬子，左興盛督衆軍。寶玄以京城納慧景〔三〕。乙卯，王瑩屯北籬門。壬戌，慧景至，瑩等敗。甲子，慧景入京師，蕭懿入援。癸酉，慧景棄衆走死。」《慧景傳》：「四月至廣陵回軍，十二日，攻陷竹里。」按《長曆》，是歲三月辛丑朔，四月庚午朔。丁未三月七日，壬子十二日，乙卯十五日，壬戌二十二

〔一〕「八月」，《通鑑》正文此事在八月己未。按：《南齊書·始安王遥光傳》原在八月十六日。據《資治通鑑目録》所録《長曆》，是年八月甲辰朔，十六日正爲己未。

〔二〕「明」下，《通鑑》胡註有「日」字。按：《南史·齊宗室·始安王遥光傳》原無此字。

〔三〕「城」，廣雅本、《通鑑》胡註作「口」。按：《南齊書·東昏侯紀》原作「城」。

日，甲子二十四日，四月皆無也。蓋「四月」當作「三月」，至癸酉，乃四月四日耳。《南史》云：「時江夏王寶玄鎮京口，聞慧景北行，遣左右余文興説之曰：『江、劉、徐、沈，君之所見。今擁强兵北取廣陵，收吴、楚勁卒，身舉州以相應，取大功如反掌耳。』慧景常不自安，聞言響應。于時廬陵王長史蕭寅、司馬崔恭祖守廣陵城，慧景以寶玄事告恭祖，恭祖口雖相和，心實不同。俄而慧景至，恭祖閉門不敢出。慧景密遣軍主劉靈運間行突入，慧景俄係至〔一〕，遂據其城。子覺至，仍使領兵襲京口。寶玄本謂大軍併來，及見人少，極失所望，拒覺，擊走之。恭祖及覺精兵八千濟江。恭祖心本不同，及至蒜山，欲斬覺，以軍降京口，事既不果而止。覺等軍器精嚴，柳燈、沈佚等謂寶玄曰：『崔護軍威名既重，乃誠可見。既已唇齒，忽中道立異。彼以樂歸之衆亂江而濟，誰能拒之！』於是登北固樓，並千蠟燭爲烽火，舉以應覺。慧景停二日〔二〕，便率大衆一時俱濟，趣京口。寶玄仍以覺爲前鋒，恭祖次之，慧景領大都督爲衆軍節度。」又云：「時柳燈别推寶玄。崔恭祖爲寶玄羽翼，不復承奉慧景，慧景嫌之。巴陵王昭胄先逃人間，出投慧景，慧景意更向之〔三〕，故猶豫未知所立。此聲頗泄，燈、恭祖始貳於慧景。」又云：「慧景單馬至蟹浦，投漁人

〔一〕「係」，《通鑑》胡註作「亦」。按：《南史·崔慧景傳》原作「係」。
〔二〕「慧」，原誤作「惠」，今據孔本、《四庫》本、胡本、廣雅本、《通鑑》胡註及《南史·崔慧景傳》改。
〔三〕「慧景」，《通鑑》胡註無此二字。按：《南史·崔慧景傳》此處原無「慧景」二字。

太叔榮之。榮之故爲慧景門人，時爲蟹浦戍，斬慧景，送都。」按：恭祖始若閉城拒慧景，慧景襲得其城而據之，豈肯更授以兵柄！又，慧景若不立寶玄，柳憕豈能別推！又，榮之既云漁人，又云爲戍，自相違錯。今並從《齊書》。

九月，魏田益宗敗吴子陽于長風城。

此一事，《齊書》《紀》、《傳》皆無之。《魏・帝紀》：「九月乙丑，東豫州刺史田益宗破寶卷將吴子陽、鄧元起於長風。」《梁書・鄧元起傳》云：「蠻帥田孔明附于魏〔二〕，自號郢州刺史，寇掠三關，規襲夏口。元起率鋭卒攻之，旬月之間，頻陷六城，斬獲萬計，餘黨皆散走，仍戍三關。」二書勝敗不同如此。今從《魏・紀》。

十一月，蕭衍召王茂等定議。

《南史》云：「茂與梁武帝不睦，帝諸腹心並勸除之。而茂少有驍名，帝又惜其用，令腹心鄭紹叔往候之，告以欲起義。茂因擲枕起，即袴褶隨紹叔入見。武帝大喜，下床迎，因結兄弟，被推赤心。」按：茂若與梁武不睦，梁武何敢豫告以大事！茂亦安能便響應！今不取。

〔二〕「帥」，原誤作「師」，今據孔本、《四庫》本、胡本、廣雅本、《通鑑》胡註及《梁書・鄧元起傳》改。按：原本「帥」、「師」二字或以形近而誤，以下徑改，不再出校。

乙巳，衍建牙集衆。

《齊・帝紀》：「十二月，梁王起義兵於襄陽。」誤也。今從《梁書・高祖紀》。

和帝中興元年，正月，戊申，蕭衍發襄陽。

《梁・高祖紀》云：「二月戊申，發襄陽。」按：戊申，正月十三日。《梁・紀》誤也。

三月，乙巳，南康王即帝位。

《東昏紀》云：「丁未，南康王諱即皇帝位〔一〕。」蓋是日建康始聞之耳。今從《和帝》及《梁・武帝紀》〔二〕。

六月，吴子陽進軍加湖。

《梁・韋叡傳》作「茄湖」〔三〕。今從《齊》、《梁》《帝紀》。

蕭衍使王茂襲加湖〔四〕。

《和帝紀》作「王茂先」。今從《梁書》。

〔一〕「諱」，《四庫》本作「寶融」。按：《南齊書・東昏侯紀》原作「寶融」。

〔二〕「和帝」下，《通鑑》胡註有「紀」字。

〔三〕「茄」，《梁書・韋叡傳》原作「加」。

〔四〕《通鑑》正文此事在七月。按：《南齊書・和帝紀》、《梁書・武帝紀》原在七月。

郢城民死者什七八。

《齊・張沖傳》云：「死者七八百家。」按：死者不可以家數。今從《梁》《高祖紀》及《韋叡傳》。

十月，壬午，蕭衍築長圍，守宮城。

《齊・帝紀》與《梁・帝紀》敘此事先後多不同。按《齊・紀》皆有甲子，今用《梁・紀》事，以《齊・紀》甲子次之。

十一月，魏田益宗上表，請攻義陽。

《益宗傳》曰：「世宗納之，遣元英攻義陽。」按：英攻義陽在景明四年八月。此表言蕭氏君臣交爭，則是梁武攻東昏時。蓋益宗建策於今日，而行於後年耳。

益宗入寇，黄天賜敗績。

《魏・帝紀》：「七月乙未，田益宗破蕭寶卷將黄天賜於赤亭。」《田益宗傳》〔二〕：「景明初，蕭衍遣軍主吴子陽率衆寇三關。益宗遣光城太守梅與之據長風城逆擊子陽，大破之，斬獲千餘級。」按：吴子陽乃東昏將，非衍將也。且衍方與東昏相拒，何暇寇魏三關！此必《益宗傳》誤。

〔二〕「宗」，原誤作「光」，《通鑑》胡註曰：「《益光傳》當作《益宗傳》。」今據廣雅本及胡註改。

十二月，張稷斬東昏首，送石頭。

《南史·王亮傳》曰：「張稷等議立湘東嗣王寶晊。領軍王瑩曰：『城閉已久，人情離解，征東在近，何不諮問！』」按：時和帝已立，稷等知建康不可守，故弒東昏，豈敢復議立寶晊！今從《齊·紀》。

梁紀上

高祖天監元年，四月，丙寅[一]，追尊考妣。

《南史》云五月追尊[二]。今從《梁書》。

五月，河南褚緭。

《魏·蕭寶寅傳》作「褚胃」[三]。今從《梁書》。

[一] 「丙寅」，《通鑑》正文此事在丁卯。按：《梁書·武帝紀》原在丙寅。

[二] 「五月」，《南史·梁本紀·武帝紀上》原在閏四月。

[三] 「魏」下，《通鑑》胡註有「書」字。

三年，三月，魏人歸張惠紹。

《惠紹傳》無被獲及復還事。今從《魏書》。

八月，遣馬仙琕築二城。

《司馬悦傳》作「豫州刺史馬仙琕」〔一〕。按：仙琕於時未爲豫州也。

四年，正月，夏侯道遷以漢中降魏。

《梁·帝紀》：「天監三年二月，魏陷梁州。」而列傳皆無其事。《魏·帝紀》：「正始元年閏十二月癸卯朔，蕭衍行梁州事夏侯道遷據漢中來降。」《道遷傳》具言其事。按《長曆》，梁閏二月癸卯，即天監四年正月朔也，故置於此。

四月，孔陵等戍深坑〔二〕。

《梁·鄧元起傳》：「魏將王景胤、孔陵寇東、西晉壽，並遣告急。」按《魏·邢巒傳》曰：「蕭衍晉壽太守王景胤據石亭。」又曰：「蕭衍遣其將軍孔陵等據深坑〔三〕。」然則景胤、陵，皆梁將也，《元起傳》誤。

〔一〕「琕」，原誤作「理」，今據兩浙本、孔本、《四庫》本、胡本、廣雅本、《通鑑》胡註及《魏書·司馬悦傳》改。
〔二〕「坑」，《通鑑》正文作「杭」。按：《魏書·邢巒傳》原作「坑」。
〔三〕「坑」，原誤作「杭」，今據兩浙本、孔本、《四庫》本、胡本、廣雅本及《魏書·邢巒傳》改。

西昌侯淵藻殺鄧元起，貶爲冠軍將軍。

《梁書·元起傳》：「藻以粮儲無遺，甚怨望之，因表元起逗留不憂軍事，收付州獄，自縊死。」按：若止以逗留表元起，安敢擅收前刺史付獄殺之！必誣以反也。今從《南史》。又《梁書》，藻本以冠軍爲益州刺史，與《南史》異。

五年，四月〔一〕**，王茂與魏楊大眼戰，敗，失亡二千餘人。**

《大眼傳》云「俘馘七千有餘」。今從《魏·帝紀》。

五月，韋叡敗魏兵，拔小峴。

《魏·帝紀》：「六月辛丑，陷小峴戍。」今從《叡傳》。

或欲保三汊〔二〕。

《南史》作「三丈」。今從《梁書》。

裴邃克魏羊石、霍丘城。

《梁·裴邃傳》云：「五年，征邵陽洲，魏人爲長橋以濟。邃築壘逼橋，密作没突艦，會淮水

〔一〕「四月」，《通鑑》正文此事在四月辛酉。按：《魏書·世宗紀》原在四月辛酉。

〔二〕「汊」，原誤作「乂」，胡註曰：「蓋瀵湖之水於此分三汊，故名。退保於此，利於入船，故衆欲之。」今據《通鑑》正文、胡註及《梁書·韋叡傳》改。

暴漲，邃乘艦徑造橋側，魏衆驚潰，邃乘勝追擊，大破之，進克羊石、霍丘城，平小峴，攻合肥。」《魏·帝紀》：「辛巳，衍將陷合肥。己丑，又陷羊石、霍丘。」按《韋叡傳》，叡攻邵陽洲，方使邃乘艦焚橋，事在克合肥後。又《梁·帝紀》：「辛巳，叡克合肥。丁亥，邃克羊石。庚寅，克霍丘。」今從之。《邃傳》載取二城在破邵陽洲後，誤也。

九月〔一〕**，臨川王宏夜遁，將士皆散**〔二〕。

《梁書·宏傳》云：「會征役久，有詔班師。」殊爲不實。今從《南史》。

六年，三月，淮水暴漲。

《梁·帝紀》：「四月癸未〔三〕，景宗等破魏軍。」《魏·帝紀》：「四月戊戌，鍾離大水，英敗績。」按《曹景宗傳》云：「三月，春水生，淮水暴長〔四〕。」梁、魏二史蓋據奏到月日書之耳。今從《景宗傳》。

〔一〕「九月」，《通鑑》正文此事在九月己丑。

〔二〕「散」下，《通鑑》正文有「歸」字。按：《南史·梁宗室上·臨川靖惠王宏傳》原有「歸」字。

〔三〕「癸未」，《梁書·武帝紀》原作「癸巳」。按：《二十史朔閏表》，天監六年四月庚寅朔，四日癸巳，無癸未。

〔四〕「長」，《通鑑》胡註作「漲」。

生擒魏兵五萬人。

《韋叡傳》云：「其餘釋甲稽顙，乞爲囚奴者，猶數十萬。」按：魏軍共止數十萬，如《叡傳》所言，似爲太過。今從《景宗傳》。

十二月〔一〕**，魏常邕和以淮陽降。**

《魏・帝紀》：「十月庚午，淮陽太守安樂以城南叛。」今從《梁・帝紀》。

七年，九月，魏執京兆王愉，高肇密使人殺之。

《魏書》及《北史》《愉傳》皆云：「愉每止宿亭傳〔二〕，必携李手，盡其私情。雖鏁縶之中，飲賞自若〔三〕，略無愧懼之色。至野王，愉語人曰〔四〕：『雖主上慈深，不忍殺我，吾亦何面見至尊！』於是歔欷流涕，絶氣而死。或云高肇令人殺之。」按：愉既敗被執，猶略無愧懼，安能慚見魏主，

〔一〕「十二月」，《通鑑》正文在十二月乙丑。按：《梁書・武帝紀》原在十二月乙丑。

〔二〕「止宿」，《通鑑》胡註此二字互乙。按：《魏書・孝文五王・京兆王愉傳》、《北史・孝文六王・京兆王愉傳》原作「止宿」。

〔三〕「飲賞」，廣雅本作「飲食」。按：《魏書・孝文五王・京兆王愉傳》作「飲食」，《北史・孝文六王・京兆王愉傳》作「飲賞」。

〔四〕「愉」，原誤作「榆」，今據兩浙本、孔本、《四庫》本、胡本、廣雅本、《通鑑》胡註及《魏書・孝文五王・京兆王愉傳》、《北史・孝文六王・京兆王愉傳》改。

遽感激絶氣而死！蓋肇潛使人殺愉，因以此言紿魏主耳。

魏中山王英將步騎三萬救郢州。

《田益宗傳》：「詔曰：英統馬步七萬，邢巒統精騎三萬〔二〕。」蓋虛聲耳。今從《魏·帝紀》。

十月，魏白早生殺司馬悦。

《梁》《帝紀》作「白皁生」，《馬仙琕傳》作「琅玡王司馬慶曾」。今皆從《魏書》。

齊苟兒。

《魏書》作「苟仁」。今從《梁書》、《南》、《北史》。

以早生爲司州刺史。

《梁·帝紀》：「十月丙子，魏陽關主許敬珍以城内附，詔大舉北伐，以始興王憺帥衆入清，王茂帥衆向宿豫。丁丑，白皁生與豫州刺史胡遜以城内屬，以皁生爲司州〔三〕、胡遜爲豫州刺史。」明年「正月壬辰，魏鎮東參軍成景儁斬宿豫城主嚴仲賓〔三〕，以城内屬。二月丁卯〔四〕，魏楚王城主

〔二〕「三」，《魏書·田益宗傳》原作「五」。

〔三〕「皁」，《通鑑》胡註皆作「早」。按：《梁書·武帝紀》原作「皁」。

〔三〕「宿豫」，《梁書·武帝紀》原皆作「宿預」。

〔四〕「二月」，《梁書·武帝紀》原作「四月」。

李國興以城内附。」姓名年月事迹既與《魏書》參差，又遍檢諸列傳皆無其事。今並從《魏書》。

八年，正月，馬廣屯長薄，胡文超屯松峴。

《梁·馬仙琕傳》云：「遣馬廣會超守三關。」今從《魏·中山王英傳》。

遣徐元季援武陽。

《英傳》作「徐超秀」。今從《魏·帝紀》。

魏主於齊苟兒等四將之中分遣二人，以易董紹。

《紹傳》云「歸苟兒等十人」。今從《司馬悦傳》。

十年，正月，王珍國罷梁、秦二州還。

《梁書》，珍國未嘗爲梁、秦刺史。今從《南史》。

三月，王萬壽殺劉晣。

《梁》《帝紀》云「三月辛丑」。按《長曆》，是月丁酉朔。而《盧昶傳》云：「三月二十四日夜〔二〕，萬壽等攻掩朐城。」蓋辛酉也。今不日以闕疑。又《梁·馬仙琕傳》及《魏》《帝紀》、《盧昶傳》皆云「劉晣」，而《梁·帝紀》云「鄧晣」，蓋字誤也。

〔二〕「日」，《通鑑》胡註無此字。按：《魏書·盧昶傳》原無「日」字。

十二月，馬仙琕大破魏兵。

《魏·帝紀》，盧昶敗在十一月。今從《梁·帝紀》。《梁·紀》云「斬馘十餘萬」。按盧昶表云：「此兵九千，賊衆四萬，求益兵六千〔一〕。」魏主以四千給之。安得十餘萬衆！蓋《梁史》爲夸大耳。

十二年，二月，鬱洲民徐道角等殺張稷，降魏。

《魏·帝紀》作「郁州人徐玄明」。今從《梁·康絢傳》。又《絢傳》，稷死在朐山叛之明年。今從《魏·帝紀》〔二〕。

十五年，二月，康絢擊卻魏兵。

《絢傳》：「十二月，魏遣李曇定督衆軍來戰。」按《魏·帝紀》，此年正月乃遣李平節度諸軍，《絢傳》誤也。曇定，即平字也。

昌義之、王神念救硤石。

《李崇傳》：「衍遣趙祖悦襲據西硤石，又遣義之、神念率水軍溯淮而上〔三〕，規取壽春。」按

〔一〕「求」，原誤作「永」，今據孔本、《四庫》本、胡本、廣雅本、《通鑑》胡註改。
〔二〕《通鑑》胡註曰：「按：鬱洲即郁州。」
〔三〕「溯」，原誤作「泝」，今據兩浙本、孔本、《四庫》本、胡本、廣雅本、《通鑑》胡註及《魏書·李崇傳》改。又，「而上」，此二字原誤乙，今據廣雅本、《通鑑》胡註及《魏書·李崇傳》乙正。

《義之傳》，絢破魏軍，義之乃救硤石，今從之。

十六年，四月，詔宗廟去牲。

《梁·帝紀》，此詔在四月甲子。《南史》云在二月〔二〕，云：「祈告天地宗廟，以去殺之理，欲被之含識。郊廟牲牷，皆代以麪，其山川諸祀則不〔三〕。」按《長曆》，是月辛卯朔，無甲子。《隋·志》但云「四月」，亦不云「郊祀去牲」，今從之。

十八年，二月，魏高湖子謐。

李百藥《北齊書》作「謐」。《北史》作「謐」，今從之。

高歡曰：「宿衛焚大臣之第。」

《北齊書》云「領軍張彝」。按：彝未嘗爲領軍，故但云大臣也。

〔二〕「二月」，《南史·梁本紀·武帝紀上》原在三月丙子。

〔三〕「不」，《通鑑》胡註作「否」。按：《南史·梁本紀·武帝紀上》原作「否」。

資治通鑑考異卷第七

端明殿學士兼翰林侍讀學士太中大夫提舉西京嵩山崇福宫上柱國河内郡開國公食邑
二千六百户食實封壹阡户臣司馬光奉敕編集

梁紀下

普通二年，五月〔一〕**，魏桓叔興降。**

《梁・帝紀》：「七月，叔興率衆降。」蓋記奏到之日。今從《魏・帝紀》。

七月，魏張普惠救義州，不及。

《普惠傳》云「棄城走」。今從《裴邃傳》。

〔一〕「五月」，《通鑑》正文此事在五月辛巳。按：《魏書・肅宗紀》在五月辛巳，《梁書・武帝紀》在七月甲寅。

三年，十一月[一]，魏初行《正光曆》，大赦。

《後魏·律曆志》云：「曆成，會孝明帝加元服，改元正光，因命曰《正光曆》。」按《帝紀》：「正光元年七月辛卯，加元服。三年十一月丙午，行《正光曆》。」今從之。

西豐侯正德明年自魏逃歸。

《梁書·正德傳》：「普通六年，爲輕車將軍，頃之奔魏。七年，自魏逃歸。」《魏書·蕭衍傳》：「正光二年[二]，弟子正德來奔。」《南史·正德傳》：「普通三年，爲輕車將軍，頃之奔魏，又自魏逃歸。六年，隨豫章王北侵，輒棄軍走。」《北史·蕭寶寅傳》正光四年表論考課，後乃云表論正德，後乃云莫折大提反。按：大提反在正光五年。唯《南》、《北史》年月先後相近[三]，今從之。

四年，魏破六韓拔陵反。

《魏·帝紀》：「正光五年，破落汗拔陵反，詔臨淮王彧討之。五月，彧敗，削官。」按令狐德棻《周書·賀拔勝傳》：「衛可孤圍懷朔經年，勝乃告急於彧。」然則拔陵反當在四年。蓋《帝

[一]「十一月」，《通鑑》正文此事在十一月丙午。按：《魏書·肅宗紀》原在十一月丙午。

[二]「二年」，《魏書·蕭衍傳》原作「三年」。

[三]「先」，《通鑑》胡註作「前」。

紀》因詔彧討拔陵而言之，非拔陵於時始反也。《周書》作「破六韓」，今從之。

衛可孤圍武川。

《北史》「孤」作「瓌」〔一〕。今從《周書》。

五年，四月，魏賀拔勝見臨淮王彧於雲中。

《勝傳》云〔二〕：「至朔州見彧。」按《後魏・地理志》〔三〕，雲中舊名朔州，及改懷朔鎮爲朔州，不容更以雲中爲朔州。今但云「雲中」〔四〕。

〔一〕「孤」，原誤作「可」，今據《通鑑》胡註及《北史・賀拔允傳》改。

〔二〕「云」，原誤作「六」，今據兩浙本、孔本、《四庫》本、胡本、廣雅本、《通鑑》胡註改。

〔三〕「按」，原誤作「桉」，今據兩浙本、孔本、《四庫》本、胡本、廣雅本、《通鑑》胡註改。按：原本「按」或誤作「桉」，以下徑改，不再出校。又「地理志」，《魏書》原作「地形志」。

〔四〕《通鑑》胡註曰：「按：魏氏初都平城，北邊列置諸鎮，孝昌以後改鎮爲州，尋即荒廢，其地漫不可考。杜佑以爲魏都平城，於郡北三百餘里置懷朔鎮；又云：遷洛之後，於郡北三百餘里置朔州；又云：後魏初，雲中在郡北三百餘里，定襄故城北。夫其曰皆在郡北三百餘里，將是一處邪，將是三處邪？宋白曰：朔州馬邑郡，東北至故雲中二百六十里，後魏爲畿内之地，亦曾爲懷朔鎮；孝文遷洛之後，於州北三百八十里定襄故城置朔州。又曰：後魏初，雲中定襄故城是。則是朔州與後魏初雲中共一處。《通鑑》此後書改懷朔鎮爲朔州，更命朔州爲雲州，此即《魏・志》所謂雲中舊名朔州之證也。是則懷朔鎮與雲中是兩處矣。是後，李崇自崔暹白道之敗，引還雲中，後又自雲中引還平城，其退師道里先後可見，而唐之雲中郡乃魏之平城。詳而考之，歷代建置州郡，其名淆雜，難指一處爲定也。」

五月，魏廣陽王深。

《魏·帝紀》作「淵」[一]。今從《列傳》及《北史》[二]。

六年，正月[三]，魏元法僧殺高諒，稱帝。

《法僧傳》作「高謨」。今從《魏·帝紀》。又《魏·紀》云「自稱宋王」，《法僧傳》及《北史》皆云「稱尊號」，《梁書·法僧傳》云「稱帝」[四]。按：法僧立諸子爲王，必稱帝也，今從《梁書》。

法僧遣子景仲來降。

《法僧傳》云：「魏室大亂，法僧據鎮，議欲匡復[五]。既而魏亂稍定，將討法僧，法僧懼[六]，歸款。」按：時魏亂未定。今從《北史》。

元略爲魏所敗。

《魏·帝紀》敘元略等事，便在庚申法僧叛下，不應如此之速，今移於月末。

[一]「作」上，《通鑑》胡註有「深」字。
[二]《通鑑》胡註曰：「按：魏收《魏書》作『廣陽王淵』，李延壽《北史》作『廣陽王深』，蓋避唐諱，《通鑑》承用之。」
[三]「正月」，《通鑑》正文此事在正月庚申。按：《魏書·肅宗紀》原在正月庚申。
[四]「云」下，原衍「云」字，今據兩浙本、孔本、《四庫》本、胡本、廣雅本、《通鑑》胡註刪。
[五]「議欲」，《梁書·元法僧傳》此二字原互乙。
[六]「僧」，原誤作「懼」，今據兩浙本、孔本、《四庫》本、胡本、廣雅本、《通鑑》胡註及《梁書·元法僧傳》改。

三月，元法僧驅彭城吏民萬餘人南渡。

《南史》云：「武官戍彭城者三千餘人，法僧皆印額爲奴，逼將南渡。」[一]《魏書》、《梁書》皆無此事。

五月，魏李崇卒。

《魏・帝紀》在「五月戊子」。按《長曆》，是月乙巳朔[二]，無戊子。今不書日。

魏安豐王延明等將兵二萬逼彭城。

《南史・陳慶之傳》云「衆十萬」。今從《梁書》。

六月[三]，豫章王綜與梁話、淮陰苗文寵投魏軍。

《南史・綜傳》：「綜夜潛與梁話、苗寵三騎開北門，涉汴河，遂奔蕭城，自稱隊主，見延明而拜。延明坐之，問其名氏[四]，不答，曰：『殿下問人有見識者。』延明召使視之，曰：『豫章王也。』延明喜，下地執其手，答其拜，送于洛陽。」按：《魏書》及《北史》《鹿悆傳》皆豫有盟約，魏豈得

[一] 按：《南史》不載此事，見於《北史・道武七王・陽平王熙傳》。

[二] 「乙巳」，《通鑑》胡註作「乙亥」。按：《二十史朔閏表》，普通六年五月乙巳朔。

[三] 「六月」，《通鑑》正文此事在六月庚辰。按：《梁書・武帝紀》原在六月庚辰。

[四] 「氏」，原誤作「是」，今據孔本、《四庫》本、胡本、廣雅本、《通鑑》胡註及《南史・梁武帝諸子・豫章王綜傳》改。

不知！又《魏書·蕭贊傳》作「濟陰芮文寵」，《北史》作「濟陰苗文寵」。今從《南史》。

綜更名贊。

《梁書》、《南史》皆云改名纘。今從《魏書》、《北史》。

延明令江革作大小寺碑[一]**。**

《南史》作「丈八寺碑」。今從《梁書》。

十二月，魏恒農太守王羆。

《周書·羆傳》，羆未嘗爲恒農太守。今從《魏書》。

七年，六月，魏長孫稚爲討絳蜀都督[二]**。**

《費穆傳》：「穆爲都督，平絳蜀。」不應有兩都督。今從《帝紀》。

八月[三]**，元洪業殺鮮于脩禮，請降于魏；葛榮殺洪業自立。**

《北史·廣陽王深傳》云：「深以兵士頻經退散，人無鬭情，連營轉栅，日行十里，行達交津，

[一] 「大小寺」，《梁書·江革傳》原作「丈八寺」，與《南史·江革傳》同。

[二] 「絳」，《通鑑》正文無此字。按：《魏書·肅宗紀》原作「絳蜀」。《通鑑》胡註曰：「蜀人徙居絳郡者，謂之絳蜀。絳縣，漢、晉屬河東郡，元魏分置絳郡。魏收《志》，郡屬東雍州。」

[三] 「八月」，《通鑑》正文此事在八月癸巳。按：《魏書·肅宗紀》原在八月癸巳。

隔水而陣。賊脩禮常與葛榮謀，後稍信朔州人毛普賢，榮常銜之。普賢昔爲深統軍，及在交津，深使人諭之[一]，普賢乃有降意。又使録事參軍元晏説賊程殺鬼，果相猜貳。榮遂殺普賢、脩禮而自立。」與《魏·帝紀》全殊，又其語雜亂難曉。今從《帝紀》。

十一月，曹義宗逼新野，魏遣魏承祖、辛纂救之。

《梁書》，此年冬，新野降。《魏書》，肅宗崩後，新野猶在。恐《梁書》誤。蓋梁自前年攻新野，此年魏使魏承祖救之也。又《周·于謹傳》云：「孝昌二年，與辛纂討義宗。」今以爲據。

大通元年，正月，莫折天生寇雍州。

《羊侃傳》作「莫遮」。今從《魏書》。

湛僧智圍魏豫州[二]。

《魏》《帝紀》及《曹世表傳》作「湛僧」[三]。今從《梁·夏侯夔傳》。

十月，魏元慶和降。陳慶之破魏兵，王緯降。

《魏·帝紀》：「九月辛卯，東豫州刺史元慶和以城叛。」《梁·帝紀》：「十月庚戌，魏東豫

[一]「使」，《北史·太武五王·廣陽王深傳》原作「傳」。

[二]「豫」上，《通鑑》正文有「東」字。按：《魏書》《肅宗紀》、《曹世表傳》、《梁書·夏侯夔傳》原作「東豫州」。

[三]「僧」，《魏書》《肅宗紀》、《曹世表傳》原作「僧珍」。

州刺史元慶和以渦陽内屬。」《夏侯夔傳》：「湛僧智圍元慶和於廣陵，慶和請降，詔以僧智爲東豫州，鎮廣陵。」《韋放傳》：「普通八年，曹仲宗攻渦陽，放會之，城主王偉降。」《陳慶之傳》：「大通元年，隸曹仲宗伐渦陽〔二〕，城主王緯降〔三〕，詔以渦陽置西徐州。」然則廣陵、渦陽，兩處兩事。《梁・紀》「慶和」、「渦陽」之間，或更有脱字耳。《魏・紀》九月，據聞慶和始叛之時。《梁・紀》十月，據慶和降款到日。按：《陳慶之傳》云「自春至冬」，今從《梁・紀》十月爲定。此别一廣陵，非南兖州之廣陵也。「王偉」當作「王緯」，蓋草書之誤也。

二年，四月〔三〕，魏長樂王子攸自高渚渡河。

楊衒之《洛陽伽藍記》，「高渚」作「雷波」。今從《魏書》。

己亥，魏百官迎敬宗於河橋。

《伽藍記》云：「十二日，爾朱榮軍於芒山之北〔四〕，河陰之野。十三日，召百官迎駕，至者盡

〔二〕「伐」，原誤作「代」，今據孔本、《四庫》本、胡本、廣雅本、《通鑑》胡註及《梁書・陳慶之傳》改。

〔三〕「緯」，原誤作「偉」，今據孔本、《四庫》本、胡本、廣雅本及《梁書・陳慶之傳》改。

〔三〕「四月」，《通鑑》正文此事在四月丙申。按：《魏書・孝莊帝紀》原在四月丙申。

〔四〕「芒」，《通鑑》胡註作「邙」。按：楊衒之《洛陽伽藍記》原作「芒」，范祥雍《洛陽伽藍記校註》（上海古籍出版社一九七八年本，下同）云：「芒山即是北邙山，在洛陽故城北。」

誅之。」《長曆》，是月戊子朔，十二日，己亥也。今從《魏書》。

榮殺魏高陽王雍以下二千餘人。

《北史》云：「榮惑費穆之言，謂天下乘機可取，乃譎朝士共爲盟誓，將向河陰西北三里，至南北長堤，悉命下馬西度。即遣胡騎圍之，妄言丞相高陽王反，殺王公以下二千餘人。」《榮傳》一千三百餘人。今從《魏・紀》。

趙元則應募爲禪文。

《北史》曰：「時隴西李神儁、頓丘李諧、太原温子昇並當世辭人，皆在圍中，耻從是命，俯伏不應。」按：神儁等不應[一]，何得不死！《魏書・本傳》皆無其事。

高歡勸榮稱帝。

《魏・爾朱榮傳》曰：「於是獻武王與外兵參軍司馬子如等切諫，陳不可之理。榮曰：『愆誤若是，唯當以死謝朝廷。今日安危之機，計將何出？』獻武王等曰：『未若還奉長樂，以安天下。』於是還奉莊帝。」《北齊書・神武紀》云：「榮將篡位，神武諫，恐不聽，請鑄像卜之，鑄不成，乃止。」蓋魏收與北齊史官欲爲神武掩此惡，故云爾。今從《周書・賀拔岳傳》。

[一]「儁」，《通鑑》胡註皆作「雋」。按：《北史・爾朱榮傳》原作「儁」。

十月，以元顥爲魏王，遣陳慶之將兵送之。

《梁》、《魏》《帝紀》皆云以顥爲魏主，唯《顥傳》作「魏王」。按：魏封劉昶爲宋王，蕭寶寅爲齊王，蕭詧爲梁王，皆俟得國然後使稱帝耳。若顥在南已稱魏帝，當行即位之禮，又梁朝應以客禮待之，又顥不應再即帝位於涣水。蓋由「王」字與「主」字止欠一點，故多致謬誤。今從《顥傳》。

中大通元年，二月〔二〕，魏濟陰王暉業。

《梁書》作「徽業」〔三〕。今從《魏書》。

四月，元顥即帝位，改元。

《魏·帝紀》：去年十月，「蕭衍以顥爲魏主，號年孝基，入據銍城」。《顥傳》：「永安二年四月，於梁國城南登壇燔燎，年號孝基。」今從之。

陳慶之拔考城。

《魏書·帝紀》，克考城在辛丑後。今從《梁·帝紀》。

〔二〕「二月」，《通鑑》正文此事在二月壬寅。按：《魏書·孝莊帝紀》原在二月壬寅。

〔三〕「徽業」，《梁書》《武帝紀》原作「暉業」，《陳慶之傳》作「徽業」。

五月，魏臨淮王彧迎顥。

《彧傳》無迎顥事，而《梁·陳慶之》、《北齊·宋遊道傳》有之，蓋魏史爲彧諱也。

二年，三月，魏万俟仵。

《北史》作「万俟行醜」。今從《周書》。

六月〔一〕，以魏汝南王悦爲魏王。

《梁·帝紀》：「中大通元年正月甲子，魏汝南王悦求還本國，許之。二年六月丁巳，遣悦還北，爲魏主。」按《魏書·悦傳》，悦未嘗歸魏復入梁，今删去元年事。

万俟道洛歸略陽賊帥王慶雲。

《魏·帝紀》作「白馬龍涸胡王慶雲」。今從《爾朱天光傳》。

八月〔二〕，遣兵送魏王悦至境上。

《悦傳》云：「立爲魏主，號年更興。衍遣其將軍王僧辯送置境上〔三〕，以冀侵逼。」按：《僧辯傳》未嘗送悦，蓋王弁耳。

〔一〕「六月」，《通鑑》正文此事在六月丁巳。按：《梁書·武帝紀》原在六月丁巳。

〔二〕「八月」，《通鑑》正文此事在八月庚戌。按：《梁書·武帝紀》原在八月庚戌。

〔三〕「置」，《通鑑》胡註作「至」。按：《魏書·汝南王悦傳》原作「置」。

魏邢卲，巒之族弟。

《北史》邢巒卷首排目云「族孫臧、卲」，而卷中乃云「巒叔祖祐，祐從子虬，虬子臧、卲」。《魏書》亦云「巒從祖祐」〔一〕。然則臧、卲乃巒族弟〔二〕，非族孫也。

爾朱榮妻鄉郡長公主〔三〕。

《北史·世隆傳》作「北鄉郡公主」。今從《魏·帝紀》。

九月，榮至洛陽。

《魏·帝紀》曰：「辛卯，榮、天穆自晉陽來朝。」按《北史》，九月初，榮至京，十五日，天穆至。是月甲戌朔〔四〕，辛卯乃十八日，非也。

〔一〕「從祖」，《魏書·邢巒傳》原作「叔祖」。

〔二〕「卲」，《通鑑》正文、胡註皆作「劭」。按：《梁書》、《北史》《邢巒傳》皆作「卲」。然二傳皆云其「字子才，小字吉」，似與「劭」字含意相符。

〔三〕「鄉郡」，《通鑑》正文作「北鄉」。按：《魏書·孝莊帝紀》原作「鄉郡」。《通鑑》胡註曰：「按：《考異》作『鄉郡長公主』是也，《通鑑》作『北鄉長公主』，傳寫之誤耳。《五代·志》：上黨郡鄉縣，石勒置武鄉郡，後魏去『武』字爲鄉郡。證以魏收《志》無北鄉郡，則從鄉郡爲是。」

〔四〕「甲」，原誤作「田」，今據兩浙本、孔本、《四庫》本、胡本、廣雅本、《通鑑》胡註改。

爾朱世隆走，賀拔勝不從。

《周書》及《北史》云：「勝復隨世隆至河橋[一]。勝以爲臣無讎君之義，遂勒所部還都，莊帝大悦。」今從《魏書》。

十月[二]，爾朱拂律歸。

《魏書》無拂律歸名，《伽藍記》有之。按：爾朱度律時在世隆所，或者拂律歸即度律也。

魏源子恭鎮太行丹谷。

《伽藍記》云：「源子恭、楊寬領步騎三萬鎮河内。」今從《魏書》。

爾朱世隆至長子。

《魏·帝紀》云：「世隆停建興之高都。」今從《世隆傳》。

十二月，爾朱兆從河橋西涉渡。

《伽藍記》云，從雷波涉渡。今從《魏書·兆傳》。

〔一〕「隨」，《通鑑》胡註作「從」。按：令狐德棻《周書》（北京中華書局一九七一年點校本，下同）、《北史》《賀拔勝傳》原作「隨」。

〔二〕「十月」，《通鑑》正文此事在十月癸卯朔。按：《洛陽伽藍記》原在十月一日。據《資治通鑑目録》所引《長曆》，是年十月正爲癸卯朔。

魏城陽王徽抵寇祖仁家。

《魏書》作「寇彌」〔一〕。按：寇讚諸孫所字皆連「祖」字，或者名彌字祖仁。今從《伽藍記》。

爾朱兆召高歡并力。

《北齊·慕容紹宗傳》：「兆召高祖，紹宗諫曰：『今天下擾攘，人懷覬覦，正是智士用策之秋。高晉州才雄氣猛，英略蓋世，譬如蛟龍，安可借以雲雨？』兆怒曰：『我與晉州推誠相待，何得輒相間阻！』囚紹宗，數日，乃釋之。」《北史》，紹宗語在神武請帥降户就食山東下。按：兆始召歡以自救，非猜嫌之時。今從《北史》。

三年〔二〕，二月，魏廣陵王恭陽瘖。

《伽藍記》云：「莊帝疑恭奸詐，夜遣人盜掠衣物，拔刀劍欲殺之，恭張口以手拈舌，竟乃不言。莊帝信其真患〔三〕，放令歸第。」今從《魏書》。

爾朱兆監軍孫白鷂。

《北史》作「白雞」。今從《北齊書》。

〔一〕「彌」，原誤作「禰」，今據兩浙本、孔本、《四庫》本、胡本、廣雅本、《通鑑》胡註及《魏書·城陽王徽傳》改。
〔二〕「三」，原誤作「二」，今據孔本、《四庫》本、胡本、廣雅本、《通鑑》正文、《資治通鑑目録》改。
〔三〕「患」，《通鑑》胡註無此字。按：《洛陽伽藍記》原有「患」字。

四月〔一〕**，爾朱仲遠使魏僧勉討崔祖螭**〔二〕**，斬之。**

《北齊・李渾傳》：「普泰中，崔社客反於海岱，攻圍青州。以渾爲征東將軍、都官尚書、行臺赴援，而社客宿將多謀，諸城各自保固，堅壁清野。諸將議有異同，渾曰：『社客賊之根本，若簡驍勇，銜枚夜襲，徑趨營下，出其不意，咄嗟之間，便可擒殄。如社客就擒，則諸郡可傳檄而定。』諸將遲疑，渾乃決行〔三〕，未明，達城下，賊徒驚散，擒社客，斬首送洛〔四〕。」按：其年時事迹與祖螭略同，未知社客即祖螭，爲别一人也？今從《魏・帝紀》。

六月，庚申，高歡起兵信都。

《魏書・帝紀》起兵在庚申。《北齊書・帝紀》在庚子，《北史》《魏紀》、《齊紀》亦然〔五〕。今從《魏書・紀》。

〔一〕「四月」，《通鑑》正文此事在五月。按：《魏書・前廢帝廣陵王紀》原在五月。
〔二〕「勉」，《通鑑》正文作「勔」。按：《魏書・前廢帝廣陵王紀》原作「勔」。
〔三〕「決」，原誤作「送」，《通鑑》胡註作「速」，今據兩浙本、孔本、《四庫》本、胡本、廣雅本及李百藥《北齊書・李渾傳》（北京中華書局一九七二年點校本，下同）改。
〔四〕「送洛」，原誤作「法洛」，《通鑑》胡註作「送洛陽」，今據孔本、《四庫》本、胡本、廣雅本及《北齊書・李渾傳》改。
〔五〕按：《北史・魏本紀・節閔帝紀》高歡起兵於庚申，與《魏書・前廢帝廣陵王紀》同。

魏楊愔見高歡於信都〔一〕。

《北齊書·愔傳》云：「愔父津爲并州刺史，愔隨之任。俄而孝莊幽崩，愔時適欲還都，行達邯鄲，過津義從楊寬家，爲寬所執。至相州，見刺史劉誕，以愔名家盛德，甚相哀念，遣隊主鞏榮貴防禁送都。至安陽亭，榮貴遂與俱逃，乃投高昂兄弟，潛竄累載。屬齊神武至信都，遂投刺轅門〔二〕，即署行臺郎中。」按：時齊神武已在信都，言潛竄累載，誤矣。又云孝莊幽崩，而愔欲還都見執，皆非也。

四年，四月，高歡以賀拔岳爲關西大行臺。

《北史》：「薛孝通爲中書郎，以『關中險固，秦、漢舊都，須預謀鎮遏，以爲後計。縱河北失利，猶足據之』。節閔帝深以爲然，問：『誰可任者？』孝通與賀拔岳同事天光〔三〕，又與周文帝有舊，二人並先在關右，並推薦之。乃超授岳督岐華秦雍諸軍事、關西大行臺、雍州牧，周文帝爲左丞，孝通爲右丞，賫詔書馳驛入關，授岳等同鎮長安。後天光敗於韓陵，節閔遂不得入關，爲

〔一〕《通鑑》正文此事在七月。按：《魏書·前廢帝廣陵王紀》原在七月。
〔二〕「刺」，原誤作「剌」，今據兩浙本、孔本、《四庫》本、胡本、廣雅本、《通鑑》胡註及《北齊書·楊愔傳》改。按：原本「刺」、「剌」二字或以形近而誤，以下徑改，不再出校。
〔三〕「孝」，原脱，今據兩浙本、孔本、《四庫》本、胡本、廣雅本、《通鑑》胡註及《北史·薛孝通傳》補。

齊神武幽廢。」按：天光尚在，節閔安敢除岳鎮關中！今從《魏書》。

高歡欲立汝南王悦，聞其狂暴，乃止。

《魏書·悦傳》云：「神武令人示意。悦既至，清狂如故，動爲罪失，不可扶立，乃止。」按：悦時猶在梁境，比召至洛，往返幾日。蓋神武聞其所爲而止耳。

五年，正月，魏竇泰破爾朱兆。

《魏·帝紀》：「正月，庚寅朔。甲午，齊獻武王自晉陽出討兆。丁酉，大破之於赤洪嶺。」《北齊·帝紀》出兵在去年，破兆在今年。按：歲首宴會，不應直至八日。今從《齊書》〔二〕。

五月，魏王早等來降。

《梁·帝紀》：「六月己卯，魏建義城主蘭寶以下邳城降。」今從《魏書》。

七月〔三〕，魏以賀拔允爲太尉。

《魏·帝紀》作「賀拔渥」。按：允字阿鞠埿，蓋「埿」字誤爲「渥」耳。

〔二〕「齊」上，兩浙本、孔本、《四庫》本、胡本、廣雅本有「北」字。
〔三〕「七月」，《通鑑》正文此事在七月庚戌。按：《魏書·出帝平陽王紀》原在七月庚戌。

六年，正月〔一〕**，魏泉企討民夷，平之。**

《北史》作「泉仚」。今從《周書》。

六月，高歡表魏主：「庫狄干等將兵自來違津渡。」

丘悅《三國典略》作「朱違津」。今從《北齊書》、《北史》〔二〕。

七月，高歡引軍渡河。元斌之紿魏主云「歡兵已至」。

《魏書·斛斯椿傳》云：「椿懼己不免，復啓出帝，假説遊聲以劫脅帝，帝信之，遂入關。」按：齊高祖舉兵向洛，而云椿劫脅帝，不亦誣乎！此乃魏收欲媚齊人，重椿之罪耳。今從《齊·高祖紀》及《北史·椿傳》〔三〕。

九月，歡使薛瑜守潼關。

《北史》作「薛瑾」，《典略》作「薛長瑜」，《北齊·帝紀》作「薛瑜」。今從《北齊書》〔四〕。

〔一〕「正月」，《通鑑》正文此事在二月。按：《魏書·出帝平陽王紀》原在二月。

〔二〕「書」下，《通鑑》胡註有「及」字。

〔三〕「齊」下，《通鑑》胡註有「書」字。

〔四〕按：《魏書·薛辯傳》、《北史·魏本紀·孝武帝紀》作「長瑜」，《北齊書·神武帝紀》、《北史·齊本紀·神武帝紀》作「瑜」，《周書·文帝紀》、《北史·周本紀·文帝紀》作「瑾」，疑其人名瑾，字長瑜。

十月，歡至洛陽。

《齊書》、《北史》皆云：「九月庚寅，還至洛陽。」按：歡九月己酉克潼關。己酉，九月二十九日也，不容庚寅已還至洛陽。庚寅，乃九月十日也。

閏月，蠻酋樊五能。

《北史》作「樊大能」。今從《魏書》。

大同元年，十一月，魏元羅降。

《典略》在七月。今從《梁·帝紀》。

二年，正月，魏人圍曹泥。

《北齊書》、《典略》皆云「周文圍泥」，《周書》不言，故但云魏人。

二月〔二〕**，東魏以高澄爲尚書令，加領軍、京畿大都督。**

《魏·帝紀》：「爲尚書令、大行臺、大都督。」《北齊·文襄紀》：「天平元年，爲尚書令、大行臺、并州刺史。入輔朝政，加領軍、左右京畿大都督。」按：尚書令不在外，大行臺不在內，今兩捨之。

〔二〕「二月」，《通鑑》正文此事在二月丁酉。按：《魏書·孝靜帝紀》原在二月丁酉。

東魏孫搴卒，陳元康爲功曹。

《典略》，孫搴卒在大同十年四月。按：搴卒然後陳元康爲功曹。高慎叛，高澄已令元康救崔暹，邙山之戰，元康又勸高歡追宇文泰，事並在九年。《北史·元康傳》又云，「草劉蠡升軍書」。按：蠡升滅在元年，孫搴二年猶存，今不取。然則搴卒宜置於澄入輔之下。

五月，魏万俟普奔東魏。

普降東魏事，《北齊書·帝紀》在三月甲午，《典略》在六月，《北史·齊紀》在六月甲午。《周書·帝紀》、《北史》《魏紀》、《齊紀》在五月，今從之〔一〕。

十二月，東魏清河王亶卒。

《國典》云：「亶爲高歡所酖。」《典略》，周太祖數歡罪，亦云殺亶。《魏書》、《北史》皆無亶傳，而《帝紀》皆云「亶薨」，今從之。

三年，閏九月，高歡自蒲津濟河。

《北齊·帝紀》：「十一月壬辰，神武自蒲津濟。」《魏·帝紀》：「十月壬辰，敗于沙苑。」按

〔一〕《通鑑》胡註曰：「按：《考異》前既引《北齊書·帝紀》，又引《北史·齊紀》，不應《北史》《魏紀》之下複出《齊紀》，必有誤。」今按：《北史》《齊本紀·神武帝紀》此事在六月甲午，《周本紀·文帝紀》在五月，疑《考異》「齊」當作「周」字。

《長曆》，十月壬辰朔。《北齊·紀》誤也。

四年，二月，東魏侯景攻廣州，降之。

《典略》，侯景克廣州在十一月。按《北史·魏文帝紀》：「二月，東魏陷南汾、潁、豫、廣四州。」今從之。

三月〔一〕**，高歡解大丞相，頃之，復故。**

《北齊·帝紀》，止有高祖解丞相年月，而無復故之文〔二〕。按：興和元年議曆，有丞相田曹參軍信都芳。蓋因邙山之捷而復也。

五月〔三〕**，東魏鄭伯猷來聘。**

《魏·帝紀》在二月丙辰，蓋始受命時也。今從《梁·帝紀》。

七年，正月，宕昌王梁彌定立。

《梁·帝紀》作「彌泰」。今從《典略》。

〔一〕「三月」，《通鑑》正文此事在三月辛酉。按：《北齊書·神武帝紀》原在三月辛酉。

〔二〕「文」，原誤作「又」，今據孔本、《四庫》本、胡本、廣雅本、《通鑑》胡註改。

〔三〕「五月」，《通鑑》正文此事在五月甲戌。按：《梁書·武帝紀》原在五月甲戌。

十二月，劉敬躬以妖術惑衆〔二〕。

《南史》作「敬宮」〔三〕。今從《梁書》。

八年，十二月〔三〕**，東魏楊斐來聘**〔四〕。

《典略》作「陽斐」。今從《魏書·紀》。

九年，三月，東魏大破魏兵，斬首三萬餘級。

《北齊書》云：「俘斬六萬計〔五〕。」今從《北史·彭樂傳》。

東魏尉興慶戰死。

《典略》作「尉興敬」。今從《北齊書》、《北史》。

東魏軍士逃奔魏者，告以高歡所在。

《周·賀拔勝傳》云：「太祖見齊神武旗鼓，識之。」今從《典略》。

〔二〕「敬躬」，《梁書》《武帝紀》原作「敬躬」，《張綰傳》作「敬宮」，《考異》從《武帝紀》。

〔三〕「南」，原誤作「北」，今據《通鑑》胡註改。按：《北史》不載此事，見於《南史·張綰傳》。

〔三〕「十二月」，《通鑑》正文此事在十一月辛亥。按：《魏書·孝靜帝紀》原在十一月辛亥。

〔四〕「楊斐」，點校本《魏書·孝靜帝紀》改作「陽斐」，校勘記云：「《北齊書》卷四二有傳，記使梁事。『楊』字訛，今改正。」

〔五〕「計」，《通鑑》胡註作「級」。按：《北齊書·神武帝紀》原作「計」。

十一年，六月，楊暠、陳霸先至交州。

《典略》作「十二月癸丑至交州」。姚思廉《陳書·帝紀》在六月，今從之。

中大同元年，正月，癸丑，楊暠等克嘉寧城。

《典略》作「乙未」。今從《梁·帝紀》。

三月〔二〕**，幸同泰寺講經。**

《典略》云：「癸卯，詔『以今月八日於同泰寺設無遮大會，捨朕身及以宫人并所王境土供養三寶』。四月丙戌，公卿以錢二億萬奉贖。」按韓愈《佛骨表》云：「三度捨身，爲寺家奴。」若并此則四矣。今從《梁書》。

九月，李賁屯典澈湖。

《典略》云：「渡武平江，據新安村。」今從《陳·帝紀》。

十月，高歡攻玉壁五十日，士卒死者七萬人。

《北史·韋孝寬傳》云：「苦戰六旬，傷及病死者什四五。」今從《北齊書》。

〔二〕「三月」，《通鑑》正文此事在三月庚戌。按：《梁書·武帝紀》原在三月庚戌。

太清元年，三月[一]，侯景請以十三州内附。

《梁書·景傳》云：「與豫州刺史高成、廣州刺史暴顯、潁州刺史司馬世雲、荆州刺史郎椿、襄州刺史李密、兖州刺史邢子才、南兖州刺史石長宣、濟州刺史許季良[二]、東豫州刺史丘元征、洛州刺史爾朱渾願[三]、揚州刺史樂恂、北荆州刺史梅季昌、北揚州刺史元神和等，陰結私圖，尅相影會。」蕭韶《太清紀》又有兖州刺史胡延、豫州刺史傅士哲、揚州刺史可足渾洛，無邢子才。《典略》有荆州刺史庫狄暢，無高成、暴顯、許季良、爾朱渾願、樂恂、梅季昌。今依《梁書》。而《太清紀》有兩豫州，蓋前官也。

是歲，正月，乙卯，帝夢中原牧守皆降。

《典略》云「去年十二月夜夢」。今從《梁書》。

[一]「三月」，《通鑑》正文此事在三月庚辰。按：《梁書·武帝紀》原在二月庚辰。據《資治通鑑目録》所録《長曆》，太清元年二月戊辰朔，十三日庚辰，三月無庚辰。

[二]「濟」，《梁書·侯景傳》原作「齊」。

[三]「爾」，點校本《梁書·侯景傳》作「可」，校勘記云：「『可』字各本皆脱。可朱渾是姓，願是名，今補。」

四月〔一〕**，東魏李系來聘。**

《魏·帝紀》作「李緯」。今從《本傳》。

六月，東魏韓軌等圍潁川，聞魏李弼等將至，引還。

《周書·帝紀》：「三月，李弼救侯景。」今從《典略》。

高澄使高德政佐弟洋。

《北史》作「德正」。今從《北齊書》。

十二月，乙亥，以元貞爲咸陽王。

《梁·帝紀》作「戊辰遣貞」〔二〕。今從《典略》。

二年，正月，侯景衆潰，晝夜兼行，追軍不敢逼。

《典略》云：「晝息夜行，追軍漸逼。」今從《梁書》。

羊鴉仁棄懸瓠，羊思達棄項城。

《典略》在六月。今從《梁·帝紀》。

〔一〕「四月」，《通鑑》正文此事在四月甲午。按：《魏書·孝靜帝紀》原在四月甲午。

〔二〕「帝」，《通鑑》胡註無此字。

三月，屈獠洞斬李賁。

《陳·高祖紀》云「太清元年」，蓋謂破賁之年。今從《梁·帝紀》〔一〕。

八月，侯景啓請戮羊鴉仁。

《梁書》、《南史》皆云「並抑不奏」。《典略》「朱異拒之」云云。今從《太清紀》。

侯景反，西攻馬頭。

《梁書》云：「執太守劉神茂。」按：神茂素附於景，無煩攻執。今從《太清紀》、《典略》。

十月，庚寅，景陷譙州〔二〕。

《太清紀》云：「十三日〔三〕，陷譙城。」下又云：「十三日，以王質巡江遏防。」《典略》上作「庚戌」，下作「庚子」。按：此月戊子朔，蓋三日庚寅也。

太子戎服入見上，稟受方略。

《太清紀》云：「太宗見事急，乃入，面啓高祖曰：『請以軍事並以垂付，願不勞聖心。』」《南

〔一〕《通鑑》胡註曰：「按：《通鑑》破賁書於中大同元年。」

〔二〕「州」，原誤作「川」，今據兩浙本、孔本、《四庫》本、胡本、廣雅本、《通鑑》胡註、《資治通鑑目録》及《梁書》《武帝紀》、《侯景傳》改。

〔三〕「日」，《通鑑》胡註誤作「年」。

史》云：「帝曰：『此自汝事，何更問爲！』」今從《典略》。

十一月，陳昕説范桃棒降。

《太清紀》、《南史》皆云：「桃棒求以甲士二千人來降，以景首應購。」今從《典略》。

乙酉，邵陵王綸進軍玄武湖側。

《太清紀》云「二十九日」，《典略》云「壬午」。今從《梁・帝紀》。

景擒莊丘慧、霍俊等。

《典略》作「廣陵令崔俊」。《南史》作「直閤將軍胡子約、廣陵令霍儁」〔一〕。今從《太清紀》。

鄱陽世子嗣軍于蔡州〔二〕**。**

《梁・帝紀》作「張公洲」。今從《太清紀》。

湘東王繹遣王僧辯將舟師萬人東下〔三〕**。**

《太清紀》云：「僧辯將精卒一萬。」今從《梁書》。

〔一〕「儁」，《通鑑》胡註作「儁」。按：《南史・賊臣・侯景傳》原作「儁」。

〔二〕「州」，《資治通鑑目録》同，《通鑑》正文作「洲」。按：蕭韶《梁太清紀》已佚，《梁書・侯景傳》作「洲」。

〔三〕《通鑑》正文此事在十二月。按：《梁書・侯景傳》原在十二月。

十二月，宣猛將軍李孝欽。

《梁・帝紀》作「李遷仕」。今從《太清紀》。

三年，正月，庚申，朱異卒。

《梁・帝紀》作「乙丑」。今從《太清紀》、《典略》。

甲子，湘東世子方等軍至。

《梁・帝紀》作「戊辰」。今從《太清紀》。

二月，庚子，南康王會理等衆三萬至馬卬洲。

《梁・帝紀》作「丁未」。今從《太清紀》、《典略》。《典略》云「至于琅邪」。今從《太清紀》、《梁・帝紀》〔二〕。

移軍江潭苑。

《梁・帝紀》作「蘭亭苑」。今從《太清紀》、《典略》。

〔二〕《通鑑》胡註曰：「馬卬洲，蓋即今王家沙、老鸛觜一帶。」又曰：「按：晉置琅邪郡於江乘蒲洲上，即前所謂今王家沙地。」

三月，初，閉城之日，擐甲者二萬餘人。

《南史》作「三萬」。今從《典略》。

南安侯駿説邵陵王綸〔一〕**。**

《典略》云，綸已下咸説柳仲禮如此。今從《太清紀》。

柳津言邵陵、仲禮不忠不孝。

《典略》云：「柳仲禮族兄暉謂仲禮曰：『天下事勢如此，何不自取富貴！』仲禮曰：『兄今若爲取之？』暉曰：『正當堅營不戰，使賊平臺城，因天子，徐而縱兵。既破之後，復挾天子令諸侯也。』仲禮納之。」按：景既克城，則人情皆去，援軍自散，仲禮安能帥以破景！仲禮閉壁不出，自爲重傷而懼耳，非用暉計也。今從《太清紀》及《南史》。《太清紀》又云：「景嘗登朱雀門樓，與之語，又遺以金。自是以後，閉壁不戰。」《典略》云「遺以金鐶」〔二〕。亦以近誣〔三〕，今不取。

景矯詔大赦，自加官。

《梁·帝紀》無赦，加景官在庚午。今從《太清紀》。

〔一〕「南安」，《通鑑》正文此二字互乙。按：《梁書·邵陵王綸傳》、《南史·梁武帝諸子·邵陵王綸傳》原作「南安」。

〔二〕「遺」上，《通鑑》胡註有「景」字。

〔三〕「以」，孔本、《四庫》本、胡本、廣雅本作「似」。

己巳，景以詔解外援軍。

《典略》在庚午，《梁・帝紀》在辛未。今從《太清紀》。

北青州刺史王奉伯降東魏。

《典略》作「南冀州」。今從《太清紀》。

明少遐等棄城走。

《梁・帝紀》在四月。今從《太清紀》。

五月，甲申，景遣李賢明攻宣城，不克。

《典略》在四月。今從《太清紀》。

六月，丙戌，以南康王會理爲司空。

《梁・帝紀》作「戊戌」〔二〕。今從《太清紀》。

丁亥，立宣城王大器爲太子。

《太清紀》云「七日」。今從《梁・帝紀》及《典略》。

〔二〕「帝」，《通鑑》胡註無此字。又，「戊戌」，《梁書・簡文帝紀》原作「丙戌」。

壬辰，封皇子大心等爲王。

《太清紀》、《典略》並與立太子同日。今從《梁·帝紀》。

上甲侯韶徵兵江陵。

《梁·帝紀》在五月〔二〕。今從《太清紀》。

丙午，吴盜陸緝。

《典略》作「戊子」、「陸黠」。今從《太清紀》、《南史》。

癸丑，侯景殺臨賀王正德。

《典略》：「五月，正德死。」今從《太清紀》、《南史》。

景封元羅等十餘人皆爲王。

《太清紀》在八月二十八日。今從《典略》。

景殺永安侯確。

《太清紀》，確死在九月。今從《典略》。

〔二〕「五月」，《梁書·元帝紀》原在四月。

湘東王繹使世子方等討河東王譽。

《太清紀》云：「初，上遣諮議參軍周弘直往湘州，報河東王譽云：『侯景既須撲滅，今欲遣荆州兵力，使汝東往，但使諸蕭有一人能匡國難，吾無所惜。』譽對弘直攘袂云：『身始至鎮，百度俱闕，征伐之任，便未能行。』又遣舍人虞預至譽所曰：『周弘直還，知汝必不能自出師。吾今便長驅席卷，還望三湘兵糧以相資給。』譽又拒絶，意色殊憤。上又遣録事參軍劉穀往雍，宣旨於岳陽王詧曰：『吾舟艦足乘，唯糧仗闕少。湘州有米，已就譽求；雍部精兵，必能分遣；行留之計，爾自擇之。』詧答曰：『兵馬蓄扞所須，非敢減撤；襄陽形勝之地，豈可暫虚！』穀出，謂雍州別駕甄玄成曰：『觀殿下辭色，曾無匡復之意；卿是股肱所寄，可相毗贊邪？』答曰：『樊、沔衝要，皇業所基，人情驍勇，山川險固，君其雅識，寧俟多言！』穀曰：『本論東討，共征獯逆，義異西伯，非敢聞命。』於是湘、雍二蕃成亂謀矣。是月，上遣世子方等往湘州，具陳軍國之計，誡方等曰：『吾近累遣使往湘，並未相脣齒。今故令汝至彼，必望申吾意。若能得相隨下，可留王沖權知州事。』譽遂不受命，潛圖構逆。」此皆蕭韶爲元帝隱惡飾辭耳。今從《梁書》、《南史》。

七月，陳霸先擒蘭裕等。

《太清紀》擒裕在八月。今從《陳書》。

丁卯，鮑泉伐湘州。

《太清紀》作「八日」。或者八日受命，丁卯乃行也。

庚午，以南康王會理兼尚書令。

《太清紀》在八月二十六日。今從《典略》。

八月，東魏高澄以蘭京爲膳奴。

《陳元康傳》作「蘭固成」。今從《北齊·帝紀》。

九月，岳陽王詧伐江陵，兵敗，守者殺張纘。

《太清紀》云：「詧使制文檄，纘曰：『吾蒙朝廷不世之榮，又荷湘東王國士之眷，今日雖死，義無操筆。』及軍敗，將殺之，纘曰：『若使南帥必振〔一〕，北賊將亡，吾雖死無所恨。』遂殺之，棄尸於江陵北湖。」又云：「諸將並欲追躡，上以如子之情，情所未忍，曰：『彼不應來而來，明其爲逆；我應逐不逐，見我之弘。』」此蓋亦蕭韶之虚美。今從《南史》。

十一月，乙卯，葬武帝。

《太清紀》云：「十四日，梓宫達于修陵。」今從《梁書》。

〔一〕「帥」，孔本、《四庫》本、胡本、廣雅本、《通鑑》胡註作「師」。

邵陵王綸奔鄱陽。

《南史》云：「東土皆附綸，臨城公大連懼將害己，乃圖之。綸覺之，乃去。」今從《典略》。

十二月，庚寅，宋子仙執南郡王大連。

《典略》云：「十二月庚子朔，擒大連。」按：是月壬午朔。今從《太清紀》。

太宗大寶元年，正月，陳霸先進軍南康。

《太清紀》在二月。今從《陳·帝紀》。

南康王悋推邵陵王綸承制置百官。

《太清紀》云：「三月，綸逼奪悋州，徙悋於郡廨。」今從《梁書》、《典略》。

魏楊忠敗柳仲禮於漴頭。

《太清紀》作「潼頭」，在去年十二月。今從《典略》。

二月，侯子鑒克廣陵，城中無少長皆殺之。

《太清紀》曰「城中數百人」，《典略》曰「死者八千人」。今從《南史》。

五月，乙卯，鄱陽王範卒。

《典略》作「己酉卒」[一]。今從《太清紀》。

丙辰，東魏主禪位于齊。

《北齊書》、《北史》《高德政傳》云：「五月六日，留咸陽王坦等。七日，司馬子如等至鄴。九日，文宣至城南頓。」按《後魏書》、《北史》《帝紀》皆云：「辛亥，王如鄴。甲寅，加九錫。丙辰，魏主遜位。戊午，王即帝位。」《典略》：「辛亥，王還鄴。」以《長曆》推之，此月己酉朔，皆不與《德政傳》日相應。蓋辛亥始自晉陽如鄴，非到鄴之日也。

武陵王紀使世子圓照帥兵東下。

《南史》云：「六月辛酉，紀遣圓照東下。」按：六月己卯朔，無辛酉。《典略》在五月，或者五月辛酉歟？

六月，丁亥，齊主立李后。

《典略》在五月乙丑。今從《北齊·帝紀》。

[一]「卒」，《通鑑》胡註無此字。

庚子，羊鵾仁奔江西，盜殺之。

《太清紀》在十月。今從《梁・帝紀》、《典略》。

高涼洗氏。

《典略》作「沈氏」。今從《隋書》。

七月，侯景以侯瑱爲湘州刺史。

《太清紀》在十一月。今從《典略》。

八月，甲午，湘東王繹遣王僧辯等趣江、郢。

《典略》云：「九月戊申朔，繹遣僧辯。」按：《太清紀》事在八月末。今從《梁・簡文帝紀》。

九月，任約據西陽、武昌。

《梁・帝紀》在十一月。今從《太清紀》。

任約擒衡陽王獻，送建康，殺之。

《梁・帝紀》在十一月。今從《太清紀》。

十月，立皇子大鈞等爲王。

《太清紀》在十一月十四日。今從《梁・帝紀》。

十一月，武陵王紀帥諸軍發成都。

《南史》云「十一月壬寅」。按：是月壬子朔[二]，無壬寅。

侯景自出屯晉熙。

《典略》：「七月，景軍次濡須，使梁仲宣知留府事。」按《典略》：「九月，景請梁妃主同宴。」《梁・帝紀》：「十月乙未，景逼太宗幸西州。」不容七月已在濡須。今因南康王會理事見之[三]。《太清紀》、《梁書》、《典略》，「晉熙」皆作「皖口」。今從《南史》。

王偉殺南康王會理。

《典略》云：「十二月癸未，建安侯賁等告會理。」《梁・帝紀》：「十月壬寅，景害會理。」今從《太清紀》。

侯景殺武林侯諮。

《太清紀》在會理死前。今從《南史》。

[二] 按：《二十史朔閏表》，大寶元年十一月丁未朔，非壬子。

[三] 「因」，原誤作「囚」，今據孔本、《四庫》本、胡本、廣雅本、《通鑑》胡註改。

二年，正月[二]，湘東王繹遣尹悦等將兵趣武昌。

《典略》在去年十一月。今從《太清紀》。

張彪將趙稜、孫鳳敗走。

《典略》：「去年十一月，彪自圍錢塘，與趙伯超戰，敗于臨平，死者八萬餘人，走還剡。伯超兄子稜在彪軍中，謀殺彪，僞請與彪盟，引小刀披心出血自歃。彪信之，亦取刀刺血報之，刀適至心，稜以手按之，刀斜入不深，彪頓絶。稜謂已死，出外告彪諸將云：『彪已死，當共求富貴。』彪左右韓武入視之，彪已蘇，細聲謂曰：『我尚活，可與乎[三]？』武遂誅稜。彪復奉表於湘東王繹。」今從《太清紀》。

二月，魏楊忠執邵陵王綸。

《太清紀》云：「宇文泰遣忠襲綸，詐稱來相禮接，綸白服與相見，執而害之。」今從《梁書》、《南史》。

[二]「正月」，《通鑑》正文此事在正月庚戌。

[三]「乎」，原誤作「手」，今據孔本、《四庫》本、胡本改。

齊遣曹文皎使于江陵。

《典略》在正月丙午朔。今從《太清紀》。

陳霸先擒李遷仕，斬之。

《太清紀》在四月，云：「遷仕追霸先於雩都縣，連營相持百餘日。是月，廣州刺史蕭勃遣歐陽頠水步萬餘人來援，頠與戰，大破之，斬遷仕首，餘黨悉降。霸先引軍前進。」今從《陳書》。

閏月，侯景發建康。

《梁·帝紀》：「三月丁未，景發京師。」《典略》云「閏三月丁未」。按：乙卯徐文盛克武昌，不容丁未景已發建康。閏三月甲戌朔，無丁未。蓋字誤也。

四月，壬戌，景衆濟江。

《梁·帝紀》作「甲子」。今從《太清紀》。

六月，景別將支化仁鎮魯山。

《梁·帝紀》作「魏司徒張化仁」。按：魏司徒安得爲景守城！今從《典略》。

范希榮行江州事。

《典略》云「江州刺史」。今從《太清紀》。

余孝頃遣兵救鄱陽，于慶走[一]。

《長曆》，六月癸卯朔。《太清紀》：「一日慶走，二日擒任約，三日景走。」今從《梁·帝紀》。

七月，丁亥，侯景還至建康。

《典略》作「六月壬戌」，《太清紀》作「七月二十日」。今從《梁·帝紀》。

八月，壬戌，豫章王棟即帝位。

《典略》作「壬辰」，誤。今從《太清紀》。

景殺南郡王大連於姑熟[二]。

《太清紀》云「於九江」。今從《梁書》。

十月，宜豐侯循。

《南史》作「脩」[三]。今從《梁書》。

丙辰，王僧辯等啓湘東王繹，上尊號。

《典略》作「乙卯」。今從《太清紀》。

[一]「走」上，《通鑑》正文有「退」字。

[二]《通鑑》正文此事在八月乙丑。又，「熟」，《通鑑》正文作「孰」。按：《梁書·簡文帝紀》原作「孰」。

[三]「脩」上，《通鑑》胡註有「宜豐侯」三字。

十一月，戊寅，繹以安南侯方矩爲中衛將軍。

《梁書》在八月辛亥。今從《太清紀》。

世祖承聖元年，正月，己卯，侯子鑒等帥兵至合肥。

《典略》：「二月庚子，子鑒等圍合肥，克其羅城。」今從《太清紀》。

突厥子弟謂之特勒。

諸書或作「特勤」。今從劉昫《舊唐書》及宋祁《新唐書》。

三月，侯子鑒以鶶舸千艘載戰士。

《典略》作「烏鵲舫千艘」。今從《梁書》。

庚辰，王僧辯督諸軍至張公洲。

《典略》作「戊寅」。今從《太清紀》。

陳霸先於石頭西落星山築柵〔一〕**。**

《陳書》云「横隴立柵」。今從《典略》。

〔一〕《通鑑》正文此事在三月壬午。

己丑，僧辯等上表勸進。

《梁·帝紀》：「戊子，王以賊平，告明堂、太社。己丑，僧辯等奉表。」按：表文云「衆軍以戊子總集建康」，豈是日告捷，即能達江陵乎！蓋僧辯等以己丑日發表勸進耳。

四月，僧辯啓陳霸先鎮京口。

《陳·紀》：「高祖應接郭元建還，僧辯啓高祖鎮京口。」按：是時徐嗣徽爲南徐州刺史；蓋霸先但領兵戍京口耳，未爲刺史也。

羊鯤叱海師向京口〔一〕**。**

《典略》云：「舟人李横文紿景向南徐州。」今從《梁書》。

溧陽公主亦預食焉。

《典略》云：「復烹溧陽公主。」今從《南史》。

五月，遣侍中豐城侯泰等謁山陵。

《梁書》在四月，官爲司空。《太清紀》在此月，官太宰。今從《典略》〔二〕。

〔一〕「鯤」，《資治通鑑目録》同，《通鑑》正文作「鵾」。按：《梁書》《本傳》作「鵾」，《侯景傳》作「鯤」，點校本校勘記云：「《傳》稱字子鵬，當取《莊子》鯤化爲鵬之意，則作『鯤』是。」

〔二〕「典略」，《通鑑》胡註誤作「梁書」。

九月，魏宇文泰遣宜豐侯循還江陵〔一〕。

《典略》云：「十月乙未朔，太祖謂循」云云。按《太清紀》，是月循至江陵。今從之。

十一月，李洪雅保空雲城。

《典略》作「空零城」。今從《梁書》〔二〕。

二年，二月，突厥科羅立，號乙息記可汗。

顔師古《隋書・突厥傳》云：「弟逸可汗立。」今從《周書》及《北史》。

三月，柔然又立鄧叔子爲可汗。

《魏書》、《北史》《蠕蠕傳》皆云「立鐵伐爲可汗」，《突厥傳》皆云「立鄧叔子爲可汗」。蓋部落分散〔三〕，各有所立也。

俟斤立，號木杆可汗。

《周書》作「木汗」，《隋書》作「俟斗、木杆」。今從《北史》。

〔一〕「宜」，原誤作「西」，今據《通鑑》正文、《資治通鑑目録》及《周書・劉璠傳》改。

〔二〕《通鑑》胡註曰：「姚思廉《梁書》作『空靈灘』。《水經註》：長沙建寧縣故城南有空泠峽，湘水所經也，驚浪雷奔，濬同三峽。張舜民《郴行録》曰：自醴陵江口南行十餘里，有空靈岸。余謂『空零』蓋『空靈』之誤也。」

〔三〕「部落」，《通鑑》胡註作「諸部」。

魏宇文泰遣尉遲迥伐蜀〔二〕。

《典略》在正月戊辰。今從《周・紀》。

陸納遣吴藏等據車輪。

《梁・紀》云「二月丙子」。按《長曆》，二月無丙子。《梁・紀》誤。

王僧辯至巴陵。

《典略》云「三月辛酉」。按《長曆》，是月癸亥朔，無辛酉。《典略》誤。

宜豐侯循讓都督於僧辯。

《僧辯傳》云「與陳霸先讓都督」。今從《典略》。

四月，丙申，僧辯軍于車輪。

《典略》作「甲子」，非也。今從《梁・紀》。

〔二〕「迥」，原誤作「迴」，今據兩浙本、胡本、《通鑑》正文、《資治通鑑目録》及《周書・文帝紀》改。

六月，湘州平。

《梁・紀》：「乙酉，湘州平。」按《長曆》，是月無乙酉。《梁・紀》誤〔二〕。

七月，辛未，苻昇等斬公孫晃，降於王琳。

《典略》作「丙戌」。今從《梁書》。

九月，齊主遣邢景遠、步大汗薩將襲建康。

《梁書》作「邢杲遠、步六汗薩」。今從《北齊書》、《北史》。

三年，正月，齊主破山胡，男子十三以上皆斬。

《北史》作「十二以上」。今從《典略》。

宇文泰廢魏主，立齊王廓。

《國典》云：「三月，廢帝。四月，立恭帝。」《北史》皆在正月，今從之。

三月，甲辰，以王僧辯爲太尉。

《典略》作「二月甲子」。今從《梁・紀》。

〔二〕《通鑑》正文此事在六月乙未。按：點校本《梁書・元帝紀》改「乙酉」作「乙卯」，校勘記云：「『乙卯』，百衲本、南監本、北監本、殿本譌『乙酉』，汲古閣本、金陵局本譌『乙丑』；《南史》作『乙卯』；《通鑑》作『乙未』。按：是年六月壬辰朔，無乙酉、乙丑，有乙未、乙卯，乙未爲初四日，乙卯爲二十四日。今據《南史》改『乙卯』。」

五月，魏李遷哲徇地至巴州，牟安民降之。

《典略》云：「斬梁巴州刺史牟安平。」今從《周書》、《北史》。

十一月，甲寅，魏人百道攻城。

《梁·紀》作「辛卯」，誤也〔一〕。今從《典略》〔二〕。

帝焚圖書十四萬卷。

《隋·經籍志》云「焚七萬卷」，《南史》云「十餘萬卷」。按：周僧辯所送建康書已八萬卷〔三〕，并江陵舊書，豈止七萬卷乎！今從《典略》。

胡人牽帝，使拜于謹。

《典略》云：「謹搗梁主，令西至龍泉廟，出武陵、河東二王子孫於獄，列於沙州，鎖械嚴酷，瘡痍腐爛，引梁主使視之，謂曰：『此皆骨肉，忍虐如此，何以爲君！』上無以應。」按：武陵諸子

〔一〕按：點校本《梁書·元帝紀》據《南史·梁本紀·元帝紀》，改「辛卯」爲「辛亥」，校勘記云：「上文已出丙申、丁酉、庚子、戊申、己酉，辛卯不應在其後，其誤顯然。」

〔二〕按：《資治通鑑目録》所録《長曆》，承聖三年十一月癸未朔，辛亥二十九日，無甲寅。則《通鑑》、《考異》從《典略》「甲寅」亦誤，當從《南史·梁本紀·元帝紀》作「辛亥」。

〔三〕《通鑑》胡註曰：「『周』，當作『王』。」

先已餓死，河東子孫亦應不存。今不取。

十二月，于謹選百姓男女數萬口爲奴婢。

《典略》作「五十萬」。今從《梁·紀》、《南史》。

敬帝紹泰元年，正月，梁王詧即帝位。

《周書·詧傳》云：「詧在位八載，保定二年薨。」然則詧雖以甲戌年爲魏所立，乙亥年乃即位改元也。

齊清河王岳進軍臨江，陸法和、宋莅降之。

《北史》「宋莅」作「宋茝」。今從《北齊·紀》。又，《北齊·紀》云：「壬寅，岳度江，克夏首，送法和。」按《典略》，甲午，齊已召岳還。今從之〔一〕。

甲午，齊召岳還，使慕容儼戍郢州。

《梁·紀》：「四月，法和降齊，使侯瑱討之。」按齊主《與王僧辯書》云：「清河王岳今次漢口，與陸居士相會。」然則法和先已降齊也。今從《典略》。

〔一〕「之」，《通鑑》胡註作「典略」。

五月，王僧辯遣使送質於貞陽侯淵明。

《典略》：「三月辛卯，遣廷尉張種等送質于鄴。」按：淵明五月始入建康，疑太早，恐非。

辛丑，淵明自采石濟江。

《梁·紀》：「七月辛丑，淵明濟江。甲辰，入京師。」《北齊·紀》：「五月，蕭明入建業〔二〕。」按《典略》：「五月庚子，僧辯逆淵明。辛丑，濟江。癸卯，至建康。」今從之。

九月，丙午，淵明遜位。

《梁書》：「九月丙午，帝即皇帝位。十月己巳，大赦，改元。」按《長曆》，丙午，九月二十九日；己巳，十月二十二日。豈有即位二十四日，始改元大赦乎！蓋丙午復梁王位，十月乃即帝位耳。《典略》：「丁未，廢貞陽侯，出就邸。」今並從《陳書》。

十月，韋載以郡應杜龕。

《典略》作「韋載」。今從《梁》、《陳書》〔三〕。

王僧智據吴郡拒守。

《南史》云：「僧智奔任約。」今從《典略》。

〔二〕「業」，《北齊書·文宣帝紀》原作「鄴」。
〔三〕《通鑑》胡註曰：「今按：《典略》若作『韋載』，則與《梁》、《陳書》同，不須考異矣。」

陳霸先還建康。

《梁書》：「十一月庚寅，霸先還建康。」按：庚寅，十一月十三日，太晚。且庚寅以前，霸先已有在建康與齊相拒事迹。今從《陳書》。

十一月，癸未，侯安都襲胡墅[一]**。**

《典略》作「己巳」。按《長曆》，是月戊寅朔，無己巳。今從《陳書》。

太平元年，正月，陳蒨斬杜龕。

《梁書》：「太平元年正月癸未，杜龕降，詔賜死。」《陳書》：「紹泰元年十二月，杜龕以城降。明年正月癸未，誅杜龕于吴興。龕從弟北叟、司馬沈孝敦並賜死。」《典略》：「魏恭帝二年十二月，蒨命劉澄等攻龕，大敗之，龕乃降。明年正月丁亥，周鐵虎送杜龕祠項王神，使力士拉於坐，龕從弟北叟[二]、司馬沈孝敦並賜死。」今從《南史》。

王僧智、弟僧愔俱奔齊。

《梁書》、《南史》《王僧辯傳》：「僧辯既亡，僧智得就任約。約敗走，僧智肥不能行，又遇

[一]「襲」上，《通鑑》正文有「夜」字。按：《陳書·高祖紀》原有「夜」字。

[二]「龕」，《通鑑》胡註在「拉」字下。

害。僧智弟僧愔位譙州刺史，征蕭勃，及聞兄死，引軍還。時吳州刺史羊亮隸在僧愔下，與僧愔不平，密召侯瑱見禽。僧愔以名義責瑱，瑱乃委罪於將羊鯤，斬之，僧愔復得奔齊。」〔二〕《陳書》、《南史》《侯瑱傳》則云：「僧辯使其弟僧愔與瑱共討蕭勃，及陳武帝誅僧辯，僧愔陰欲圖瑱及奪其軍〔三〕，瑱知之，盡收僧愔徒黨，僧愔奔齊。」《典略》：「魏恭帝三年正月，初，僧愔與瑱共討曲江侯勃，至是，吳州刺史羊亮説僧愔襲瑱，而翻以告瑱，瑱攻之，僧愔奔齊。」凡此諸説，莫知孰是。今約其梗概言之。

四月，侯安都襲齊司馬恭。

《梁書》云：「壬午，安都襲恭。」按《長曆》，是月乙巳朔，無壬午〔三〕。

五月，齊人詐許退師。

《典略》云：「五月，齊主在東山飲酒，投杯赫怒，召魏收於前，立爲制書，欲自將西討長安，令上黨王渙將兵伐梁，於是渙南侵。」按：《梁》、《陳》、《北齊》《帝紀》及《渙傳》皆無是事，今去之。

〔一〕 按：《梁書·王僧辯傳》無僧智、僧愔事，其事載《南史·王僧辯傳》，疑《考異》誤加「梁書」二字。

〔二〕 「及」，孔本、《四庫》本、胡本、廣雅本作「而」。按：姚思廉《陳書》（北京中華書局一九七二年點校本，下同）、《南史》《侯瑱傳》原作「而」。

〔三〕 按：點校本《梁書·敬帝紀》，已據《南史·梁本紀·敬帝紀》改「壬午」爲「壬申」。

侯安都擒齊乞伏無勞。

《南史》作「乞伏無芳」。今從《陳書》。

十一月〔一〕**，齊併省一百五十三郡。**

《北史》作「五十六郡」〔二〕。今從《齊書》。

十二月，齊築長城。

去歲六月已云築長城，而地名、長短不同〔三〕，不知與此爲一事爲二事。《北齊書》、《北史》皆然。今兩存之。

陳紀上

高祖永定元年，二月，蕭孜，勃之從子。

《陳書》、《南史》《周文育傳》皆作「子」。今從《梁書·帝紀》。

〔一〕「十一月」，《通鑑》正文此事在十一月壬子。按：《北齊書·文宣帝紀》原在十一月壬子。

〔二〕「五十六郡」，《北史·齊本紀·文宣帝紀》原作「郡一百五十三」，與《北齊書·文宣帝紀》同。

〔三〕「地」，原誤作「城」，今據孔本、《四庫》本、胡本、廣雅本、《通鑑》胡註改。

南江州刺史余孝頃。

《典略》作「南康州刺史」。今從《梁書》。

十月，侯安都等大敗。

《典略》云：「乙亥，安都敗。」《陳書》云是月敗績。按：高祖以乙亥受禪，安都聞之而嘆，豈同日乎！今從《陳書》。

二年，二月[二]**，沈泰奔齊。**

《北齊·帝紀》在八月。今從《陳·帝紀》。

三月，齊司馬消難降周。

《北齊·帝紀》：「四月，消難叛。」今從《周書》、《典略》。

齊主自晉陽還鄴[三]**。**

《北齊·帝紀》：「天保七年八月，帝如晉陽。」不言其還。「八年四月，帝在城東馬射，敕京師婦女悉赴觀」，是在鄴也。此月又言「至自晉陽」。「六月乙丑，帝自晉陽北巡」，則又復在晉

[二] 「二月」，《通鑑》正文此事在二月壬申。按：《陳書·高祖紀》原在二月壬申。

[三] 《通鑑》正文此事在三月丁酉。按：《北齊書·文宣帝紀》原在三月丁酉。

陽。必有差互[一]，今不敢增損。

王琳奉梁永嘉王莊即帝位。

《北齊・帝紀》：「十一月丁巳，琳遣使請立莊，仍以江州内屬，令莊居之。十二月癸酉，詔莊爲梁主，進居九派[二]。」今從《陳書》及《典略》。然《陳書》、《典略》皆云立莊於郢州。按：琳時在湓城。蓋始居江州，後遷郢州耳。

十一月，齊主刺尉子輝[三]。

《北史》作「子耀」。今從《北齊書》、《典略》。

齊常山王演因諫爭[四]，被毆撻。

《北史・孝昭紀》云：「文宣賜帝魏時宫人，醒而忘之，謂帝擅取，遂令刀環亂築[五]，因此致困。」今從《北史・王晞傳》。

〔一〕「互」，孔本、《四庫》本、胡本、廣雅本作「誤」。

〔二〕「派」，原誤作「泒」，《通鑑》胡註作「泒」，今據孔本、《四庫》本、胡本、廣雅本改。

〔三〕「子輝」，《北齊書・文宣帝紀》原作「子耀」，與《北史・齊本紀・文宣帝紀》同。

〔四〕「爭」，孔本、《四庫》本、胡本、廣雅本作「諍」。

〔五〕「環」，《通鑑》胡註作「鐶」。按：《北史・齊本紀・孝昭帝紀》原作「環」。

世祖天嘉元年，二月，侍中袁泌。

《北齊書》作「長史袁泌」。今從《陳書》[一]。

齊常山王演出歸第。

《北齊書·孝昭紀》云：「除太傅、録尚書，朝政皆決於帝；月餘，乃居藩邸[二]。」今從《楊愔傳》。

可朱渾天和，道元之子[三]。

《典略》云「道元弟」。今從《北齊書》。

武衛娥永樂，叩刀仰視。

《北齊書》作「領軍劉桃枝」。今從《北史》[四]。

〔一〕按：《陳書·袁泌傳》云：「及莊僭立，以泌爲侍中、丞相長史。」則《北齊書·王琳傳》作「左長史」，亦不誤。

〔二〕《通鑑》胡註曰：「藩邸，常山第也。」

〔三〕「子」，《北齊書·楊愔傳》附《可朱渾天和傳》原作「季弟」。

〔四〕按：《北齊書·孝昭帝紀》、《北史·齊本紀·孝昭帝紀》作「武衛娥永樂」，《北齊書》、《北史》《楊愔傳》作「領軍劉桃枝」。

二年，正月，合州刺史裴景徽。

《北齊書》作「景暉」。今從《陳書》。

三年，正月[一]，周遣杜杲送安成王頊南歸。

《典略》作「杜果」。今從《周書》。

閏二月[二]，改鑄五銖錢。

《隋·志》在天嘉五年。今從《陳·帝紀》。

九月，丁亥，詔安成王頊代吴明徹攻周迪。

《陳書·帝紀》云：「丁亥，迪請降，詔安成王諱督衆軍以招納之[三]。」今從《南史·迪傳》。

四年，正月，齊魏收除名。

《北齊書·帝紀》：「正月乙亥，收爲僕射。己卯，除名。」相去五日，不容如此之速，恐誤。今去其日。

[一]「正月」，《通鑑》正文此事在正月丁未。按：《周書·武帝紀》原在正月丁未。

[二]「閏二月」，《通鑑》正文此事在閏二月甲子。按：《陳書·世祖紀》原在閏二月甲子。

[三]「諱」，《四庫》本作「頊」。按：安成王名頊，《考異》避宋神宗諱而不書名。

九月，周楊荐使突厥，復命。

《典略》在保定二年。按《王慶傳》云，是歲乃興入并之役。故置於此。

臨海王光大元年，二月，安成王頊欲收韓子高，毛喜止之。

《陳書·文沈后傳》云：「安成王既專，沈太后憂悶，計無所出，乃密賂宦者蔣裕，令誘建安人張安國，使據郡反，冀因此以圖高宗。安國事覺，並爲高宗所誅。時后左右近侍頗知其事，后恐連逮黨與，並殺之。」按：后欲圖高宗，而令安國據建安反，理不相涉。且后若實有此謀，高宗既立，后豈得自全！今删去。

到仲舉、韓子高賜死。

《陳書·子高傳》，死在光大元年八月。按《華皎傳》，子高誅後，皎始謀叛。《帝紀》，此年五月，皎已謀反。又慈訓太后令，先言劉師知、子高誅，後乃及余孝頃〔二〕。《始興王伯茂傳》，師知等誅後，伯茂乃進號中衛。然則《子高傳》誤也。

〔二〕「孝」，原誤作「高」，今據兩浙本、孔本、《四庫》本、胡本、廣雅本、《通鑑》胡註及《陳書·廢帝紀》載慈訓太后令改。

六月〔一〕**，齊封皇弟仁直爲丹楊王**〔二〕**。**

《北齊書·帝紀》名「統」〔三〕。今從列傳。

九月，周元定以步騎數千圍郢州。

《陳·帝紀》云「步騎二萬」，蓋夸誕之辭。今從《周·帝紀》。

徐度執元定，盡俘其衆。

《陳書》云：「獲萬餘人，馬四千匹。」亦恐夸誕，今不取。

〔一〕「六月」，《通鑑》正文此事在六月己未。按：《陳書·世祖紀》原在六月己未。

〔二〕「楊」，孔本、《四庫》本、胡本、廣雅本作「陽」，按：《北齊書》《後主紀》、《武成十二王傳》原作「陽」。

〔三〕《通鑑》胡註曰：「統，謂仁直。」

資治通鑑考異卷第八

端明殿學士兼翰林侍讀學士太中大夫提舉西京嵩山崇福宫上柱國河内郡開國公食邑二千六百户食實封壹阡户臣司馬光奉敕編集

陳紀下

高宗太建元年，二月，齊和士開殺趙郡王叡。

《北齊・帝紀》：「天統三年六月[一]，以并省尚書左僕射婁定遠爲尚書左僕射。五年二月，殺趙郡王叡。三月，以并省尚書令婁定遠爲司空。」蓋定遠既爲僕射，復爲并省尚書令也。按《和士開傳》，先出定遠，然後殺叡。叡死必在定遠作司空後，《帝紀》誤也。但不知果在何時耳。又《士開傳》云「出爲青州」，《定遠傳》云「尋除瀛州」。蓋先出爲青州，後乃除瀛州也。

[一]「六月」，《北齊書・後主紀》原在閏六月。

七月〔一〕**，太子納沈妃。**

《陳書》、《南史》《沈后傳》皆云〔二〕：「太建三年，拜皇太子妃。」誤也。今從《帝紀》。

三年，三月，周齊公憲自龍門渡河。

《北齊書·段韶傳》云：「二月，周師來寇。」《周書·帝紀》云：「三月，憲渡河。」今從之。

四月，周陳公純等取齊宜陽等九城〔三〕**。**

《北齊·斛律光傳》云：「周柱國紇干廣略圍宜陽。」今從《周·帝紀》。

六月，齊段韶圍定陽城。

《韶傳》：「七月，屠其外城。」《周書》、《北齊》《帝紀》皆云：「六月，陷汾州。」今從之。

段韶擒楊敷，盡俘其衆。

《周書·齊王憲傳》：「屢破齊師。」《北齊書》《斛律光》、《段韶傳》：「屢破周師。」要之，周失汾州，齊師勝耳。

〔一〕「七月」，《通鑑》正文此事在七月辛卯。按：《陳書·宣帝紀》原在七月辛卯。

〔二〕「南」，原誤作「北」，今據胡本、廣雅本、《通鑑》胡註及《南史·后妃下·陳後主沈皇后傳》改。

〔三〕「純等」，《通鑑》正文脱「等」字。

四年，二月〔一〕**，齊以衛菩薩爲太尉。**

《北齊書》、《北史》並同。不知菩薩何人，亦不言何官。

十二月，周阿史那后無寵。

《周書》云：「后有姿貌，善容止，周帝甚敬焉。」按房玄齡《唐高祖實録》云：「武帝納突厥女爲后〔二〕，陋而無寵，太穆皇后勸帝强撫慰之。」今從之。

五年，四月，齊遣軍救歷陽。

《陳書·帝紀》云：「齊遣兵十萬援歷陽〔三〕。」《黄法氍傳》云：「步騎五萬援歷陽。」《蕭摩訶傳》云：「尉破胡等率衆十萬來援。」按源文宗之語，恐無此數。今不取。

齊軍大敗，尉破胡走。

《北齊書》，破胡敗在五月。今從《陳書》〔四〕。

〔一〕「二月」，《通鑑》正文此事在二月己卯。按：《北齊書·後主紀》原在二月己卯。

〔二〕「爲后」，《通鑑》胡註無此二字。

〔三〕「援」，《通鑑》胡註作「救」。按：《陳書·宣帝紀》原作「援」。

〔四〕「陳」，《通鑑》胡註作「齊」。按：齊軍敗，《陳書·宣帝紀》在四月，《北齊書·後主紀》在五月。《通鑑》正文從《陳書》在四月。

五月，齊蘭陵王長恭以邙山之捷，威名大盛。

《北齊書》：「長恭與周戰於邙山。後主謂曰：『入陳太深，失利悔無所及。』對曰：『家事親切，不覺遂然。』帝嫌其稱『家事』，遂忌之。」按：邙山之戰在河清三年，後主時年九歲，尚未即位，何得有此問！且稱「家事」亦何足致忌！今不取。

十月〔一〕**，以魯廣達爲北徐州刺史。**

《陳書》《帝紀》及《廣達傳》皆云「北徐州」。按《北齊書・祖珽傳》：「珽保全北徐州城不陷。」蓋南人謂京口爲南徐州，故謂此爲北徐州，其實乃北齊之南徐州也〔二〕。

六年，三月〔三〕**，周叱奴太后殂，帝居倚廬。**

《隋書・張衡傳》云：「武帝居憂，與左右出獵，衡露髮輿櫬切諫。」按：帝居喪有禮，疑衡自敍之妄。

〔一〕「十月」，《通鑑》正文此事在十一月。按：《陳書・宣帝紀》原在十一月。

〔二〕《通鑑》胡註曰：「按：此所謂齊南徐州，乃舊琅邪郡。宋泰始初，琅邪没魏，莊帝永安二年，置北徐州於琅邪。時齊以祖珽爲北徐州，鎮琅邪。魏收《地形志》：太和中，立北徐州於宿豫。蕭衍置北徐州於鍾離。南北兵爭，疆埸之間，一彼一此，各立州郡，當隨其所立州名書之，恐不可以齊之北徐州爲齊南徐州也。」

〔三〕「三月」，《通鑑》正文此事在三月癸酉。按：《周書・武帝紀》原在三月癸酉。

七年，三月〔一〕**，周伊婁謙、元衛聘於齊**〔二〕**。**

《謙傳》作「拓跋偉」。今從《周書·帝紀》〔三〕。

九月，齊高阿那肱將兵拒周師。

《北齊書》云「閏月己丑」。按：是月癸丑朔，無己丑，又下有庚辰，蓋誤也。

八年，三月〔四〕**，王瑒卒。**

《陳書》：「庚寅，瑒卒。」按《長曆》，是月己酉朔，無庚寅。《陳書》誤〔五〕。

十月，齊主與馮淑妃獵於天池。

《馮淑妃傳》云「獵於三堆」。今從《高阿那肱傳》〔六〕。

〔一〕「三月」，《通鑑》正文此事在三月丙辰。按：《周書·武帝紀》原在三月丙辰。

〔二〕「元衛」，按：點校本《周書·武帝紀》改「元衛」作「元偉」，校勘記云：「《元偉傳》，偉封淮南縣公，建德二年官小司寇，四年使於齊。《北史·常山王遵》附《偉傳》同。此處『元衛』自爲『元偉』之誤。」

〔三〕《通鑑》胡註曰：「余按：伊婁與拓跋同所自出而各爲氏，則《伊婁謙本傳》作『拓跋』不爲無據。」

〔四〕「三月」，《通鑑》正文此事在四月。按：《陳書·宣帝紀》原在四月庚寅。《考異》云「是月己酉朔，無庚寅」，亦指四月，《考異》「三月」當作「四月」。

〔五〕按：點校本《陳書·宣帝紀》在「庚寅」上補「五月」，校勘記云：「據《南史·陳帝紀》補。按：是年四月己酉朔，無庚寅；五月戊寅朔，十三日爲庚寅。」

〔六〕《通鑑》胡註曰：「余按宋白《續通典》，嵐州靜樂縣，本三堆也；天池亦在縣界。」

十二月，己未，周主至晉陽。

《周書·武帝紀》：「丁巳，大軍次并州。」又云：「己未，軍次并州。」蓋丁巳前軍至，己未帝乃至也。

周賀拔伏恩。

《北齊書·安德王延宗傳》作「佛恩」。今從《周》、《齊》《帝紀》。

九年，正月，周尉遲勤追齊主。

《北齊書》「勤」作「剛」〔一〕。今從《周書》。

二月，周平齊，得州五十〔二〕，郡一百六十二，縣三百八十〔三〕。

《隋書·地理志》云：「州九十七，郡一百六十，縣一百六十五〔四〕。」今從《周書》〔五〕。

〔一〕「剛」，按：《北齊書·幼主紀》、《北史·齊本紀·幼主紀》原作「綱」，《周書》亦有《尉遲綱傳》。

〔二〕「五十」，《周書·武帝紀》原作「五十五」。

〔三〕「三百八十」，《周書·武帝紀》原作「三百八十五」。

〔四〕「一百六十五」，魏徵等《隋書·地理志》（北京中華書局一九七三年點校本，下同）原作「三百六十五」。

〔五〕《通鑑》胡註曰：「梁太宗大寶元年，齊顯祖受魏禪，五主，二十七年而亡。齊所有司、冀、趙、義、懷、黎、建、東雍、汾西、汾、晉、南朔、并、肆、靈、顯、恒、朔、定、瀛、幽、東燕、北燕、營、南營、安、青、濟、光、膠、徐、仁、睢、兖、北徐、南青、海、東楚、潼、東徐、洛、鄭、陽、宋、梁、南兖、西兖、北荆、襄、豫、東廣、秦、西楚、揚、南潁、北建、羅、合、江、和共六十州，而東廣已下十州，時已爲陳，故止言五十州。」

十年，二月，馬主裴子烈〔一〕**。**

《南史》作「馬明主」〔二〕。今從《陳書》。

十一年，正月，周主行《刑經聖制》。

《周·帝紀》，行《刑經聖制》在八月。按《隋·元巖傳》，樂運之諫，因巖納説得免，及王軌之死，巖遂廢于家。今運書已有「更巖前制」之語，然則行《刑經》在軌死前也〔三〕。

十二月，九郡民自拔還江南。

《陳·紀》「九郡」作「九州」，蓋字誤。

十二年，五月，乙未，周宣帝殂。劉昉、鄭譯矯詔以楊堅總知中外兵馬事。

《周·帝紀》：「乙未，帝不豫，還宫，詔堅入侍疾。丁未，追五王入朝。己酉，大漸，昉、譯矯制以堅受遺輔政。是日，帝崩。」按：堅以變起倉猝，故得矯命當國。若自乙未至己酉，凡十五日，事安得不泄！今從《隋·帝紀》。

〔一〕《通鑑》胡註曰：「馬主，馬軍主也。」

〔二〕「主」，《南史·吴明徹傳》原作「戍」。

〔三〕「刑」，原脱，今據兩浙本、孔本、《四庫》本、胡本、廣雅本、《通鑑》胡註補。

出顏之儀爲西邊郡守〔一〕。

《北史·鄭譯傳》：「之儀與宦者謀引大將軍宇文仲輔政。仲已至御坐，譯知之，遽率開府楊惠及劉昉、皇甫績、柳裘俱入。仲與之儀見譯等，愕然，逡巡欲出，隋文因執之。於是矯詔，復以譯爲内史上大夫。明日，隋文爲丞相，拜譯柱國、府長史〔二〕。」按：之儀若爾，豈復得全！今從《之儀傳》。

七月，尉遲迥所統相、衛等州。

《周書·迥傳》又有毛州。按：迥滅後，隋高祖始置毛州。《迥傳》誤也。

尉遲惇縱火筏，高熲爲土狗以禦之〔三〕。

《隋書》作「木筏」〔四〕、「木狗」。今從《北史》。

〔一〕《通鑑》胡註曰：「『西邊』，恐當作『西疆』。《五代·志》：臨洮郡合川縣，後周置，仍立西疆郡。」今按：《周書》、《北史》《顏之儀傳》原作「西疆」。

〔二〕「府」上，《隋書·鄭譯傳》有「相」字。

〔三〕《通鑑》正文此事在八月。按：《周書·韋孝寬傳》、《隋書·高祖紀》破迥在七月，《周書·靜帝紀》、《北史·周本紀·靜帝紀》、《隋書·高祖紀》在八月。

〔四〕「木」，孔本、《四庫》本、胡本、廣雅本作「大」。按：《隋書·高熲傳》原作「大」。

宇文忻先射觀戰者。

《隋書》云：「高熲與李詢先犯觀者。」今從《北史》。

十三年，三月〔一〕**，隋賀若弼爲吴州總管。**

《隋書·帝紀》云「楚州」。今從《弼傳》。

十二月，突厥沙鉢略可汗攝圖立。

《隋·突厥傳》云，木杆在位二十年卒，佗鉢在位十年卒。按《周·傳》，魏廢帝二年三月，科羅獻馬，木杆猶未立。建德二年，佗鉢獻馬。然則木杆以承聖二年立，太建四年卒，佗鉢以其年立，十三年卒也。

長城公至德元年，二月，以毛喜爲永嘉内史。

《司馬申傳》云：「右僕射沈君理卒，朝議以毛喜代之。」按：君理卒在太建五年，非後主時。又《毛喜傳》云：「時山陵初畢，未及踰年。」按：高宗殂過期乃葬，而云未及踰年，恐誤也。

〔一〕「三月」，《通鑑》正文此事在三月戊子。按：《隋書·高祖紀》原在三月戊子。

三月〔一〕**，隋遷于新都。**

《隋·食貨志》云〔二〕：「正月，帝入新宫。」今從《帝紀》。

八月，丁卯朔，日食。

《隋·紀》作「七月丁卯」，蓋曆差。

十二月，長沙王叔堅坐厭媚免官。

《南史》云：「上陰令人造其厭媚〔三〕，又令人告之。」今從《陳書》。

二年，正月〔四〕**，隋頒新曆。**

《隋·律曆志》云：「二月撰成奏上。」今從《帝紀》。

二月，突厥達頭可汗請降于隋。

《隋·帝紀》云：「突厥阿史那玷厥帥其屬來降。」按：時玷厥方彊，蓋文降耳〔五〕。

〔一〕「三月」，《通鑑》正文此事在三月丙辰。按：《隋書·高祖紀》原在「三月景辰」。唐人避唐高祖之父名「昞」之諱，以「景」代「丙」；以下同，不再出校。

〔二〕「云」，《通鑑》胡註無此字。

〔三〕「媚」，《南史·宣帝諸子·長沙王叔堅傳》原作「魅」。

〔四〕「正月」，《通鑑》正文此事在正月壬辰。按：《隋書·高祖紀》原在正月壬辰。

〔五〕「文」，孔本、《四庫》本、胡本、廣雅本作「僞」。

帝使女學士與狎客賦詩，互相贈答。

《平陳記》云：「張貴妃等八人夾坐，江總等十人預宴。先令八婦人襞采牋製五言詩，十客一時繼和，稽緩則罰酒。」今從《陳書》、《南史》。

三年，七月，突厥可汗遣子庫合真入朝于隋。

《隋·突厥傳》作「窟含真」。今從《帝紀》。

禎明元年，四月，突厥莫何可汗生擒阿波。

《隋·突厥傳》前云「沙鉢略西擊阿波，破擒之」，後又云「處羅侯生擒阿波」。《長孫晟傳》曰：「處羅侯因晟奏曰：『阿波爲天所滅，與五六千騎在山谷間伏聽詔旨，當取之以獻。』」按：前云「沙鉢略破擒之」，「擒」，衍字耳；處羅侯云「當取以獻」，則是得否未可必，隋安得豫議其死生乎！今從《突厥傳》後。

隋紀[一]

高祖開皇九年，正月，陳吕忠肅屯岐亭。

《隋書》作「吕仲肅」，《南史》作「吕肅」。今從《陳書》。

綴鐵鎖三條。

《南史》作「五條」。今從《隋書》。

二月，韋洸等定嶺南。

《隋·帝紀》：「十年八月壬申，遣洸等巡撫嶺南，百越皆服。」按：陳以九年正月亡，至來年八月，并閏計二十一月，豈有洗氏猶不知者！《洗氏傳》又云，「晉王遣陳主遺夫人書」，則事在九年三月前也。《帝紀》所云，蓋謂百越已服，奏到朝廷之日也。

四月，元諧等伏誅。

《李德林傳》云：「德林以梁士彦、元諧頻有逆意，江南抗衡上國，乃著《天命論》上之。」《諧

[一] 「紀」下，原衍「上」字，按：《隋紀》僅此一卷，無上下之分，今據删。

傳》云：「平陳後數歲，人告諧謀反。」按：諧請以叔寶爲内史〔一〕，則陳亡時猶在。楊雄方用事，諧欲譖去之〔二〕，則雄未爲司空。故附於此。

十年，十一月，無錫賊帥葉略。

《北史·楊素傳》作「葉皓」。今從《隋書》。

十三年，突厥處羅侯之子染干，號突利可汗。

《突厥傳》云「沙鉢略子」。今從《長孫晟傳》。

十四年，閏十月，帝言劉昉爲大逆〔三〕，鄭譯爲巫蠱。

《盧賁傳》云：「昉爲大逆於前，譯爲巫蠱於後。」按：譯以開皇元年坐巫蠱廢〔四〕，昉以六年坐謀反誅。《賁傳》誤也。

〔一〕《通鑑》胡註曰：「按：『内史』，當依正文作『令史』。按《通鑑》上正文，亦書元諧言，請以陳叔寶爲令史。按：内史隋之要官，元諧安敢請以陳叔寶爲是官邪！」今按：《隋書·元諧傳》原作「令史」。

〔二〕「譖」，原誤作「潛」，今據兩浙本、孔本、《四庫》本、胡本、廣雅本、《通鑑》胡註及《隋書·元諧傳》改。

〔三〕「爲」，《通鑑》正文作「謀」。按：《隋書·盧賁傳》原作「謀」。

〔四〕「按」下，《通鑑》胡註有「譯傳」二字。

十五年，三月，帝怒楊素爲離宮壯麗，封德彝言：「皇后至，必有恩詔。」

《隋書》、《北史》皆曰：「宫成，上令高熲前視，奏稱頗傷綺麗，大損人丁，帝不悦。素懼，即於北門啓獨孤皇后曰：『帝王法有離宫别館，今天下太平，造一宫何足損費！』后以此理諭上，上乃解。」今從《唐書》。

十二月〔一〕**，敕：「盜邊糧一升以上，皆斬。」**

《刑法志》事在十六年。今從《帝紀》。

十六年，八月〔二〕**，詔：「決死罪者，三奏然後行刑。」**

《刑法志》在十五年。今從《帝紀》。

十七年，三月，行旅晏起早宿。

《刑法志》作「晚宿」，必「早」字誤耳〔三〕。

〔一〕「十二月」，《通鑑》正文此事在十二月戊子。按：《隋書·高祖紀》原在十二月戊子。

〔二〕「八月」，《通鑑》正文此事在八月丙戌。按：《隋書·高祖紀》原在八月丙戌。

〔三〕按：點校本《隋書·刑法志》，已據《太平御覽》六四六改「晚」作「早」。

二十年，四月，長孫晟追突厥，斬千餘級〔一〕。

《煬帝紀》曰：「出靈武，無虜而還。」《突厥傳》曰：「晉王出靈州，達頭遁逃而去。」《晟傳》曰：「達頭與王相抗。」蓋達頭聞王來而遁，晟將兵從別道與達頭相遇耳。

史萬歲破突厥。

《帝紀》，十九年六月〔二〕，史萬歲破賊〔三〕。據《本傳》在今年。《紀》誤也。

九月，壬子，上至自仁壽宫。

《帝紀》：「丁未，至自仁壽宫。」今從《太子勇傳》。

仁壽四年，七月，丁未，上崩，中外頗有異論。

趙毅《大業略記》曰：「高祖在仁壽宫，病甚，追帝侍疾，而高祖美人尤嬖幸者，唯陳、蔡二人而已。帝乃召蔡於別室，既還，面傷而髮亂。高祖問之，蔡泣曰：『皇太子爲非禮。』高祖大怒，齧指出血，召兵部尚書柳述、黄門侍郎元巖等，令發詔追庶人勇，即令廢立。帝事迫，召左僕射楊素、左庶子張衡進毒藥。帝簡驍健官奴三十人，皆服婦人之服，衣下置仗，立於門巷之間，以

〔一〕「斬」下，《通鑑》正文有「首」字。按：《隋書・長孫晟傳》原有「首」字。

〔二〕「六月」，《隋書・高祖紀》此事原在四月。

〔三〕《通鑑》胡註曰：「按：『破賊』當作『破達頭』。」

爲之衛。素等既入，而高祖暴崩。」馬總《通曆》曰：「上有疾，於仁壽殿與百寮辭訣，並握手歔欷。是時，唯太子及陳宣華夫人侍疾。太子無禮，宣華訴之。帝怒曰：『死狗！那可付後事！』遽令召勇。楊素秘不宣，乃屏左右，令張衡入拉帝，血濺屏風，冤痛之聲聞于外，崩。」今從《隋書》。

乙卯，發喪。

《大業略記》曰：「十八日，發喪。」杜寶《大業雜記》曰〔二〕：「甲戌，文帝崩。辛巳，發喪。壬午，煬帝即位。」按《長曆》，是月乙未朔，乙卯，二十一日也。無甲戌、辛巳、壬午日。今從《隋書》。

追封庶人勇爲房陵王，不爲置嗣。

《大業略記》云：「庶人勇八男，亦陰加酖害，恐其爲厲，皆倒埋之。」按《隋書》、《北史》皆云：「煬帝踐極，儼常從行，卒於道，實酖之也。諸弟分徙嶺表，仍敕在所皆殺焉。」今從之〔三〕。

〔二〕「杜」，原誤作「社」，今據孔本、《四庫》本、胡本、廣雅本、《通鑑》胡註及歐陽脩等《新唐書・藝文志》（北京中華書局一九七五年點校本，下同）改。

〔三〕《通鑑》胡註曰：「按《通鑑》下文，大業三年殺儼及七弟。」

八月，漢王諒反，裴文安請直入蒲津。

《大業略記》云：「司兵參軍裴文安説諒曰：『今梓宫尚在仁壽宫，比其徵兵，動移旬月。今若簡驍勇萬騎，令文安督領，不淹十五日，徑據長安。其在京被黜停私之徒，並擢授高位，付以心膂，共守京城，則以東府縣非彼之有。然後大王總兵，鼓行而西，聲勢一接，天下可指揮而定也。』諒不從。」《大業雜記》云：「文安又説曰：『先人有奪人之心。殿下選精騎一萬，徑往京師奔喪，曉夜兼行，誰敢止約！至京徑掩仁壽宫，彼縱徵召，未暇禦我。大軍駱驛隨王而至，此則次計。王直資河北，彼率天下之兵百道攻我，則難爲主人，此下計也。』」今從《隋書》。

豆盧毓圖諒。諒將往介州，令毓留守。

《皇甫誕傳》云：「楊素將至，諒屯清源以拒之。」按：諒屯清源時，素軍已迫，何暇自還襲毓！今從《毓傳》。

煬帝大業元年，三月〔一〕**，命皇甫議發民百餘萬，開通濟渠。**

《雜記》作「皇甫公儀」，又云「發兵夫五十餘萬」。今從《略記》。

〔一〕「三月」，《通鑑》正文此事在三月辛亥。按：《隋書・煬帝紀》原在三月辛亥。

八月，行幸江都。

《雜記》作「九月」。今從《隋・帝紀》及《略記》。

御龍舟。

《略記》云：「甲子，進龍舟。」按《長曆》[一]，是月戊子朔，無甲子。

龍舟高四十五尺。

《略記》云「高五丈」。《雜記》言其制度尤詳，今從之。

二年，二月[二]，詔吏部尚書牛弘等定輿服制度。

《帝紀》云「尚書令牛弘、禮部侍郎許善心」[三]。按：弘未嘗爲尚書令，善心於帝即位之初已左遷。蓋《紀》誤也。

七月[四]，元德太子昭薨。

《雜記》云：「初，太子之遘疾也，時與楊素同在侍宴。帝既深忌於素，並起二巵同至，傳酒

[一]「長」，原脱，今據兩浙本、孔本、《四庫》本、胡本、廣雅本、《通鑑》胡註補。
[二]「二月」，《通鑑》正文此事在二月丙戌。按：《隋書・煬帝紀》原在二月丙戌。
[三]「令」下，《隋書・煬帝紀》、《北史・隋本紀・煬帝紀》原有「楊素吏部尚書」六字。
[四]「七月」，《通鑑》正文此事在七月甲戌。按：《隋書・煬帝紀》原在七月甲戌。

者不悟是藥酒，錯進太子，既飲三日而毒發，下血二斗餘。宮人聞素平常，始知毒酒誤飲太子，秘不敢言。太子知之，歎曰：『豈意代楊素死乎，命也！』數日而薨。後素亦竟以毒斃。」按：它書皆無此說，蓋時人見太子與素相繼薨，妄有此論耳。

四年，正月〔一〕**，穿永濟渠。**

《雜記》：「三年六月，敕開永濟渠，引汾水入河，於汾水東北開渠，合渠水至于涿郡，二千餘里，通龍舟。」按：永濟渠即今御河，未嘗通汾水，《雜記》誤也。

二月〔二〕**，遣崔君肅使西突厥。**

《隋》《帝紀》作「崔毅」。今從《西突厥傳》。

三月〔三〕**，幸五原，行宮設六合板城。**

《雜記》云：「帝幸啓民帳時造行城，周二千步，高二十餘丈。」今從《隋·禮儀志》。

〔一〕「正月」，《通鑑》正文此事在正月乙巳。按：《隋書·煬帝紀》原在正月乙巳。
〔二〕「二月」，《通鑑》正文此事在二月己卯。按：《隋書·煬帝紀》原在二月己卯。
〔三〕「三月」，《通鑑》正文此事在三月乙丑。按：《隋書·煬帝紀》原在三月乙丑。

八月〔一〕**，帝祠恒岳，裴矩所致西域十餘國皆來助祭。**

《裴矩傳》云「三年」，誤也。今從《帝紀》。

十月，遣薛世雄擊伊吾。

世雄擊伊吾，《帝紀》無之。本傳前有從帝征吐谷渾，後云：「歲餘，以世雄爲玉門大將，與突厥啓民可汗擊伊吾。」然則似在大業六、七年也。按：是時啓民已卒。伐吐谷渾之歲，伊吾吐屯設獻地數千里，恩寵甚厚，隋何故伐之！今移置獻地之前。

五年，五月〔二〕**，大獵，長圍亘二十里。**

《隋・帝紀》作「二千里」，疑「二十里」字誤。

帝至浩亹川〔三〕**，以橋未成，斬黄亘。**

《隋・帝紀》云：「梁浩亹，御馬度而橋壞。」今從《略記》。

六月，丙辰，宴高昌王麴伯雅、伊吾吐屯設。

《略記》在六月壬寅。今從《隋・帝紀》。

〔一〕「八月」，《通鑑》正文此事在八月辛酉。按：《隋書・煬帝紀》原在八月辛酉。

〔二〕「五月」，《通鑑》正文此事在五月乙亥。按：《隋書・煬帝紀》原在五月乙亥。

〔三〕《通鑑》正文此事在丙戌。按：《隋書・煬帝紀》原在「景戌」。

七月，帝東還，經大斗拔谷，士卒凍死。

《帝紀》在六月癸卯。按：西邊地雖寒，不容六月大雪，凍死人畜。今從《略記》。《略記》作「達十拔谷」。今從《帝紀》。

六年，正月〔一〕**，有盜數十人入建國門。**

《雜記》在五年正月，又云「三百人」。今從《隋書》。

三月，初，帝欲大營汾陽宮。

《張衡傳》云：「帝幸衡宅之明年，幸汾陽宮。」又云：「明年，復幸汾陽宮。」按：《本紀》皆無其事，恐《傳》誤。

七年，四月，庚午，車駕至涿郡之臨朔宮。

《略記》曰〔二〕：「丙午，幸涿郡之新宮。」按《長曆》，是月丙辰朔，無丙午。今從《帝紀》。

十二月，孫安祖殺縣令，亡抵竇建德。

杜儒童《隋季革命記》云：「安祖以盜羊爲縣令所考。」今從《舊唐書·建德傳》。

〔一〕「正月」，《通鑑》正文此事在正月癸亥朔。按：《隋書·煬帝紀》原在正月癸亥朔。

〔二〕「曰」，原誤作「中」，今據胡本、廣雅本、《通鑑》胡註改。

八年，正月。

《略記》云：「癸丑，帝御前殿。」按《長曆》，是月辛巳朔，無癸丑。《略記》甲子多差誤，今不取，皆從《隋書》。

西突厥闕達度設〔一〕。

《隋·西突厥傳》作「達度闕設」〔二〕。今從《裴矩傳》。

賜處羅號曷娑那可汗〔三〕。

《唐·李軌傳》作「曷娑那可汗」。今從《隋書》。

三月，錢士雄、孟金乂戰死〔四〕。

《雜記》作「錢英、孟金釵」。今從《隋·帝紀》。

〔一〕「達」，《通鑑》正文無此字。按：《隋書·裴矩傳》原有「達」字。
〔二〕「達度闕設」，胡本、廣雅本、《通鑑》胡註作「達度闕設」。按：《隋書·西突厥傳》原作「達度闕」。
〔三〕「娑那」，《通鑑》正文作「曷婆那」，胡註曰：「按：今《隋書》作『曷薩那』。」
〔四〕「金乂」，《通鑑》正文作「叉」。按：《隋書·煬帝紀》原作「金乂」。

車駕度遼。

《隋·帝紀》："癸巳，上御師。甲子[一]，臨遼水橋。戊戌，麥鐵杖死。甲午，車駕度遼。乙未，大頓。丙申，大赦[二]。"按《長曆》，是月庚辰朔，不容有甲子。又戊戌之下，不容有甲午、乙未、丙申。此必誤也，今並除之。

六月，來護兒破高麗，復爲所敗，還屯海浦。

《北史》云："護破高麗，斬高元弟建武[三]，因破其郛，營於城外，以待諸軍。"今從《隋書》及《革命記》。

高麗遣乙支文德詐降。

《革命記》作"尉支文德"。今從《隋書》及《北史》。

文德復詐降，宇文述等遂還。

《革命記》云："許公即至平壤，城頭即樹降幡，約至五日，檢録簿籍圖書，開門待命。期過五日，無一言，許公頻催，竟無報答。又十數日，乃云：『船糧敗，卻迴，公今更欲何待！』然始抗

[一] "甲子"，《隋書·煬帝紀》原作"甲午"。

[二] "丙申大赦"，《隋書·煬帝紀》原無此四字。

[三] "元"，原誤作"兀"，今據兩浙本、孔本、《四庫》本、胡本、廣雅本、《通鑑》胡註及《北史·來護兒傳》改。

旌拒守，分兵以捉險要。許公知被欺，即卷甲歸，每日常設方陳而行，四面俱時受敵，傷殺既衆，糧食又盡，過遼水者什無二三。」按：煬帝驕暴，高麗若明言不降，述等必不敢還。今從《隋書》。

七月，癸卯，帝引還。

《雜記》：「七月，帝自涿郡還東都。十一月，宇文述等糧盡遁歸，高麗出兵邀截，亡失蕩盡。帝怒，敕所司鎖將隨行。無幾，斬劉士龍等於軍市，特赦述。」今從《隋書》。

九月〔一〕，車駕至東都。

《雜記》：「十月，車駕幸涿郡，徵召兵馬，將遂度遼之功。」蓋誤。今不取。

十一月，于仲文卒。

《略記》：「于仲文以下斬于市。」今從《隋書》。

九年，正月，靈武賊帥白瑜娑。

《隋書》作「白榆妄」。今從《略記》。

〔一〕「九月」，《通鑑》正文此事在九月庚寅。按：《隋書·煬帝紀》、《北史·隋本紀·煬帝紀》原在九月庚辰。

二月[一]**，復宇文述官爵。**

《雜記》在去年十一月[二]。今從《隋書》。

六月，楊玄感以河内主簿唐禕爲懷州刺史。

《雜記》作「懷州司功書佐」。今從《隋書》。

玄感屯上春門。

《玄感傳》云「屯兵上春門」，又云「屯兵尚書省」。按劉仁軌《河洛記》：「東都羅郭東面北頭第一曰上春門，唐改曰上東門。」又，尚書省在宣仁門内，玄感不容至此。

衛文昇率兵四萬救東都。

《隋書》云「步騎七萬」。按：玄感衆不過十萬，而下云衆寡不敵。今從《雜記》。

文昇衆寡不敵，死傷太半。

《雜記》曰：「每戰刃纔接，官軍皆坐地棄甲，以白布裹頭，聽賊所掠。前後十二戰[三]，皆不利。」今從《文昇傳》。

[一] 「二月」，《通鑑》正文此事在二月壬午。按：《隋書·煬帝紀》原在二月壬午。

[二] 「一」，兩浙本、孔本、《四庫》本、胡本、廣雅本、《通鑑》胡註作「二」。

[三] 「二」，兩浙本、孔本、《四庫》本、胡本、廣雅本作「三」。

八月，令骨儀等推玄感黨與。

《雜記》作「滑儀」，今從《隋書》。《雜記》推玄感黨在十月，疑太晚。今因誅趙元淑言之。

十一月，李密亡命，爲人所獲，送東都。

《隋書·密傳》云：「密間行入關，與玄感從叔詢相隨，匿於馮翊詢妻之舍。尋爲鄰人所告，遂捕獲，囚於京兆獄。」又云：「及出關外，防禁漸弛。」又云：「至邯鄲，密等七人皆穿牆而遁。」《唐書》雖不云囚於京兆獄，亦云出關。按：密若自關中送高陽，不當與韋福嗣同行。今從賈閏甫《蒲山公傳》及劉仁軌《河洛行年記》〔一〕。

密至石梁驛，穿牆而逸。

《河洛記》在「左梁驛」〔二〕。今從《蒲山公傳》。

十二月，吐萬緒、魚俱羅討劉元進，請待來春。

《帝紀》云：「緒、俱羅連年不能克〔三〕。」按：緒請待來春，而王世充十年又擊孟讓，然則元

〔一〕「閏」，《考異》卷九又作「潤」。
〔二〕「在」，《通鑑》胡註作「曰」。
〔三〕「緒」下，《通鑑》胡註有「與」字。

進敗止在今年冬、春之交矣〔一〕。元進退據建安，而得拒世充於江上者，蓋復來也。

王世充坑降賊三萬餘人。

《略記》：「坑其衆二十餘萬於黄亭澗。澗長數里，深闊數丈，積屍與之平。」《雜記》：「世充貪而無信，利在子女資財，並坑所首八千餘人於黄山之下。」今從《隋書》。

十年，春。

《雜記》：「是年正月，又以許公宇文述爲元帥，將兵十六萬刻到鴨緑水。乙支文德遣行人僞請降，以緩我師，又求與述相見，以觀我軍形勢。述與之歡飲，良久乃去。停五日，王師食盡，燒甲札食之，病不能興。文德乃縱兵大戰。敗績，死者十餘萬。」此蓋序八年事，誤在此耳。

二月〔二〕，唐弼立李弘之爲天子〔三〕。

《隋·帝紀》作「李弘」。今從《唐書·薛舉傳》。

〔一〕「止」，《通鑑》胡註作「正」。

〔二〕「二月」，《通鑑》正文此事在二月丁酉。按：《隋書·煬帝紀》原在二月丁酉。

〔三〕「之」，《通鑑》正文作「芝」。按：劉昫等《舊唐書》（北京中華書局一九七五年點校本，下同）、《新唐書》《薛舉傳》原作「芝」。

五月[一]**，延安賊劉迦論反。**

《唐書》作「安定人」。按：安定去上郡太遠，今從《隋書》。

十二月，盧明月軍祝阿[二]**。**

《唐・秦叔寶傳》作「下邳」。今從《隋書》。

十一年，三月，高德儒見孔雀，奏以爲鸞。

《雜記》云：「五年二月，馬德儒奏孔雀爲鸞。」今年月及姓皆從《略記》并温大雅《創業起居注》。

四月，以李淵爲山西、河東慰撫大使[三]**。**

《創業注》云：「帝自衛尉少卿轉右驍衛將軍，奉詔爲太原道安撫大使，即隋大業十二年煬帝幸樓煩時也。」按：十二年，帝未嘗幸樓煩。今從《高祖實録》，在幸汾陽宫時[四]。

〔一〕「五月」，《通鑑》正文此事在五月庚申。按：《隋書・煬帝紀》原在五月庚申。

〔二〕「月」，原脱，今據孔本、《四庫》本、胡本、廣雅本、《通鑑》胡註及《隋書・煬帝紀》補。

〔三〕「慰撫」，《通鑑》正文、《資治通鑑目録》此二字互乙。按：《新唐書・高祖紀》亦作「慰撫」。

〔四〕《通鑑》胡註曰：「余按《隋・志》，汾陽宫正屬樓煩郡，自可以言幸樓煩，但有十二年、十一年之差耳。」

八月[一]**，帝巡北塞。**

《雜記》：「六月，突厥賊入嵐城鎮抄掠，遣范安貴討擊之。王師敗績，安貴死，百司震懼。七月，帝幸雁門，先至天池，值雨，山谷泥深二尺，從官狼狽，帳幕多不至，一夜並露坐雨中，至曉多死。宫人無食，貸糒於衛士。」今從《隋書》。

十月，壬戌，帝至東都。

《略記》：「九月辛未，入東都[二]。」今從《隋·帝紀》。

十二年，五月[三]**，帝於景華宫求螢火，得數斛，夜放之。**

吴兢《貞觀政要》：「貞觀八年，上謂侍臣曰：『人君之言不可容易。隋煬帝幸甘泉宫，怪無螢火，敕云：『捉取少多，於宫照夜。』所司遽遣數千人採拾，送五百轝於宫側。小事尚爾，況其大乎！』」今從《隋書》。

[一]「八月」，《通鑑》正文此事在八月乙丑。按：《隋書·煬帝紀》原在八月乙丑。

[二]「入」上，《通鑑》胡註有「帝」字。

[三]「五月」，《通鑑》正文此事在五月壬午。按：《隋書·煬帝紀》原在五月壬午。

十月，李密之亡，抵郝孝德〔一〕。

韓昱《壺關録》曰：「大業十一年正月，歷亭鎮將王該，認形狀獲李密，送宇文述。密佯患足疾，防守者一日不行一二十里。忽至一澗，水深岸險，密跛足寅緣，佯足蹶返撲而墜，乃至良久，狀若未蘇。防守者又無計下取之，遂以手中槍戟引之。密以手援戟，佯作失勢，推戟向水。守者以危岸，手探不住〔二〕，遂即放卻。密即得鏘〔三〕，擲守者，二人俱斃，遂投郝孝德於平原。」按：密，楊玄感之黨，前已詐亡，防者豈得不加械繫，怠慢如此！今不取。

韋城翟讓，同郡單雄信。

《唐書》云：「雄信，曹州人。」今從《河洛記》。

李密因王伯當見翟讓。

《隋》、《唐書》皆云：「密歸翟讓，其中有知密是玄感亡將，潛勸讓害之。密懼，因王伯當以策干讓，讓始敬焉。」按：密既亡歸羣盜，必不隱其姓名，誰不知是玄感亡將！讓得之當用以敵

〔一〕「抵」，《通鑑》正文作「往依」。按：《隋書·李密傳》、《北史·李密傳》原作「抵」。
〔二〕「住」，原誤作「往」，今據《四庫》本、胡本、廣雅本、《通鑑》胡註改。
〔三〕「鏘」，胡本、廣雅本、《通鑑》胡註作「槍」。

隋，何惡於密而害之！今不取。《革命記》云：「密投賊帥郝孝德，説之曰：『若能用密之策[一]，河朔可指揮而定。』孝德曰：『本緣飢荒，求活性命，何敢別圖！國家若知公在此，孝德死亡無日。翟讓等徒衆絶多，請將兵送公於彼。』是日，孝德以馬一匹自送至河，執袂飲酒而別，軍中慕從者亦數十人，仍遣兵馬將送密於翟讓。」今從《隋書》。

密説讓：「先取滎陽，休兵館穀。」

《革命記》：「密説讓曰：『洛口倉米逾巨億，請公發一札之令，使密奉之，告諸道英雄，就倉喫米，必當雲合響應，受命於公。然後稱帝號以定中原』云云。讓曰：『就倉食米，實是上計。自顧庸賤，寧敢別創餘心，必如此謀，願奉公爲主。』密懷懼，改容而拜，讓亦拜。於是言宴盡歡，各恨相知之晚。即日，讓作書與密，散告諸處賊頭，並尅期定日，令總會洛口倉食米。」今從《隋書》。

操師乞自稱元興王，建元始興。

《隋·帝紀》作「操天成」。按《唐高祖實録·林士弘傳》：「大業末，與其鄉人操師乞起爲

[一]「若」，《通鑑》胡註作「君」。

羣盜。師乞僭號，建元爲天成，攻陷豫章郡，入據之。」《唐書・士弘傳》云：「操乞師自號元興王[一]。」皆無操天成名。此賊本一人，而《隋》、《唐》二史各有名號年紀，今參取之。

十二月[二]**，林士弘稱帝，國號楚，建元太平。**

《唐高祖實録》：「士弘自稱南越王，尋僭號，建元延康。」《唐書・林士弘傳》：「操乞師攻陷豫章郡而據之，以士弘爲大將軍。乞師既死，士弘代董其衆，復與劉子翊大戰於彭蠡湖，隋師敗績，子翊死之。士弘大振，兵至十餘萬。十三年，徙據虔州，稱帝。」其國號、年名與此同。今從《隋書》。

李淵爲太原留守，討甄翟兒，破之。

《新》、《舊唐書》《本紀》皆云：「十三年，拜太原留守。」《新書》仍云：「擊高陽歷山飛賊甄翟兒於西河，破之。」今從《隋・帝紀》。

楊義臣破高士達，斬之。竇建德收散兵，軍復大振。

《革命記》曰：「高士達、高德政與宗族鳩集離散，得五萬人，捺渦於四根柳樹，入高雞泊中，

[一] 「乞師」，《舊唐書》、《新唐書》《林士弘傳》原作「師乞」；以下同，不再出校。

[二] 「十二月」，《通鑑》正文此事在十二月壬辰。按：《隋書・煬帝紀》原在十二月壬辰。

德政自號東海公，以建德爲長史。俄而德政病死，即有高擥脱繼立爲東海公〔一〕，建德仍依舊任。擥脱領兵劫抄，至晏城府，爲城中兵所射而死。賊之異姓皆欲建德爲主，高氏一族不欲更立别人，遂分爲兩軍，各相猜貳。然高氏兵精强，建德恐被屠，乃詐分爲官軍，告高氏併力共擊之。高氏無疑，即合軍共鬭，兵刃纔交，建德自後擊之，高氏兵大亂，建德兩軍擁掠遺坐，簡其驍勇及頭首千餘人殺之，遂總統其衆。建德自號長樂王，寇抄州縣，即大業十二年二月也。」今從《隋》、《唐書》。

恭帝義寧元年，正月，杜伏威大破陳稜。

《隋·陳稜傳》云：「往往克捷。」《唐·杜伏威傳》云：「稜僅以身免。」蓋稜先破李子通等，後爲伏威所敗也。今從《唐書》。

竇建德稱長樂王〔二〕，改元丁丑。

許敬宗《唐太宗實録》〔三〕、《舊唐·帝紀》皆云：「武德元年二月，建德稱長樂王。」按：建德改元丁丑，即是今歲。今從《隋·帝紀》及《建德傳》。

〔一〕「擥」，《通鑑》胡註皆作「欓」。
〔二〕《通鑑》正文此事在正月丙辰。按：《隋書·煬帝紀》原在「正月景辰」。
〔三〕「唐」，《通鑑》胡註無此字。

二月[一]**，劉武周殺王仁恭，自稱太守。**

《創業注》云：「二月己丑，馬邑軍人劉武周殺太守王仁恭，據其郡，自稱天子，國號定楊。」按《唐書》，武周據汾陽宫乃僭號，於時未也。

越王侗討李密，約十一日會倉城南。

《蒲山公傳》云：「尅取二十一日會戰。」《河洛記》云：「取其月十二日會戰。」按：下有庚子，則非二十一日也，當是十一日。

李密號魏公[二]**，稱元年。**

《壺關録》云：「王伯當令密於西垣校射，書王字於堋上如錢，約中者爲主，其次以近、遠爲拜官高下。使賈雄執箭，仰天而誓。密正中字心，遂奉以爲主。」其説鄙陋，今不取。《河洛記》云：「改大業十三年爲永平元年。」今從《蒲山公傳》及《隋》、《唐書》。

密拜翟讓爲上柱國、司徒，封東郡公[三]**。**

《河洛記》云「鄧公」，蓋後來進封耳。今從《蒲山公傳》及《隋》、《唐書》。

[一] 「二月」，《通鑑》正文此事在二月己丑。按：《隋書·煬帝紀》原在二月己丑。

[二] 《通鑑》正文此事在二月庚子。按：《隋書·煬帝紀》原在二月庚子。

[三] 「封」，《通鑑》正文無此字。按：《隋書》、《舊唐書》《李密傳》原有「封」字。

羣盜皆歸密，衆至數十萬。

《略記》云：「二月丙辰，密遣其將夜襲倉城，二府兵擊退之。己未，又悉衆來攻，而府兵敗，遂入據倉；然二府將士猶各固小倉城，二十餘日不下。既而外救不至，食又盡，城乃陷没，死者太半。於是鞏縣長柴孝和、監察御史鄭頲等舉縣降賊。密開倉招納降者，日數百千人，於是趙、魏以南，江、淮以北，莫不歸附，自是賊徒滋蔓矣。壬子，使劉長恭、房崱等統兵東討，大敗。戊午，還都，王慰撫，不責也。於是發教募士庶商旅奴等，分置營壁，各立將帥統領而固守，其諸里居民，皆移入三城之内，於省寺府舍安置焉。又使宋遵貴將兵鎮陜縣太原倉〔二〕。」《雜記》：「密稱魏公，改年，于時倉猶自固守。既而密遣翟讓將兵夜襲倉城，官軍擊退之。明日，又引衆攻倉，連戰三日，陷外城，官軍猶捉子城。月餘，外援不至，城盡陷没，死者十六七。」按：二月壬午朔，無丙辰等日。今從《隋書》。

密築洛口城，周四十里。

《壺關録》云「周四十八里」。今從《隋書》。

〔二〕「陜」，原誤作「陝」，今據《通鑑》胡註改。按：「陜」，原本皆誤作「陝」，以下徑改，不再出校。

三月，突厥立劉武周爲定楊可汗。

《新》、《舊唐書》武周皆無國號，唯《創業起居注》云「國號定楊」。

四月[一]，薛舉與其子仁果劫郝瑗發兵。

《唐高祖實録》先作「仁果」，後作「仁杲」。《新》、《舊》《高祖》、《太宗紀》、《薛舉傳》、柳芳《唐曆》、《柳宗元集》皆作「仁杲」。《太宗實録》、吴兢《太宗勳史》、《革命記》、焦璐《唐朝年代記》、陳嶽《唐統紀》皆作「仁果」。今醴泉昭陵前有石馬六匹，其一銘曰：「白蹄烏，平薛仁果時所乘。」此最可據，今從之。

李密以孟讓爲總管。

《河洛記》作「孟達」。今從《隋書》。

癸巳，密襲回洛東倉，破之。攻偃師、金墉，不克。乙未，還洛口。

《略記》：「三月辛未，密遣孟讓將二千餘人夜入都郭[二]，燒豐都市，比曉而去。癸未，密襲據都倉。乙亥，密部衆入自上春門，於宣仁門東街立栅而住。丙寅，燒上春門及街南北里門樓，

[一]「四月」，《通鑑》正文此事在四月癸未。按：《隋書·煬帝紀》原在四月癸未。

[二]「千」，《通鑑》胡註作「十」。

火接宣仁門，因逼門爲陳，與城上弓矢相接，而退還倉。」《雜記》：「密遣革謙將兵燒豐都市〔一〕。三月，越王侗教募力捉，宫城守固，官賞有差。撤天津等諸橋，運回洛倉米入城。四月，密攻偃師，圍金墉，東都兵出，密還洛口。五月，裴仁基翻虎牢入賊，自滎陽以東至陳、譙、下邳、彭城、梁郡皆屬密，賊衆逾盛，并家口百萬。」《蒲山公傳》：「三月乙亥，密率衆入自上東門，攻宣仁門，不克。丙寅，燒上東門而退。」此三書月日交錯，皆不可憑。今從《隋》、《唐書》。

趙陀降密。

《隋書》作「趙佗」。今從《蒲山公傳》。

煬帝以李淵、王仁恭不能禦寇，遣使執詣江都，繼遣使馳驛赦之。

《創業注》曰：「隋主遣司直姓名馳驛繫帝而斬仁恭。帝自以姓名著於圖籙，太原王氣所在，恐被猜忌，因而禍及，頗有所悔。時皇太子在河東，獨有秦王侍側，耳語謂王曰：『隋曆將盡，吾家繼膺符命，不早起兵者，顧爾兄弟未集耳。今遭羑里之厄，爾昆季須會盟津之師〔二〕，不可從吾同受孥戮，家破身亡，爲英雄笑。』王泣而啓帝曰：『芒碭山澤，是處容人，請同漢祖，以觀

〔一〕「革」，《通鑑》胡註作「格」。
〔二〕「盟」，《通鑑》胡註作「孟」。

時變。』帝曰：『今遇時來，逢兹錮繫，雖睹機變，何能爲也！然天命有在，吾應會昌，未必不以此相啓。今吾激勵，謹當敬天之誡，以卜興亡，自天祐吾，彼焉能害，天必亡我，何所逃刑。』乃後數日〔一〕，果有詔使馳驛而至，釋淵而免仁恭，各依舊檢校所部。」按：煬帝若有詔斬仁恭，則比後使之至，仁恭已死矣。又高祖身爲留守，且被禁繫，亡去何之〔二〕？恐此亦非太宗之謀也！今皆不取。

五月，丁丑，李密與隋軍戰，大敗，奔洛口。

《略記》云：「四月戊申，段達等帥關内兵，陳於倉西、倉南，密出軍拒戰〔三〕，大破凶醜，密還固倉。五月丁丑，達等又出兵，陳於倉西、倉北，密又來拒，大破之，密奔洛口。」按《隋書》、《北史》、《新》、《舊唐書》皆云：「密爲流矢所中，卧營中，東都出兵擊之，密衆大潰，棄回洛倉，奔洛口。」俱無月日。《河洛記》云：「密軍失利，歸於鞏縣，東都復得回洛倉。」《蒲山公傳》云：「五月二十八日，越王夜出師，使段達等大戰於倉西、北，密軍敗績，歸於鞏縣。」亦不云密連月再敗

〔一〕「乃」，廣雅本作「及」。按：温大雅《大唐創業起居注》（臺灣商務印書館影印清文淵閣《四庫全書》本，下同）原作「爾」。

〔二〕「亡」，原誤作「云」，今據兩浙本、孔本、《四庫》本、胡本、廣雅本、《通鑑》胡註改。

〔三〕「軍」，《通鑑》胡註作「兵」。

也。戊申，四月二十八日；丁丑，五月二十八日。蓋趙毅承《蒲山公傳》，誤以密一敗分爲二事也。

楊德方死。

《壺關録》作「王德仁」。今從《河洛記》。

密以鄭乾象爲右司馬。

《隋》、《唐書》皆作「虔象」。唯《壺關録》作「乾象」，云「密殺其兄乾覆。乾覆之子會通後從盛彦師殺密。」今從之。

六月，劉文静勸李淵結突厥。

《創業注》云：「突厥去，覘人來報，文武入賀。帝曰：『且勿相賀，當爲諸君召而使之。』即自手與突厥書。」蓋温大雅欲歸功高祖耳。今從《唐書·劉文静傳》。

淵自爲手啓，卑辭厚禮，遺可汗。

《創業注》云：「仍命封題，署云『名啓』。所司請改『啓』爲『書』，帝不許。」按：太宗云「太上皇稱臣於突厥」，蓋謂此時，但温大雅諱之耳。

李淵使建成、世民將兵擊西河〔一〕。

《創業注》云：「命大郎、二郎率衆討西河。」《高祖》、《太宗實録》但云，「命太宗徇西河」，蓋史官没建成之名耳。《唐·殷嶠傳》：「從隱太子攻西河。」今從《創業注》。

七月，煬帝遣王世充等赴東都，討李密。

《雜記》：「四月，世充率淮南兵萬人援東都。世充行至彭城，懼密衆之盛，自以兵少不敵，乃間行自黎陽濟河而至。七月，世充率留守兵二萬擊密，無功。」今從《略記》、《蒲山公傳》。

劉文静至突厥，與可汗爲約。

《唐·劉文静傳》曰：「始畢曰：『唐公起事，今欲何爲？』文静曰：『皇帝廢冢嫡，傳位後主，致斯禍亂。唐公國之懿戚，不忍坐觀成敗，故起義軍，欲黜不當立者。』」《創業起居注》先已再遣使至突厥，不容今日始畢方有此問〔二〕。今不取。

淵以書招李密。

《壺關録》云：「高祖屯壽陽，遣右衛將軍張仁則賫書招李密。」《蒲山公傳》：「密答書曰：

〔一〕《通鑑》正文此事在六月甲申。按：《舊唐書·高祖紀》原在六月甲申。

〔二〕「今日」，《通鑑》胡註無此二字。

『使至，辱今月十九日書。』」按《長曆》，是月己酉朔，十九日丁卯，不應己已還至霍邑，又發書日不應猶在壽陽。今皆不取。

淵將北還，世民諫而止，乃與建成分道追軍〔一〕。

《創業注》：「帝集文武官人及大郎、二郎等而謂之曰：『以天贊我而言，應無此勢；以人事見機而發，無有不爲。借遺吾當突厥、武周之地，何有不來之理。諸公謂云何？』議者以『老生、屈突通相去不遥〔二〕；李密譎誑，奸謀難測；突厥見利而行；武周事胡者也；太原一都之會，義兵家屬在焉。愚夫所慮，伏聽教旨。』唐公顧謂大郎、二郎曰：『爾輩何如？』對曰：『武周位極而志滿，突厥少信而貪利，外雖相附，内實相猜。突厥必欲求利太原〔三〕，寧肯近忘馬邑！武周悉其此勢，未必同謀同志。老生、突厥奔競來拒，進闕圖南，退窮自北，還無所入，往無所之，畏溺先沈，近於斯矣。今禾菽被野，人馬無憂，坐即有糧，行即得衆。李密戀於倉粟，未遑遠略。老生輕躁，破之不疑。定業取威，在兹一決。諸人保家愛命，言不可聽。雨罷進軍〔四〕，若不殺老生

〔一〕「分道」，《通鑑》正文脱此二字。
〔二〕「遥」，《通鑑》胡註作「遠」。按：《大唐創業起居注》原作「遥」。
〔三〕「求利」，《大唐創業起居注》原作「遠離」。
〔四〕「雨」，原誤作「兩」，今據兩浙本、孔本、《四庫》本、胡本、廣雅本、《通鑑》胡註及《大唐創業起居注》改。

而取霍邑，兒等敢以死謝！』唐公喜曰：『爾謀得之，吾其決矣。三占從二，何藉輿言。懦夫之徒，幾敗乃公事耳。』」《太宗實録》盡以爲太宗之策，無建成名，蓋没之耳。據建成同追左軍，則是建成意亦不欲還也。今從《創業注》。

薛舉稱秦帝。

《唐高祖實録》：「武德元年四月辛卯，舉稱尊號。」按：今冬舉敗，問褚亮〔二〕：「天子有降事否？」是則已稱尊號也。今從《唐書·舉傳》。

竇建德破世雄。

《革命記》：「帝以李密在洛口，征遼回日，令右翊衛將軍薛世雄，於留鎮兵内簡練精鋭及幽、易驍勇討密，經過之處，若有草竊，隨便誅翦；仍令王充等諸軍並取世雄處分〔三〕。世雄乃自領精兵六萬，四月末，至河間郡城下作營，州縣皆備牛酒軍粮以待薛將軍。時建德以無粮食，兵士先皆分散，餘軍不滿千人，在武强縣境收麥充食，聞世雄兵至河間，惶懼無計，問一女巫：『欲走避之，如何？』巫云：『不免。』問：『欲首，如何？』巫云：『亦不吉。』問：『欲掩其不備擊之，

〔二〕「亮」下，《通鑑》胡注有「曰」字。
〔三〕「充」，孔本、《四庫》本、胡本、廣雅本、《通鑑》胡註作「世充」。

如何？』巫云：『今夜天未明到，大吉。』卜時日已午，卜處去河間一百四十里。建德簡精兵二百八十人先行，餘勒續發。建德與衆決云：『夜到即打，明即降之，吉凶之事，在此舉耳。』遂行。去世雄營二里，天已屬明，又聞吹角聲擬發，建德惶惑欲降。須臾，大霧忽起，建德曰：『此天助我也！』遂引兵入營攻之，兵遂大亂。世雄左右先已裝束擬發，世雄遂得上馬奔走，仍中數槍，僅而獲免。幽、易之士，並不欲作留鎮兵，先無鬬意，既不知賊多少，悉棄甲奔亡，遂使山東賊勢轉盛。李密先招慰河北州縣，多悉從之。世雄慚憤而卒。」《唐·竇建德傳》云：「七月，世雄討之，建德帥敢死士千人襲之，世雄以數百騎遁去。」今從《隋·薛世雄傳》，以《建德傳》、《革命記》參之。

九月，李密使徐世勣襲取黎陽倉。

《河洛記》，今年四月祖君彦檄云：「又得回洛，復取黎陽，天下之倉，盡非隋有。」而九月魏徵啓，方勸取黎陽倉〔二〕。蓋君彦爲檄，欲虚張聲勢，非事實也。

開倉恣民就食，得勝兵二十餘萬。

《唐·李勣傳》：「勣初得黎陽倉，就倉者數十萬人。魏徵、高季輔、杜正倫、郭孝恪皆客游

〔二〕「倉」，《通鑑》胡註無此字。

其所，一見於衆人中，即加禮敬，引之卧内，談謔忘倦。」按：徵爲元寶藏作啓，方謀取黎陽倉，高季輔兄爲汲令〔一〕，杜正倫爲羽騎都尉〔二〕，郭孝恪先在密所，足知此事爲虚。今所不取〔三〕。

屈突通使桑顯和襲王長諧營，長諧等戰不利。

《創業注》云：「桑顯和率驍果精兵數千人，夜馳掩襲長諧等軍營，諧及孫華等奉教備預，故並覺之，伺和赴營，設伏分擊，應時摧散。」《唐·高祖本紀》云：「義師不利，太宗以遊騎數百掩其後，顯和潰散。」按：太宗時未過河西。今從《高祖實録》及《唐·史大奈傳》。

李淵圍河東〔四〕。

《創業注》：「戊午，唐公親率諸軍圍河東郡，屈突通不敢出，閉門自守。城甚高峻，不易可攻，唐公觀義士等志，試遣登之，南面千餘人應時而上。時值雨甚，公命旋師。軍人時速上城，遂不時速下〔五〕。公曰：『屈突宿衛舊人，解安陣隊，野戰非其所長，嬰城善爲捍禦。我師常勝，

〔一〕「兄」，《通鑑》胡註作「已」。按：《舊唐書》、《新唐書》《高季輔傳》原作「兄」。
〔二〕《通鑑》胡註曰：「余按：隋置羽騎尉，『都』字衍。」
〔三〕「所」，《通鑑》胡註無此字。
〔四〕《通鑑》正文此事在九月戊午。按：《舊唐書·高祖紀》原在九月戊午。
〔五〕「遂」，《通鑑》胡註無此字。按：《大唐創業起居注》原有「遂」字。

入必輕之，驍鋭先登，恐無還路。今且示威而已，未是攻城之時。殺人得城，知何所用〔二〕！』乃命還。」《唐高祖實録》云：「驍勇千餘人已登其南城，高祖在東原，不之見。會暴雨，高祖鳴角收衆，由是不克。」温大雅因爲虚美耳。今不取。

己未，越王侗使劉長恭等合王世充兵，擊李密。

《略記》作「乙丑」。《河洛記》作「十二日」。《蒲山公傳》：「九月十一日，師出東都。」按《長曆》，是月己酉朔，乙丑十七日也。今從《蒲山公傳》。

煬帝詔諸軍皆受世充節度。

《略記》云：「世充擊密，罔不摧破，露布相續而來，百姓忻忻歡詠於道。」《蒲山公傳》云：「自秋徂冬，凡經三十餘戰，世充多敗績。」《河洛記》云：「四十餘戰，世充無功。」三書相違，莫知孰是。今皆不取，唯勝負有顯狀者存之。

張季珣爲李密所殺。

《隋書·季珣傳》云：「密攻之，經三年，遂爲所陷。」又云：「密壯而釋之，翟讓從求金不得，遂殺之。」《河洛記》曰：「自三月至九月不下，後爲糧盡水竭，乃被摧陷。生獲珣於牙門，遣

〔二〕「知何所用」，孔本、《四庫》本、胡本、廣雅本作「如何所用」。按：《大唐創業起居注》作「如何可用」。

人宣之，以降爲度。珣更張目極駡，不肯低屈，遂殺之。」按：密明年已降唐，安得三年攻守箕山之事！今參取二書，去其抵捂者而已。

屈突通引兵趣長安。

《唐書·通傳》云：「將自武關趨藍田，赴長安。」疑其太迂，今但云趣長安〔一〕。

段綸娶李淵女。

《唐太宗實録》云：「隱太子以琅邪長公主妻之。」劉子玄《唐高宗實録》及《新唐書》皆云〔二〕：「高密大長公主適段綸。」蓋改封。

房玄齡謁李世民於軍門。

《舊唐書·玄齡傳》云：「温彦博又薦焉。」按：彦博時在羅藝所。今不取。

李淵命劉弘基、殷開山西略扶風，屯長安故城。

《創業注》云：「敦煌公自涇陽趨司竹，留弘基、開山屯長安故城〔三〕。」今從《唐書·弘基

〔一〕「趣」，《通鑑》胡註作「趨」。

〔二〕「高宗」，《通鑑》胡註作「高祖」。按：《唐高祖實録》爲許敬宗、敬播、房玄齡等作，《高宗實録》爲許敬宗、劉知幾等撰，胡註疑誤。

〔三〕「開」，原脱，今據孔本、《四庫》本、胡本、廣雅本、《通鑑》胡註及《大唐創業起居注》補。

傳》〔一〕。

十一月〔二〕，雷永吉先登。

《唐高祖實録》作「雷紹」。今從《創業注》。

衛文昇已卒，李淵斬陰世師等〔三〕。

《隋書》、《北史》《衛玄傳》皆曰：「城陷，歸于家，義寧中卒。」按：文昇與二人俱爲留守官，不容獨免。今從《唐·本紀》。

李靖素與淵有隙。

柳芳《唐曆》及《唐書·靖傳》云：「高祖擊突厥於塞外。靖察高祖，知有四方之志，因自鎖上變，將詣江都。至長安，道塞不通而止。」按：太宗謀起兵，高祖尚未知，知之猶不從。當擊突厥之時，未有異志，靖何從察知之！又，上變當乘驛取疾，何爲自鎖也！今依《靖行狀》云：「昔在隋朝，曾經忤旨。及兹城陷，高祖追責舊言。公忼慨直論，特蒙宥釋。」但《行狀》題云「魏徵撰」，非也。按：徵以貞觀十七年卒，靖二十三年乃卒，蓋後人爲之，託徵名。又，敘靖事極怪誕

〔一〕「傳」，原脱，今據孔本、《四庫》本、胡本、廣雅本、《通鑑》胡註補。
〔二〕「十一月」，《通鑑》正文此事在十一月丙辰。按：《舊唐書·高祖紀》原在十一月丙辰。
〔三〕《通鑑》正文此事在十一月戊午。按：《舊唐書·高祖紀》原在十一月戊午。

無取，唯此可爲據耳。

丙辰，王世充戰敗。戊午，李密殺翟讓。

前已有丙辰、戊午。欲各敘西京、東都事，使不相亂，故重出〔一〕。

翟讓兄弘。

《河洛記》作「洪」。今從《蒲山公傳》。

密與讓、弘等共坐，單雄信等立侍。

《河洛記》云：「密、讓、讓兄子摩侯、王儒信同榻而坐。」今從《蒲山公傳》。

丙寅，置丞相府官屬。

《唐·帝紀》在十二月癸未。今從《創業注》。

十二月，屈突通降。

《革命記》：「高祖令諸將擊通，通走出潼關。仍令通子壽隨軍喚父，至稠桑，追及之。壽告通云：『天下今既喪亡，相王舉義兵，平定禍亂。大人須轉禍爲福，以自保全。』單馬輕身，將欲何往？』通叱壽云：『此賊何由可耐！』引弓射之。壽招喚通兵士，並悉放仗來降。壽乃馳走抱

〔一〕《通鑑》胡註曰：「按：《通鑑》下文書『戊午，殺翟讓』，《考異》於此兼言之。」

通：『請大人屈節歸義。』通遂回首東南，雨淚號哭，口稱至尊：『臣力屈以至於此，非臣敢虧名節，違背國恩。』然始收淚赴軍，以見唐王。」今從《唐書》。《唐·裴矩傳》：「屈突通敗問至江都，煬帝問矩方略，矩曰：『太原有變，京畿不靜，遥爲處分，恐失事機，唯鑾輿早還，方可平定。』」按：隋失天下，皆因矩諂諛所致，豈敢輒勸帝西還！蓋矩經事唐朝，其子孫及史官附益此語，欲蓋其惡耳。今所不取。

王世充屢與李密戰，不勝。

《蒲山公傳》云：「自洛北敗至此，七十餘戰。」《河洛記》云：「四十餘戰，再三失利。」今但云屢與密戰。

李淵遣詹俊、李仲衮徇巴、蜀〔二〕。

《創業注》云：「十一月甲子〔三〕，遣使慰諭巴、蜀。」《實録》在十二月甲辰，《唐曆》在十二月丙午。未知《創業注》所云者，即俊等邪，爲别使也？今從《實録》。

〔二〕《通鑑》正文此事在十二月甲辰，與《考異》所引《唐高祖實録》同；《舊唐書·高祖紀》在十二月丙午，與《唐曆》同。

〔三〕「甲子」，《大唐創業起居注》原作「乙丑」。

資治通鑑考異卷第九

端明殿學士兼翰林侍讀學士太中大夫提舉西京嵩山崇福宮上柱國河内郡開國公食邑二千六百户食實封壹阡户臣司馬光奉敕編集

唐紀一

高祖武德元年，正月，王世充與李密戰，大敗。

《隋書》、《北史》《李密傳》曰：「世充復移營洛北，南對鞏縣，其後遂於洛水造浮橋，悉衆以擊密。密出擊之，官軍稍卻，自相陷溺者數萬人。世充僅而獲免，不敢還東都，遂走河陽。其夜，雨雪尺餘，衆隨之者死亡殆盡。」《王世充傳》曰：「充敗績，赴水溺死者萬餘人。時天寒大雪，兵士既度水，衣皆霑濕，在道凍死者又數萬人。」《蒲山公傳》曰：「世充移營就洛水之北，與密隔洛水以相望。密乃築長城，掘深塹，周迴七十里以自固。十五日，世充與密戰於石窟寺東，密軍退敗，世充度洛水以乘之，逼倉城爲營塹，密縱兵疾戰，世充兵馬棄仗奔亡，沉溺死者不可勝數。密又令露布上府曰：『世充以今月十一日平旦屯兵洛北，偷入月城。其月十五日，世充及王辯才等又於倉城北偷度水南，敢逼城堞。』」《河洛記》曰：「十六日，充與密戰於石窟寺東。」又曰：「其夜，遇風寒疾雨，士卒凍死，十不存一。充脱身宵遁，直向河陽。」餘如《蒲山公傳》。《略記》曰：「辛酉，王世充等移兵洛北，仍令諸軍臨岸布兵，軍別造浮橋，橋先成者輒渡。既前後不一，而李密伏發，我師敗績，爭橋赴水，溺死者十五六。」《雜記》曰：「十二月，越王遣太常少卿韋霽等率留守兵三萬，並受世充節度。」又曰：「王辯縱等敗，衆軍亦潰，爭橋赴水，死者太半。王辯縱等皆没，唯世充敗免，與數百騎奔大通城。敗兵得還者，於道遭大雨，凍死者六七千人。世充停留大通十餘日，懼罪不還。十四年正月，越王遣世充兄世惲往大通慰諭，赦世充喪師之罪。」按李道玄勸進於李密表云：「于時律始太蔟，未宜霡霂，而澍雨忽降，凍殕將盡。」今參取衆書，日從《蒲山公傳》[二]，雨從《河洛記》[三]。

乙丑，隋段達等拒密於上春門，軍潰，韋津死。

《隋書》列傳不言戰日。《蒲山公傳》此戰在四月九日。《略記》亦云：「四月乙未，李密率

[二]「山」下，原衍「山」字，今據兩浙本、孔本、《四庫》本、胡本、廣雅本、《通鑑》胡註删。

[三]「河洛」，原誤作「洛陽」，今據兩浙本、孔本、《四庫》本、胡本、廣雅本、《通鑑》胡註改。

衆北據邙山，南接上春門。段達、韋津等出兵拒之，兵未交而達懼，先還入城，軍遂潰亂。」乙未，二十一日也。今據《河洛記》：「正月十九日，世充又與密戰於上春門外，韋津没焉。」又，二月，房彦藻《與竇建德書》亦云：「幕府以去月十九日親董貔虎，西取洛邑。」其《蒲山公傳》四月己後月日與事多差互不合。今日從《河洛記》，事從《略記》及《隋·段達傳》。

竇建德等奉表於密，勸進。

《河洛記》云：「盧祖尚亦通表於密。」按：祖尚本起兵爲隋，事恐不爾。今不取。

三月〔一〕**，以齊公元吉爲鎮北將軍。**

《創業注》，改太原留守爲鎮北府，在去年十二月己巳〔二〕。蓋因元吉進封齊公言之耳。今從《實録》。

隋煬帝欲都丹楊〔三〕**。**

《大業記》云〔四〕：「帝欲南巡會稽。」今從《隋書》。

〔一〕「三月」，《通鑑》正文此事在三月己酉。按：《新唐書·高祖紀》原在三月己酉。

〔二〕「十二月己巳」，《四庫》本、胡本、廣雅本作「十一月己巳」，《大唐創業起居注》原作「十一月己卯」。按《二十史朔閏表》，是年十一月戊申朔，無己卯；十二月丁丑朔，無己巳。疑當作「十一月己巳」。

〔三〕「楊」，《通鑑》正文、《資治通鑑目録》作「陽」。按：《隋書·煬帝紀》原作「陽」。

〔四〕「云」，《通鑑》胡註無此字。

宇文化及、智及等謀弒煬帝。

《蒲山公傳》曰：「趙行樞、楊士覽以司馬德戡謀告化及，化及兄弟聞之大喜，因引德戡等相見。士及説德戡等曰：『足下等因百姓之心，謀非常之事，直欲走逃，故非長策。』德戡曰：『爲之奈何？』士及曰：『官家雖言無道，臣下尚畏服之，聞公叛亡，必急相追捕，竇賢之事，殷鑒在近。不如嚴勒士馬，攻其宮闕，因人之欲，稱廢昏凶，事必克成。然後詳立明哲，天下可安，吾徒無患矣。勳庸一集，公等坐延榮禄，縱事不成，威聲大振，足得官家膽懾，不敢輕相追討，遲疑之間，自延數日，比其議定，公等行亦已遠。如此，即去住之計〔一〕，俱保萬全，不亦可乎！』德戡等大悦曰：『明哲之望，豈惟楊家，衆心實在許公，故是人天協契。』士及佯驚曰：『此非意所及，但與公等思救命耳。』」《革命記》曰：「『帝知歷數將窮，意欲南渡江水，咸言不可。帝知朝士不欲渡，乃將毒藥醖酒二十石，擬三月十六日爲宴會，而酖殺百官。南陽公主恐其夫死，乃陰告之而事泄，爲此，始謀害帝以免禍。』並是凶逆之旅妄構此詞。于時上下離心，人懷異志，帝深猜忌，情不與人。醖若不虚，藥須分付有處，遣何人併醖二十石藥酒！必其酒有酖毒，一石堪殺千人。審欲擬殺羣寮，謀之者必有三五，衆謀自然早泄，豈得獨在南陽！只是虔通等耻有殺害之名，推

〔一〕「即」，《通鑑》胡註作「則」。

過惡於人主耳！」《隋書·化及傳》云：「化及弑逆，士及在公主第，弗之知也。智及遣家僮莊桃樹就第殺之，桃樹不忍，執詣智及。久之，乃見釋。」《南陽公主傳》責士及云：「但謀逆之日，察君不預知耳。」《舊唐書·士及傳》云：「化及謀逆，以其主壻〔一〕，深忌之而不告。」按：士及仕唐爲宰相，《隋書》亦唐初所修，或者史官爲士及隱惡。賈、杜二書之言，亦似可信。但杜儒童自知醞藥酒爲虛，則南陽陰告之事亦非其實。如賈潤甫之説，則弑君之謀皆出士及，而智及爲良人矣。今且從《隋書》，而删去莊桃樹事及南陽之語〔二〕，庶幾疑以傳疑。

獨孤盛拒戰，爲亂兵所殺〔三〕。

《蒲山公傳》：「裴虔通於成象殿前遇將軍獨孤盛，時内直宿，陳兵廊下以拒之。詬曰：『天子在此，爾等何敢凶逆！』叱兵接戰，兵皆倒戈。虔通謂盛曰：『公何暗於幾會〔四〕，恐佗人以公爲勳耳。』盛叱之曰：『國家榮寵盛者，止擬今日〔五〕；且宿衛天居，唯當效之以死！』注

〔一〕「主」，原誤作「王」，今據兩浙本、孔本、《四庫》本、胡本、廣雅本、《通鑑》胡註及《舊唐書·宇文士及傳》改。
〔二〕「去莊」，此二字原誤乙，今據孔本、《四庫》本、胡本、廣雅本、《通鑑》胡註乙正。
〔三〕《通鑑》正文此事在三月丙辰。按：《隋書·煬帝紀》原在「三月景辰」。
〔四〕「幾」，《通鑑》胡註作「機」。
〔五〕「止」，《通鑑》胡註作「正」。

弦不動。俄爲亂兵所擊，斃於階下。」《略記》曰〔一〕：「詰旦，諸門已開，而外傳叫有賊。虔通乃還閉諸門，唯開正東一門，而驅殿内執仗者出，莫不投仗亂走。屯衛大將軍獨孤盛揮刀叱之曰：『天子在此，爾等走欲何之！』然亂兵交萃，俄而斃於階下。」今從《隋書》，亦采《略記》。

令狐行達縊殺煬帝。

《蒲山公傳》、《河洛記》皆云：「于洪達縊帝。」今從《隋書》及《略記》。

沈法興舉兵，以討宇文化及爲名。

《太宗實録》、《舊唐·帝紀》：「二月，法興據丹楊起兵〔二〕。」按：法興起兵討化及，當在弑逆後。

四月〔三〕，世子建成等還長安。

《創業注》在三月。今從《太宗實録》。

〔一〕「曰」，《通鑑》胡註無此字。
〔二〕「楊」，《通鑑》胡註作「陽」。按：《舊唐書·高祖紀》原作「陽」。
〔三〕「四月」，《通鑑》正文此事在四月戊戌。按：《舊唐書·高祖紀》原在四月戊戌。

王君廓降〔一〕。

《太宗實録》曰：「王君愕，邯鄲人。君廓寇略邯鄲，君愕往投之，因爲君廓陳井陘之險，勸先往據之。君廓從其言，屯井陘山歲餘。會義師入定關中，乃與君廓率所部萬餘人歸順，拜大將軍。」與君廓事皆出《太宗實録》而不同如此。今據《高祖實録》。稱「李密將王君廓降」，從《君廓傳》。

五月，戊午，隋恭帝禪位。

《創業注》此詔在四月。今從《實録》。

七月，隋元文都等謀誅王世充。

《河洛記》：「初，元文都欲自爲御史，盧楚已爲宣詔，王世充固執以爲不可，乃止。文都大帳〔二〕。盧楚私謂文都曰：『王世充是外軍一將，非留守達官。比者領軍，屢爲奔徙。吾方卹外奸，且從捨過，翻更宰制人事，跋扈縱橫，此而不除，恐爲國患。』文都曰：『未可即殺，且欲當朝上奏，御前縛之，鏁繫於獄。』楚曰：『善。』文都懷奏入殿，臨欲施行，趙季卿私告之，世充遂奔含

〔一〕《通鑑》正文此事在四月辛丑。

〔二〕「悵」，孔本、《四庫》本、胡本、廣雅本、《通鑑》胡註作「恨」。

嘉以作亂〔一〕。是時宫中亦遣使傳報世充〔二〕，爲皇姨故也。初，世充妻蕭氏早亡，後有胡氏者，復在江都，皇泰主乃以皇姨嫁之。至是爭權，遂起兵馬。文都等令趙方海前後追世充，世充乃託疾不受召。」按：世充正爲與文都爭李密事相誅耳，恐事不因此。今不取。

九月，王世充與李密戰，牽貌類密者過陳前。

《革命記》曰：「世充先於衆中覓得一人眉目狀似李密者，陰畜之而不令出。師至偃師城下，與李密未大相接，遽令數十騎馳將所畜人頭來，云殺得李密。充佯不信，遣衆共看，咸言是密頭也。遂於城下勒兵，擲頭與城中人，城中人亦言是密頭也，遂以城降。」今從《壺關録》。

乙卯，薛仁果遣高墌僞以城降〔三〕。

《實録》云：「乙卯，宇文歆攻高墌城〔四〕，下之。」今從《劉感傳》。

仵士政劫常達，降薛仁果〔五〕。

《新》、《舊唐書》皆云：「薛舉遣仵士政僞降達，士政劫達以見舉。」據《實録》，薛舉前已死，

〔一〕「含」，原誤作「舍」，今據胡本、廣雅本、《通鑑》胡註改。
〔二〕「時」，原誤作「將」，今據孔本、《四庫》本、胡本、廣雅本、《通鑑》胡註改。
〔三〕「墌」下，《通鑑》正文有「人」字。按：《舊唐書·長平王叔良傳》原有「人」字。
〔四〕「歆」，《通鑑》胡註作「欣」。按：《舊唐書》、《新唐書》《薛舉傳》原作「歆」。
〔五〕《通鑑》正文此事在九月乙丑。

此月達再擊仁果及士政劫達，皆有日月。今從《實録》。

李育德以武陟來降〔一〕。

《舊唐書·高季輔傳》云：「與李厚德來降。」按：以武陟來降乃育德〔二〕，非厚德也。

劉蘭成破臧君相。

《舊書》作「劉蘭」，云：「頗涉經史，善言成敗。然性多凶狡，見隋末將亂，交通不逞。于時北海完富，蘭利其子女玉帛，與羣盜相應，破其鄉城邑。武德中，淮安王神通爲山東道安撫大使，蘭率宗黨歸之。」《革命記》序其事頗詳，今從之。

十一月〔三〕**，李軌稱帝，改元安樂。**

按《軌傳》云，軌稱涼王，即改元安樂〔四〕。今據《實録》。

〔一〕《通鑑》正文此事在十月。

〔二〕「降」下，《通鑑》胡註有「者」字。

〔三〕「十一月」，《通鑑》正文此事在十一月乙巳。按：《舊唐書·高祖紀》原在十一月乙巳。

〔四〕「元」，原誤作「王」，今據兩浙本、孔本、《四庫》本、胡本、廣雅本、《通鑑》胡註改。

遣李密詣山東〔一〕**。**

《高祖實録》：「未幾，聞其下兵皆不附王充〔二〕，令密收集餘衆，以圖洛陽。密言於高祖曰：『臣入朝日淺，不願違離。又在朝公卿，未甚委信，願得陛下腹心左右，與臣同去。』高祖曰：『朕推赤心於人，終無疑阻，但有益國利人，即當專決。』」今從《蒲山公傳》。

王須拔中流矢死。

《革命記》云：「須拔衆散奔突厥，突厥以爲南面可汗。」今從《唐書》。

十二月，堯君素守河東，帝遣龐玉等詣城下，爲陳利害。

《高祖實録》云〔三〕：「令宇文士及爲陳利害。」按：宇文化及爲竇建德所擒，士及乃自歸於唐，《實録》誤也。今從《隋書》。

君素射其妻，應弦而倒。

《實録》云：「妻號慟而去。」今從《隋書》。

〔一〕《通鑑》正文此事在十一月辛未。
〔二〕「充」上，《通鑑》胡註有「世」字。
〔三〕「云」，《通鑑》胡註無此字。

以羅藝爲幽州總管〔一〕。

《創業注》：「藝以武德元年二月降。」《舊》云「三年」，《新書》云「二年」，皆誤也。今從《實録》。

李密叛，盛彦師斬之。

《河洛記》：「密因執驛使者斬之，曉入桃林，詐縣官翻據縣，城中驚悸，莫敢當者，驅掠畜産趨南山。時右翊衛將軍、上柱國、太平公史萬寶在熊州，既聞密叛，遣將劉善武領兵追躡。善武兄善績往在洛口，爲密所屠，善武因此發憤，志在取密。十日十夜，倍道兼行，百方羅捕，無暫休息。追至陸渾縣南七十里，與密相及，連戰轉鬬，一步一前，驅密於邢公山，與王伯當死之。」今從《實録》及《舊書》。

高開道自稱燕王，改元始興。

《實録》、《唐書》皆無開道年號。柳璨《注正閏位歷》云「年號天成」〔二〕，李昉《歷代年號》亦如之。宋庠《紀年通譜》：「武德元年，開道年號始興。」云出《歷代紀要録》。此號未知孰是，今

〔一〕《通鑑》正文此事在十二月癸未。
〔二〕「云」，《通鑑》胡註無此字。

從《紀要》。

二年，正月，隋張鎮周。

《高祖實録》作「鎮州」。今從《隋書·陳稜傳》。

閏月，竇建德斬宇文化及。

《隋書》云：「載之河間，斬之。」《唐書》云：「至大陸，斬之。」《河洛記》云：「建德將化及并蕭后、南陽公主隨軍。于時襄國郡尚爲隋守，建德因其迴兵，欲攻之，營於城下，遣大理官引化及出營東南二里許，宣令數其罪，并二子一號魏王，一號蜀王，同時受戮。」按：蜀王乃士及所封，今不取。

建德以崔君肅爲侍中。

《革命記》作「君秀」。今從《舊·建德傳》。

許紹來降〔二〕。

《舊書·傳》云，世充篡位乃來降。按：世充篡在四月。《實録》紹降在此，今從之。

〔二〕《通鑑》正文此事在閏二月甲寅。

王世充與唐兵戰於九曲，程知節來降。

《河洛記》：「二月，王充將兵圍新安[一]，將軍程咬金帥其徒以歸義。」按：新安乃穀州也。而梁載言《十道志》，九曲在壽安。壽安乃熊州也，或者世充亦寇熊州乎？

突厥始畢可汗卒。

《高祖實録》：「六月己酉，始畢可汗卒。」疑遣使告喪月日也。今從《舊書》《本紀》、《列傳》[二]。

六月，姜寶誼、李仲文爲劉武周所虜。

《舊·裴寂傳》云：「寶誼、仲文相次陷没。」按《實録》，二人敗處皆在雀鼠谷，賊將黄子英陽不勝以誘之，遇伏而没。事迹並同，必一時共戰，偕被擒耳[三]。

八月，丁未，竇建德陷洺州。

《實録》作「甲子」，蓋奏到之日。今從《革命記》。

[一]「充」上，《通鑑》胡註有「世」字。

[二]《通鑑》正文此事在閏二月。按：始畢卒，《舊唐書》《高祖紀》在四月，《突厥傳》在二月，與《通鑑》正文、《考異》皆不同。

[三]「偕」，胡本、《通鑑》胡註作「皆」。

九月，己巳，建德陷相州。

《實録》作「庚辰」，蓋亦奏到之日。今從《革命記》。

裴寂言劉文靜。

《高祖實録》、《唐書》、《唐曆》等皆以文靜之死由於裴寂。今據《實録》，裴寂此年六月爲晉州道行軍總管，討劉武周，此月丁丑，爲宋金剛敗於介州〔一〕，去文靜死才七日，此時不當在京師。《實録》曰：「高祖低回者久之。」蓋寂未行時先有此言，高祖未忍殺，至是乃決意耳。

庚寅，竇建德陷趙州。

《實録》，今年三月建德陷趙州，此又云陷趙州，蓋重複。或三月是貝州。《唐統紀》唯有「九月陷趙州」，今從之。

乙未，梁師都復寇延州。

《太宗實録》云：「經數月，師都又來寇。」按：丙寅，九月朔，寇延州。乙未，九月晦也。今從《高祖實録》。

〔一〕「爲」，原誤作「與」，今據胡本、廣雅本、《通鑑》胡註改。

十月，竇建德克黎陽。

《實録》，黎陽陷在十一月丙子，蓋亦奏到之日。今從《革命記》。

建德使李世勣守黎陽。

《革命記》云〔一〕：「使與其將高雅賢守新鄉。」按：是時新鄉猶屬王世充，使劉黑闥守之，世勣既事建德，乃爲建德攻下新鄉，虜黑闥耳。今從《唐書》。

十二月，宋金剛遣尉遲敬德等至夏縣，永安王孝基軍大敗。

《高祖實録》云：「戰于下邽縣。」按：下邽乃在關中，去夏縣殊遠，《實録》之誤也。今從《舊書·孝基傳》。

竇建德遣曹旦等濟河。

《實録》在來年正月。今從《革命記》。

三年，正月，賊帥李文相號商胡。

《革命記》作「傷胡」。今從《河洛記》。

〔一〕「云」，《通鑑》胡註無此字。

商胡母霍氏，自稱霍總管。

《革命記》云[二]：「商胡母張氏，號『女將軍』。」今從《河洛記》。

三月，趙郡公孝恭擊斬蕭闍提。

《舊書·蕭銑傳》云：「孝恭討之，拔其開、通二州，斬其僞東平王蕭闍提。」按《實録》云：「冉肇則陷我通州。」又云：「孝恭復開、通二州。」若二州本屬銑，不當云「我」與「復」。蓋肇則先據開州，又陷通州，以地附銑，銑使闍提助之耳。

五月[三]，秦王世民屠夏縣。

《高祖實録》：「帝曰：『平薛舉之初，不殺奴賊，致生叛亂，若不盡誅，必爲後患。』詔勝兵者悉斬之。」疑作《實録》者歸太宗之過於高祖，今不取。

七月，壬午，世民至新安。

《高祖實録》：「丙戌，至新安。」蓋據奏到之日。今從《河洛記》。

[二] 「云」，《通鑑》胡註無此字。

[三] 「五月」，《通鑑》正文此事在五月壬午。按：《新唐書·高祖紀》原在五月壬午。

世民爲王世充所圍〔一〕。

《太宗實録》云：「師次穀州，王充以精兵三萬來拒戰，太宗率輕騎挑之，衆寡不敵，被圍數重。太宗引弓馳射，皆應弦而倒，獲其大將燕頎，賊乃退。」《舊書·太宗紀》云：「太宗命左右先歸，獨留後殿。世充驍將單雄信數百騎夾道來逼，交槍競進〔二〕，太宗幾爲所敗。太宗左右射之，無不應弦而倒，獲其大將燕頎。」《單雄信傳》云：「太宗圍逼東都，雄信出軍拒戰，援槍而至〔三〕，幾及太宗。徐世勣呵止之曰：『此秦王也！』雄信惶懼，遂退。太宗由是獲免。」按劉餗《小説》：「英公勣與海陵王元吉圍洛陽，元吉恃膂力，每親行圍。王世充召雄信告之，酌以金碗，雄信盡飲，馳馬而出，槍不及海陵者一尺。勣惶遽，連呼曰：『阿兄，此是勣主〔四〕！』雄信乃攬轡而止，顧笑曰：『胡兒不緣你，且竟！』」《舊書》蓋承此致誤耳。雄信若知是秦王，則取之尤切，安肯惶懼而退！借如《小説》所云，雄信既受世充之命，指取元吉，亦安肯以勣故而捨之。況元吉

〔一〕《通鑑》正文此事在七月己丑。
〔二〕「槍」，《舊唐書·太宗紀》原作「搶」。
〔三〕「槍」，原誤作「搶」，今據兩浙本、孔本、《四庫》本、胡本、廣雅本、《通鑑》胡註及《舊唐書·單雄信傳》改。
〔四〕「主」，原誤作「王」，今據孔本、《四庫》本、胡本、廣雅本、《通鑑》胡註及劉餗《隋唐嘉話》（北京中華書局一九七九年點校本，下同）改。

之圍東都，勣乃從太宗在武牢。今皆不取[一]。

獲燕琪。

《高祖實録》作「燕頊」，《太宗實録》作「燕傾」，《舊·太宗紀》作「燕頎」。今從《河洛記》。

八月，世充使楊公卿等攻迴洛[二]。

《革命記》作「公鄉」。《河洛記》、《唐書》作「公卿」，今從之。

九月，辛巳，世民登魏宣武陵。尉遲敬德救世民，擒陳智略。

《實録》：「丙戌，太宗與世充相遇於魏宣武陵，擊，大破之，斬數千級，獲陳智略。」《舊書·敬德傳》：「太宗既釋之，是日從獵於榆窠。世充領步騎數萬來戰[三]，單雄信直趨太宗。敬德刺雄信墜馬，翼太宗出圍，更帥騎兵交戰，擒陳智略。」據擒智略，則宣武、榆窠之戰，共是一事也。《實録》據奏到日。《河洛記》在二十一日，今從之。

[一] 「皆」，《通鑑》胡註無此字。
[二] 「楊」，《舊唐書·王世充傳》原作「陽」，《新唐書·王世充傳》作「楊」。
[三] 「領」，《通鑑》胡註作「引」。按：《舊唐書·尉遲敬德傳》原作「領」。

十月〔一〕**，羅士信拔硤石堡。**

《河洛記》作「峽石堡」〔二〕。今從《實録》。

十一月，郭子和南徙。

《子和傳》云：「四年，拔户口南徙。」按：處羅可汗以今年卒，故置此。

突厥謀使突利可汗入寇。

《舊·突厥傳》：「大業中，突利年數歲，始畢遣領其東牙之兵〔三〕，號泥步設。頡利嗣位，以爲突利可汗。」按《梁師都傳》，此際有泥步設，又有突利可汗。然則突利，處羅時已爲小可汗，非頡利嗣位後也。《高祖實録》云：「處羅欲分兵大掠中國，於懷戎、雁門、靈武、涼州四道俱入。」今從《舊書·梁師都傳》。

竇建德擊孟海公。

《實録》在十二月丙午。蓋於時唐始聞之，遣劉世讓攻洺州之日也。今從《革命記》。

〔一〕「十月」，《通鑑》正文此事在十月甲辰。

〔二〕「石」，孔本、《四庫》本、胡本、廣雅本、《通鑑》胡註作「山」。

〔三〕「其」，《通鑑》胡註無此字。按：《舊唐書·突厥傳》原有「其」字。

王世充遣使求救於竇建德。

《隋季革命記》曰：「世充亦自遣使求救於建德，云：『夏王或率領軍師來相救援。王取東都、河、洛之地，北收并、汾，南盡揚、越，充乃取京師、蒲、絳以西，通蜀、荆、襄之境，並據山河之險，長爲弟兄之國。』」按：世充止有河、洛之地，豈肯遽以賂建德！借有是言，建德亦何由肯信！今從《河洛記》。

四年，正月，杜伏威遣兵會秦王世民擊王世充。

《舊書·杜伏威傳》：「太宗之圍王世充，遣使招之。伏威請降，高祖遣使就拜東南道行臺尚書令、江淮以南安撫大使、上柱國〔一〕，封吴王，賜姓李氏。」按：伏威封吴王，在太宗討王世充前。今從《高祖》、《太宗實録》。

世民敗王世充，獲葛彦璋。

《太宗實録》云：「初，羅士信取千金堡，太宗令屈突通守之。王充自來攻堡，通懼，舉烽請救。太宗度通力堪自守，且緩救以驕世充。通舉三烽以告急，太宗方出援之，左右未獲從，以兩騎而進，遇賊騎將葛彦璋，射之，應弦而墜，擒之於陳。後軍亦繼至，通軍復振，表裏奮擊，王充

〔一〕「柱」，原誤作「杜」，今據孔本、《四庫》本、胡本、廣雅本、《通鑑》胡註及《舊唐書·杜伏威傳》改。

大敗，俘斬六千餘人，幾獲世充。」今從《河洛記》。

二月〔二〕**，李靖説趙郡王孝恭以取蕭銑十策。**

《高祖實録》：「孝恭獻平銑之策，帝嘉納之。」《太宗實録》、《李靖傳》：「靖説趙郡王孝恭，陳伐蕭銑之計，獻以十策。高祖以孝恭未更戎旅，三軍之任，一以委靖，授靖行軍總管，兼攝孝恭長史事。」《孝恭傳》：「時李靖亦奉使江南，以策干孝恭，孝恭善之，委以軍事。」蓋靖畫策，使孝恭上之耳。

三月，太子建成殺降胡六千餘人。

《實録》前言四千餘户，後云六千餘計，蓋前言户，後言口也。

四月，處羅可汗。

《舊書·鄭元璹傳》作「叱羅可汗」。今從《實録》。

竇建德留屯累月。

《舊書》，停留七十餘日；《新書》，六十餘日。按：二月戊午，沈悦始以武牢降唐，至五月

〔二〕「二月」，《通鑑》正文此事在正月。

已未建德敗，纔六十二日。若沈悅今日降唐，明建德即至〔二〕，亦不能自固。又吴兢《太宗勳史》："「三月己卯，建德率兵十二萬次于酸棗。」去敗纔四十一日，故但云「留屯累月」。

五月，世充諸將曰："「雖得出，必無成。」

《舊書·世充傳》云："「諸將皆不答。」今從《河洛記》。

李勣請贖單雄信，世民不許。

《舊·傳》云："「高祖不許。」按："太宗得洛城即誅雄信，何嘗稟命於高祖！蓋太宗時史臣敘高祖時事，有誅殺不厭衆心者，皆稱高祖之命，以掩太宗之失，如屠夏縣之類皆是也。

壬申，齊善行以洺、相、魏等州降。

《革命記》云："「五月七日，善行等至洺州。」《實録》云「壬申，洺、相、魏等州降」者，蓋降使到之日也。月末又云「裴矩等以八璽降」，蓋璽到之日也。

七月，以蘇世長爲諫議大夫。

《舊·本紀》及《唐曆》、《年代記》、《唐會要》皆云："「五年六月，置諫議大夫。」按："世長自諫議歷陝州長史、天策府軍諮祭酒，四年十一月，已預十八學士。據《舊·職官志》："「四年，置

〔二〕「明」下，《通鑑》胡註有「日」字。

諫議大夫。」今從之〔一〕。

秦王世民獻俘于太廟〔二〕。

《李勣傳》云：「太宗爲上將，勣爲下將，與太宗俱服金甲，乘戎輅，告捷于太廟。」今從《唐曆》。

丁卯，大赦，孫伏伽諫徙世充餘黨。

伏伽表云：「今月二日，發雲雨之制。」而赦書乃十二日，或脱「十」字也。又云：「常赦不免〔三〕，咸赦除之。」今赦無此文，豈《實録》録赦不盡歟〔四〕？

獨孤修德殺世充。

《舊·傳》作「獨孤修」。今從《河洛記》。

行開元通寶錢。

薛璫《唐聖運圖》云：「初進蠟樣，文德皇后掐一甲，故錢上有甲痕焉〔五〕。」凌璠《唐録政要》

〔一〕《通鑑》胡註曰：「余按《唐六典》，秦、漢曰諫大夫，光武加『議』字。北齊集書省置諫議大夫七人，隋氏門下省亦置諫議大夫七人。四年以前，唐未及置，今始置之耳。」

〔二〕《通鑑》正文此事在七月甲子。按：《舊唐書·高祖紀》原在七月甲子。

〔三〕「赦」下，《通鑑》胡註有「所」字。按：《舊唐書·孫伏伽傳》原無「所」字。

〔四〕「赦」下，《通鑑》胡註有「文」字。

〔五〕「焉」，《通鑑》胡註作「云」。

云「竇皇后」。按：時竇后已崩，文德后未立〔一〕，今皆不取。

甲戌，劉黑闥襲據漳南縣。

《革命記》：「七月二十七日，衆立黑闥爲漢東王，建元天造，即入漳南城，鏁縣官於獄，發使告貝州及諸鎮戍等云：『今漢東王爲夏王起義兵於漳南，請軍會戰。』」今據《實録》，甲戌，七月十九日。又黑闥陷相州，乃稱王改元，在五年正月。今不取。

九月〔二〕，以盧祖尚爲光州總管。

《實録》：「丙子，以光州豪右盧祖尚爲光州總管。」按《舊·傳》：「世充自立，祖尚遂舉州歸款。」而《實録》至此始見之〔三〕。蓋當時止爲刺史，至此乃遷總管耳〔四〕。

十月，秦王世民開文學館，置學士。

《舊書》，參軍薛元敬承許敬宗下，今從《太宗實録》。諮議典籤蘇勉〔五〕，《舊書》作「軍諮典

〔一〕「后」上，《通鑑》胡註皆有「皇」字。
〔二〕「九月」，《通鑑》正文此事在九月丙子。
〔三〕「而」，原誤作「虚」，今據孔本、《四庫》本、胡本、廣雅本、《通鑑》胡註改。
〔四〕「乃」，《通鑑》胡註無此字。
〔五〕「勉」，《通鑑》正文作「勖」。按：《舊唐書·褚亮傳》亦作「勖」。

宋州總管府户曹許敬宗，《舊書》《褚亮傳》作「著作佐郎攝記室」，《敬宗傳》「籤」，今從《實録》。「擬漣州別駕」，今從《實録》。

李靖攻蕭銑，散舟艦。

《高祖實録》：「癸巳，趙郡王孝恭與蕭銑將文士弘相遇於清江合口，擊之，獲其戰艦千餘艘，下宜昌、當陽、枝江、松滋四縣。」《舊書・孝恭傳》：「攻其水城，克之，所得舡散於江中〔二〕。諸將皆曰：『虜得賊舡，當藉其用，何爲棄之，無乃資賊邪？』孝恭曰：『不然。蕭銑僞境，南極嶺外，東至洞庭。若攻城未拔，援兵復到，我則内外受敵，進退不可，雖有舟楫，何所用之！今銑緣江州鎮，忽見舡舸亂下，必知銑敗，未敢進兵，來去覘伺〔三〕，動淹旬月，用緩其救，吾克之必矣。』銑救兵至巴陵，見舡被江而下，果狐疑不敢輕進。」《太宗實録・孝恭傳》：「進師至清江，銑遣其將文士弘以兵拒戰，擊走之，追奔至于百里洲。士弘收兵復戰，又敗之，追入北江，銑悉兵以拒之。孝恭將戰，李靖止之曰：『楚人輕鋭，難與爭鋒。今新失荆門，盡兵出戰，此救敗之師也，非其本圖，勢不能久。一日不戰，賊必兩分，留輕兵抗我，退羸師以自守，此即勢攜力弱，

〔二〕「舡」，孔本、《四庫》本、胡本、廣雅本、《通鑑》胡註皆作「船」。按：《舊唐書・孝恭傳》原作「舡」。

〔三〕「去」，原誤作「云」，今據兩浙本、孔本、《四庫》本、胡本、廣雅本、《通鑑》胡註及《舊唐書・孝恭傳》改。

擊之必捷。』孝恭不從，遣靖撫營，自以鋭師水戰。孝恭果敗，奔于南岸。賊委舟大掠，人皆負重，靖見其軍亂，進兵擊之，賊大敗，乘勝進軍，入其郛郭，攻其水城，尅之，悉取其舟楫，散於江中。賊救兵見之，謂城已陷，莫敢輕進。銑内外阻絶，城中攜貳，由是懼而出降。」《唐曆》：「孝恭、靖乘勝進兵，攻其水城，尅之，悉取其舡艦，散於江中。諸將曰：『棄之無乃資敵？』靖曰：『不然。』」云云，如《舊書》所載孝恭語。「既而銑救兵見之，謂城已陷，莫敢輕進，銑由是懼而出降。」按《十道志》，荆門，在峽州宜都縣界。夷陵，峽州縣名。清江，在峽州巴山縣界。百里洲〔二〕，在荆州枝江縣界。江自此洲派别。去江陵已近，故銑悉兵死戰。《太宗實録》近爲得實，今從之。其餘則參取四書之語。孝恭以李靖爲謀主，蓋靖畫策，而孝恭爲諸將言之。今從《唐曆》。

十一月〔三〕，李子通降。

《實録》：「是月景申，會稽賊帥李子通伏誅。」按：子通因杜伏威入朝，始謀叛伏誅，於時未也。《舊·紀》：「是月，子通以其地來降。」《新·紀》：「庚寅，李子通降。丙申，謀反。」相去

〔二〕「洲」，《通鑑》胡註作「州」。

〔三〕「十一月」，《通鑑》正文此事在十一月庚寅。按：《新唐書·高祖紀》原在十一月庚寅。

纔七日〔一〕，亦不寤伏威未入朝也。

十二月，劉黑闥攻拔相州。

《實録》，黑闥陷相州在來年正月乙酉，蓋奏到之日也。今從《革命記》。

李世勣走保洺州〔二〕。

《實録》：「世勣與黑闥戰於宋州，我師敗績。」《革命記》：「李勣爲大總管，張士貴爲副〔三〕，領兵二萬人入宋州。勣以五百騎自探〔四〕，聞劉黑闥到南宫〔五〕，馳至宋州，不入城而西過至洺州，騎馬於南門外，喚陳君賓、党仁弘、秦武通等棄城西拔。永年縣令程名振見武通狼狽走出，馳馬向縣取家口〔六〕，入城，城人恐相劫掠，即閉城門自守。名振乃於城北門上以繩懸下，將母、妻、男女步走西去，不踰四五里，母、妻等被劫散失，名振脱身而免。黑闥攻宋城，破之，仕貴等以輕騎

〔一〕「相去纔七日」，《通鑑》胡註無此五字。

〔二〕《通鑑》正文、《資治通鑑目録》「拔相州」在「保洺州」事之後。按：《舊唐書·劉黑闥傳》、《新唐書》《高祖紀》、《劉黑闥傳》皆同《通鑑》次序。

〔三〕「士」，孔本、《四庫》本、胡本、廣雅本、《通鑑》胡註作「仕」。

〔四〕「勣」，原誤作「績」，今據兩浙本、孔本、《四庫》本、胡本、廣雅本、《通鑑》胡註改。

〔五〕「劉」，《通鑑》胡註無此字。

〔六〕「馳」，《通鑑》胡註作「騎」。

突圍而走〔二〕，投相州。數日，黑闥大軍至洺州。」按《舊·地里志》〔三〕：「武德四年，置宗州於宗城縣。」「宋」字皆當作「宗」。世勣名將，必不至如《革命記》所云，但力不能拒而棄城耳。今從《舊書·黑闥傳》。

劉黑闥陷莘州〔三〕。

《實録》作「華州」，《新書》作「業州」。按：《地里志》無業州，必莘州也。《十道志》：「開皇十六年，於莘縣置莘州。」《舊·志》，武德五年置。

五年，正月〔四〕**，秦王世民復取相州。**

《實録》云：「禄州人殺刺史獨孤徹，以城應黑闥。」按：《地里志》無禄州，蓋字誤耳。《新書》作「相州」，尤誤也〔五〕。

〔一〕「等」，《通鑑》胡註無此字。

〔二〕「地里志」，《通鑑》胡註作「地理志」。按：《舊唐書》、《新唐書》皆作「地理志」。下同，不註。

〔三〕《通鑑》正文此事在十二月辛未。按：《新唐書·高祖紀》原在十二月辛未。

〔四〕「正月」，《通鑑》正文此事在正月丙申。

〔五〕《通鑑》胡註曰：「按：劉黑闥攻拔相州，執刺史房晃，秦王兵至，乃棄相州，故秦王復取之。《新書·帝紀》，拔相州殺房晃在正月乙酉，相州人殺獨孤徹叛附黑闥在丙申，其誤明矣。禄州既莫考其地，然黑闥之拔相州，與秦王之復相州，本末甚明，與禄州全不相干。而《新書》所書殺房晃、拔相州，月日亦誤。」今按：《考異》此條與《通鑑》正文抵牾。

二月[一]，世民使秦叔寶破黑闥於列人。

《實録》：「癸亥，秦王擊劉黑闥於列人，大破之。」《革命記》：「十一月，太宗度河入相州，劉黑闥從洺州勒兵拒王師，置營於鄴縣東三十里。每日兩軍皆挑戰，而大兵皆不出。經十餘日，洺水縣人李去惑、李潘買、李開弼等爲車騎、驃騎，領兵在劉黑闥營，去惑等背賊營來入洺州城，誑人云：『劉黑闥已敗，先走得歸。』乃唤得宗室子弟二百餘人，守城定，遣使間道以告太宗。太宗遣彭國公王君廓領馬軍一千五百騎入洺州。經十許日，黑闥引兵攻洺州，行至故列人城西，秦叔寶等以五千騎擊之。叔寶等爲闥所敗，又以伏兵從河下起，横擊劉闥[二]，敗之。會日暮，收軍。其夜三更，賊兵總至洺州城東營，即於城兩門掘壕豎柵[三]，防王君廓之走[四]。洺州城四面有水，闊五十步已上，深皆三四尺，劉闥於東北角兩處，填柴運土，作甬道，以撞車攻城。太宗三度將兵擊之，賊置陣拒官軍，攻城愈急。」按：《高祖》、《太宗實録》，皆以去年十二月命太宗討黑闥，今年正月始至河北，無十一月度河之事。《太宗實録》亦無列人戰事。蓋

〔一〕「二月」，《通鑑》正文此事在二月癸亥。
〔二〕「劉闥」，《通鑑》胡註皆作「黑闥」。
〔三〕「豎」，《通鑑》胡註作「竪」。
〔四〕「君」，原脱，今據《通鑑》胡註補。

叔寶破賊，秦王奏之耳。又按：洺水，洺州屬縣。去惑、君廓所據者洺水縣城，「水」字誤作「州」耳。

馮伯讓以井州降〔一〕。

《實録》作「并州」。按：并州未嘗失城。蓋是時於井陘縣置井州，字之誤也。

李藝取定、欒、廉、趙四州〔二〕。

《實録》作「定、率、廉、隋四州」。按：河北無率、隋二州。今從《唐統紀》。

黑闥陷洺水，羅士信死之〔三〕。

《高祖實録》：「王君廓知不可守，潰圍而出。秦王謂諸將曰：『誰能代者？』士信曰：『願以死守。』因遣之。」按：君廓若已突圍而出〔四〕，則黑闥圍守益固，士信何以復得入城！《革命記》曰：「太宗知賊勢盛，恐王君廓不能固，以問諸將，士信以爲無慮，太宗使士信入守之。太宗登段王墓，以旗招王君廓從南門突圍，不得，即向北門，併兵攻捉門人，少退，得出，士信亦以左

〔一〕《通鑑》正文此事在二月辛未。
〔二〕《通鑑》正文此事在二月丙子。
〔三〕《通鑑》正文此事在二月丁丑。按：《新唐書·高祖紀》原在二月丁丑。
〔四〕「突」，《通鑑》胡註作「潰」。

右二百人入城。經八日，晝夜被攻，木石俱盡，士信被左右執之以降賊。五年正月〔一〕，城陷，李去惑以數十人突圍出，歸太宗。去惑後授秦州都督〔二〕，李潘買拜檀州刺史。李開弼城陷而没，贈上柱國，以公禮葬。」今從之。《高祖實録》士信死時年二十八，《舊·傳》云年二十。按：士信始從張須陀擊王薄等，時年十四。若死時年二十八，則在大業四年，於時王薄未爲盜。年二十，則在大業十二年〔三〕，是歲須陀死。今從之。

三月，劉世讓屯雁門，突厥攻之不克〔四〕。

《舊·世讓傳》云：「時鴻臚卿鄭元璹先使在蕃，可汗令元璹來説之。世讓厲聲曰：『大丈夫乃爲夷狄作説客邪！』經月餘，虜乃退。及元璹還，述世讓忠貞勇幹，高祖下制褒美之〔五〕。」按：高祖稱元璹蘇武弗之過，安肯爲可汗遊説！脱或果爾，則元璹唯恐帝知之，安肯稱世讓忠貞，説之不下邪！據《實録·世讓傳》無此事，今不取。

〔一〕「正」，原誤作「五」，今據兩浙本、孔本、《四庫》本、胡本、廣雅本、《通鑑》胡註及《舊唐書·高祖紀》改。
〔二〕「後」，原誤作「復」，今據兩浙本、孔本、《四庫》本、胡本、廣雅本、《通鑑》胡註改。
〔三〕「二」，原闕，今據孔本、《四庫》本、胡本、廣雅本、《通鑑》胡註補。
〔四〕「不克」，點校本《通鑑》正文脱此二字。
〔五〕「制」，原誤作「製」，今據孔本、《四庫》本、胡本、廣雅本、《通鑑》胡註改。

四月，或説徐圓朗，使不迎劉世徹。

《革命記》云：「盛彦師以世徹有虚名於徐、兖，恐二人相得[二]，爲患益深，因説圓朗使不納。」按《實録》：「彦師奔王薄，與薄共殺李義滿。三月戊戌，王薄死。丁未，黑闥乃敗。」彦師在圓朗所時，黑闥未敗也。今稱或説以闕疑。

八月，改葬隋煬帝於雷塘。

《實録》，武德三年六月癸巳[三]，已有詔葬隋帝及子孫，此又云葬煬帝。蓋三年李子通猶據江都，雖有是詔，不果葬也。

十月[三]，淮陽壯王道玄戰没。

《高祖實録》謚曰忠，《本傳》謚曰壯，蓋後來改謚也。

十一月，帝待世民浸疏，建成、元吉日親。

《高祖實録》曰：「建成幼不拘細行，荒色嗜酒，好畋獵，常與博徒遊，故時人稱爲任俠[四]。

[二]「二」，原誤作「一」，今據孔本、《四庫》本、胡本、廣雅本、《通鑑》胡註改。
[三]「三」，《通鑑》胡註誤作「二」。
[三]「十月」，《通鑑》正文此事在十月乙丑。按：《新唐書·高祖紀》原在十月乙丑。
[四]「任」，原誤作「狂」，今據兩浙本、孔本、《四庫》本、胡本、廣雅本、《通鑑》胡註改。

高祖起義于太原，建成時在河東，本既無寵，又以今上首建大計，高祖不之思也。而今上白高祖，遣使召之，盤遊不即往。今上急難情切，遽以手書諭之，建成乃與元吉間行赴太原，隋人購求之，幾爲所獲。及義旗建而方至，高祖亦喜其獲免，因授以兵。」又曰：「建成帷薄不修，有禽犬之行，聞於遠邇。今上以爲耻，嘗流涕諫之，建成慚而成憾。」又曰：「太宗每總戎律，惟以撫接才賢爲務，至於參請妃媛，素所不行。」《太宗實録》曰：「隱太子始則流宕河曲，逸遊是好，素無才略，不預經綸〔一〕，於後雖統左軍，非衆所附。既匽儲兩，坐構猜嫌，太宗雖備禮竭誠，以希恩睦，而妒害之心，日以滋甚。又巢剌王性本凶愎，志識庸下，行同禽獸，兼以棄鎮失守，罪戾尤多，反害太宗之能。於是潛苞毁譖，同惡相濟，膚受日聞〔二〕，雖大名徽號，禮冠羣后，而情疏意隔，寵異曩時。」按：建成、元吉雖爲頑愚，既爲太宗所誅，史臣不能無抑揚誣諱之辭〔三〕。今不盡取。

劉黑闥攻魏州。

《實録》：「十二月甲子，黑闥攻魏州。」蓋留安破黑闥奏到之日也。按《革命記》，黑闥攻魏州在十一月，今從之。

〔一〕「綸」，原誤作「論」，今據孔本、《四庫》本、胡本、廣雅本、《通鑑》胡註改。
〔二〕「受」，原誤作「又」，今據兩浙本、孔本、《四庫》本、胡本、廣雅本、《通鑑》胡註改。
〔三〕「能」，《通鑑》胡註無此字。

十二月，壬申，黑闥衆潰。

《高祖實録》：「壬申，太子與黑闥戰於魏州城下，破之，闥抽軍北遁。甲戌，追闥於毛州，賊背永濟渠而陣，接戰，又破之。」《舊·傳》：「六年二月〔一〕，太子破黑闥于館陶。」《革命記》：「闥遁至館陶，二十五日，官軍至，闥敗走。」按：館陶即毛州也。《長曆》，十二月壬申〔二〕，二十五日；甲戌，二十七日〔三〕。蓋《實録》據奏到之日也。《舊·傳》尤疏，今從《革命記》。《太宗實録》云：「黑闥重反，高祖謂太宗曰：『前破黑闥，欲令盡殺其黨，使空山東，不用吾言，致有今日。』及隱太子征闥，平之，將遣唐儉往，使男子年十五已上悉坑之，小弱及婦女總驅入關，以實京邑。太宗諫曰：『臣聞唯德動天，唯恩容衆。山東人物之所，河北蠶綿之鄉，而天府委輸，待以成績。今一旦見其反覆，盡戮無辜，流離寡弱，恐以殺不能止亂，非行弔伐之道。』其事遂寢。」《新書·隱太子傳》云：「黑闥敗於洺水，太子建成問於洗馬魏徵曰：『山東其定乎？』對曰：『黑闥雖敗，殺傷太甚，其魁黨皆縣名處死，妻子係虜，欲降無繇，雖有赦令，獲者必戮，不大蕩宥，恐殘賊嘯結，民未可安。』既而黑闥復振，廬江王瑗棄洺州，山東亂。命齊王元吉討之，有詔

〔一〕「二」，原誤作「三」，今據兩浙本、孔本、《四庫》本、胡本、廣雅本、《通鑑》胡註及《舊唐書·劉黑闥傳》改。
〔二〕「壬」，原誤作「戊」，今據《通鑑》胡註改。
〔三〕「二」，原誤作「一」，今據孔本、《四庫》本、胡本、廣雅本、《通鑑》胡註改。

降者赦罪，衆不信。建成至，獲俘皆撫遣之，百姓欣悦。賊懼，夜奔，兵追戰。黑闥衆猶盛，乃縱囚使相告曰：『褫而甲還鄉里，若妻子獲者，既已釋矣。』衆乃散，或縛其渠長降，遂禽黑闥。」按：高祖雖不仁，亦不至有「欲空山東」之理。史臣專欲歸美太宗，其於高祖亦太誣矣。今采《革命記》及《新書》。

六年，正月，斬劉黑闥。

《革命記》：「劉闥走至深州〔一〕。崔元遜爲僞深州總管，劉闥欲至，城中陳列三千餘兵，擬納劉闥〔二〕，據城拒守，北勾突厥。城人諸葛德威爲車騎，領當城之兵。有張善護者，先任鄉長，來就軍中，語三五少年曰：『可捉劉闥，以取富貴。今若不捉，在後終是擾亂山東，廢我等作生活。』諸少年咸云：『非諸葛車騎不可。』善護知德威非得酒食不肯出語〔三〕，乃於家宰一肥猪，出酒一石，延德威而語之，德威許諾。劉闥至，元遜乃請之入城而不許，唯就市中遣鋪設而坐食。元遜請以城中兵呈閲，言並精鋭，必堪拒守，劉闥食而許之。元遜乃召兵以呈之，德威以前領健

〔一〕「劉」下，孔本、《四庫》本、胡本、廣雅本、《通鑑》胡註有「黑」字。
〔二〕「劉闥」，《通鑑》胡註皆作「黑闥」。
〔三〕「語」，《通鑑》胡註作「師」。

卒出，即就市中擒劉闥，送於洺州皇太子所。元愻與男野乂奔突厥[一]。斬黑闥於洺州城西，臨刑乃嘆」云云。今從《實録》，亦兼采《革命記》。

四月[二]**，立皇子元軌等爲王。**

《實録》，以皇子元真爲邵王，鶴爲豳王。《新・本紀》，封元璹爲蜀王。按：高祖子無名元真、鶴、元璹及封邵王者。今從《舊・傳》及《唐曆》。

七月，張護殺賀若懷廣[三]。

《實録》上云「張護」，此云「高護」，今從上。

八月[四]**，輔公祏反。**

《舊・傳》云：「沈法興據毗陵，公祏擊破之。」按：法興武德三年已爲李子通所滅，《舊・傳》誤也。

[一]「乂」，孔本、《四庫》本、胡本、廣雅本、《通鑑》胡註作「久」。

[二]「四月」，《通鑑》正文此事在四月壬申。按：《新唐書・高祖紀》原在四月壬申。

[三]「若」，《資治通鑑目録》同，《通鑑》正文作「拔」。按：《通鑑》正文是年六月已載賀若懷廣事，胡註亦曰：「余按：『賀拔』意亦當從上作『賀若』。」

[四]「八月」，《通鑑》正文此事在八月壬子。按：《舊唐書》、《新唐書》《高祖紀》原在八月壬子。

詔趙郡王孝恭趣江州〔一〕。

《實録》，八月乙丑已云遣孝恭率兵趣江州，至九月戊子又云，蓋因徐紹宗等侵邊而言之也。

九月〔二〕**，竇伏明以沙州降。**

《實録》云：「伏明斬賀拔威，以城來降。」按五年五月《實録》，瓜州人王幹殺賀拔威以降。則威死久矣，此誤也〔三〕。

七年，三月，陳當世屯博望山。

《舊·趙郡王孝恭傳》作「陳當時」，《舊·李靖傳》云「屯當塗」。今皆從《高祖實録》。

四月，定四家爲鄰，四鄰爲保。

《唐曆》云：「四家爲鄰，五家爲保。」按《通典》，「四鄰爲保」。《唐曆》誤也。

六月，齊王元吉欲殺秦王世民，太子建成擅募兵。

《舊·傳》云：「建成私召四方驍勇，并募長安惡少年二千餘人，畜爲宫甲，分屯左、右長林，

〔一〕《通鑑》正文此事在八月乙丑。按：《新唐書·高祖紀》原在八月乙丑。
〔二〕「九月」，《通鑑》正文此事在九月乙未。
〔三〕《通鑑》胡註曰：「按：上文作賀若懷廣死，而立竇伏明爲沙州主，當考。」

號爲長林兵〔一〕。」《實録》云：「元吉見秦王有大功，每懷妒害，言論醜惡，譖害日甚。每謂建成曰：『當爲大哥手刃之。』建成性頗仁厚，初止之。元吉數言不已，建成後亦許之。元吉因令速發，遂與建成各募壯士，多匿罪人，賞賜之，圖行不軌。其記室榮九思爲詩以刺之，曰：『丹青飾成慶，玉帛擅專諸。』而弗悟也。典籤裴宣儼因免官改事秦府，謂泄其事，又鴆之。自殺斯人已後，人皆振恐，知其事，莫有敢言。後乃連結宫闈，與建成俱通德妃尹氏，以爲内援。」《舊·傳》又云：「厚賂中書令封倫以爲黨助〔二〕，由是高祖頗疏太宗，而加愛元吉。」今但擇取其可信者書之。

爾朱焕等告楊文幹反。

《統紀》云〔三〕：「建成遣郎將爾朱焕、校尉橋公山賫甲以賜文幹，令起兵。焕等行至豳州，懼罪，告之。」劉餗《小説》云：「人妄告東宫。」今從《實録》。

〔一〕「爲」，《通鑑》胡註無此字。按：《舊唐書·隱太子建成傳》原有「爲」字。
〔二〕「倫」，《通鑑》胡註作「德彝」。按：封倫字德彝。
〔三〕「紀」，《通鑑》胡註誤作「記」。

徐師謩勸建成舉兵。

《統紀》作「師譽」[一]。今從《實録》。

帝夜帥宿衛南出山外[二]，明日，復還仁智宮。

《實録》云：「高祖之出山也，建成憂憤，卧於幕下。天策兵曹杜淹請因亂襲之，建成左右亦有斯請，今上並拒而不納。」《唐統紀》云：「太宗之從内出，夜經建成幕。度建成侍衛左右唯有十人，並來跪捧太宗足，皆云：『今日之事，一聽王旨，若遣屏除，今其時也。』太宗叱而止之。既而還向府僚説其事，衆僚文武並進曰：『文幹爲儲君作逆，天下共知，假手宮臣，正合天意。』太宗曰：『寡人始奉恩旨，何忍旋踵即有所違。卿與之言，必無此理。』府僚又請，終拒而不聽。」按：是時高祖無誅建成意，左右何敢輒殺之！今不取。

八年，四月，西突厥可汗請昏，裴矩謂宜許之。

《新》、《舊》《傳》皆云封德彝之謀。今從《實録》。

[一]「紀」，《通鑑》胡註誤作「記」。

[二]《通鑑》正文此事在六月甲子。

七月〔一〕**，秦王世民出屯蒲州，以備突厥。**

《舊·本紀》：「八月六日〔二〕，突厥寇定州，命皇太子往幽州，秦王往并州，以備突厥。」《唐曆》亦同。今據《實録》，七月秦王出蒲州，八月無太子往幽州、秦王往并州事。

八月〔三〕**，突厥寇靈武。**

《實録》、《統紀》並云「寇廣武」。按：北邊地名無廣武，下云靈州都督敗之，蓋「靈武」字誤耳〔四〕。

九年，三月〔五〕**，歐陽胤在突厥，帥其徒五十人謀襲可汗。**

《實録》云五千人。按：奉使安得五千人，蓋「十」字誤作「千」字耳。

六月，秦王世民謀誅建成、元吉，問於李靖、李世勣，皆辭。

《統紀》云：「秦王懼，不知所爲。李靖、李勣數言：『大王以功高被疑，靖等請申犬馬之

〔一〕「七月」，《通鑑》正文此事在七月丁巳。按：《新唐書·高祖紀》原在七月丁巳。

〔二〕「八月六日」，《舊唐書·高祖紀》原作「八年六月」。

〔三〕「八月」，《通鑑》正文此事在八月庚辰。

〔四〕《通鑑》胡註曰：「今按《舊唐·志》，代州雁門，漢廣武縣。或者寇廣武即太谷乘勝之兵歟？史臣以漢古縣名，稱雁門爲廣武耳。」

〔五〕「三月」，《通鑑》正文此事在三月癸丑。

力。』」劉餗《小説》：「太宗將誅蕭墻之惡以主社稷，謀於衛公靖，靖辭；謀於英公徐勣，勣亦辭。帝由是珍此二人。」二説未知誰得其實。然劉説近厚，有益風化，故從之。《舊·建成傳》又云：「封德彝密勸太宗誅建成，世民不從。德彝更言於上曰：『秦王既有大功，終不爲太子之下，若不立之，願早爲之所。』又説建成作亂，曰：『夫爲四海者不顧其親。漢高乞羹，此之謂矣。』」按《許敬宗傳》云：「敬宗父善心及虞世南兄世基，皆爲宇文化及所殺，封德彝時爲内史舍人，備見其事，嘗謂人曰：『世基被誅，世南匍匐而請代；善心之死，敬宗舞蹈以求生。』人以爲口實，敬宗銜之。及爲德彝立傳，盛加其惡。」疑此亦近誣，今不取。

王晊密告世民，以太子語齊王，欲使壯士殺秦王。

《舊·傳》以爲建成實有此言，而晊告之。按：建成等前酖秦王〔二〕，高祖已知之，今若明使壯士拉殺，而欺云暴卒，高祖豈有肯信之理！此説殆同兒戲。今但云晊告建成等，則事之虚實皆未可知，所謂疑以傳疑也。

張公謹取龜投地。

《唐曆》云：「布卦未畢，張公謹適自外至，諫曰：『夫事不可疑而疑者，其禍立至。今假使

〔二〕「等」，《通鑑》胡註無此字。

卜之不吉，其可已乎！』遂折蓍。秦王曰：『善！』」今從《舊唐書》。

七月，己丑，以秦叔寶、程知節、尉遲敬德爲將軍。

《唐曆》，三人除官皆在癸巳。今從《實録》。

丙申〔二〕，太子下令：「事連東宫及李瑗者，不得相告。」

《太宗實録》「六月丙申」。《唐曆》脱「七月」，而在「壬辰」下。按：六月無丙申，丙申，七月十日也。今從《唐曆》。

八月〔三〕，太宗與突厥頡利可汗盟。

劉餗《小説》：「武德末年，突厥至渭水橋，控弦四十萬。太宗初親庶政，驛召衛公問策。時發諸州軍未到，長安居人勝兵者不過數萬〔三〕，胡人精騎騰突挑戰，日數合〔四〕。帝怒，欲擊之。靖請傾府庫賂以求和，潛軍邀其歸路。帝從其言，胡兵遂退。於是據險邀之，虜棄老弱而遁，獲

〔二〕「丙申」，《通鑑》正文作「丙子」。按：《二十史朔閏表》，武德九年七月丁亥朔，無丙子。《通鑑》正文誤。又《考異》云從《唐曆》，則此事當在七月壬辰。

〔三〕「八月」，《通鑑》正文此事在八月乙酉。按：《舊唐書》、《新唐書》《太宗紀》原在八月乙酉。

〔三〕「者」，《通鑑》胡註無此字。按：《隋唐嘉話》原無「者」字。

〔四〕「數」下，《隋唐嘉話》原有「十」字。

馬數萬匹，金帛一無遺焉。」今據《實録》、《紀》、《傳》，結盟而退，未嘗掩襲，《小説》所載爲誤。

十月，葬息隱王建成、海陵剌王元吉，魏徵表請陪送至墓所。

《高祖實録》、《建成》、《元吉傳》：「太宗踐阼，改葬加謚。」《太宗實録》及《本紀》皆不書葬月日，唯《唐曆》在此年十月。《貞觀政要》此表在二年。據此年七月魏徵爲諫議大夫，宣慰山東，王珪亦未爲黄門侍郎，葬建成、元吉恐在後，但别無年月日可附，今且從《唐曆》。

蕭瑀、陳叔達免官[一]。

《舊·傳》：「太宗以玄齡等功高，由是忤旨，廢于家。俄拜少師，復爲左僕射，坐與叔達忿爭免。」按：《實録》忿爭在作少師前，今從之。

〔一〕《通鑑》正文此事在十月庚辰。按：《新唐書·太宗紀》原在十月庚辰。

資治通鑑考異卷第十

端明殿學士兼翰林侍讀學士太中大夫提舉西京嵩山崇福宫上柱國河内郡開國公食邑二千六百户食實封壹阡户臣司馬光奉敕編集

唐紀二

太宗貞觀元年，正月，定律，加役流居作三年。

《新》、《舊》《刑法志》皆云「居作二年」。今從王溥《唐會要》〔一〕。

九月〔二〕，杜淹參預朝政。

《實録》云「杜淹署位」，不知所謂署位何也，今從《新書·宰相表》。是時宰相無定名，或云

〔一〕「唐」，《通鑑》胡註無此字。

〔二〕「九月」，《通鑑》正文此事在九月辛酉。按：《新唐書·太宗紀》原在九月辛酉。

參預朝政，或云參知機務之類甚衆，不知其入銜否也。如李靖「三兩日一至門下、中書平章政事」，魏徵「朝章國典，參議得失」之類，則決不入銜矣。

十月〔一〕**，遣李公掩慰諭馮盎。**

《魏文貞公故事》作「李公淹」，又有前蒲州刺史韋叔諧偕行。今從《實録》。

十二月，以孫伏伽爲諫議大夫。

韓琬《御史臺記》：「伏伽，武德中自萬年主簿上疏極諫，太宗怒，命引出斬之。伏伽曰：『臣寧與關龍逄游於地下，不願事陛下。』太宗曰：『朕試卿耳。卿能若是，朕何憂社稷！』命授之三品。辛臣曰：『伏伽匡陛下之過，自主簿授之三品，彰陛下之過深矣，請授之五品。』遂拜爲諫議大夫。」按《高祖實録》：「武德元年，伏伽自萬年縣法曹上書，高祖詔授治書侍御史。」《御史臺記》誤也。今據《魏徵故事》。

敕勒諸部多濫葛、僕固。

《舊書》「敕勒」作「鐵勒」。《新書》云，即元魏時高車。或曰「敕勒」訛爲「鐵勒」。今從《新書》。《舊書》「多濫葛」作「多覽葛」，又作「多臘葛」。今從《實録》、《唐統紀》。又《舊書》「僕

〔一〕「十月」，《通鑑》正文此事在十月乙酉。

固」或作「僕骨」。按：胡語難明，以中國字寫之，故訛謬不壹。今從《陳子昂集》及《僕固懷恩傳》。

薛延陀夷男附于突厥頡利可汗。

《舊·鐵勒傳》云：「貞觀二年，葉護可汗死，其國大亂，夷男始附于頡利。」按《突厥傳》，元年，薛延陀已叛頡利，擊走其欲谷設，安得二年始附頡利乎！

薛延陀叛頡利。

《舊·阿史那社爾傳》，薛延陀、回紇等叛在武德九年。今從《突厥傳》。

西突厥統葉護可汗。

《高祖實録》止云「葉護」。《舊·傳》作「統葉護」，今從之。

帝悦王珪之言，出廬江王瑗姬〔一〕。

《實録》、《新》、《舊書》皆云：「帝雖不出此美人，而甚重其言。」按：太宗賢主，既重珪言，何得反棄而不用乎！且是人汎侍左右，又非嬖寵著名之人，太宗何愛而留之！今從《貞觀政要》。

〔一〕《通鑑》正文此事在二年十二月。按：《舊唐書》、《新唐書》《太宗紀》原在二年十二月。

帝責王珪、温彦博，既而悔之。

《魏文貞公故事》：「太宗曰：『人皆以祖孝孫爲知音，令教聲曲，多不諧韻。此其未至精妙，爲不存意乎？』乃敕所司，令舉其罪〔一〕。公進諫曰：『陛下生平不愛音聲，今忽爲教女樂責孝孫，臣恐天下怪愕。』太宗曰：『汝等並是我心腹，應須中正，何乃附下罔上，爲孝孫辭！』温彦博等拜謝。公及王珪進曰：『陛下不以臣等不肖，置之樞近，今臣所言，豈是爲私？不意陛下責臣至此！常奉明旨：「勿以臨時嗔怒，即便曲從，成我大過。」臣等不敢失墜，所以每觸龍鱗。今以爲責，只是陛下負臣，臣終不負陛下。』太宗怒未已，懍然作色。公又曰：『祖孝孫學問立身，何如白明達？陛下平生禮遇孝孫，復何如白明達？今過聽一言，便謂孝孫可疑，明達可信，臣恐羣臣衆庶有以窺陛下。』太宗怒乃解。」今從《舊・傳》。

三年，六月〔二〕，詔文武官言得失，馬周代常何陳事。

《舊・傳》云貞觀五年。據《實録》，詔在此年，五年不見有詔令百官上封事。今從《唐曆》，附此。

〔一〕「舉」，原誤作「與」，今據廣雅本、《通鑑》胡註改。

〔二〕「六月」，《通鑑》正文此事在六月壬午。按：《新唐書・太宗紀》原在六月壬午。

閏月，顔師古請作《王會圖》。

《實録》、《新》、《舊》《傳》皆云「正會圖」〔一〕。按：《汲冢周書》有《王會篇》，柳宗元《鐃鼓歌》、吕述《黠戛斯朝貢圖》皆作「王會」，今從之。

四年，二月，李靖、李世勣相與謀襲頡利。

《舊書·靖傳》以爲謀出於靖，《勣傳》以爲謀出於勣，蓋二人相與謀耳。

蘇定方爲前鋒，頡利走，靖軍至，虜衆潰〔二〕**。**

《舊書·靖傳》曰：「靖軍逼其牙帳十五里，虜始覺。」《定方傳》曰：「靖使定方爲前鋒，乘霧而行。去賊一里許，忽然霧歇，望見其牙帳，掩擊，殺數十百人，頡利畏威先走。」今從《唐曆》。

三月〔三〕**，蘇尼失獲頡利，張寶相俘送京師，蘇尼失降。**

《太宗實録》云：「蘇尼失舉衆歸國，因以頡利屬于軍吏。」《舊·傳》云：「蘇尼失令子忠禽頡利以獻。」蓋寶相逼之，而蘇尼失使忠獻之也。

〔一〕「正會圖」，《舊唐書·東謝蠻傳》、《新唐書·南蠻傳》原作「王會圖」。
〔二〕《通鑑》正文此事在二月甲辰。按：《舊唐書》、《新唐書》《太宗紀》原在二月甲辰。
〔三〕「三月」，《通鑑》正文此事在三月庚辰。按：《舊唐書·太宗紀》原在三月庚辰。

五月〔一〕**，以阿史那思摩爲北開州都督。**

《舊·傳》云「爲化州都督」。按：化州乃突利故地，安得云「統頡利舊部落」也〔二〕。

蕭瑀劾奏李靖〔三〕。

《舊·傳》：「御史大夫温彦博害其功，譖靖軍無綱紀，致令虜中奇寶散於亂兵之手。」據《實録》，彦博二月已爲中書令，三月始禽頡利。今從《實録》。

七月，蕭瑀氣剛辭辯，房玄齡等不能抗，帝多不用其言。

《舊·傳》云：「玄齡等心知其是，不用其言。」按：玄齡若用心如此，安得爲賢相！且事之用捨在太宗，非由玄齡。今不取。

六年，正月，魏徵諫封禪。

《實録》、《唐書·志》及《唐統紀》皆以爲太宗自不欲封禪，而《魏文貞公故事》及王方慶《文貞公傳録》以爲太宗欲封太山，徵諫而止。意頗不同，今兩存之。

〔一〕「五月」，《通鑑》正文此事在五月壬申。
〔二〕「舊」，《通鑑》胡註無此字。按：《舊唐書·突厥傳》原有「舊」字。
〔三〕《通鑑》正文此事在五月丁亥。

三月，徵諫資送公主倍於長主，皇后賞之。

《舊·文德皇后傳》云：「使賫帛五百匹，詣徵第賜之。」《魏文貞公故事》云：「遣中使賫錢二十萬、絹百疋，詣公宅宣命。」今從《舊·魏徵傳》。

七月，西突厥設卑達官〔一〕**。**

《新·傳》作「没卑達干」。今從《舊·傳》。

立泥孰爲奚利邲咄陸可汗〔二〕**。**

《舊·傳》「册爲呑阿妻狀奚利邲咄陸可汗」〔三〕，《新·傳》「册號呑阿婁拔利邲咄陸可汗」。今從《實録》。

九月〔四〕**，尉遲敬德毆任城王道宗。**

《唐曆》云：「嘗因内宴，於御前毆宇文士及，曰：『汝有何功，合居吾上！』太宗慰諭之，方止。」今從《舊·傳》。

〔一〕「官」，《舊唐書·突厥傳》原作「干」。

〔二〕《通鑑》正文此事在七月丁酉。

〔三〕「妻狀」，《舊唐書·突厥傳》原作「婁拔」。

〔四〕「九月」，《通鑑》正文此事在九月己酉。按：《新唐書·太宗紀》原在九月己酉。

七年，九月，死囚三百九十人自詣朝堂。

四年《實録》云：「天下斷死罪，止二十九人。」今年《實録》乃有二百九十九人，何頓多如此！事已可疑。又白居易《樂府》云：「死囚四百來歸獄。」《舊・本紀》、《統紀》、《年代記》皆云「二百九十人」。今從《新書・刑法志》。

十二月，帝從上皇置酒未央宫。

《舊・高祖紀》：「八年，閲武於城西，高祖親自臨視，還，置酒於未央宫。」《高祖實録》不記年月。據《太宗實録》，八年正月頡利可汗死。今從《唐曆》。

八年，正月，帝欲分遣大臣爲諸道黜陟大使。

《實録》、《舊・本紀》但云：「遣蕭瑀等巡省天下。」按：時止有十道，而《會要》、《統紀》皆云「發十六道黜陟大使」，據姓名止十三人。皆所未詳，故但云諸道。

五月，吐谷渾可汗伏允。

《實録》，十年立諾曷鉢，詔稱伏允爲「順步薩鉢」。今從《舊・傳》。

伏允寇蘭、廓，遣段志玄擊之〔二〕。

《實録》，六年三月，吐谷渾寇蘭州，不云遣志玄擊之。吐谷渾寇蘭、廓二州，無年月。《新·本紀》，此夏遣志玄。《實録》，十月，志玄破吐谷渾。故參酌置此。又《新書·本紀》，是夏，吐谷渾寇涼州，遣志玄等伐之〔三〕。《實録》，十月辛丑，志玄破吐谷渾，而不書遣將日月。《新·紀》亦無破吐谷渾月日。《實録》寇涼州在十一月。今參用之。

十一月，吐蕃贊普棄宗弄讚。

《太宗實録》「贊普」作「贊府」。《高宗實録》「棄宗」作「器宗」。今從《舊·傳》。

下詔討吐谷渾〔三〕。

《舊·傳》云：「吐谷渾拘趙德楷，太宗遣使宣諭，十餘返，竟無悛心。九年，詔李靖等討伐。」《太宗實録》，己丑，吐谷渾拘我行人趙德楷，即下此詔。十二月，遣李靖等。今從《實録》。據《舊·傳》，拘德楷在前。據《實録》此詔〔四〕，先遣使宣諭，後拘德楷，即下詔伐之。今兩存之。

〔二〕《通鑑》正文入寇在五月，遣段志玄在六月。

〔三〕「伐」，原誤作「代」，今據孔本、《四庫》本、胡本、廣雅本、《通鑑》胡註及《新唐書·太宗紀》改。

〔三〕《通鑑》正文此事在十一月己丑。

〔四〕「此詔」，《通鑑》胡註無此二字。

十二月，高季輔上言。

《貞觀政要》季輔疏在三年[一]，《會要》在八年[二]。按《舊·傳》，季輔貞觀初拜御史，累轉中書舍人。故從《會要》置此。

九年，閏四月[三]，任城王道宗敗吐谷渾於庫山。

《舊·道宗傳》云：「賊聞軍至，走入嶂山，已行數千里。諸將議欲息兵，道宗固請追討，李靖然之，而君集不從。道宗遂率偏師并行倍道，去大軍十日，追及之。賊據險苦戰，道宗潛遣千餘騎踰山襲其後。賊表裏受敵，一時奔潰。」庫山、嶂山，不知其所以爲同異。據嶂山已行數千里，今不取，今即以爲庫山之戰也。

侯君集請深入。

《舊·道宗傳》云：「道宗固請追討，李靖然之，而君集不從。」《靖傳》云：「軍次伏俟城，吐谷渾燒去野草以餒我師，退保大非川。諸將咸言：『春草未生，馬已羸瘦，不可赴敵。』唯靖決計而進，深入敵境，遂踰磧石山。」按《實録》：「庫山之捷，可汗謀將入磧以避官軍。道宗復曰：

[一]「三年」，吴兢《貞觀政要》（上海商務印書館《四部叢刊續編》影印上海涵芬樓藏明成化刊本）原在二年。

[二]「八年」，王溥《唐會要·不許諸王及公主抗禮》（臺灣商務印書館影印清文淵閣《四庫全書》本，下同）原在十一年。

[三]「閏四月」，《通鑑》正文此事在閏四月癸酉。

『柏海近河源，古來罕有至者。賊既西走，未知的處，今段之行，實資馬力。今馬疲粮少，遠入爲難，未若且向鄯州，待馬肥之後，更圖進取。』君集曰：『不然。段志玄曩者纔至鄯州，賊衆便到城下，良由彼國尚完，凶徒阻命。今者一敗以後，斥候亦絶，君臣相失，父子攜離，乘其迫懼，取同俯拾。柏海雖遥，便可鼓行而至也。』靖又然之。」《道宗傳》與《實録》相違，今從《實録》。

李靖等敗吐谷渾於牛心堆[一]，又敗諸赤水原[二]。

《實録》：「癸巳，李靖、侯君集、任城王道宗等破吐谷渾於赤水源。」按：下文自庫山中分士馬爲兩道[三]，靖趣北路，出曼頭山，逾赤水；君集、道宗趣南路，歷破邏真谷。然則赤水之戰，君集、道宗不在彼也，今删去其名。又《吐谷渾傳》，獲其高昌王慕容孝儁，不知在何戰，今亦删去。

五月，薛萬均等敗天柱王於赤海。

《舊》《萬徹傳》作「赤水源」，《契苾何力傳》作「赤水川」。今從《實録》。

[一] 《通鑑》正文此事在閏四月癸巳。按：《舊唐書·太宗紀》原在閏四月癸巳。
[二] 「原」，《資治通鑑目録》同，《通鑑》正文作「源」。按：《新唐書·吐谷渾傳》原作「源」。
[三] 「下」，《通鑑》胡註作「上」。

靖聞伏允在突倫川。

《吐谷渾傳》云：「伏允西走圖倫磧。」蓋即突倫川，虜語轉耳。今從《契苾何力傳》[一]。

契苾何力趣突倫川，薛萬均引兵從之。

《吐谷渾傳》云：「萬均率輕鋭追奔，入磧數百里，及其餘黨，破之。」蓋何力先進，而萬均從之也。

侯君集等至柏海，還與李靖軍合。

《吐谷渾傳》「柏海」作「柏梁」。今從《實録》。《實録》及《吐谷渾傳》皆云：「君集與李靖會於大非川。」按《十道圖》，大非川在青海南，烏海、星宿海、柏海並在其西，且末又在其西極遠。據靖已至且末，君集又過烏海、星宿川至柏海[二]，豈得復會於大非川！於事可疑，故不敢著其地。《吐谷渾傳》又云：「兩軍會於大非川，至破邏真谷，大寧王順乃降。」按《實録》，君集歷破邏真谷[三]，又行月餘日，乃至星宿川。然則破邏真谷在星宿川東甚遠矣，豈得返至其處邪！今從《實録》。

[一]「倫」，《舊唐書》、《新唐書》《契苾何力傳》原作「淪」。
[二]「君集」，《通鑑》胡註無此二字。
[三]「君集」，《通鑑》胡註無此二字。

伏允爲左右所殺。

《吐谷渾傳》云「自縊而死」。今從《實録》。

十一年，武士彠女年十四，入宫。

《舊·則天本紀》，崩時年八十三。《唐曆》、焦璐《唐朝年代記》、《統紀》、馬總《唐年小録》、《聖運圖》、《會要》皆云八十一。《唐録政要》，貞觀十三年入宫。據武氏入宫年十四。今從吴兢《則天實録》，爲八十二，故置此年。

十三年，西突厥二可汗以伊列水爲境。

《沙鉢羅葉護傳》云：「東以伊列河爲界。」按《乙毗咄陸傳》云[一]：「自伊列河以西屬咄陸，以東屬咥利失。」沙鉢羅葉護既因咥利失之地，應云西以伊列河爲界。今未知二傳孰誤，故但云伊列水爲境。

十四年，二月，國學升講筵者至八千餘人。

《舊·傳》云「八十餘人」[二]。今從《新書》。

[一]「咄」，原脱，今據《通鑑》胡註及《舊唐書·突厥傳》補。

[二]「十」，《舊唐書·儒林傳》、《新唐書·儒學傳》原作「千」。

八月，侯君集至田城。

《實録》作「田地城」。今從《舊・傳》[一]。

高昌王文泰與西突厥可汗相結。

《舊・傳》云：「與欲谷設約。」按：欲谷設去歲已敗死。今不取。

高昌户八千四十六，口一萬七千七百。

《舊・傳》：「户八千，口三萬七千七百。」今從《實録》。

十五年，四月[二]**，席君買襲擊吐谷渾丞相宣王，破之。**

《舊・傳》云：「鄯州刺史杜鳳舉與威信王合軍擊丞相王[三]，破之，殺其兄弟三人。」今從《實録》。

十六年，九月，褚遂良上疏，請復立高昌。

《貞觀政要》載遂良疏云：「數郡蕭然，五年不復。」下言：「十六年，西突厥遣兵寇西州。」

[一]《通鑑》胡註曰：「按：田城即田地城也。麴嘉之王高昌也，置田地太守，封其二子，一爲交河公，一爲田地公。《新書》曰：田地城，即漢戊己校尉所治地。宋白曰：西州高昌縣，本晉田地縣之地。《輿地志》云：晉咸和二年，置高昌郡，立田地縣，唐改高昌縣。」

[二]「四月」，《通鑑》正文此事在四月丁巳。

[三]「軍」，《通鑑》胡註作「兵」。按：《舊唐書・吐谷渾傳》原作「軍」。

按《實録》，此年唯有西突厥寇伊州，不云寇西州，蓋以伊州隷西州屬部，故云爾。自十四年滅高昌，距此適三年耳，何得云五年不復！或者「三」字誤爲「五」字耳。《舊·傳》置此疏於十八年，蓋亦因此而誤。十八年無西突厥寇西州事，故附於此。

乙毗咄陸可汗奔吐火羅。

《舊·突厥傳》云：「都護郭孝恪敗咄陸〔二〕。十五年，屋利啜等請立可汗。」按：上已云「十五年册授沙鉢羅葉護可汗」，下不應更云「十五年」，疑「六」字誤爲「五」字耳。二十年《實録》，敘咄陸兵散居白水胡城事，亦云「是歲貞觀十五年也」。按十六年《實録》：「九月癸酉，以涼州都督郭孝恪爲安西都護。」則咄陸寇伊州應在其後，豈得十五年已敗散乎！《突厥傳》誤，蓋亦由此。今因孝恪爲都護，并言之。

十一月〔三〕，高麗東部大人泉蓋蘇文。

《舊·傳》云「西部大人」。今從《實録》。

〔二〕「孝」，《舊唐書·突厥傳》原無此字。

〔三〕「十一月」，《通鑑》正文此事在十一月丁巳。

十九年，四月〔一〕，江夏王道宗將兵數千至新城。

《唐曆》：「張儉懼敵，不敢深入。江夏王道宗固請將百騎覘賊，帝許之，因問往返幾日，對曰：『往十日，周覽十日，返十日，總經一月，望謁陛下。』遂秣馬束兵，經歷險阻，直登遼東城南，觀其地形險易，安營置陳之所。及還，賊已引兵斷其歸路，道宗擊之，盡殪，斬關而出，如期謁見。帝歎曰：『賁、育之勇，何以過此！』賜金五十斤，絹千匹。」今從《實録》。

六月〔二〕，帝大破高麗，高延壽等降。

《實録》云：「李勣奏曰：『向若陛下不自親行，臣與道宗將數萬人攻安市城未克，延壽等十餘萬抽戈齊至，城内兵士復應開門而出，臣救首拔尾〔三〕，旋踵即敗，必爲延壽等縛送向平壤，爲莫離支等所笑。今日臣敢謝陛下性命恩澤。』帝素狎勣，笑而頷之〔四〕。」按：勣後獨將兵取高麗，豈必太宗親行邪！此非史官虚美，乃勣諛辭耳。今不取。

〔一〕「四月」，《通鑑》正文此事在四月壬寅。

〔二〕「六月」，《通鑑》正文此事在六月己未。按：《新唐書·太宗紀》原在六月己未。

〔三〕「拔」，兩浙本、胡本、廣雅本、《通鑑》胡註作「救」。

〔四〕「頷」，原誤作「領」，今據《四庫》本、《通鑑》胡註改。

八月，莫離支説薛延陀真珠可汗，真珠不敢動。

《實録》：「上謂近臣曰：『以我量之，延陀其死矣。』聞者莫能測。」按：太宗雖明，安能料延陀之死〔一〕！今不取。

十月，徙遼、蓋、巖三州户口入中國者七萬人。

《實録》上云，「徙三州户口入内地者，前後七萬人」；下癸丑詔書云，「獲户十萬，口十有八萬」，蓋并不徙者言之耳。

十二月，田仁會敗薛延陀。

《高宗實録》云：「會延陀死，耀威漠北而還。」其意指真珠爲延陀也。按：真珠憚太宗威靈，不敢入寇，又死在九月，而此云冬來寇，必非真珠也。《田仁會傳》作十八年，亦誤也。

或譖劉洎，詔賜死〔二〕。

《實録》云：「黄門侍郎褚遂良誣奏之曰：『國家之事不足慮也，正當輔少主，行伊、霍事〔三〕，

〔一〕「延」上，《通鑑》胡註有「薛」字。

〔二〕《通鑑》正文此事在十二月庚申。按：《新唐書·太宗紀》原在十二月庚申。

〔三〕「事」，原脱，今據孔本、《四庫》本、胡本、廣雅本及《舊唐書》、《新唐書》《劉洎傳》補。

大臣有異志者誅之，自然定矣。』太宗疾愈，詔問其故，洎以實對。遂良執證之不已，洎引中書令馬周以自明。太宗問周，周對與洎所陳不異。帝以詰遂良，又證周諱之，洎遂及罪。」按：此事中人所不爲，遂良忠直之臣，且素無怨仇，何至如此！蓋許敬宗惡遂良，故修《實録》時，以洎死歸咎於遂良耳。今不取。

二十年，六月，遣李世勣圖薛延陀，戒世勣曰：「降則撫之，叛則討之。」

《舊·李勣傳》云：「詔勣以二百騎發突厥兵討擊。」今從《鐵勒傳》。

世勣至鬱督軍山。

《勣傳》作「烏德鞬山」，《唐曆》云即「鬱督軍山」，虜語兩音也。《鐵勒傳》云：「至于天山。」今從《唐曆》。

八月，多濫葛、斛薛等十一姓。

《舊》《回紇》、《鐵勒傳》作「多覽葛」。今從《實録》及《本紀》、《唐曆》。又《回紇傳》、陳彭年《唐紀》作「斛薩」，《鐵勒傳》作「解薛」。今從《實録》。《實録》又有契丹、奚，云十三姓。按：契丹、奚本非薛延陀所統，又内附已久，嘗從征遼，非至此乃降。今從《舊·本紀》。

二十一年，正月〔一〕**，以僕骨爲金微府。**

《舊書》作「金徽」。今從《實録》、《唐曆》。

六月，房玄齡言李緯美髭鬢〔二〕**，改洛州刺史。**

《唐曆》云：「居無何，改緯太子詹事。」今從《舊·傳》。

八月，骨利幹煮羊脾熟，日已復出。

《實録》、《唐曆》皆作「羊胛」。僧一行《大衍曆義》及《舊·天文志》、《唐統紀》皆作「脾」。《新·天文志》云「胹羊髀」。按：正言羊脾者，取其易熟故也。若煮羊胛及髀〔三〕，則雖中國，通夕亦未爛矣。今從《大衍曆義》〔四〕。

十一月，突厥車鼻可汗請入朝，遣郭廣敬徵之，竟不至。

《實録》：「詔遣雲麾將軍安調遮、右屯衛郎將韓華迎之。車鼻徒飾其辭，初無來意。韓華

〔一〕「正月」，《通鑑》正文此事在正月丙申。

〔二〕「鬢」，兩浙本、孔本、《四庫》本、胡本、廣雅本、《通鑑》正文、《資治通鑑目録》作「鬚」。按：《舊唐書·房玄齡傳》原作「鬢」。

〔三〕「胛」，原皆誤作「脾」，今據廣雅本、《通鑑》胡註改。

〔四〕「義」，《考異》卷十三「岳臺晷長一尺五寸微彊」條及《新唐書·藝文志》皆作「議」。

將招歌邏禄共劫之，車鼻覺其謀，華與車鼻子陟苾特勒相射而死，調遮亦被殺。」今從《舊・突厥傳》。

二十二年，二月，崔仁師流連州。

《舊・傳》云「流龔州」〔一〕。今從《新》、《舊》《本紀》。

十月〔二〕**，以迴紇吐迷度子婆閏爲瀚海都督。**

《舊・回紇傳》云〔三〕：「詔西突厥可汗阿史那賀魯統五啜〔四〕、五俟斤二十餘部，居多羅斯水南，去西州馬行十五日程。回紇不肯西屬突厥。」按：賀魯時爲將軍，自多邏斯水入居庭州，永徽二年乃西遁，自稱可汗，所統咄陸五啜、弩失畢五俟斤，唐未嘗以回紇隷之也。今不取。

二十三年，正月，以布失畢爲左武衛中郎將。

《實録》云「左武衛翊衛中郎將」，《舊・傳》爲「武翊衛中郎將」。按《會要》，武德五年，改左、右翊衛爲左、右衛。然則於時已無翊衛之名，且布失畢必不獨兼兩衛之官。今去

〔一〕「云」，《通鑑》胡註無此字。
〔二〕「十月」，《通鑑》正文此事在十月甲戌。
〔三〕「回紇傳」，《舊唐書》原作「迴紇傳」；以下同，不再出校。
〔四〕「詔」，《通鑑》胡註誤作「昭」。

「翊衛」字[二]。

遣高侃擊突厥車鼻可汗，拔悉蜜吐屯肥羅察降[三]。

《高宗實録》云：「初，突厥車鼻可汗遣其子車鉢羅入貢，太宗遣使徵之，不至。太宗大怒，遣右驍衛郎將高侃引回紇、僕骨等兵襲擊之，其下諸部落相次歸降。其子羯漫陀先統拔悉密部，泣諫其父，請歸國，車鼻不聽。羯漫陀遂背父來降，以其地爲新黎州。」《舊・傳》云：「二十三年，遣右驍衛郎將高侃潛引回紇、僕骨等兵衆襲擊之，其酋長歌邏禄泥孰闕俟利發、乃拔塞匐、處木昆、莫賀咄俟斤等，率部落背車鼻，相繼來降。車鼻長子羯漫陀先統拔悉密部，車鼻未敗前，遣其子恭鑠入朝[三]，太宗嘉之，拜左屯衛將軍，更置新黎州以統其衆。」今從《太宗實録》。

高宗永徽元年，九月[四]**，谷那律言瓦爲油衣。**

《舊書・那律傳》云：「嘗從太宗出獵，在塗遇雨，有此語，意欲太宗不爲畋獵。太宗悦，賜

[二]《通鑑》胡註曰：「按《唐六典》，左右衛有親、勳、翊三衛中郎將，其餘諸衛府各有翊衛中郎將，『翊衛』二字，恐不可去。」

[三]「蜜」，《通鑑》正文作「密」。按：《舊唐書・突厥傳》原作「密」。

[三]「恭」，《通鑑》胡註作「菴」。按：《舊唐書・突厥傳》原作「菴」。

[四]「九月」，《通鑑》正文此事在九月癸亥。

帛二百段。」《唐録政要》高宗出獵有此月日，《唐統紀》亦在此年，今從之。

五年，三月，戊午，幸萬年宫。

《實録》戊午以下，皆爲二月。按《長曆》，二月丁丑朔，無戊午。戊午，三月十二日也。

蕭淑妃有寵。

《新》、《舊唐書》或作「蕭淑妃」，或作「蕭良娣」。《實録》皆作「良娣」。廢王后詔亦曰「良娣蕭氏」。按：當時後宫位號無良娣名，唯漢世太子宫有良娣。疑高宗在東宫時，蕭爲良娣，及即位，拜淑妃也。

六年，六月，武昭儀誣王后爲厭勝。

《舊·傳》云：「后懼不自安，密與母柳氏求巫祝厭勝，事發，故廢。」今從《實録》。

帝欲以武昭儀爲宸妃，韓瑗、來濟諫〔一〕。

《唐曆》在此年四月，今據《實録》。四月，韓瑗、來濟未爲侍中、中書令。《唐曆》又云：「瑗、濟諫，帝不從。」按：立武后詔書猶云昭儀武氏〔二〕，然則未嘗爲宸妃也。今從《會要》。

〔一〕《通鑑》正文此事在七月。

〔二〕「云」原誤作「六」，今據兩浙本、孔本、《四庫》本、胡本、廣雅本、《通鑑》胡註改。

李義府超拜中書侍郎。

《舊·傳》云：「高宗將立武后，義府密申叶贊，擢拜中書侍郎、同中書門下三品、監修國史，賜爵廣平縣男。」《新書》《本紀》、《年表》皆云：「是歲七月，義府爲中書侍郎、參知政事。」《實録》但云「超拜中書侍郎」。《宰輔圖》：「十一月，自中書侍郎參知政事。」今從之。

九月，長孫無忌、褚遂良諫廢王后。

《唐曆》云：「無忌等將入，遂良曰：『今者多爲中宮事，遂良欲諫，何如？』無忌曰：『公但極言，無忌接公。』及入，上再三顧無忌曰：『莫大之罪，無過絶嗣。皇后無子，今欲廢之，立武士彠女，何如？』無忌曰：『自貞觀二十三年後，先朝託付遂良，望陛下問其可否。』」按：如此則是無忌賣遂良也。今不取。

顯慶二年，閏正月，以西突厥酋長阿史那彌射、步真爲流沙安撫大使。

《舊·西突厥·咄陸傳》云〔一〕：「咄陸可汗泥熟〔二〕，父莫賀設，貞觀七年，遣鴻臚少卿劉善因

〔一〕「云」，《通鑑》胡註無此字。

〔二〕「熟」，兩浙本、孔本、《四庫》本、胡本、廣雅本作「孰」。按：《舊唐書·西突厥·咄陸傳》原作「孰」。

册爲吞阿妻狀奚利苾咄陸可汗〔一〕。明年，泥孰卒〔二〕，弟同娥設立，爲咥利失可汗。」《彌射傳》云：「彌射者，室點密可汗五代孫也，世統十姓部落，在本蕃爲莫賀咄葉護。貞觀六年，詔遣鴻臚少卿劉善因就蕃立爲奚利邲咄陸可汗。其族兄步真欲自立，謀殺彌射。彌射既與步真有隙，以貞觀十三年，率所部處月、處密部落入朝。其後步真遂自立爲咄陸葉護〔三〕，部落不服，步真復攜家屬入朝。彌射後從太宗征高麗有功，封平襄縣伯，顯慶二年，轉右武衛大將軍。」《新・傳》略同。今欲以咄陸、彌射爲二人，則事多相類；以爲一人，則事又相違。疑不能明，故但云西突厥酋長〔四〕。

〔一〕「妻狀」，《舊唐書・西突厥・咄陸傳》原作「婁拔」。

〔二〕「孰」，《通鑑》胡註作「熟」。

〔三〕「陸」，原誤作「六」，今據孔本、《四庫》本、胡本、廣雅本、《通鑑》胡註及《舊唐書・西突厥・阿史那彌射傳》改。

〔四〕《通鑑》胡註曰：「余按：彌射爲咄陸可汗，唐所册也；步真爲咄陸葉護，自稱也。咄陸之號雖同，而可汗、葉護，位之尊卑有異，不必泥咄陸之號而傳疑，而彌射、步真實二人也。余前註所引者《新・傳》也，其辭略，《考異》所引者《舊・傳》也，其辭詳，大略同也。又參考《新》、《舊書》，劉善因册可汗事，與《通鑑》有六年、七年之差，而《新》、《舊書》可汗號有『婁拔』、『妻狀』之差，《舊書》又多一『奚』字，而貞觀中立彌射爲奚利邲咄陸可汗，則《新》、《舊書》同。詳而考之，劉善因册泥孰爲奚利邲咄陸可汗，明年而泥孰死，弟同娥設立，爲沙鉢羅咥利失可汗，又三年而咥利失不爲衆所歸，西部又立欲谷設爲乙毗咄陸可汗。二可汗兵爭，咄利失、乙毗相繼走死他國，而射匱實承之。太宗崩，賀魯反，而射匱爲賀魯所併。西突厥世次，曉然可考。而《新》、《舊書》於《彌射傳》皆云：貞觀中，遣劉善因立彌射爲奚利邲咄陸可汗。以《泥孰傳》觀之，則善因所立者，泥孰也。以《彌射傳》觀之，則善因所立者，彌射也。《考異》所疑，當以此耳。」

八月〔一〕**，貶褚遂良爲愛州刺史，柳奭爲象州刺史。**

《唐曆》：「三月甲辰，貶遂良爲桂州都督，奭愛州刺史。」據《實録》：「奭坐韓瑗，又貶象州。」《新》《舊書》、《唐曆》皆云愛州，誤也。今從《實録》。

十二月，蘇定方破西突厥，擒阿史那賀魯。

《舊書·賀魯傳》云：「定方行至曳咥河西，賀魯率胡禄居闕啜等二萬餘騎列陳而待。定方率任雅相等與之交戰，賊衆大敗，斬大首領都搭達官等二百餘人〔二〕。賀魯及闕啜輕騎奔竄，渡伊西麗河〔三〕，兵馬溺死者甚衆。彌射進軍至伊麗水，處月、處密等部各率衆來降〔四〕。彌射又進次雙河，賀魯先使步失達官鳩集散卒〔五〕，據栅拒戰。彌射、步真攻之，大潰，又與蘇定方攻賀魯於碎葉水，大破之。」《舊書·本紀》：「三年二月，定方平賀魯。甲寅，西域平，以其地置濛池、崑陵二都督府。」據《實録》，擒賀魯置二都督皆在此月。《本紀》又非奏到月日。今從《實録》。

〔一〕「八月」，《通鑑》正文此事在八月丁卯。按：《舊唐書》、《新唐書》《高宗紀》原在八月丁卯。
〔二〕「官」，《舊唐書·西突厥·阿史那賀魯傳》原作「干」。
〔三〕「西」，《舊唐書·西突厥·阿史那賀魯傳》原無此字。
〔四〕「各」，原誤作「名」，今據兩浙本、孔本、《四庫》本、胡本、廣雅本、《通鑑》胡註及《舊唐書·西突厥·阿史那賀魯傳》改。
〔五〕「官」，《舊唐書·西突厥·阿史那賀魯傳》原作「干」。

三年，六月，程名振、薛仁貴破高麗，斬首二千五百級。

《舊書·仁貴傳》云：「顯慶二年，副程名振經略遼東，破高麗於貴端城，斬首三千級。」今從《實録》。

四年，四月〔一〕**，許圉師參知政事。**

《舊·傳》云：「二年，同中書門下三品。」《新·傳》無年。今從《實録》〔二〕。

許敬宗誣奏長孫無忌謀反。

《實録》：「洛陽人李奉節上封事，告太子洗馬韋季方、監察御史李巢交通朝貴，有朋黨之事。詔敬宗與侍中辛茂將鞫之。敬宗按之甚急，季方事迫〔三〕，自刺，不死。又搜奉節，得私書，有題與趙師者，遂奏言：『趙師，即無忌也。陰爲隱語，欲陷忠良，伺隙謀反。』上驚曰：『豈當有此！或容惡人間構，小生疑阻，至於即反，猶恐不然。』敬宗奏曰：『臣始末推勘，自奉節有趙師之言，又得僞書，是季方所作，即疑無忌欲反，使其潛行構間，斥除忠臣近戚，此計若行，自然權

〔一〕「四月」，《通鑑》正文此事在四月乙丑。按：《舊唐書》、《新唐書》《高宗紀》原在四月乙丑。

〔二〕《通鑑》胡註曰：「按：《考異》所謂《舊·傳》、《新·傳》，皆《許圉師傳》也。」

〔三〕「季」，原誤作「李」，今據孔本、《四庫》本、胡本、廣雅本、《通鑑》胡註改。

歸無忌。蹤迹已露，陛下猶有所疑，恐非社稷之福。』」《舊・無忌傳》云：「敬宗遣人上封事[一]，稱監察御史李巢與無忌交通謀反，詔敬宗與茂將鞫之。」《唐曆》、《統紀》與《實録》略同。按：奉節乃告事之人，推鞫者豈得反搜奉節之家。且與趙師者誰之私書，若是季方書，安得在奉節家！若在奉節家，奉節當執以興訟[二]，何待搜而後得！又既云趙師是無忌，乃是實與無忌書，何得謂之僞書！《實録》敘此事殊鹵莽，首尾差舛，不可知其詳實，故略取大意而已。《舊・傳》所云雖爲簡徑[三]，然高宗初無疑無忌之心，故李弘泰告無忌反，高宗立斬之[四]，何至奉節而獨令敬宗鞫之也。且《實録》在前而詳，《列傳》在後而略，故亦未可據也。

高履行貶洪州都督。

《舊・傳》云「三年」，誤也。今從《唐曆》。

七月，壬寅，命李勣等覆按無忌事。

《唐曆》，是日，以台州刺史來濟爲庭州刺史。按：濟與韓瑗事同一體[五]，瑗方下獄，濟豈

[一]「遣」，《通鑑》胡註作「使」。按：《舊唐書・長孫無忌傳》原作「遣」。

[二]「興」，原誤作「與」，今據孔本、《四庫》本、胡本、廣雅本、《通鑑》胡註改。

[三]「云」，原誤作「亡」，今據兩浙本、孔本、《四庫》本、胡本、廣雅本、《通鑑》胡註改。

[四]「宗」，原誤作「祖」，今據孔本、胡本、廣雅本、《通鑑》胡註改。

[五]「濟」上，《通鑑》胡註有「來」字。

得移官。《舊書》云五年徙庭州，近是。

殺柳奭于象州。

《舊·傳》云：「奭累貶愛州刺史，高宗就愛州殺之。」今從《實録》。

韓瑗已死，發棺驗尸〔一〕。

《舊·瑗傳》云：「四年，卒官。」明年，長孫無忌死，遣使殺之，使至，瑗已死。」《褚遂良傳》：「三年，卒官。後二歲，追削官爵。」《實録》或因無忌徙黔州，終言之。然諸書多在此月，蓋因《實録》、《年代記》云，七月辛未，遣使逼無忌自縊。按《長曆》，七月丙子朔，無辛未，不可據也。

長孫恩流檀州。

《唐統紀》、《唐曆》皆云「長孫恩」，《新書》云「族弟思」〔二〕。《統紀》、《唐曆》，長孫詮流巂州〔三〕，縣令希旨殺之，在此下。《實録》：「銓流巂州〔四〕，許敬宗懼其甥趙持滿作難，遂殺

〔一〕「發棺驗尸」，《通鑑》正文作「發驗而還」。按：《舊唐書》、《新唐書》《韓瑗傳》皆作「發棺驗尸而還」。

〔二〕「思」，胡本、廣雅本、《通鑑》胡註作「恩」。按：《新唐書·長孫無忌傳》原作「思」。

〔三〕「詮」，《通鑑》胡註作「銓」。按：《新唐書·長孫無忌傳》作「詮」。

〔四〕「銓」，孔本、《四庫》本、胡本、廣雅本作「詮」。

持滿〔一〕。」是銓流嶲州在前，今從之。

五年，二月〔二〕**，蘇定方爲神丘道大總管**〔三〕**，伐百濟。**

《舊書》《定方傳》、《新羅傳》皆云，定方爲熊津道大總管。《實録·定方傳》亦同。今從此年《實録》、《新唐書·本紀》。又《舊·本紀》、《唐曆》皆云：「四年十二月癸亥〔四〕，以定方爲神丘道大總管，劉伯英爲嵎夷道行軍總管。」按：定方時討都曼，未爲神丘道總管，《舊書》、《唐曆》皆誤。今從《實録》。

十二月，劉仁軌坐督運覆船，白衣從軍。

《舊·傳》云：「監統水軍征遼，以後期坐免官。」按：仁軌從軍乃在百濟，非征遼也。今從張鷟《朝野僉載》。

〔一〕「持」，原脱，今據孔本、《四庫》本、胡本、廣雅本、《通鑑》胡註補。

〔二〕「二月」，《通鑑》正文此事在三月辛亥。按：《新唐書·高宗紀》原在三月辛亥。

〔三〕「丘」，《新唐書·高宗紀》原作「兵」，《舊唐書·高宗紀》作「丘」。

〔四〕「十二月」，《舊唐書·高宗紀》原作「十一月」。按：《二十史朔閏表》，顯慶五年十一月癸卯朔，二十一日癸亥，十二月無癸亥。

龍朔元年，三月，詔起劉仁軌檢校帶方州。

《僉載》云：「劉仁願以仁軌檢校帶方州刺史。」今從《本傳》。

百濟僧道琛等退保任存城。

《實録》或作「任孝城」，未知孰是。今從其多者。

四月〔一〕，以吐火羅等十六國置州七十六。

《唐曆》云「置州二十六」。今從《統紀》〔二〕。

九月，王勃爲《檄周王雞》文。

《舊·傳》云「檄英王雞」。按：中宗爲英王時，沛王賢已爲太子，當云周王。

〔一〕「四月」，《通鑑》正文此事在六月癸未。

〔二〕《通鑑》胡註曰：「今按《新書·地理志》，時自于闐以西，波斯以東，凡十六國，各以其王都爲都督府。吐火羅國都爲月氏都督府，領州二十五。嚈噠國都爲大汗都督府，領州十五。訶達羅支國都爲條支都督府，領州九。解蘇國都爲天馬都督府，領州二。骨咄施國都爲高附都督府，領州二。罽賓國都爲修鮮都督府，領州十。帆延國都爲寫鳳都督府，領州四。石汗那國都爲悦般州都督府，領州一。護時犍國都爲奇沙州都督府，領州二。怛没國都爲姑墨州都督府，領州一。烏拉喝國都爲旅獒州都督府。多勒建國都爲崑墟州都督府。俱蜜國都爲至拔州都督府。護蜜多國都爲鳥飛州都督府，領州一。久越得犍國都爲王庭州都督府。波斯國都爲波斯都督府。《通鑑》言置都督府八者，蓋謂月氏、大汗、條支、天馬、高附、修鮮、寫鳳、波斯八都督府，餘悦般等八州都督府不預也。《新·志》所載領州七十二，其數亦與《通鑑》所引《統紀》不合。」

十月，回紇酋長比粟毒。

《新書·傳》云：「婆閏卒，子比粟嗣。」今從《舊·傳》。

二年，七月，初，劉仁願、仁軌屯熊津城。

去歲道琛、福信圍仁願於百濟府城，今云尚在熊津城，或者共是一城。不則圍解之後，徙屯熊津城耳。

十月，許圉師免官。

《舊·本紀》：「十一月辛未，圉師下獄。」《新·本紀》：「十一月辛未，圉師貶虔州刺史。」今據《實録》，辛未，免官，久之，貶虔州刺史。《舊·紀》貶虔州刺史在三年二月。《新·本紀》誤。

麟德元年，十月，以扶餘隆爲熊津都尉。

《實録》作「熊津都督」。按：時劉仁軌檢校熊津都督，豈可復以隆爲之！明年，《實録》稱熊津都尉扶餘隆與金法敏盟，今從之。

十二月，武后預政，中外謂之二聖。

《唐曆》：「羣臣朝謁，萬方表奏，皆呼爲二聖。帝坐于東間，后坐于西間，后隨其愛憎，生殺在口。」按：武后雖悍戾，豈得高宗尚在，與高宗對坐受羣臣朝謁乎！恐不至此。今從《實録》。

二年，三月〔一〕**，敕西州都督崔知辯救于闐。**

《實録》作「西川都督」。按：於時未有西川之名，必西州也。

乾封元年，八月，武惟良等獻食。

《舊·傳》云：「后諷上幸楊氏宅，惟良等獻食。」今從《實録》。

總章二年，二月〔二〕**，張文瓘爲東臺侍郎，同三品始入銜。**

陳《紀》在乾封二年〔三〕，文瓘始同三品時。今從《舊·本紀》。

十一月，李勣言「年將八十」。

《舊·傳》云「勣年七十六」〔四〕，臨終語弟弼云「年將八十」，《新·傳》改云「年踰八十」。按《新》、《舊》《傳》、《實録》皆云：「大業末，翟讓聚衆爲盜，勣年十七，往從之。」自大業十三年至此，五十二年。若據《新·傳》年八十六，則年十七當在開皇時，不得云大業末也。總章元年，賈

〔一〕「三月」，《通鑑》正文在閏三月。按：《新唐書·高宗紀》原在閏三月。

〔二〕「二月」，《通鑑》正文此事在二月辛酉。按：《新唐書·高宗紀》原在二月辛酉。

〔三〕「陳」下，《通鑑》胡註補「統」字，下曰：「陳字必誤。」按：《考異》參考諸書，有陳嶽《唐統紀》、陳彭年《唐紀》兩種，不知此處「陳紀」何指。

〔四〕「七」，原誤作「八」，今據《通鑑》胡註及《舊唐書·李勣傳》改。

言忠對高宗云「勣年登八十」，去此止一年。若據《新·傳》，勣滅高麗時年已八十五，亦不得云年登八十。今從《實録》。

勣孫敬業襲爵。

劉餗《小説》云：「高宗時，羣蠻爲寇，討之輒不利，乃除徐敬業爲刺史。發卒郊迎，敬業盡放令還，單騎至府。賊聞新刺史至，皆繕理以待〔一〕，敬業一無所問，處置他事已畢，方曰：『賊安在？』曰：『在南岸。』乃從二佐吏而往觀之，莫不駭愕。賊初持兵覘望，及見船中無人及兵仗，更閉營藏隱。敬業直入其營内，告云：『國家知汝等爲貪吏所害〔二〕，非有他惡，可悉歸田，後去者爲賊。』唯召其帥，責以不早降之意，各杖數十而遣之，境内肅然。其祖英公壯其膽略，曰：『吾不辨此。然破我家必此兒也！』」按：敬業武后時舉兵，旋踵敗亡，若有智勇，何至如此！今不取。

咸亨二年，正月〔三〕，幸東都。

《舊》《本紀》及《太子弘傳》：「正月乙巳，幸東都，留太子於京師監國。」明年十月己未，又

〔一〕「待」，原誤作「侍」，今據胡本、廣雅本、《通鑑》胡註及《隋唐嘉話》改。

〔二〕「吏」，原誤作「利」，今據孔本、《四庫》本、胡本、廣雅本、《通鑑》胡註及《隋唐嘉話》改。

〔三〕「正月」，《通鑑》正文此事在正月甲子。按：《新唐書·高宗紀》原在正月甲子。

云「皇太子監國」。《新·本紀》、《唐曆》、《統紀》皆連歲言太子監國。按：離長安時，已留太子監國，及自東都將還，豈得又令監國！據《實録》[一]，此月無監國事，唯明年十月有之。今從之。

上元元年，劉曉上疏。

《會要》作「劉嶢」。今從《統紀》。

二年，四月[二]，太子弘薨。

《新書·本紀》云：「己亥，天后殺皇太子。」《新·傳》云：「后將騁志[三]，弘奏請數佛旨，從幸合璧宫，遇鴆薨。」《唐曆》云：「弘仁孝英果，深爲上所鍾愛。自升爲太子，敬禮大臣鴻儒之士，未嘗居有過之地。以請嫁二公主，失愛於天后，不以壽終。」《實録》、《舊·傳》皆不言弘遇酖。按：李泌對肅宗云：「高宗有八子，睿宗最幼。天后所生四子，自爲行第，故睿宗第四。長曰孝敬皇帝，爲太子監國，仁明孝悌。天后方圖臨朝，乃酖殺孝敬，立雍王賢爲太子。」《新書》蓋據此及《唐曆》也。按：弘之死，其事難明，今但云時人以爲天后酖之，疑以傳疑。

[一]「據」，《通鑑》胡註作「按」。
[二]「四月」，《通鑑》正文此事在四月己亥。按：《舊唐書》、《新唐書》《高宗紀》原在四月己亥。
[三]「騁」，《通鑑》胡註作「逞」。按：《新唐書·孝敬皇帝弘傳》原作「騁」。

儀鳳元年，二月[一]**，徙安東都護府於遼東故城。**

《實録》，咸亨元年，楊昉、高侃討安舜，始拔安東都護府，自平壤城移於遼東州。儀鳳元年二月甲戌，以高麗餘衆反叛，移安東都護府於遼東都城[二]。蓋咸亨元年言移府者，終言之也；儀鳳元年言高麗反者，本其所以移也。《會要》無咸亨元年移府事，此年云移於遼東故城[三]，今從之。

三年，正月[四]**，以李敬玄代劉仁軌爲洮河大總管。**

《實録》云：「與仁軌相知鎮守。而敬玄之敗，仁軌不預。」《新》、《舊》《傳》皆云「以代仁軌」，今從之。

九月，敬玄與吐蕃戰，敗還鄯州。

《朝野僉載》曰：「中書令李敬玄爲元帥，吐蕃至樹敦城[五]，聞劉尚書没蕃，著靴不得，狼狽

〔一〕「二月」，《通鑑》正文此事在二月甲戌。按：《舊唐書·高宗紀》原在二月甲戌。

〔二〕「都」，《通鑑》胡註無此字。

〔三〕按：《唐會要·安東都護府》曰：「咸亨三年十一月二十八日，移安東都護府於遼東故城。至儀鳳二年二月二日，移安東都護府於新城安置。」與《考異》所引不同。

〔四〕「正月」，《通鑑》正文此事在正月丙子。按：《新唐書·高宗紀》原在正月丙子。

〔五〕「吐」上，李昉等《太平廣記》（臺灣商務印書館影印清文淵閣《四庫全書》本，下同）卷二五五「李敬玄」條引張鷟《朝野僉載》原有「討」字。

而走，遺卻麥飯，首尾千里，地上尺餘。」言之太過，今不取。

劉審禮子易從至吐蕃，審禮已病卒。

《新·本紀》「審禮死之」。按《舊·傳》，審禮永隆二年卒于蕃中。《新·紀》誤也。今終言之。

婁師德充河源軍司馬。

《御史臺記》「充河源軍使」。今從《舊·傳》。

調露元年，正月，狄仁傑劾奏韋弘機。

《舊·傳》云：「儀鳳中，機坐家人犯盜，爲憲司所劾，免官。」《狄仁傑傳》云：「時司農卿韋機兼領將作、少府二司〔一〕，造宿羽、高山、上陽等宮，莫不壯麗。仁傑奏其太過，機竟坐免官。」《統紀》云：「駕幸東都，上遊韋弘機所造宿羽、高山等宮，乘高臨深，有登眺之美，乃敕弘機造高館，及成臨幸，即上陽宮也。」今據《實録》，營宮在前。

又奏王本立。

《御史臺記》曰：「狄仁傑以司農發太原運，句會欠米萬餘斛。高宗怒曰：『仁傑偷我米。』

〔一〕「二司」，《通鑑》胡註無此二字。按：《舊唐書·狄仁傑傳》原有「二司」。

命殺之。吏部侍郎魏玄同曰：『仁傑健而疏，只是句當失所，臣委知不偷，請以官爵保明。』久之，高宗意解，仁傑不坐。」按《仁傑傳》，未嘗爲司農，今不取。

五月〔一〕**，盜殺明崇儼，求賊不得。**

《御史臺記》：「鄭仁恭，本滎陽人也，自監察累遷刑部郎中。儀鳳中，明崇儼以奇術承恩寵，夜遇刺客，敕三司亟推鞫，妄承引，連坐者甚衆。高宗怒，促有司行刑。仁恭奏曰：『此輩必死之囚，願假其數日之命。』高宗曰：『卿以爲枉邪？』仁恭曰：『臣識慮淺短，非的以爲枉，恐萬一非實，則怨氣生〔二〕。』遂緩之。旬餘，果獲賊矣。朝廷稱之。」今從《實録》。

六月，波斯王子泥洹師。

《實録》作「泥涅師師」，《舊・傳》作「泥湼師師」〔三〕，《唐曆》作「泥洹師」〔四〕。今從《統紀》。

命裴行儉册波斯王。

《唐紀》云：「波斯王卑路斯入朝未還，請遣使送歸。」今從《實録》、《唐曆》、《統紀》、

〔一〕「五月」，《通鑑》正文此事在五月壬午。按：《舊唐書・高宗紀》原在五月壬午。
〔二〕「怨」，原誤作「恐」，今據孔本、《四庫》本、胡本、廣雅本、《通鑑》胡註改。
〔三〕「湼」，《舊唐書》《裴行儉傳》、《西戎・康國傳》原作「涅」。
〔四〕「洹」，兩浙本、《通鑑》胡註作「汩」。

《舊·傳》。

永隆元年，二月〔一〕**，宗城潘師正。**

《舊·傳》：「師正〔二〕，趙州贊皇人。」今從《實録》。

三月，裴行儉至朔川。

《舊·傳》作「朔州」。今依《實録》及《統紀》〔三〕。

七月，吐蕃寇河源，黑齒常之擊卻之。

《實録》：「吐蕃大將贊婆及素和貴等帥衆三萬進寇河源，屯兵于良非川。辛巳，河西鎮撫大使、中書令李敬玄統衆與賊戰于湟川，官軍敗績。副使、左武衛將軍黑齒常之帥精騎三千，夜襲賊營，殺獲二千餘級，贊婆等遂退。擢常之爲河源軍經略大使，詔敬玄留鎮鄯州以爲之援。」按：儀鳳三年九月，敬玄已與吐蕃戰敗于青海，常之夜襲賊營，賊乃退，與此事頗相類。《舊書·敬玄傳》止一敗，無再敗。《常之傳》：「儀鳳中，從敬玄擊吐蕃，走跋地設，充河源軍副使。

〔一〕「二月」，《通鑑》正文此事在二月己未。按：《舊唐書·高宗紀》原在二月己未。

〔二〕「正」，原誤作「王」，今據兩浙本、孔本、《四庫》本、胡本、廣雅本、《通鑑》胡註及《舊唐書·隱逸傳》改。

〔三〕《通鑑》胡註曰：「余按：唐朔州治善陽縣，漢定襄縣地。單于府治金河縣，漢雲中郡城也。自朔州至單于府三百五十七里。以裴行儉軍行次舍考之，先至朔州，而後至單于府北，則《舊·傳》朔州爲是。」

時贊婆等屯良非川，常之夜襲賊營，走之，擢爲大使。」事似同時。《新書·敬玄傳》，戰青海，又戰湟川，凡再敗。《常之傳》：「儀鳳三年，襲拔地設[一]。調露中，襲贊婆。」《唐曆》、《統紀》皆無今年敬玄敗事。又《實録》，今年八月丁巳，敬玄貶衡州刺史。辛巳至丁巳，纔三十七日。賈耽《皇華四達記》，自長安至鄯州，約一千七百餘里[二]。時高宗又在東都。若敬玄敗後，累表稱疾，得報乃來，至東都，必數日乃貶，非三十七日之内所能容也。今略去敬玄湟川敗事，但云吐蕃寇河源，常之擊卻之而已。

八月，劉訥言流振州。

《新·傳》云：「除名爲民，復坐事流死振州。」今從《實録》。

弘道元年，四月[三]，綏州步落稽作亂，程務挺討平之。

《僉載》云「延州稽胡」，又云「自號月光王」，又云「儀鳳中，務挺斬平之」，蓋誤也。今從《實録》。

[一]「拔」，《通鑑》胡註作「跋」。按：《新唐書·黑齒常之傳》原作「跋」。
[二]《通鑑》胡註曰：「今按劉昫《唐書·地理志》，鄯州在京師西一千九百一十三里。」
[三]「四月」，《通鑑》正文此事在四月甲申。按：《舊唐書》、《新唐書》《高宗紀》原在四月甲申。

資治通鑑考異卷第十一

端明殿學士兼翰林侍讀學士太中大夫提舉西京嵩山崇福宫上柱國河内郡開國公食邑二千六百户食實封壹阡户臣司馬光奉敕編集

唐紀三

則天皇后光宅元年，三月，丘神勣殺故太子賢。

《則天實録》，賢死在二月丘神勣往巴州下。《舊·本紀》在三月。《唐曆》遣神勣、舉哀、追封皆有日，今從之。

九月，薛仲璋收陳敬之繫獄。

《實録》作「薛璋」。《御史臺記》云：「薛仲璋矯使揚府，與徐敬業等謀反，夜與江都令韋知止子茂道計議。倉曹參軍閻識微發之，長史陳敬之不察，抑識微，令遜謝。仲璋佯事竟，還出郭門，羣官畢從。其黨韋超遮道告密，復留繫問，遂斬敬之。」今事從《實録》，仲璋從《臺記》。

裴炎下獄。

《新·傳》云：「炎謀乘太后出遊龍門，以兵執之，還政天子。會久雨，太后不出而止。」若炎實有此謀，則太后殺之宜矣。且炎爲此謀，必有同黨，當炎下獄，崔詧、李景諶輩無事猶欲陷之，況有此迹，其同黨能不首告乎！又《朝野僉載》：「裴炎爲中書令，時徐敬業欲反，令駱賓王畫計取裴炎同起事。賓王足踏壁，靜思食頃，乃爲謡曰：『一片火，兩片火，緋衣小兒當殿坐。』教炎莊上小兒誦之，并都下童子皆唱。炎乃訪學者，令解之，召賓王，數啖以寶物錦綺，皆不言，又賂以音樂、妓女、駿馬，亦不語，乃將古忠臣烈士圖共觀之，見司馬宣王，賓王欻然起曰：『此英雄丈夫也！』即説自古大臣執政，多移社稷。炎大喜。賓王曰：『但不知謡讖何如耳！』炎告以謡言片火緋衣之事〔一〕，賓王即下，北面而拜曰：『此真人矣！』遂與敬業等合謀。揚州兵起，炎從内應，書與敬業等合謀，唯有『青鵝』字。人有告者，朝臣莫之能解。則天曰：『此青字者，十二月；鵝字者，我自與也。』遂誅炎。」此皆當時構陷炎者所言耳，非其實也。

〔一〕「告」，原脱，今據《通鑑》胡註補。又「緋」，原誤作「非」，今據孔本、《四庫》本、胡本、廣雅本、《通鑑》胡註改。

李敬業陷潤州〔一〕。

《唐紀》云：「李思文拒守四十餘日而陷。」按：敬業九月丁丑起兵，十一月庚申敗，纔四十四日耳。今不取。

李孝逸斬敬業等〔二〕。

《唐紀》：「初，官軍逆風不利，俄而風回甚勁，孝逸縱火，賊懼燒而潰。敬業、猷、之奇、求仁、賓王走歸江都，焚簿書，攜妻子潛箄山下，手書召宗臣。敬業初與宗臣木契爲約，時亡其契，宗臣疑而不赴，或云宗臣已歸順。敬業入海，欲奔東夷，至海陵界，阻風。僞將王那相斬之求降〔三〕，餘黨赴水死。」今從《實録》、《唐統紀》。

十二月〔四〕**，斬程務挺**。

《唐統紀》曰：「既而太后震怒，召羣臣謂曰：『朕於天下無負，羣臣皆知之乎？』羣臣曰：

〔一〕《通鑑》正文此事在十月壬辰。按：《新唐書·則天皇后紀》原在十月壬辰。
〔二〕《通鑑》正文此事在十一月乙丑。按：《新唐書·則天皇后紀》原在十一月乙丑。
〔三〕「求」，《通鑑》胡註作「來」。
〔四〕「十二月」，《通鑑》正文此事在十二月癸卯。按：《新唐書·則天皇后紀》原在十二月癸卯。

『唯。』太后曰：『朕事先帝二十餘年，憂天下至矣！公卿富貴，皆朕與之，天下安樂[一]，朕長養之。及先帝棄羣臣，以天下託顧於朕，不愛身而愛百姓。今爲戎首，皆出於將相，羣臣何負朕之深也！且卿輩有受遺老臣，倔强難制，過裴炎者乎？有將門貴種，能糾合亡命，過徐敬業者乎？有握兵宿將，攻戰必勝，過程務挺者乎？此三人者，人望也，不利於朕，朕能戮之。卿等有能過此三者，當即爲之，不然，須革心事朕，無爲天下笑。』羣臣頓首，不敢仰視，曰：『唯太后所使。』」恐武后亦不至輕淺如此。今不取。

垂拱元年，正月，太后不奪徐思文姓武。

《實録》云：「思文表請改姓武，許之。」蓋太后有此言，思文因請之也。今從《唐紀》。

二年，三月[二]，魚保家作銅匭。

《統紀》、《唐曆》皆云八月作銅匭。今從《實録》、《舊·本紀》。又《朝野僉載》作「魚思咺」，云：「上欲作匭，召工匠，無人作得者。思咺應制爲之，甚合規矩，遂用之。」今從《御史臺記》。

[一]「天」，原誤作「大」，今據兩浙本、孔本、《四庫》本、胡本、廣雅本、《通鑑》胡註改。

[二]「三月」，《通鑑》正文此事在三月戊申。按：《新唐書·則天皇后紀》原在三月戊申。

九月〔一〕**，新豐有山踊出。**

《統紀》在十二月。今從《實録》。

三年，正月〔二〕**，封皇子成美爲恒王。**

《唐曆》、《舊·本紀》、《新·傳》皆作「成義」。今從《實録》。

四月，蘇良嗣留守西京。

《實録》、《新》、《舊》《本紀》、《統紀》皆無良嗣出守西京年月。今據《唐曆》。

五月〔三〕**，張光嗣同平章事**〔四〕**。**

《舊》《本紀》在四月，《傳》在平越王貞後。今從《實録》。

七月，曹玄靜討李思慎等，斬之。

《舊書·馮元常傳》云：「元常自眉州刺史轉廣州都督。屬安南首領李嗣仙殺都督劉延祐，

〔一〕「九月」，《通鑑》正文此事在九月己巳。按：《新唐書·則天皇后紀》原在十月己巳。據《資治通鑑目録》所録《長曆》、《二十史朔閏表》，是年九月戊戌朔，無己巳；十月戊辰朔，初二己巳。《通鑑》正文脱「十月」二字。

〔二〕「正月」，《通鑑》正文在閏正月丁卯。按：《舊唐書·則天皇后紀》在正月，《新唐書·則天皇后紀》在閏正月丁卯。

〔三〕「五月」，《通鑑》正文此事在五月丙寅。按：《新唐書·則天皇后紀》原在五月丙寅。

〔四〕「嗣」，《通鑑》正文、《資治通鑑目録》作「輔」。按：《舊唐書》《則天皇后紀》、《張光輔傳》、《新唐書》《則天皇后紀》、《宰相表》皆作「輔」。

剽陷州縣，敕元常討之〔一〕。帥士卒濟南海，先馳檄示以威恩，喻以禍福，嗣仙徒黨多相率歸降〔二〕。因縱兵誅其魁首，安慰居人而旋。」今從《實録》。

十一月〔三〕，李孝逸流儋州。

《新·紀》：「天授元年五月己亥，殺梁郡公李孝逸。」孝逸初封梁郡公，以平徐敬業功，改封吴國公。垂拱三年，減死，除名，配流儋州，當削爵矣。《新·傳》云：「流儋州，薨。」《紀》、《傳》自相違。《唐曆》云：「四月十一日，誅益州長史李孝逸。」亦舊任也。《統紀》：「誅李孝逸并其黨崔元昉、裴安期。」《唐曆》：「并其黨崔知賢、董元昉、裴安期等。」今從《實録》及《舊·傳》。

太后欲遣韋待價擊吐蕃。

《實録》：「十二月壬辰，命待價爲安息道行軍大總管〔四〕，督三十六總管以討吐蕃。」不言師出勝敗如何。至永昌元年五月，又云：「命待價擊吐蕃，七月，敗於寅識迦河。」按：《本傳》不

〔一〕「討」，原誤作「誅」，今據孔本、《四庫》本、胡本、廣雅本及《舊唐書·馮元常傳》改。
〔二〕「仙」，原誤作「安」，今據孔本、《四庫》本、胡本、廣雅本、《通鑑》胡註及《舊唐書·馮元常傳》改。
〔三〕「十一月」，《通鑑》正文此事在十一月戊寅。
〔四〕「行軍」，《通鑑》胡註無此二字。

云兩曾將兵，今删此事。

四年，七月，韓王元嘉等謀匡復。

《舊·傳》「垂拱三年七月」，誤也。今從《實録》。

八月，壬寅，琅邪王沖起兵。

《實録》作「丙午」，蓋據奏到之日也。《舊》《傳》、《本紀》作「壬寅」。按：沖以戊申死，而《實録》又云「沖起兵七日而敗」，然則壬寅是也，今從之。

沖爲守門者所殺〔一〕。

《丘神勣傳》云：「爲勳官吴希智、白丁孟青棒所殺〔二〕。」今從《實録》及《沖傳》。

越王貞舉兵。

《實録》：「庚戌，貞舉兵。九月丙寅，豫州平。」又云：「舉兵二十日而敗。」庚戌至丙寅纔十七日，蓋皆據奏到之日耳。

〔一〕《通鑑》正文此事在八月戊申。按：《新唐書·則天皇后紀》原在八月戊申。

〔二〕「棒」，原誤作「捧」，今據兩浙本、孔本、《四庫》本、胡本、廣雅本、《通鑑》胡註及《舊唐書·丘神勣傳》改。

收魯王靈夔等赴東都[一]，皆自殺[二]。

《舊·傳》：「靈夔流振州，自縊死。」今從《實録》。

十二月[三]，周矩按鶱味道，伏誅。

《御史臺記》：「味道陷周興獄。」今從《矩傳》。

起天堂五級，至三級，則俯視明堂。

《舊·薛懷義傳》云：「明堂大屋凡三層，計高三百尺。又於明堂北起天堂，廣袤亞明堂。」今從《小説》及《通典》。

僧懷義以功封梁國公。

《實録》云：「懷義監造明堂，以功擢授左武衛大將軍，固辭不拜。時有右玉鈐衛將軍王慈徵、長上果毅元肅然，請與懷義爲兒，既而陰有異圖，欲奉之爲主。懷義密奏其狀，由是慈徵等坐斬，進拜懷義輔國大將軍，封盧國公，賜物三千段，又表辭不受。」今從《舊·傳》。

[一]「赴」，《通鑑》正文作「於」。

[二]《通鑑》正文此事在九月。按：《舊唐書》、《新唐書》《則天皇后紀》皆在九月。

[三]「十二月」，《通鑑》正文此事在十二月乙亥。按：《新唐書·則天皇后紀》原在十二月乙亥。

永昌元年，五月〔二〕，懷義爲新平軍大總管。

《舊·傳》：「爲清平道大總管」。今從《實録》。

七月，紀王慎子徐州刺史東平王續等皆被誅。

《舊·傳》云：「慎長子和州刺史東平王續，最知名，早卒。」今從《實録》。

八月，甲申〔三〕，張楚金、郭正一、魏元忠流嶺南。

《唐曆》：「七月二十四日，張楚金絞死。八月二十一日，郭正一絞死。」《年代記》：「七月甲戌，楚金絞死。八月辛亥，郭正一絞死。」《新書·紀》：「八月辛丑，殺郭正一。」今據《實録》，楚金等皆流配未死。《舊書》《楚金》、《正一》、《萬頃傳》，皆云流嶺南。《御史臺記》云：「元忠將刑，至于市，神色自若。則天以揚、楚功免死流放。復敘授御史中丞。復陷來俊臣獄，復至市，將刑，神色如初。其傍諸王子戮者三十餘尸，重疊委積，元忠顧視曰：『大丈夫少選居此積矣！』曾不介懷。會鳳閣舍人王隱客馳騎傳呼，敕罷刑，復放嶺南。」又云：「前後坐棄市、流放者四。」《舊·傳》云「前後三被流」。今從《舊·傳》。

〔二〕「五月」，《通鑑》正文此事在五月己巳。按：《新唐書·則天皇后紀》原在五月己巳。

〔三〕「甲申」，《通鑑》正文此事在乙未。

十月〔一〕**，殺鄂州刺史嗣鄭王璥等。**

《唐曆》云「撫州別駕」。《舊·傳》「璥」作「敬」〔二〕。今從《新·本紀》。

嗣滕王脩琦等六人流嶺南〔三〕**。**

《統紀》云：「元嬰男脩瑶等五人免死配流。」今從《舊·傳》。

天授元年，二月〔四〕**，王本立薨。**

《新·紀》：「丁卯，殺王本立。」《御史臺記》：「本立爲周興所誅。」今從《實録》。

四月〔五〕**，范履冰下獄死。**

《新·紀》：「五月戊子，殺范履冰。」今從《實録》、《唐曆》。

司刑丞杜景儉〔六〕**。**

《實録》及《新》《紀》、《表》、《傳》皆作「景佺」。蓋《實録》以草書致誤，《新書》因承之耳。

〔一〕「十月」，《通鑑》正文此事在十月己未。按：《新唐書·則天皇后紀》原在十月己未。
〔二〕「敬」，《舊唐書·鄭王元懿傳》原作「璥」。
〔三〕《通鑑》正文此事在十月庚申。
〔四〕「二月」，《通鑑》正文此事在二月丁卯。按：《新唐書·則天皇后紀》原在二月丁卯。
〔五〕「四月」，《通鑑》正文此事在四月丁巳。
〔六〕《通鑑》正文此事在七月。

今從《舊》《紀》、《傳》。

八月，殺唐宗室，誅其親黨數百家。

《實録》作「數千家」。今從《舊·本紀》。

十月[一]**，殺韋方質。**

《舊·傳》云：「配流儋州，尋卒。」今從《統紀》、《新·本紀》。

徐有功爭李行褒獄。

《新》、《舊》《傳》有功爭行褒，皆在爭裴行本下。按：行本得罪在長壽元年一月，時周興已貶死矣。行褒坐謀復李氏，必在革命後。今置此年之末。

二年，正月[二]**，改唐太廟。**

按《實録》，此年三月己卯，改唐太廟爲享德廟。據此已祔武氏七廟主，不當至三月方改唐廟。《新·本紀》：「元年十月辛未，改唐太廟爲享德廟，以武氏七廟爲太廟。」今從《唐統紀》。

[一]「十月」，《通鑑》正文此事在十月丁卯。按：《新唐書·則天皇后紀》原在十月丁卯。

[二]「正月」，《通鑑》正文此事在正月辛巳。

二月，立故太子賢之子光順爲義豐王。

《舊·傳》爲安樂王。今從《唐曆》、《統紀》。

九月，王慶之等數百人上表。

《御史臺記》作「千餘人」。今從《舊·傳》。

李昭德言當傳皇嗣〔二〕。

《舊·傳》云：「延載初，鳳閣舍人張嘉福令洛陽人王慶之率輕薄惡少數百人詣闕上表，請立武承嗣爲皇太子，則天不許。」《唐曆》，昭德永昌元年自御史中丞貶振州凌水尉。《實録》，長壽元年始爲相。《舊·傳》，杖殺慶之在爲相後。按《御史臺記》，昭德自中丞轉鳳閣侍郎。蓋暫貶凌水，尋召還爲鳳閣侍郎也。杖殺慶之，據《御史臺記》，乃是爲鳳閣侍郎時，非爲相後也。《舊·傳》或誤以載初爲延載。慶之上表或在載初年。《實録》因岑長倩、格輔元之死説及耳。今參取《實録》、《御史臺記》及《舊·傳》之語。

〔二〕《通鑑》正文此事在十月。

長壽元年，一月〔二〕**，擢用存撫使所舉人。**

《統紀》：「天授二年二月，十道舉人石艾縣令王山齡等六十人擢爲拾遺、補闕，懷州録事參軍霍獻可等二十四人爲御史，并州録事參軍徐昕等二十四人爲著作佐郎及評事，内黄尉崔宣道等二十二人爲衛佐。」疑與此只是一事。

廬江郭霸。

《新·傳》名弘霸，《舊·傳》、《御史臺記》皆單名霸，唯《統紀》延載元年云弘霸。《僉載》云應革命舉，蓋正謂此時也〔三〕。今從《臺記》。

來俊臣羅告任知古、狄仁傑等。

《舊·來俊臣傳》云：「地官尚書狄仁傑、益州長史任令暉、冬官尚書李遊道、秋官尚書袁智弘、司賓卿崔基、文昌左丞盧獻等六人，並爲羅告。」《李嶠傳》云：「太后使給事中李嶠與大理少卿張德裕、侍御史劉憲覆其獄。德裕等雖知其枉，懼罪，並從俊臣所奏。嶠曰：『豈有知其枉濫而不爲申明哉！孔子曰：「見義不爲，無勇也。」』乃與德裕等列其枉狀，由是忤旨，出爲潤州司

〔二〕「一月」，《通鑑》正文此事在一月丁卯。
〔三〕「正」，原誤作「止」，今據胡本、廣雅本、《通鑑》胡註改。

馬。」按：嶠平生行事，恐不能如此，今不取。

六月，吐蕃酋長沓捶。

《唐紀》作「沓摇」。今從《實録》。

夏官侍郎李昭德爲鳳閣侍郎〔二〕，司賓卿崔神基並同平章事〔三〕。

《舊・昭德傳》：「舉明經，累遷至鳳閣侍郎。長壽二年，增置夏官侍郎，以昭德爲之。是歲，遷鳳閣鸞臺平章事。」《新》《紀》、《表》、《傳》皆云：「昭德自夏官侍郎遷鳳閣侍郎、同平章事。」蓋昭德自鳳閣爲夏官，自夏官復爲鳳閣也。《婁師德傳》：「長壽元年，增置夏官侍郎。」今從之。「崔神基」，《實録》作「崔基」。今從《新》《紀》、《表》。

七月〔三〕，周矩上疏言制獄。

《御史臺記》云：「書奏，遂授洺州司功〔四〕。」《舊・薛懷義傳》云：「矩劾奏懷義，遷矩天官員外郎，竟爲懷義所構，下獄免官。」《御史臺記》又云：「時天官選曹無緒，敕矩監之。侍郎李景

〔二〕《通鑑》正文此事在八月戊寅。按：《新唐書》《則天皇后紀》、《宰相表》原在八月戊寅。
〔三〕「司」上，《通鑑》正文有「與」字。
〔三〕「七月」，《通鑑》正文此事在八月。
〔四〕「洛」，《通鑑》胡註皆作「洛」。

謀爲矩所制，乃引爲員外，不閑於吏道，自此左出矣。」據《舊·傳》，矩劾奏薛懷義在後。若此年出爲洺州司功，則不當復劾懷義。但《舊·傳》矩疏在載初元年一月[一]，是時制獄未息。今因朱敬則疏終言之。

二年，正月，癸巳，殺皇嗣二妃。

《新·本紀》：「臘月癸亥，殺皇嗣妃劉氏、德妃竇氏。」《舊·傳》云「正月二日」，今從之。

殺户婢團兒。

劉子玄《太上皇實録》云：「韋國兒諂佞多端[二]，天后尤所信任。欲私於上而拒焉，怨望，遂作桐人潛埋於二妃院内，譖殺之，又矯制按問上。」今從《則天實録》。

龐氏減死，徐有功除名。

《舊·有功傳》：「有功爲御史，坐龐氏除名，尋起爲左司郎中。」《竇孝諶傳》：「長壽二年，龐氏爲酷吏所陷。」《御史臺記》：「有功自秋官員外郎，坐龐氏除名爲流人。月餘，授御史。」按《實録》：有功「天授初累補司刑丞、秋官員外郎，稍遷郎中，後以公事免。萬歲通天元年，擢拜

[一] 「一月」，胡本、《通鑑》胡註作「二月」。按：《舊唐書·酷吏傳》原在十月。

[二] 「國」，《通鑑》胡註作「團」。按：《舊唐書·后妃傳》亦作「團」。

殿中侍御史」。今從之。

一月〔一〕**，裴匪躬、范雲仙腰斬。**

《舊·來俊臣傳》云：「按張虔勖、范雲仙於洛陽牧院，虔勖等不堪其苦，自訟於徐有功，俊臣命衛士以亂刀殺之。雲仙亦言，歷事先朝，稱所司冤苦，俊臣命截去其舌。士庶膽破，無敢言者。」按：張虔勖天授二年被殺，雲仙此年坐謁皇嗣斬。今從《實録》。

二月，遣劉光業等殺流人。

《實録》曰：「光業等亦受鸞臺侍郎傅遊藝之旨。」按：天授二年遊藝已死。《舊·遊藝傳》曰：「遊藝請則天發六道使，雖身死之後，竟從其謀。」武后本遣萬國俊一使，國俊還，言諸道流人亦反，故更遣五使耳，遊藝豈豫知遣六道使！此所謂天下之惡皆歸焉者也。潘遠《紀聞》曰：「補闕李秦授寓直中書，進封事曰：『陛下自登極，誅斥李氏及諸大臣〔二〕，其家人親族流放在外，以臣所料，且數萬人，如一旦同心，招集爲逆，出陛下不意，臣恐社稷必危。讖曰「代武者劉」，夫劉者流也，陛下不殺此輩，臣恐爲禍深焉。』天后納之，夜中召入，謂曰：『卿名秦授，天以卿授朕

〔一〕「一月」，《通鑑》正文此事在一月甲寅。按：《新唐書·則天皇后紀》原在一月甲寅。

〔二〕「誅」，原誤作「朱」，今據兩浙本、孔本、《四庫》本、胡本、廣雅本、《通鑑》胡註改。

也，何啓予心！』即拜考功員外郎，仍知制誥，賜朱紱，女妓十人，金帛稱是，與謀發敕使十人於十道，安慰流者，其實賜墨敕與牧守，有流放者殺之。天后度流人已死，又使使者安撫流人曰：『吾前發十道使，使安慰流人〔一〕，何使者不曉吾意，擅加殺害，深爲酷暴！其輒殺流人使並所在鎖項，將至害流人處斬之，以快亡魂。』諸流人未死或他事繫者，兼家口放還。』」按：當時止誅嶺南一道，因萬國俊言，更發五道使，非併發十道使也！十道在近地者，何嘗有流人也！國俊既以多殺受賞，餘使或病死，或自以它罪流竄，必無併斬之理。今並從《實録》及《舊・傳》。

延載元年，二月，王孝傑破吐蕃，韓思忠破泥熟俟斤等。

此事諸書皆無，唯《統紀》有之。《統紀》又云：「又破吐蕃萬泥勳没馱城。」語不可曉，今刪去。

僧懷義爲代北道大總管〔二〕。

《實録》、《新・紀》皆云「伐逆道」。今從《舊・懷義傳》。

〔一〕「使」，《通鑑》胡註無此字。
〔二〕《通鑑》正文此事在二月庚午。按：《新唐書・則天皇后紀》原在二月庚午。「道」下，《通鑑》正文有「行軍」二字。按：《新唐書・則天皇后紀》原有「行軍」二字。

九月，來俊臣坐贓貶。

《統紀》云：「萬歲通天元年五月，監察御史紀履忠劾奏御史中丞來俊臣犯狀有五，請下獄理罪。」《御史臺記》：「履忠與來俊臣不協，具衣冠而彈之，不果，黜授顔城尉。俊臣誅，授右領軍衛胄曹。」《新·傳》云：「俊臣納賈人金，爲御史紀履忠所劾，下獄當死。后忠其上變，得不誅，免爲民。」按《舊·傳》云：「俊臣爲履忠所告，下獄。長壽二年，除殿中丞，又坐贓，出爲同州參軍。萬歲通天元年，召爲合宫尉。」《統紀》云萬歲通天元年紀履忠劾奏，誤也。《王弘義傳》云：「延載元年，俊臣貶，弘義亦流瓊州。」是俊臣長壽二年已前坐贓下獄，此年又坐贓貶。今從《舊·傳》。

天册萬歲元年，正月，韋巨源貶麟州。

《舊》《紀》、《傳》、《新》《紀》、《表》、《傳》皆作「鄜州」，《統紀》作「瀛州」。《實録》、《唐曆》作「麟州」，今從之〔二〕。

〔二〕 按：點校本《新唐書·韋巨源傳》校勘記云：「本書卷三七及《舊唐書》卷三八《地理志》、《元和志》卷四，唐玄宗時始析勝州置麟州。『麟』當爲『鄜』之形訛。」

更造明堂、天堂，以懷義充使，又鑄銅爲九鼎〔一〕。

《舊·傳》云：「懷義帥人作號頭安置之。」按：天册萬歲元年二月懷義死，神功元年九鼎始成，《舊·傳》誤也，或懷義死時方鑄耳。

逢敏言天魔燒宫〔二〕。

《僉載》以七寶臺散壞爲姚璹之語〔三〕。今從《實録》。

二月〔四〕**，殺僧懷義。**

《舊·傳》云：「人有發其陰謀者，太平公主乳母張夫人，令壯士縛而縊殺之，送尸白馬寺；其侍者僧徒皆流竄遠惡處。」李商隱《宜都内人傳》云：「武后篡既久，頗放縱，耽内習，不敬宗廟，四方日有叛逆，防豫不暇。時宜都内人以唾壺進，思有以諫者。后坐帷下，倚檀机與語〔五〕，

〔一〕「九」下，《通鑑》正文有「州」字。
〔二〕《通鑑》正文此事在一月庚子。
〔三〕「壞」，原誤作「懷」，今據《四庫》本、胡本、《通鑑》胡註改。
〔四〕「二月」，《通鑑》正文此事在二月壬子。按：《新唐書·則天皇后紀》原在二月壬子。
〔五〕「机」，《通鑑》胡註作「几」。按：李商隱《李義山文集·宜都内人傳》（上海商務印書館《四部叢刊》影印常熟瞿氏鐵琴銅劍樓藏舊鈔本，下同）原作「机」。

問四方事。宜都内人曰：『大家知古女卑於男邪〔一〕？』后曰：『知。』内人曰：『古有女媧，亦不正是天子，佐伏羲，理九州耳。後世孃姥有越出房閤斷天下事者，皆不得其正，多是輔昏主，不然抱小兒。獨大家革夫姓，改去釵釧，襲服冠冕，符瑞日至，大臣不敢動，真天子也。然今内之弄臣狎人朝夕進御者，久未屏去，妾疑此未當天意。』后曰：『何？』内人曰：『女，陰也；男，陽也。陽尊而陰卑，雖大家以陰事主天，然宜體取剛亢明烈以銷羣陽，陽銷然後陰得志也。今狎弄日至，處大家夫宫尊位，其勢陰求陽也，陽勝而陰亦微，不可久也。大家始今日能屏去男妾，獨立天下，則陽之剛亢明烈可有矣。如是過萬萬世，男子益削，女子益專，妾之願在此。』后雖不能盡用，然即日下令，誅作明堂者。」此蓋文士寓言。今從《實録》。

萬歲通天元年，臘月，甲申，封神岳。

《統紀》作「壬午」，《實録》作「甲申」。按：去歲下制云：「臘月十六日，有事于神嶽。」《長曆》，是月甲戌朔，壬午九日，甲申十一日，皆非十六日。今從《實録》。

武攸緒棄官隱嵩山。

《舊·傳》云：「聖曆中，棄官隱嵩山。」今從《實録》。

〔一〕「古」，《通鑑》胡註無此字。按：《李義山文集·宜都内人傳》原有「古」字。

一月〔一〕，婁師德爲肅邊道行軍副總管。

《實録》云：「己巳，秋官尚書婁師德爲肅政御史大夫，知政事如故。」《舊·傳》云：「萬歲登封元年，轉左肅政御史大夫，仍依舊知政事。證聖元年，吐蕃寇洮州，令師德與夏官尚書王孝傑討之。」按：證聖年號在登封前，此《傳》尤爲謬誤。《新·傳》云：「師德爲河源、積石、懷遠軍及河、蘭、鄯、廓州檢校營田大使，入遷秋官尚書，改左肅政御史大夫，並知政事。證聖中，與王孝傑拒吐蕃於洮州。」今據《實録》，延載元年一月，自宰相出爲營田大使。《新書·宰相表》：「長壽二年，師德平章事。延載元年，出爲營田大使。萬歲通天元年一月甲寅，師德爲左肅政御史大夫、肅邊道行軍總管。」《統紀》云：「秋官尚書、知政事婁師德充副總管，討吐蕃。」蓋師德之出爲營田大使，不解宰相之職也。今從《實録》、《新·本紀》。

三月，王孝傑免爲庶人，婁師德貶原州司馬。

《新·紀》，四月庚子貶師德，而無免孝傑日。《新·表》：「三月壬寅，孝傑免。」按《實録》，「三月壬寅撫州火」下言孝傑等敗，蓋皆據奏到之日耳。二人同罪，貶必同時，不容隔月。不知果在何日，今但依《實録》，因其軍敗，終言貶官之事而已。

〔一〕「一月」，《通鑑》正文此事在一月甲寅。按：《新唐書·則天皇后紀》原在一月甲寅。

九月〔一〕，突厥寇涼州，執許欽明。

《實録》云：「吐蕃寇涼州，都督許欽明爲賊所殺。」按：明年正月，默啜寇靈州，以欽明自隨；又默啜將襲孫萬榮，殺欽明以祭天。《實録》云吐蕃，誤也。

吐蕃請和親。

《御史臺記》：「論欽陵必欲得四鎮及益州通市乃和親，朝廷不許。制書至河源，納言婁師德患之，曰：『制書到，彼必入寇，奈何！』監察御史南陽張彦先時按河源、積石諸軍，謂師德曰：『但稽制書，虜必狐疑，吾乃先爲之備，虜至必不捷矣。』師德從之。欽陵入寇，果無功，由是得罪於其國。」按：師德延載元年一月〔二〕，自同平章事充河源、積石、懷遠等軍營田大使〔三〕。萬歲通天元年一月，爲肅邊道行軍總管，與王孝傑同擊吐蕃，敗於素羅汗山，尋貶原州司馬。是歲，吐蕃復求和，欽陵請割四鎮之地。神功元年正月，師德復同平章事，九月乃守納言。《臺記》誤也〔四〕。

〔一〕「九月」，《通鑑》正文此事在九月丁巳。按：《新唐書·則天皇后紀》原在九月丁巳。

〔二〕「一月」，《新唐書·宰相表》原作「二月」。

〔三〕「自」，原誤作「日」，今據兩浙本、孔本、《四庫》本、胡本、廣雅本及《新唐書·宰相表》改。

〔四〕「臺」上，《通鑑》胡註有「御史」二字。

十月，徐有功拜左臺殿中侍御史。

《朝野僉載》云：「時來俊臣羅織人罪，皆先進狀，敕依，即奏籍没[一]。徐有功出死囚，亦先進狀，某人罪合免，敕好，然後斷雪。有功好出罪，皆先奉進止，非是自專。」此蓋時人見俊臣所誅，有功所雪，往往得其所欲，疑以爲先進狀耳。若有功一一先奉進止，何至三陷死刑乎！今不取。

神功元年，三月[二]，王孝傑與孫萬榮戰，大敗，死之。

《朝野僉載》云：「孝傑將四十萬衆，被賊誘退，逼就懸崖，漸漸挨排，一一落澗[三]，坑深萬丈，尸與崖平，匹馬無歸，單兵莫返。」張鷟語事多過其實，今不盡取。

田歸道、閻知微争論默啜和親。

《舊・歸道傳》云：「聖曆初，默啜請和，遣閻知微册爲立功報國可汗。知微擅與使者緋袍，歸道上言不可。及默啜將至單于都護府，乃令歸道攝司賓卿迎勞之。默啜請六胡州，不許，遂拘縶歸道。」《突厥傳》云：「李盡忠、孫萬榮陷營府，默啜請爲國討契丹，許之。默啜部衆漸盛，

[一]「即奏」，《太平廣記》卷二六七「羅織人」條引《朝野僉載》此二字原互乙。

[二]「三月」，《通鑑》正文此事在三月戊申。按：《新唐書・則天皇后紀》原在三月庚子。

[三]「澗」，《通鑑》胡註作「間」。

則天遣使册爲立功報國可汗。」《朝野僉載》云：「歸道爲知微副，見默啜，不拜，默啜倒懸，將殺之，元珍諫，乃放之。」按：神功元年八月，姚璹左遷益州長史，則與之穀帛，必在此前，非聖曆初也。《實録》：「萬歲通天元年九月丁卯，以默啜不同契丹之逆，遣閻知微册爲遷善可汗。」則於時未爲立功報國可汗也。册拜此號，《實録》無之，不知的實在何時〔二〕。今因契丹未平〔三〕，姚璹未出，附見於此。歸道在朝爲左衛郎將，何得預論默啜！蓋在道見知微所爲而上言耳。其事則兼采諸書可信者存之。

六月，誅喬知之。

《唐曆》：「天授元年二月十日，誅喬知之。」《新·本紀》：「八月壬戌，殺右司郎中喬知之。」盧藏用《陳氏別傳》、趙儋《陳子昂旌德碑》皆云：「契丹以營州叛，建安郡王武攸宜親總戎律，特詔左補闕喬知之及公參謀幃幕。及軍罷，以父年老，表乞歸侍。」攸宜討契丹在萬歲通天元年，明年平契丹。《子昂集》有《西還至散關答喬補闕》詩云：「昔君事胡馬，余得奉戎旃。攜手同沙塞，關河緬幽燕。歎此南歸日，猶聞北戍邊。」疑知之之死在神功年後。但《唐曆》、《統

〔二〕「實」，《通鑑》胡註無此字。

〔三〕「未」，原誤作「末」，今據兩浙本、孔本、《四庫》本、胡本、廣雅本、《通鑑》胡註改。按：原本「未」、「末」二字或以形近而誤，以下徑改，不再出校。

紀》、《新·紀》，殺知之皆在天授元年。今據子昂詩必無誤者，然云「猶聞北戍邊」，則軍未罷也。又武后云，來俊臣死後，不聞有反者。故置於此。據《朝野僉載》，知之以婢碧玉事，爲武承嗣諷人羅告之，斬於市南，破家籍没。此時知之在邊，蓋承嗣先銜之，至此乃殺之耳。

來俊臣羅織，自宰相以下，籍其姓名而取之。

《朝野僉載》云：「俊臣嘗以三月三日萃其黨於龍門，豎石題朝士姓名以卜之，令投石遥擊，倒者則先令告。至暮，投李昭德不中。」今不取。

楊玄基以奚兵破孫萬榮。

《朝野僉載》：「突厥破萬榮新城，羣賊聞之失色，衆皆潰散。」不云爲玄基等所破。《實録》但云爲玄基及奚所破，不云突厥取新城。要之，契丹聞新城破，衆心已離，唐與奚人擊之，遂潰耳。今兩取之。

八月〔二〕**，姚璹左遷，豆盧欽望同三品。**

《新·表》：「庚子，狄仁傑兼納言，武三思檢校内史，欽望爲文昌右相、同三品。」《舊紀》、《傳》及《新·紀》皆無之。此月無庚子。仁傑、三思除命在明年。《新·表》誤重複。

〔二〕「八月」，《通鑑》正文此事在八月丙戌。按：《新唐書·則天皇后紀》原在八月丙戌。

九月，魏元忠坐棄市流竄者四。

《舊・傳》云三被流。今從《御史臺記》〔一〕。

聖曆元年，正月，甲子朔，冬至。

《實録》云：「正月壬戌，享通天宫。」按《長曆》，此年一月壬戌朔。《實録》誤也。今從《唐曆》、《統紀》、《新・本紀》。

二月，狄仁傑勸太后召廬陵王，吉頊説張易之、昌宗。

世有《狄梁公傳》，云李邕撰，其辭鄙誕，殆非邕所爲。其言曰：「后納諸武之議，將移宗社，擬立武三思爲儲副，遷廬陵王於房陵。諸武陰計，日夜獻謀曰：『陛下姓武，合立武氏，未有天子而取别姓將爲後者也。』天后既已許，禮問羣臣曰：『朕年齒將衰，國無儲主，今欲擇善，誰可當之？朕雖得人，終在羣議。』諸宰臣多聞計定，言皆希旨，仁傑獨退立，寂無一言。天后問曰：『卿獨無言，當有異見。』公曰：『有之。臣上觀乾象，無易主之文；中察人心，實未厭唐德。』天后曰：『卿何以知之？』公曰：『頃者匈奴犯邊，陛下使梁王三思於都市召募，一月之外，不滿千

〔一〕《通鑑》胡註曰：「按《新書》，元忠爲洛陽令，陷周興獄當死，以平揚、楚功，得流。歲餘，爲來俊臣所構，將就刑，太后使王隱客宣詔赦之，此爲二事。《通鑑》書王隱客宣赦事於永昌元年，至長壽元年又下獄貶，此爲三事。及後長安三年又貶高要尉，此爲四事。未知《御史臺記》所書如何也。」

人。後廬陵王踵之，未經二旬，數盈五萬。以此觀之，人心未去。陛下將欲繼統，非廬陵王，餘實非臣所知。』天后震怒，命左右扶而去之。」按：廬陵王爲河北元帥，在立爲太子後，且當是時，睿宗爲皇嗣，若仁傑請以廬陵王繼統，則是勸太后廢立也。此固未可信。或者仁傑以廬陵母子至親，而幽囚房陵，勸召還左右，則有之矣。《談賓録》曰：「聖曆二年臘月，張易之兄弟貴寵逾分，懼不全，請計於天官侍郎吉頊。頊曰：『公兄弟承恩深矣，非有大功於天下，自古罕有全者。唯有一策，苟能行之，豈止全家，亦當享茅土之封耳。除此之外，非頊所謀。』易之兄弟泣請之。頊曰：『天下思唐德久矣，主上春秋高，武氏諸王殊非所屬意。公何不從容請立廬陵，以繫生人之望。』易之乃承間屢言之，則天意乃易。既知頊首謀，乃召問頊。頊曰：『廬陵、相王皆陛下之子，高宗切託於陛下，唯陛下裁之。』則天意乃定。」《御史臺記》曰：「則天置控鶴府，頊與易之、昌宗同於府供奉，與昌宗親狎。昌宗自以貴寵踰分，懼不全，請計於頊」云云，如《談賓録》。蓋太后寵信諸武，誅鉏李氏，雖己子廬陵亦廢徙房陵，故仁傑勸召還左右，以强李氏，抑諸武耳。張、吉非能爲唐社稷謀也，欲求己利耳。若仍立皇嗣，則己有何功！故勸太后立廬陵爲太子，而太后從之。然則欲召還廬陵者，仁傑之志也；立爲太子者，張、吉之謀也。《談賓》言聖曆二年及以頊爲天官侍郎，《臺記》謂睿宗爲相王，則皆誤也。《新·狄仁傑傳》云：「張易之嘗從容問自安計，仁傑曰：『惟勸迎廬陵王可以免禍。』」計仁傑亦安肯與易之深言此事！《狄梁公傳》又云：「後經旬，召公入，曰：『朕昨夜夢與人雙陸，頻不見勝，何也？』對曰：『雙陸輸者〔二〕，蓋爲宫中無子。此是上天之意，假此以示陛下，安可久虚儲位哉！』天后曰：『是朕家事，斷在胸中，卿豈合預焉！』仁傑對曰：『臣聞王者以天下爲家，四海之内，悉爲臣妾，何者不爲陛下家事！君爲元首，臣爲股肱，臣安得不預焉！』又命扶出，竟不納。」按：於時皇嗣在宫中，不得言無子及久虚儲位也。《朝野僉載》云：「則天曾夢一鸚鵡，羽毛甚偉，兩翅俱折。以問宰臣，羣公默然。内史狄仁傑曰：『鵡者，陛下姓也。兩翅折者，陛下二子廬陵、相王也。陛下起此二子，兩翅全也。』魏王承嗣、武三思連項皆赤。後契丹反，圍幽州，檄朝廷曰：『還我廬陵、相王來！』則天乃憶狄公之言，謂之曰：『卿曾爲我占夢，今乃應矣。朕欲立太子，何者爲得？』仁傑曰：『陛下内有賢子，外有賢姪，取捨詳擇，斷在宸衷。』則天曰：『我自有聖子，承嗣、三思是何疥癬！』承嗣等懼，掩耳而走。即降敕追廬陵。河内王等奏，不許入城，龍門安置。賊徒轉盛，陷没冀州。則天急，乃立廬陵王爲太子，充元帥。初募兵，無有應者，聞太子行，北邙山頭兵滿，無容人處。賊自退散。」按：是時睿宗未爲相王。又仁傑若言内有賢子，外有賢姪，乃是懷兩端也。今采衆説之可信者存之。

〔二〕「輸者」，《通鑑》胡註作「不勝」。

三月，己巳，遣徐彦伯召廬陵王。

《統紀》云：「癸丑，遣職方員外郎徐彦伯往房州，召廬陵王男女入都醫療。」《狄梁公傳》曰：「後潛發内人十人至房州，宣敕云：『我兒在此，令内人就看。州縣長吏，仰數出數入，無令混雜。』陰令内人一人以代廬陵王，令廬陵王衣内人衣服，以舊數還，州縣不悟。數日達京，朝廷百僚，一無知者。」《舊·傳》曰：「廬陵王自房陵還宫，太后匿之帳中。又召狄仁傑，以廬陵爲言。仁傑慷慨敷奏，言發涕流。遽出廬陵，謂仁傑曰：『還卿儲君。』仁傑降階泣賀。既已，奏曰：『太子還宫，人無知者，物議安審是非！』則天以爲然，乃復置中宗於龍門，具禮迎歸，人情感悦。」《狄梁公傳》曰：「天后御一小殿，垂簾於後，左右隱蔽，外不能知。乃命公坐於階下，曰：『前者所議，事實非小，寐寤反覆〔一〕，思卿所言，彌覺理非甚乖。朕意忠臣事主，豈在多違！今日之間，須易前見。以天下之位，在卿一言，可朕意即兩全，逆朕心即俱斃！』公從容言曰：『陛下所言，天下之位〔二〕，何得專之〔三〕！以臣所知，是太宗文武皇帝之位，陛下豈得而自有也！

〔一〕「寐寤」，孔本、《四庫》本、胡本、廣雅本、《通鑑》胡註此二字互乙。
〔二〕「下」，《通鑑》胡註作「子」。
〔三〕「何」，孔本、《四庫》本、胡本、廣雅本、《通鑑》胡註作「可」。

太宗身陷鋒鏑，經綸四海，所不告勞者〔二〕，蓋爲子孫，豈爲武三思邪！陛下身是大帝皇后，大帝寢疾，權使陛下監國；大帝崩後，合歸冢嫡。陛下遂奄有神器，十有餘年。今議纘承，豈可更異！且姑與母孰親？子與姪孰近？』云云。天后於是歔欷流涕，命左右褰簾，手撫公背，大叫曰：『卿非朕之臣，是唐社稷之臣！』回謂廬陵王曰：『拜國老！今日國老與爾天子！』公免冠頓首，涕血灑地，左右扶策，久不能起。天后曰：『即具所言，宣付中外，擇日禮册。』公揮涕而言曰：『自古已來，豈有偷人作天子！廬陵王留在房州，天下所悉知，今日在内，臣亦不知。臣欲奉詔，若同衛太子之變，陛下何以明臣？』天后曰：『安可卻向房陵！只於石像驛安置，具法駕，陳百僚，就迎之。』於是大呼萬歲，儲位乃定。」按：武后若密召廬陵王，宫人十人既知其謀，洛陽至房陵，往來道路甚遠，豈得外人都不知乎！又《實録》豈能構虚立徐彦伯往迎之事，及有廬陵王至自房州之日！又於時若儲位已定，豈可自三月來，九月始立爲太子！蓋廬陵既至，太后以長幼之次欲立之，皇嗣亦以此遜位，故遷延半歲〔三〕。今皆取《實録》爲正。

〔二〕「所」下，《通鑑》胡註有「以」字。
〔三〕「歲」，《通鑑》胡註作「載」。

六月〔二〕**，楊齊莊。**

《實録》作「楊鸞莊」。今從《僉載》、《舊·傳》。

八月〔三〕**，突厥陷定州，殺孫彦高。**

《朝野僉載》曰：「文昌左丞孫彦高，無它識用，性惟頑愚，出爲定州刺史。歲餘，默啜賊至，圍其郛郭。彦高卻鏁宅門，不敢詣廳事〔三〕，文案須徵發者〔四〕，於小窗内接入通判。仍簡郭下精健，自援其家。賊既乘城，四面並入，彦高乃謂奴曰：『牢關門户，莫與鑰匙。』其愚怯也皆此類。俄而陷没，刺史之宅先殲焉。」又曰：「彦高被突厥圍城數重，彦高乃入匱中藏，令奴曰：『牢掌鑰匙，賊來索，慎勿與。』」恐不至此，今不取。

九月，壬申，立廬陵王爲皇太子。

《實録》云「丙子」。據《唐曆》：「甲戌，皇太子顯充河北道行軍大元帥。」《狄梁公傳》亦

〔一〕「六月」，《通鑑》正文此事在六月甲午。

〔二〕「八月」，《通鑑》正文此事在八月乙卯。按：《新唐書·則天皇后紀》原在八月乙卯。

〔三〕「廳」，《通鑑》胡註作「聽」。按：《太平廣記》卷二五九「孫彦高」條引《朝野僉載》原作「廳」。「事」，《朝野僉載》原無此字。

〔四〕「案」，原誤作「按」，今據《通鑑》胡註改。按：原本「案」、「按」或不分，以下徑改，不再出校。

云：「皇太子爲元帥，以公爲副。」是先立爲太子，後爲元帥也。今從《新・本紀》。

王及善請太子外朝。

《實録》：「辛巳，皇太子朝見。」或作「廟見」。蓋睿宗爲皇嗣時，止於宮中朝謁，不出外朝；今及善始請太子與羣臣俱於外庭朝謁耳。

突厥默啜殺趙、定等州男女萬餘人〔一〕。

《舊・突厥傳》云：「默啜盡抄掠趙、定等州男女八九萬人〔二〕。」《統紀》云：「河北積年豐熟，人畜被野。斬啜虜趙、定、恒、易等州財帛億萬、子女羊馬而去。河朔諸州怖其兵威，不敢追躡。」今從《實録》。

十月，誅閻知微三族。

《朝野僉載》云：「則天磔知微於西市，命百官射之。河内王懿宗去七步射，一發皆不中〔三〕，怯懦如此。知微身上箭如蝟毛。剉其骨肉，夷其九族。小兒年七八歲，驅抱向西市，百姓哀之，擲餅果與者，仍相爭奪以爲戲笑。監刑御史不忍害，奏捨之。」今從《實録》。

〔一〕《通鑑》正文此事在九月癸未。按：《舊唐書・則天皇后紀》原在九月癸未。
〔二〕「抄」，《通鑑》胡註作「寇」。按：《舊唐書・突厥傳》原作「抄」。
〔三〕「一」，孔本、《四庫》本、胡本、廣雅本作「三」。按：《太平廣記》卷一六三「閻知微」條引《朝野僉載》原作「三」。

二年，四月，吐蕃論贊婆來降。

《實録》：「贊婆及其兄弟莽布支等來降，以莽布支爲左羽林衛員外大將軍，封安國公。」按：贊婆弟名悉多干敷論[二]。明年，吐蕃將麴莽布支寇涼州，與唐休璟戰。未詳《實録》所云，今删去。

八月[三]，王及善爲文昌左相，同三品。

《新》《紀》、《表》及善同平章事。今從《實録》。《朝野僉載》曰：「王及善才行庸猥，風神鈍濁，爲内史時，人號爲『鳩集鳳池』。俄遷文昌右相，無它政，但不許令史奴驢入臺，終日迫逐，無時暫捨，時人號『驅驢宰相』。」此蓋張文成惡及善，毁之耳。今從《舊·傳》。

久視元年，正月，戊寅，武三思罷。

《新》《紀》、《表》皆云：「戊午，貶吉頊爲琰川尉。壬申，三思罷。」中間未嘗復入相。明年十一月壬申，又云三思罷，日及官皆同，蓋誤重複耳。今從《實録》。

〔二〕「干」，原誤作「子」，孔本、《四庫》本、胡本、廣雅本、《通鑑》胡註作「于」，今據兩浙本及《舊唐書·吐蕃傳》改。

〔三〕「八月」，《通鑑》正文此事在八月庚子。按：《新唐書·則天皇后紀》原在八月庚子。

吉頊貶固安尉〔一〕。

《實録》但云坐事貶流，《僉載》、《新書》皆云貶琰川尉。今從《御史臺記》。

臘月〔二〕**，狄仁傑爲内史**〔三〕。

《新》《紀》、《表》：「庚子，文昌左相韋巨源爲納言。十月丁巳，罷。」先時不言巨源爲左相，《舊》《紀》、《傳》皆無之，蓋「左丞」誤爲「左相」耳。

九月，仁傑薦張柬之等。

《梁公傳》云：「張柬之、桓彦範、敬暉、崔玄暐、袁恕己皆公所薦。公嘗退食之後，謂五公曰：『所恨衰老，身先朝露，不得見五公盛事。冀各保愛，願盡本心。』五公心知目擊，懸悟公意。公寢疾，五公候問，偶對終日，竟無一言。少頃，流涕及枕，但相視而已。五公退出，遞不測其由。袁恕己曰：『豈不氣力轉羸，須問家事乎？』張柬之曰：『未有大賢廢國謀家者也〔四〕。』斯

〔一〕「固安」，《通鑑》正文此二字互乙。按：《舊唐書·吉頊傳》亦作「安固」。

〔二〕「臘月」，《通鑑》正文狄爲内史事在臘月丁酉。按：《新唐書·則天皇后紀》原在臘月丁酉。

〔三〕按：此條《考異》事目與内容不符，當作「臘月韋巨源爲納言」。《通鑑》胡註亦附《考異》文於「庚子韋巨源爲納言」之下。

〔四〕「有」，《通鑑》胡註作「聞」。

須，命張柬之、袁恕己、桓彦範三公入，餘二公立於門外，曰：『向者無言，蓋以二公之故。此二公能斷而不能密，若先與議之，事必外泄，一泄之後[一]，則國異而家亡也。至其時或不與共之，事亦不就。梁王三思掌權，可先收而後行也。不然，則必反生大禍。』狄公没後，經歲餘，五公潛會於幽閑之處，敘公當時之言，重結盟約。徹饌之後，相顧欲言，未至其時，恐負前諾，欲言又止，前後數四。桓彦範乃敘其言[二]，言猶未畢，閭户牖之外，聲若雷霆，須臾風雨，咫尺莫辨，所坐床褥悉擲於階下。五公戰懼，不知所據，乃相謂曰：『此是狄公忠烈之至，假此靈變以驚衆心，不欲吾輩先論此事，未至其時，不可復言也。』斯須，天清日明，不異於初。易之等既誅，袁謂張公曰：『昔有遺言，使先收三思，豈可捨諸？』張公曰：『但大事畢功，此是机上之物，豈有逃乎！』後梁王交通於内，五公果爲所譖，俱遭流竄。所期興廢年月，遺約軌模，少無異也。」按：柬之等五人偶同時在位，協力立功，仁傑豈能豫知其事，舉此五人，專欲使之輔立太子邪！且易之等若有可誅之便，太子有可立之勢，仁傑身爲宰相，豈待五年之後，須柬之等然後發邪！此蓋作《傳》者因五人建興復之功，附會其事，云皆仁傑所舉，受教於仁傑耳。其言譎怪無稽，今所不

[一] 「一」，原闕，今據兩浙本、孔本、《四庫》本、胡本、廣雅本、《通鑑》胡註補。
[二] 「桓」，原誤作「相」，今據兩浙本、孔本、《四庫》本、胡本、廣雅本、《通鑑》胡註改。

取。《舊·傳》惟著舉柬之、彦範、暉三人姓名，今從之。

十月，韋安石逐蜀商。

《舊·傳》曰：「時鳳閣侍郎陸元方在坐，退而告人曰：『此真宰相，非吾屬所及也。』」按《新·紀》，元方已罷相。今不取。

長安元年，正月〔二〕，改元大足。

《朝野僉載》云：「司刑寺囚三百餘人，秋分後無計可作，乃於圓獄外羅牆角邊作聖人迹五尺，至夜半，三百人一時大叫。内使推問，云：『昨夜有一聖人見，身長三丈，面作金色，云：汝等並冤枉，不須怕懼。天子萬年，即有恩赦放汝。』把火照之，見有僞迹，即大赦天下，改爲大足元年。識者相謂曰：『武家理，天下足也。』」按：改元在春，不在秋，又無赦，今不取。

三月，王求禮不賀雪。

《統紀》在延載元年，《僉載》在久視二年。《統紀》云「左拾遺」，《僉載》云「侍御史」，《御史臺記》云「殿中侍御史」。《統紀》云：「味道無以對。」《舊·傳》云：「求禮止之，味道不從。」今

〔二〕「正月」，《通鑑》正文此事在正月丁丑。按：《新唐書·則天皇后紀》原在正月丁丑。

年從《僉載》，官從《臺記》，事則參取諸書。

九月〔一〕**，太后逼邵王重潤等，令自殺。**

《重潤傳》云：「重潤爲人所構，與其妹永泰郡主、壻魏王武延基等竊議張易之兄弟何得恣入宫中，則天令杖殺。」今從《實録》。

十一月〔二〕**，命蘇頲按覆來俊臣等舊獄。**

《松窗雜録》曰〔三〕：「中宗常召宰相蘇瓌、李嶠子進見〔四〕，二丞相子皆童年，迎撫於赭袍前，賜與甚厚。因語二兒曰：『爾宜意所通書，可爲奏吾者言之。』頲應曰：『木從繩則正，后從諫則聖。』嶠子亡其名，亦進曰：『斮朝涉之脛，剖賢人之心。』上曰：『蘇瓌有子，李嶠無兒。』」按：頲此年已爲御史，瓌爲相時頲爲中書舍人，父子同掌樞密，非童年也。今不取。

〔一〕「九月」，《通鑑》正文此事在九月壬申。按：《新唐書·則天皇后紀》原在九月壬申。

〔二〕「十一月」，《通鑑》正文此事在長安二年十一月辛未，《資治通鑑目録》亦在二年。

〔三〕「曰」，《通鑑》胡註無此字。

〔四〕「常」，《通鑑》胡註作「嘗」。按：李濬《松窗雜録》（臺灣新文豐出版公司《叢書集成新編》影印《奇晉齋叢書》刊本，下同）原作「嘗」。

三年，七月，癸卯，朱敬則同平章事。

《新・紀》云「壬寅」。《唐曆》云「十四日癸卯」，今從之。

戊申，相王旦爲雍州牧。

《唐曆》「十八日丁未」。今從《實録》。

烏質勒與西突厥相攻。

武平一《景龍文館記》作「烏折勒」。今從《新》、《舊書》。

九月，蘇安恒上疏理魏元忠，張易之等欲殺之，朱敬則等保救得免。

《舊・傳》云：「易之欲遣刺客殺之。」若遣刺客，必不遣人知，敬則等安能保護！蓋欲白太后殺之耳。

鄭杲謂宋璟「奈何卿五郎」。

《新》、《舊》《傳》皆作「鄭善果」。按：善果乃高祖時人〔二〕，《新》、《舊》《傳》皆誤，當從《御史臺記》。

〔二〕「乃」下，《通鑑》胡註有「是」字。

八月〔一〕**，甲寅，韋安石檢校揚州長史**〔二〕**。**

《唐曆》云「五日戊午」。今從《實録》。

十二月，辛未，楊元嗣告張昌宗問占相。

《實録》云：「長安四年秋，元嗣告之，太后令鳳閣侍郎韋承慶推鞫。」按：十一月丁亥，承慶始爲鳳閣侍郎。今從《唐曆》。

太后敕宋璟出使，璟不行。

《御史臺記》云：「易之、昌宗冀璟使後，當列狀誅璟。」按：易之等若果可以列狀誅璟，則何必待其出使然後爲之！此蓋璟方奏請收禁昌宗，故太后欲遣璟出以散其事耳。璟必欲收禁，故辭不肯行；太后自省理屈，故不迫遣耳。不然，璟若無事不行，太后豈不能以拒違制命罪之邪！又云：「時璟家禮會，易之等伺其夕以刺之。有密告璟者，乘庫車于它所而免。」按：若實有其迹，璟安得不自陳於太后！若無其迹，則人妄言耳。今不取。

〔一〕「八月」，《通鑑》正文此事在四年八月，《資治通鑑目録》亦在四年。按：《舊唐書·則天皇后紀》、《新唐書·宰相表》原在四年八月。

〔二〕「長」，《通鑑》正文作「刺」。按：《舊唐書·則天皇后紀》、《新唐書·宰相表》原作「長」。

璟按張昌宗，太后遣使赦之。

《御史臺記》、《唐曆》、《舊・傳》並云「收按易之等」。按：璟止鞫昌宗占相事耳，無緣及易之。今所不取。《舊・張易之傳》云：「宋璟請按易之，則天陽許，尋敕宋璟使幽州按都督屈突仲翔，令司禮卿崔神慶希旨，雪昌宗兄弟。」《唐曆》云：「桓彦範上疏不報，璟登時出使。」按《璟傳》云：「特赦原易之，仍令詣璟謝。」則是昌宗赦免時[一]，璟在都，不出使也。《實録》云「令韋承慶、崔神慶與璟推鞫」，當是璟執正其罪，而神慶寬之耳，非璟出使後，神慶始鞫之也。《舊》《宋璟》、《易之傳》自相違。今從《御史臺記》。

[一] 「赦」，《通鑑》胡註作「敕」。

資治通鑑考異卷第十二

端明殿學士兼翰林侍讀學士太中大夫提舉西京嵩山崇福宫上柱國河内郡開國公食邑二千六百户食實封壹阡户臣司馬光奉敕編集

唐紀四

中宗神龍元年，正月，壬午，赦，改元。

《新·紀》：「長安五年正月壬午，大赦。甲子[一]，太子監國，改元。」按《則天實録》：「神龍元年正月壬午朔，大赦，改元。」《舊·紀》、《唐曆》、《統紀》、《會要》皆同。《紀年通譜》亦以神龍爲武后年號，中宗因之。《新·紀》誤也。

〔一〕「甲子」，《新唐書·中宗紀》原作「甲辰」。按：《二十史朔閏表》，神龍元年正月壬午朔，無甲子，二十三日甲辰。

張柬之等謀誅張易之，遣李多祚、李湛、王同皎迎太子〔一〕。

《舊·李湛傳》曰：「湛與右羽林大將軍李多祚等詣東宫迎皇太子，拒而不時出。湛進啓曰：『逆豎反道亂常，將圖不軌，宗社危敗，實在須臾。湛等諸將與南衙執事克期誅翦，伏願殿下暫至玄武門，以副衆望。』太子曰：『凶豎悖亂，誠合誅夷，然聖躬不豫，慮有驚動，公等且止，以俟後圖。』湛曰：『諸將棄家族，共宰相，同心匡輔社稷，殿下奈何欲陷之鼎鑊！殿下速出自止遏。』太子乃上馬就路。」按：劉子玄《中宗實録》、《唐曆》、《統紀》皆以此爲王同皎之言，而《舊·傳》以爲李湛進説。今從《實録》、《唐曆》等，參取《舊·傳》。

賞張柬之等有差。

《中宗實録》：「初，冬官侍郎朱敬則以張易之等權寵日盛，恐有異圖。時敬暉爲左羽林將軍，敬則謂之曰：『公若假皇太子之令，舉北軍誅易之兄弟，兩飛騎之力耳。』暉等竟用其策。及易之、昌宗伏誅，暉遂矜功自恃，故賞不及於敬則，俄出爲鄭州刺史。」按：敬則長安四年以老罷知政事，累轉冬官侍郎，而《則天實録》誅易之時有庫部員外郎朱敬則，恐誤。

〔一〕《通鑑》正文此事在正月癸卯。按：《舊唐書·則天皇后紀》在正月癸亥，《新唐書·則天皇后紀》在正月癸卯。據《二十史朔閏表》，是年正月壬午朔，無癸亥，十一日癸卯。

二月，辛亥，帝詣上陽宫。

《實録》、《唐曆》皆云「乙亥」，誤也，當是「辛亥」。

薛季昶勸張柬之誅武三思。

《御史臺記》曰：「張柬之勒兵于景運門，將收諸武誅之。彦範既以事竟〔一〕，不欲廣誅戮〔二〕，遽解其兵。柬之固爭不果。」《狄梁公傳》曰：「袁謂張公曰：『昔有遺言，使先收梁王三思〔三〕，豈可捨諸？』張公曰：『但大事畢功，此是机上之物〔四〕，豈有逃乎！』」按《舊唐書》《薛季昶傳》、《敬暉傳》、《唐統紀》、《唐曆》、《狄梁公傳》，皆以爲「張柬之、敬暉不欲誅武三思」〔五〕，唯《御史臺記》以爲「柬之固爭，而彦範不從」。《新唐書·彦範傳》亦云：「薛季昶勸誅三思，會日暮事遽，彦範不欲廣殺，因曰：『三思机上肉爾〔六〕，留爲天子藉手。』季昶歎曰：『吾無死所矣。』」按：柬之時爲宰相，首建此謀，當是與桓、敬等皆不可，不應獨由彦範也。

〔一〕「既以事」，《通鑑》胡註作「以事既」。
〔二〕「戮」，《通鑑》胡註無此字。
〔三〕「三」上，《通鑑》胡註有「武」字。
〔四〕「是」，《通鑑》胡註作「皆」。
〔五〕「以爲」，《通鑑》胡註作「云」。
〔六〕「爾」，《通鑑》胡註作「耳」。

柬之等受制於三思。

《舊·傳》云：「誅易之明日，三思因韋后之助，潛入宮中，内行相事，反易國政。居數日，五王皆失柄，受制於三思矣。」事似傷速，今微加删改。

五月[一]，封敬暉等爲王。

《統紀》曰：「太后善自粉飾，雖子孫在側，不覺其衰老。及在上陽宫，不復櫛頮，形容羸悴。上入見，大驚。太后泣曰：『我自房陵迎汝來，固以天下授汝矣，而五賊貪功，驚我至此。』上悲泣不自勝，伏地拜謝死罪。由是三思等得入其謀。」按：中宗頑鄙不仁，太后雖毁容涕泣，未必能感動移其意。其所以疏忌五王，自用韋后、三思之言耳。今不取。五王尊卑，先後不定。《實録》，誅張易之時以張柬之爲首，賜鐵券以崔玄暐爲首，封王及謫爲司馬、長流皆以敬暉爲首，《舊》傳及《開元復官詔》並以桓彦範爲首。按：長安四年六月，玄暐爲鸞臺侍郎、平章事。十月，張柬之自秋官侍郎同平章事；十一月，守鳳閣侍郎。誅易之時，唯此二人爲相。神龍元年正月，袁恕己自司刑少卿爲鳳閣侍郎、同平章事；庚戌，柬之爲夏官尚

[一]「五月」，《通鑑》正文此事在五月甲午。按：《舊唐書·中宗紀》在五月癸巳，《新唐書·中宗紀》原在五月甲午。

書〔二〕，玄暐守内史，敬暉、桓彦範並爲納言；三月，恕己守中書令；四月，柬之爲中書令，敬暉爲侍中。五王遷轉先後如此。疑《實録》但以誅易之時柬之首謀，故以柬之爲首。暉與彦範同爲侍中，疑侍中在中書令上，故削諸武表及罷政事皆以暉爲首。賜鐵券時，玄暐已加特進，暉等罷政方加特進，而玄暐如舊，疑特進雖散階而品秩最高，故以玄暐爲首。彦範與暉同爲侍中，而彦範被禍最酷，疑《開元詔》及史官特以爲首，未必以當時位次也。天后、中宗時，侍中疑在中書令上。

八月，壬戌，追立趙后。

《舊・本紀》云「甲子」。今從《實録》。

二年，閏正月〔三〕，以敬暉等爲刺史。

《實録》、《新・紀》、《新》、《舊》《列傳》皆不見崔玄暐及暉等出爲刺史年月，惟《舊・紀》及《統紀》、《唐曆》有此三人。蓋玄暐先已出矣，但不知何時。然暉等貶爲司馬時，乃刺朗、亳、郢、均四州，蓋於後又經遷徙矣。《唐曆》、《統紀》以爲在王同皎誅後，今從之。

〔二〕「柬」上，《通鑑》胡註有「張」字。
〔三〕「閏正月」，《通鑑》正文此事在閏正月乙卯。按：《舊唐書・中宗紀》原在閏正月乙卯。

三月[一]，王同皎爲宋之遜等所告，坐斬。

《御史臺記》曰：「同皎與張仲之等謀誅三思，爲宋談所發[二]。御史大夫李承嘉、御史姚紹之按問，事連椒宫，内敕宰相問對。諸宰佯假寐無所聞，獨嶠與承嘉竊議，同皎、仲之等遇族。」又曰：「張仲之等謀誅武三思，宋之遜子曇知其謀，將發之，未果。會冉祖雍、李悛於路白之，雍、悛以聞。」又曰：「張仲之、宋之遜、祖延慶謀於衣袖中發銅弩射三思，伺其便未果。之遜子曇密發之，敕李承嘉與紹之按於新開門内。初，紹之將直其事，未定，敕宰相對問。諸相畏三思，但僶俛佯不聞仲之、延慶言。諸相中有附會三思者，屢與承嘉耳言，復説誘紹之，事乃變，遂密置人力十餘，命引仲之對問，至則塞口反接，送繫所。紹之還，謂仲之曰：『張三，事不諧矣！』仲之固言三思反狀，紹之命檛之而臂折，仲之大呼天者六七，謂紹之：『反賊！我臂且折矣，已輸你，當訴爾於天曹！』乃自誣反而遇族。」《朝野僉載》曰：「初，之遜諂附張易之兄弟，出爲兖州司倉，遂亡歸，王同皎匿之於小房。皎，慷慨之士也，忿逆韋與武三思亂國，與一二所親論之，每至切齒。之遜於簾下竊聽之，遣姪曇上書告之，以希逆韋之旨。武三思等果大怒，奏

[一] 「三月」，《通鑑》正文此事在三月庚戌。按：《舊唐書》、《新唐書》《中宗紀》原在三月庚戌。
[二] 「談」，《通鑑》胡註作「曇」。

誅同皎之黨。」《實録》：「同皎與周憬等潛謀誅三思，乃招集將士，期以則天靈駕發引，因劫殺三思。李悛等知而告三思，三思因言同皎等謀反，竟坐斬。」《唐曆》、《統紀》亦與《實録》略同，而云：「仲之誤泄於友人宋之問，之問僞應之[一]。祖雍、之遜亦預其謀，既而背之。李悛，之問甥也，命以告三思，因言同皎謀反。」《舊·傳》云：「之問左遷瀧州參軍，未幾逃還，匿於張仲之家。仲之與同皎等謀殺武三思，之問令兄子發其事以自贖。及同皎等獲罪，起之問爲鴻臚主簿。」按：三思得幸於中宗、韋后，權傾天下，同皎等若擅自殺之[二]，豈得晏然無事！苟無脇君之志，豈得輕爲此謀！又云「袖中發銅弩」，此則殆同兒戲。蓋忿疾三思，或與仲之、憬等有欲殺之言，而之遜等以告三思，三思因教曇等誣告同皎，云謀於靈駕發引日劫殺三思，因廢皇后謀反耳。今從《僉載》。

四月，韋月將流嶺南。

《朝野僉載》曰：「周仁軌過秋分一日平曉斬之，有敕捨之而不及。」《統紀》月將死附於此年末[三]，《唐紀》在二月，《舊·傳》、《唐曆》皆在五王死後。按：此年七月殺敬暉等，若在後，徐

[一]「之」，原皆誤作「人」，今據兩浙本、孔本、《四庫》本、胡本、廣雅本、《通鑑》胡註改。
[二]「自」，《通鑑》胡註無此字。
[三]「末」，原誤作「本」，今據兩浙本、孔本、《四庫》本、胡本、廣雅本、《通鑑》胡註改。

堅表不得云「朱夏在辰」，思貞不得云「發生之月」也。今約其事，附於此月。

六月〔一〕**，貶敬暉等爲司馬。**

《唐曆》、《統紀》，皆於王同皎誅後即云：「三思令宣州司功鄭愔誣柬之等與王同皎謀反，又貶玄暐等四人爲僻遠州刺史。」按：愔若於時已告云謀反，則豈應猶得刺史！又云告柬之等，而柬之豈得獨不貶！今從《實録》。

周仁軌討甯承基，斬之。

《朝野僉載》曰：「韋氏遭則天廢廬陵之後，后父韋玄貞與妻女等並流嶺南，被首領甯氏大族逼奪其女，不伏，遂殺貞夫妻，七娘等並奪去。及孝和即位，皇后當途，廣州都督周仁軌將兵誅甯氏，走入南海，軌追之，殺掠並盡。韋后隔簾拜，以父事之，用爲并州長史。後阿韋作逆，軌以黨與誅。」今從《實録》，參取諸書。

七月，長流敬暉於瓊州。

《實録》初云「嘉州」，後云「崖州」〔二〕，《新·本紀》作「嘉州」，《舊·傳》作「崖州」〔三〕。今從

〔一〕「六月」，《通鑑》正文此事在六月戊寅。按：《舊唐書》、《新唐書》《中宗紀》原在六月戊寅。

〔二〕「崖」，《通鑑》胡註作「崔」。

〔三〕「崖」，《通鑑》胡註作「崔」。按：《舊唐書·敬暉傳》原作「崖」。

《統紀》、《新·傳》。

十二月，安樂公主請爲皇太女。

《統紀》云："安樂公主私請廢皇太子，而立己爲皇太女。帝以問魏元忠，元忠曰：『皇太子國之儲君，生人之本，今既無罪，豈得輒有動摇。欲以公主爲皇太女，駙馬復若爲名號？天下必甚怪愕，恐非公主自安之道。』公主知之，乃奏曰：『元忠，山東木强田舍漢，豈足與論國家權宜盛事、儀注好惡！阿母子尚自爲天子，況兒是公主，作皇太女，有何不可！』"按：中宗雖愚，豈不知立皇太女爲不可，何必待元忠之言！今從《舊·傳》。

景龍元年，二月，丙戌，復武氏崇恩廟。

《舊·本紀》："正月己巳，遣武攸暨、武三思往乾陵，祈雨于則天皇后。"《新·本紀》："甲午，褒德榮先陵置令、丞。"按《長曆》，正月庚子朔，無己巳；二月庚午朔，無甲午〔二〕。今從《實録》。

七月，辛丑，太子重俊舉兵，叩閤索上官婕妤。

《舊·紀》作"庚子"。今從《實録》。《實録》云："斬關而入，索韋氏所在。"《舊·重俊傳》

〔二〕按：據《長曆》，正月庚子朔，三十日己巳；二月庚午朔，二十五日甲午。《考異》誤。

亦云：「求韋庶人及安樂公主所在。」今從《舊·后妃傳》。

八月，相王被譖，吴兢上疏。

《實録》載此事於今年八月，而兢疏云：「陛下登極，于今四稔。」則是明年所上也。蓋至忠所對在今年，而《實録》因載兢疏耳。

丙戌，魏元忠致仕。

《實録》，元忠致仕在九月。今從《舊·本紀》。

九月，韋巨源、紀處訥並爲侍中。

《新·表》：「九月辛亥，蘇瓌罷爲行吏部尚書。」按：二年，瓌請察正員官殿負者，擇員外官代之；三年，面折祝欽明請皇后亞獻，於時皆爲侍中〔一〕。《表》云今年罷，誤也。

二年，七月，安樂公主作定昆池，延袤數里。

《新·傳》云：「四十九里，直抵南山。」〔二〕蓋并土田言之〔三〕。今從《舊·傳》。

〔一〕「皆」，《通鑑》胡註誤作「更」。

〔二〕「四十九里，直抵南山」，《新唐書·安樂公主傳》不載此語，見於《太平廣記》卷二三六「安樂公主」條引《朝野僉載》。

〔三〕「土」，《通鑑》胡註作「主」。

十一月，突騎施將闕啜忠節。

《郭元振傳》作「阿史那闕啜忠節」，《突厥傳》止謂之「闕啜忠節」，《文館記》謂之「阿史那忠節」。元振疏皆云「忠節」，乃其名也。突厥有五啜，其一曰胡禄居闕啜。或者忠節官爲闕啜歟？今從《突厥傳》[一]。

娑葛擒忠節，殺馮嘉賓、吕守素。

《御史臺記》云：「嘉賓爲中丞，神龍中，起復，持節甘、涼。時郭元振都督涼州，奏中書令宗楚客受娑葛金兩石，請紹封爲可汗。楚客憾之，既用事，時議云委嘉賓與侍御史吕守素按元振。元振竊知之[二]，乃諷蕃落害嘉賓于驛中，獲函中敕，云：『元振父亡，匿不發喪，至是爲發之，仍按其不臣之狀，便誅之。』元振以爲僞敕，具以聞。」今從《舊·傳》。

己卯，安樂公主適武延秀。庚辰，赦。

《實録》、《新》、《舊》《紀》皆云「己卯大赦」。今從《景龍文館記》，成禮之明日。

[一] 《通鑑》胡註曰：「今按：西突厥亦姓阿史那氏；闕，部落之名；啜，官名也；忠節，人名也。諸家有書阿史那闕啜忠節者，詳書之也；或書官以綴其名，或書姓以綴其名者，約文也。」

[二] 「竊」，原誤作「切」，今據兩浙本、孔本、《四庫》本、胡本、廣雅本、《通鑑》胡註改。原本「竊」或誤作「切」，以下徑改，不再出校。

復以郭元振代周以悌。

元載《玄宗實録》、《舊・傳》皆云：「復以元振代以悌，元振奏稱西土未寧，逗遛不敢歸京師。」按：既代以悌，則復留居西邊矣，何所逗遛！今從《新・傳》。

三年，二月〔一〕，上觀宫女拔河。

《唐紀》云：「觀宫女大酺。」今從《實録》。

崔琬彈宗楚客〔二〕。

《景龍文館記》曰：「監察御史崔琬具衣冠，對仗彈大學士、兵部尚書、郢國公宗楚客及侍中紀處訥。時楚客在列，奏言：『臣以庸妄，叨居樞密，中外朋結謀臣，臣先奏聞，計垂天鑒〔三〕。』上頷之，謂琬曰：『楚客事朕知，且去，待仗下來。』至仗下後，琬方續奏，敕令於西省對問。中書、門下奏無狀，有進止即令復位。初，娑葛父子與阿史那忠節代爲仇讎，娑葛頻乞國家爲除忠節，安西都護郭元振表請如其奏。宗楚客固執，言：『忠節竭誠於國，作扞玉關，若許娑葛除之，恐非威彊拯弱之義。』上由是不許。無何，娑葛擅殺御史中丞馮嘉賓、殿中侍御史吕守素，破滅忠

〔一〕「二月」，《通鑑》正文此事在二月己丑。按：《舊唐書》、《新唐書》《中宗紀》原在二月己丑。

〔二〕《通鑑》正文此事在二月丙申。

〔三〕「計」，《四庫》本作「冀」。

節，侵擾四鎮。時碎葉鎮守使中郎周以悌率鎮兵數百人大破之，奪其所侵忠節及于闐部衆數萬口。奏到，上大悦，拜以悌左屯衛將軍，仍以元振四鎮經略使授之，敕書簿責元振。宗議發勁卒，令以悌及郭虔瓘北討，仍邀吐蕃及西域諸部計會，同擊娑葛。右臺御史大夫解琬議稱不可，後竟與之和。娑葛聞前議，大怨，乃付元振狀，稱宗先取忠節金。上以問之，宗具以前事奏。時太平、安樂二公主以親貴權寵，各立黨與，陰相傾奪，爰自要官宰臣，皆分爲兩。時太平尤與宗不善，故諷琬以彈之，外傳取娑葛金，非也。」今從《實録》、《記》。

三月〔一〕**，韋嗣立爲中書侍郎、同三品。**

《新·表》云「守兵部尚書」〔二〕。今從《實録》。

十一月〔三〕**，吐蕃遣尚贊咄來逆金城公主**〔四〕。

《實録》：「乙亥，吐蕃大臣尚贊吐等來逆女。」《文館記》云：「吐蕃使其大首領瑟瑟告身贊咄、金告身尚欽藏以下來迎金城公主。」譯者云：「贊咄，猶此左僕射；欽藏，猶此侍中。」蓋贊咄

〔一〕「三月」，《通鑑》正文此事在三月戊午。按：《新唐書·中宗紀》原在三月戊午。

〔二〕「守」上，《通鑑》胡註有「嗣立」二字。

〔三〕「十一月」，《通鑑》正文此事在十一月乙亥。

〔四〕「來」，《通鑑》正文無此字。

即贊吐也。今從《文館記》。

十二月，壬辰，唐休璟同三品。

《舊·紀》誤作「壬戌」。今從《實録》。

睿宗景雲元年，四月，乙未，中宗幸隆慶池。

《景龍文館記》以爲其月十二日。按《長曆》，是月壬午朔。今從《實録》、《本紀》。

六月[一]，韋后徵兵五萬，使韋灌等分領之。

《景龍文館記》：「徵諸兵士二千人，屯皇城左右衛，令韋捷、韋濯押當；又令韋錡押羽林軍，韋播、高嵩分押左、右營萬騎，韋元巡六街。」《實録》「兵五萬人」，「韋濯」作「韋灌」，今從之。

宗楚客、武延秀等勸韋后遵武后故事，革唐命。

《舊·傳》：「安樂府倉曹苻鳳説武延秀曰：『天下之心，未忘武氏。讖云：「黑衣神孫披天裳。」公，神皇之孫也。大周之業，可以再興。』勸延秀常衣皂袍以應之。」《中宗實録》云：「宗楚客與弟將作大匠晉卿、太常少卿李愢、將作少匠李守貞日夜潛圖，令延秀速起事。」《太上皇實録》云：「楚客，神龍初爲太僕卿，與武三思潛謀篡逆，累遷同三品。及三思誅，附安樂，而韋氏

[一] 「六月」，《通鑑》正文此事在六月癸未。

尤信任之。楚客嘗謂所親曰：『始吾在卑位，尤愛宰相；及居之，又思太極，南面一日足矣。』雖附韋氏，志窺宸極。」此所謂天下之惡皆歸焉者也，今所不取。

楚客逃至通化門，斬之，并斬其弟晉卿〔一〕。

《太上皇實録》云〔二〕：「斬楚客于春明門外。」今從《僉載》。《太上録》：「殺晉卿于定陵。」按：定陵，中宗陵也，於時未有，今不取。

丁未，立平王隆基爲太子。

劉子玄先撰《太上皇實録》，盡傳位；後又撰《睿宗實録》，終橋陵；文字頗不同。《睿宗録》及《舊·紀》皆云：「丙午，立太子。」今從《太上皇録》。

七月，譙王重福改元爲中元克復。

《太上皇實録》云：「改元爲中宗克復元年。」今從《新·傳》〔三〕。

〔一〕《通鑑》正文此事在六月辛巳。按：《舊唐書·睿宗紀》在六月庚子、《新唐書·睿宗紀》在六月壬寅。此事在庚子與壬寅之間，「辛巳」當作「辛丑」。

〔二〕「皇」，《通鑑》胡註無此字。

〔三〕「傳」，《通鑑》胡註作「書」。按：《考異》此條據《新唐書·譙王重福傳》，當作「新傳」。

八月，庚寅，重福死〔一〕。

《睿宗實録》、《舊·本紀》皆云：「癸巳，重福反。」今從《太上皇實録》。

十月〔二〕**，節度使之名自薛訥始。**

《統紀》：「景雲二年四月，以賀拔延秀爲河西節度使。節度之名自此始。」《會要》云：「景雲二年，賀拔延嗣爲涼州都督，充河西節度，始有節度之號。」又云：「范陽節度，自先天二年始除甄道一。」《新·表》：「景雲元年，置河西諸軍州節度、支度、營田大使。」按：訥先已爲節度大使，則節度之名不始於延嗣也。今從《太上皇實録》〔三〕。

二年，二月，崔莅、薛昭素請復斜封官。

《朝野僉載》云：「宋璟、畢構出後，見鬼人彭君卿受斜封人賄〔四〕，奏云：『孝和怒曰〔五〕：我與人官，何因奪卻！』於是斜封皆復舊職。」今不取。

〔一〕「死」，《通鑑》正文作「反」，明日溺死。按：《新唐書·睿宗紀》亦作「反」，《舊唐書·重福傳》云明日死。
〔二〕「十月」，《通鑑》正文此事在十月丁酉。
〔三〕「實」，原誤作「帝」，今據兩浙本、孔本、《四庫》本、胡本、廣雅本、《通鑑》胡註改。
〔四〕「君」，《太平廣記》卷一八六「斜封官」條引《朝野僉載》原無此字；「賄」下，《朝野僉載》有「賂」字。
〔五〕「孝」上，《太平廣記》卷一八六「斜封官」條引《朝野僉載》原有「見」字。

五月，薛謙光、慕容珣奏彈僧慧範。

《統紀》曰：「監察御史慕容珣奏彈西明寺僧慧範〔一〕，以其通宫人張氏。張即太平公主乳母也，侵奪百姓。上以爲御史當不避豪貴，見公主出居蒲州，乃敢彈射，在日不言，狀涉離間骨肉，遂貶爲密州員外司馬。」今從《舊・傳》。

九月，庚辰，竇懷貞爲侍中。

《睿宗實録》云：「乙卯，御史大夫竇懷貞爲侍中。」《太上皇實録》云：「庚辰，御史大夫、同中書門下三品竇懷貞爲侍中，知金仙、玉真公主邑司事。」《舊・紀》：「己卯〔二〕，懷貞爲侍中。」《新・紀》、《新・表》：「乙亥，懷貞守侍中。」按：是月癸酉朔，無乙卯。又懷貞以自督修二觀之故，時人語曰：「竇僕射前爲皇后國奢，今爲公主邑丞。」非真知邑司也。今從《舊・紀》〔三〕。

十月〔四〕，太平公主引崔湜爲相。

《朝野僉載》云：「湜妻美，并二女皆得幸於太子。時人榜之曰：『託庸才於主第，進艷婦於

〔一〕「慧」，原誤作「惠」，今據孔本、《四庫》本、胡本、廣雅本、《通鑑》胡註改。
〔二〕「己卯」，《舊唐書・睿宗紀》原作「丁卯」。按：是月癸酉朔，無丁卯。
〔三〕「今從舊紀」，按：《考異》此條，日從《太上皇實録》，事從《舊唐書・睿宗紀》。
〔四〕「十月」，《通鑑》正文此事在十月甲辰。按：《舊唐書》、《新唐書》《睿宗紀》原在十月甲辰。

春宮[二]。』」今不取。

玄宗先天元年，正月。

《新》《紀》、《表》：「壬辰，以陸象先同中書門下三品。」《太上皇》、《睿宗實録》、《舊·紀》皆無之，不知《新書》何出，今不取。

二月。

《太上皇實録》云：「命皇太子送金仙公主往并州[三]，令幽州都督裴懷古節度内發三萬兵赴黑山道，并州長史薛訥節度内發四萬兵於汾州迎皇太子，右御史大夫朔方大總管解琬節度内發二萬兵赴單于道。太子既親征，諸軍一事以上並取處分，按以軍法從事。」它書皆無此事。按：太子送公主與突厥和親，安用九萬兵！又豈得謂之親征！今不取。

蕭至忠自蒲州入爲刑部尚書。

《舊·傳》及劉餗《小説》皆云：「自晉州刺史入爲尚書。」今從《太上皇》、《睿宗録》。

〔二〕「艷」，原誤作「豐」，今據兩浙本、孔本、《四庫》本、胡本、廣雅本、《通鑑》胡註及《太平廣記》卷二四〇「崔湜」條引《朝野僉載》改。

〔三〕「仙」，《通鑑》胡註作「山」。按：《舊唐書》、《新唐書》《突厥傳》亦作「山」。

六月，庚申，孫佺與李大酺戰，全軍覆没。

《上皇録》云「甲子」。今從《睿宗録》。

太上皇兼省軍國大事〔二〕。

《太上皇録》全以爲上皇之意。《睿宗録》云：「太子既爲太平公主所構，或唯遣皇帝知三品以下除授及徒罪，其軍國大務并重刑獄，上仍兼省之，五日一受朝于太極殿。」今兩取之。

八月，王琚爲中書侍郎。

鄭綮《開天傳信記》云：「上於藩邸時，每戲遊城南韋、杜之間，因逐狡兎，意樂忘返。與其徒十數人，倦甚，休息於封部大樹下。適有書生延上過其家，甚貧，止於村妻、一驢而已。上坐未久，書生殺驢拔蒜備饌，酒肉滂霈。上顧而奇之，及與語，磊落不凡，問其姓名，乃王琚也。自是上每遊韋、杜間，必過琚家，琚所諮議合上意，上益親善焉。及韋氏專制，上憂甚，獨密言於琚。琚曰：『亂則殺之，又何疑也！』上遂納琚之謀，戡定禍難，累拜爲中書侍郎，實預配享焉。」今從《舊・傳》。

〔二〕《通鑑》正文此事在七月壬辰。按：《新唐書・玄宗紀》原在七月壬辰。

劉幽求請誅太平公主。

《舊·傳》云：「幽求自謂功在朝臣之右〔一〕，志求左僕射，兼領中書令。俄而竇懷貞爲左僕射，崔湜爲中書令，幽求心甚不平，形於言色，乃與張暐請誅之。」按：幽求素盡心於玄宗，湜等附太平，非幽求因私忿而害之也，今不取。

九月，辛卯，立皇子嗣昇爲陜王。

《睿宗實録》作「甲申」，《太上皇録》作「甲午」。今從《玄宗實録》。

十月〔二〕**，沙陀金山入貢。**

薛居正《五代史·後唐太祖紀》曰：「太祖姓朱邪氏，始祖拔野〔三〕，貞觀中爲墨離軍使。太宗平薛延陀，分同羅、僕骨之人，置沙陀都督府，蓋北庭有磧曰沙陀，因以名焉。永徽中，以拔野爲都督。其後子孫五世相承。曾祖盡忠，貞元中繼爲沙陀府都督。」歐陽脩《五代史記》曰：「李

〔一〕「右」，原誤作「古」，今據兩浙本、孔本、《四庫》本、胡本、廣雅本、《通鑑》胡註及《舊唐書·劉幽求傳》改。

〔二〕「十月」，《通鑑》正文此事在十月辛酉。

〔三〕「野」下，《通鑑》胡註皆有「古」字。按：薛居正《舊五代史·唐書·武皇紀》（《四庫全書》輯佚自《永樂大典》，北京中華書局一九七六年點校本，下同）原無「古」字。

氏之先，蓋出於西突厥，本號朱邪，至其後世，別自號曰沙陀[二]，而以朱邪爲姓，拔野古爲始祖。其《自序》云：『沙陀者，北庭之磧也。當唐太宗時，破西突厥諸部，分同羅、僕骨之人於此磧，置沙陀府，而以其始祖拔野古爲都督。其傳子孫數世[三]，皆爲沙陀都督，故其後世因自號沙陀。』然予考于傳記，其説皆非也。夷狄無姓氏，朱邪，部族之號耳。拔野古與朱邪同時人，非其始祖。而唐太宗時，未嘗有沙陀府也。唐太宗破西突厥，分其諸部置十三州，以同羅爲龜林都督府，僕骨爲金微都督府，拔野古爲幽陵都督府，未嘗有沙陀府也。當是時，西突厥有鐵勒、薛延陀、阿史那之類，爲最大；其別部有同羅、僕骨、拔野古等以十數，蓋其小者也；又有處月、處密諸部，又其小者也。朱邪者，處月別部之號耳。太宗二十二年，已降拔野古。其明年，阿史那賀魯叛。至高宗永徽二年，處月朱邪孤注從賀魯戰于牢山，爲契苾何力所敗，遂没不見。後百五六十年，當憲宗時，有朱邪盡忠及子執宜見於中國，而自號沙陀，以朱邪爲姓矣。蓋沙陀者，大磧也，在金莎山之陽，蒲類海之東，自處月以來居此磧，號沙陀突厥。而夷狄無文字傳記，朱邪又微不足録，故其後世自失其傳。至盡忠孫始賜姓李氏，李氏後大，而夷狄之人遂以沙陀爲貴

[二]「自」，原誤作「目」，今據孔本、《四庫》本、胡本、廣雅本、《通鑑》胡註及歐陽脩《新五代史·唐莊宗紀》（北京中華書局一九七四年點校本，下同）改。

[三]「其」，《通鑑》胡註作「且」。按：《新五代史·唐莊宗紀》原作「其」。

種云。」今從之。

開元元年，三月，辛巳，皇后親蠶。

《玄宗實録》脱此年二月、三月事。祀先蚕詔，乃三月丁卯也，而《唐曆》承其誤，云：「正月辛巳，皇后祀先蚕。」《太上皇録》云：「三月辛巳，皇后親蚕。自嗣聖、光宅以來，廢闕此禮，至是重行。」《太上皇》、《睿宗實録》、《舊·本紀》皆云「辛卯」。按制書云：「以今月十八日祀先蚕。」是月甲子朔。今從《玄宗實録》。

六月，辛丑〔一〕，郭元振同三品。

《舊·紀》在「丙辰」。今從《睿宗實録》。

太平公主用事，宰相七人，五出其門。

《唐曆》曰：「宰相有七，四出其門，天子孤立而無援。」《新》、《舊》《傳》皆云：「宰相七人，五出主門下。」按：是時竇懷貞、蕭至忠、岑羲、崔湜與主連謀，其不附主者，郭元振、魏知古、陸象先三人也。薛稷太子少保，不爲宰相。或者《新》、《舊》《傳》并象先數之，《唐曆》不數象

〔一〕「辛丑」，《通鑑》正文在丙辰，胡註曰：「據《考異》，則《通鑑》正文當改『丙辰』爲『辛丑』。」按：《舊唐書》、《新唐書》《睿宗紀》原在丙辰。

先耳。

七月，魏知古告公主欲以四日作亂。

《上皇録》云：「公主謀不利於上，與今上更立皇子，獨專權，期以是月七日作亂。今上密知其事，勒左右禁兵誅之。」按：是月壬戌朔，玄宗以三日甲子誅之。今從《玄宗録》。

甲子，誅常元楷、蕭至忠、岑羲等。

《玄宗實録》作「乙丑」。按《僉載》：「七月三日，誅常元楷。」今從《睿宗》、《上皇實録》、《唐曆》、《新》、《舊》《本紀》。《舊・王琚傳》：「琚與岐王範、薛王業、姜皎、王毛仲等並預誅逆，以鐵騎至承天門。時睿宗聞鼓譟聲，召郭元振升承天樓，宣詔下關，令侍御史任知古召募數百人於朝堂〔一〕，不得入。頃間，琚等從玄宗至樓上。」《太上皇實録》：「公主期以是月七日，令常元楷以羽林兵自北門入，竇懷貞等於南衙舉兵應之。今上密知其事，登時勒左右禁兵出北門，召常元楷、李慈，即斬於闕下。還至承天門，執岑羲、蕭至忠，斬於朝堂。」《舊・蕭至忠傳》曰：「至忠遽遁入山寺，數日，捕而伏誅。」蓋誤以太平公主事爲至忠事。今從《玄宗實録》。《朝野僉載》曰：「羽林將軍常元楷，三代告密得官。至先天二年七月三日，楷以反逆誅，家口

〔一〕「令」，《舊唐書・王琚傳》原無此字。

配没。」《玄宗實録》云：「上誅凶逆，睿宗恐宫中有變，御承天門，號令南衙兵士以備非常。郭元振率兵侍衛，登樓奏曰：『皇帝前奉誥誅竇懷貞等，惟陛下勿憂。』睿宗大喜。」今擇其可信者取之。

乙丑，上皇誥。

《舊·本紀》云：「七月三日，誅懷貞等。睿宗明日下詔，軍國政刑，並取皇帝處分。」《新·本紀》云：「乙丑，始聽政。」《唐曆》亦云「乙丑下誥」〔二〕。唯《玄宗實録》云「丙寅」。今從諸書。

太平公主賜死。

《新·傳》云「三日乃出」。《太上皇實録》曰：「公主聞難作，遁入山寺，數日方出，禁錮終身，諸子皆伏誅。」今從《新》、《舊》《傳》、《睿宗實録》。

十月，姚元之同三品。

世傳《升平源》，以爲吴兢所撰，云：「姚元崇初拒太平得罪，上頗德之。既誅太平，方任元崇以相，進拜同州刺史。張説素不叶，命趙彦昭騾彈之，不許。居無何，上將獵於渭濱，密召元

〔二〕「云」，原誤作「無」，今據孔本、《四庫》本、胡本、廣雅本改。

崇會於行所。初，元崇聞上講武於驪山，謂所親曰：『準式，車駕行幸，三百里内刺史合朝覲。元崇必爲權臣所擠，若何？』參軍李景初進曰：『某有兒母者，其父即教坊長入内，相公儻致厚賂，使其冒法進狀，可達。』公然之，輒效。燕公説使姜皎入曰：『陛下久卜河東總管[一]，重難其人，臣有所得，何以見賞？』上曰：『誰邪？如愜，有萬金之賜。』乃曰：『馮翊太守姚元崇[二]，文武全材，即其人也。』上曰：『此張説意也。卿罔上，當誅。』皎首服萬死。即詔中官追赴行在。上方獵于渭濱，公至，拜首[三]。上言：『卿頗知獵乎？』元崇曰：『臣少孤，居廣成澤，目不知書，唯以射獵爲事。四十年方遇張憬藏，謂臣當以文學備位將相，無爲自棄，爾來折節讀書。今雖官位過忝，至於馳射，老而猶能。』於是呼鷹放犬，遲速稱旨，上大悦。上曰：『朕久不見卿，思有顧問，卿可於宰相行中行。』公行猶後。上縱轡久之，顧曰：『卿行何後？』公曰：『臣官疏賤，不合參宰相行。』上曰：『可兵部尚書、同平章事。』公不謝。上顧訝焉。至頓，上命宰臣坐，公跪奏：『臣適奉作弼之詔不謝者[四]，欲以十事上獻，有不可行，臣不敢奉詔。』上曰：『悉數之，朕當

[一]「卜」下，原衍「十」字，今據《通鑑》胡註删。
[二]「元」，《通鑑》胡註無此字。
[三]「首」上，《通鑑》胡註有「馬」字。
[四]「不」上，《通鑑》胡註有「而」字。

量力而行，然定可否。』公曰：『自垂拱已來，朝廷以刑法理天下；臣請聖政先仁義，可乎？』上曰：『朕深心有望於公也。』又曰：『聖朝自喪師青海，未有牽復之悔；臣請三數十年不求邊功，可乎？』上曰：『可。』又曰：『自太后臨朝以來，喉舌之任，或出於閹人之口；臣請中官不預公事，可乎？』上曰：『懷之久矣。』又曰：『自武氏諸親猥侵清切權要之地，繼以韋庶人、安樂、太平用事，班序荒雜；臣請國親不任臺省官，凡有斜封、待闕、員外等官，悉請停罷，可乎？』上曰：『朕素志也。』又曰：『比來近密佞幸之徒，冒犯憲網者，皆以寵免；臣請行法，可乎？』上曰：『朕切齒久矣。』又曰：『比因豪家戚里，貢獻求媚，延及公卿、方鎮亦爲之；臣請除租、庸、賦稅之外，悉杜塞之，可乎？』上曰：『願行之。』又曰：『太后造福先寺，中宗造聖善寺，上皇造金仙、玉真觀，皆費鉅百萬，耗蠹生靈；凡寺觀宮殿，臣請止絶建造，可乎？』上曰：『朕每睹之，心即不安，而況敢爲者哉！』又曰：『先朝褻狎大臣，或虧君臣之敬；臣請陛下接之以禮，可乎？』上曰：『事誠當然，有何不可！』又曰：『自燕欽融、韋月將獻直得罪，由是諫臣沮色；臣請凡在臣子，皆得觸龍鱗，犯忌諱，可乎？』上曰：『朕非唯能容之，亦能行之。』又曰：『呂氏產、禄，幾危西京，馬、鄧、閻、梁〔二〕，亦亂東漢，萬古寒心，國朝爲甚；臣請陛下書之史册，永爲殷鑒，

〔二〕「鄧」，《通鑑》胡註作「竇」。

作萬代法，可乎？』上乃潸然良久曰：『此事真可爲刻肌刻骨者也。』公再拜曰：『此誠陛下致仁政之初，是臣千年一遇之日〔二〕，臣敢當弼諧之地，天下幸甚！天下幸甚！』又再拜蹈舞，稱萬歲者三。從官千萬皆出涕。上曰：『坐。』公坐於燕公之下。燕公讓不敢坐，上問，對曰：『元崇是先朝舊臣，合首坐。』公曰：『張説是紫微宮使，今臣是客宰相，不合首坐。』上曰：『可紫微宮使居首坐。』」果如所言，則元崇進不以正。又當時天下之事，止此十條，須因事啓沃，豈一旦可邀！似好事者爲之，依託兢名，難以盡信，今不取。

元之序進郎吏。

此出李德裕《次柳氏舊聞》，不知郎吏爲何官。若郎中、員外郎，則是清要官，不得云「秩卑」；恐是郎將，又不敢必，故仍用舊文〔三〕。

十一月，命王琚按行北邊諸軍。

《朝野僉載》曰：「琚以諂諛險詖自進〔三〕，未周年，爲中書侍郎。其母氏聞之，自洛赴京，誠

〔一〕「年」，《通鑑》胡註作「載」。

〔二〕「文」，孔本、《四庫》本、胡本、廣雅本作「聞」。

〔三〕「險詖」，《通鑑》胡註無此二字。

之曰：『汝徒以諂媚取容〔二〕，色交自達，朝廷側目，海内切齒，吾嘗恐汝家墳壠無人守之。』琚慚懼，表請侍母。上初大怒，後許之。」按《舊·傳》，琚未嘗去官侍母。今不取。《舊·傳》又云：「使琚按行天兵以北諸軍。」按：五年始置天兵軍於并州，蓋《琚傳》追言之耳。

十二月〔三〕，張説左遷相州刺史。

《松窗雜録》：「姚崇爲相，忽一日對於便殿，舉右足不甚輕利。上曰：『卿有足疾邪？』崇奏曰：『臣有腹心之疾，非足疾也。』因前奏張説罪狀數百言。上怒曰：『卿歸中書，宜宣與御史中丞共按其事。』而説未之知。會朱衣吏報午後三刻，説乘馬先歸，崇急呼御史中丞李林甫，以前詔付之。林甫語崇曰：『説多智謀，是必困之，宜以劇地。』崇曰：『丞相得罪，未宜太逼。』林甫又曰：『公必不忍，即説當無害。』林甫止將詔付於小御史〔三〕，中路以馬墜告〔四〕。説未遭崇奏前旬月，家有教授書生，通於説侍兒最寵者，會擒得奸狀，以聞於説。説怒甚，將窮獄於京兆尹。書生厲聲言曰：『睹色不能禁，人之常情也。公貴爲宰相，豈無緩急用人，胡靳靳於一

〔二〕「媚」下，《通鑑》胡註有「險詖」二字。
〔三〕「十二月」，《通鑑》正文此事在十二月癸丑。按：《舊唐書》、《新唐書》《玄宗紀》原在十二月癸丑。
〔三〕「止」，《松窗雜録》原作「正」。
〔四〕「告」下，《松窗雜録》原有「假」字。

婢女邪！』説奇其言而釋之，兼以侍兒與歸。書生跳迹去，旬餘無所聞知。忽一日直訪於説，憂色滿面而言曰：『某感公之恩，當有謝者久矣。今聞公爲姚相所構，外獄將具，公不之知，危將至矣。某願得公平生所寶者，用計於九公主，必能立釋之。』説因自歷指狀所寶者，書生皆云：『未足解公之難。』又凝思久之，忽曰：『近有以雞林郡夜明簾爲寄信者。』書生曰：『吾事濟矣。』因請説手筆數行，懇以情言，遂急趨出。逮夜，始及九公主邸第，書生具以説言之，兼用夜明簾爲贄，且謂主曰：『上獨不念在東宫時，思必始終恩加於張丞相乎？而今反用快不利張丞相者之心邪！』明早〔二〕，公主上謁，具爲奏之。上感動，因急命高力士就御史臺宣前所按獄事並宜罷之。書生迄亦不再見於張丞相也。」此説亦似出於好事者。又元崇開元四年罷相，林甫十四年始爲御史中丞。今從《新·傳》。

二年，二月〔三〕，突厥可汗妹夫火拔頡利發。

《舊·郭虔瓘傳》云「默啜壻」。今從《舊·突厥傳》及《唐曆》。《舊》《虔瓘傳》作「移江可汗」，《突厥傳》作「移涅可汗」。今從《唐紀》。

〔二〕「早」，《松窗雜録》原作「旦」。
〔三〕「二月」，《通鑑》正文此事在二月乙未。

閏月〔一〕，劉幽求貶睦州，鍾紹京貶澤州〔二〕。

《幽求傳》曰：「姚崇素嫉忌之，乃奏言幽求鬱怏於散職，兼有怨言，貶授睦州刺史。」《紹京傳》曰：「姚崇素惡紹京之爲人，因奏紹京發言怨望，左遷綿州刺史。」今從《實録》。

三月〔三〕，阿史那獻擒斬都檐，降其部落二萬餘帳。

《實録》此月云，「獻擒賊帥都檐」，六月，「梟都檐首」〔四〕。蓋此月奏擒之，六月傳首方至耳。《實録》此月又云，「以西域二萬餘帳内附」，六月云，「擒其部落五萬餘帳」。《新·傳》云「三萬帳」。蓋兵家好虚聲，今從其少者。

趙彦昭貶袁州别駕〔五〕。

《彦昭傳》曰：「姚崇素惡彦昭之爲人。」今從《玄宗實録》〔六〕。

〔一〕「閏月」，《通鑑》正文此事在閏月戊子。按：《舊唐書·玄宗紀》原在閏月丁亥。
〔二〕「澤」，《通鑑》正文作「果」。按：《新唐書·鍾紹京傳》亦作「果」。
〔三〕「三月」，《通鑑》正文此事在三月己亥。按：《新唐書·玄宗紀》原在三月己亥。
〔四〕「檐」，《通鑑》正文、胡註皆作「擔」。按：《新唐書》《玄宗紀》、《突厥傳》亦作「擔」。
〔五〕《通鑑》正文此事在三月甲辰。
〔六〕「玄宗」，《通鑑》胡註無此二字。

五月〔二〕，魏知古罷爲工部尚書。

《舊・知古傳》：「二年還京，上屢有顧問，恩意甚厚，尋改紫微令。姚崇深忌憚之，陰加讒毁，乃除工部尚書，罷知政事。」《新・傳》亦云：「由黄門監改紫微令。」今據《實録》，知古自黄門監罷政事。其所以罷，從《柳氏舊聞》。

六月〔三〕，申王成義兼豳州刺史。

《實録》、《舊・傳》作「幽州」。今從《唐曆》、《舊・紀》。

七月，薛訥將兵六萬。

《舊・傳》云「兵二萬」，《僉載》云「八萬人皆没」。今從《唐紀》。

乙卯，以岐王等爲刺史。

《實録》云「八月乙卯」。據《長曆》，八月丙辰朔。《實録》自此以下脱少，今取《唐曆》、《舊・本紀》補之。

〔二〕「五月」，《通鑑》正文此事在五月辛亥。按：《舊唐書》、《新唐書》《玄宗紀》原在五月辛亥。

〔三〕「六月」，《通鑑》正文此事在六月丁巳。按：《舊唐書・玄宗紀》原在六月丁巳。

十月，吐蕃請和，不許，自是連歲犯邊。

《唐曆》：「四年七月丁丑，吐蕃以去年之敗，遣其大臣宋俄因矛款塞請和，自恃兵彊〔一〕，求敵國之禮。天子忿之。」按：自此至四年，非去年也。既云以敗請和，又何得云自恃兵彊；既云天子忿之，又當年八月已許其和！今從《舊・傳》。

十二月，立皇子嗣真爲郯王〔二〕。

《實録》於此作「鄫王」，於後作「郯王」。今從《舊・傳》〔三〕。

默啜虜突騎施可汗守忠。

《舊・傳》以爲景龍三年事。按《實録》，娑葛既爲十四姓可汗，自後無娑葛名，但屢云突騎施守忠入朝，或者守忠即娑葛賜名邪？景雲以後，守忠猶在。又，開元二年六月，阿史那獻奏有龍見于北庭，爲鎮將妻馮之言曰〔四〕，突騎施娑葛三年後破散，默啜八年後自滅。然則娑葛於時

〔一〕「彊」，原誤作「僵」，今據兩浙本、孔本、《四庫》本、胡本、廣雅本、《通鑑》胡註改。

〔二〕「郯」，《通鑑》正文作「鄫」。按：《舊唐書・玄宗諸子傳》原作「鄫」。

〔三〕《通鑑》胡註曰：「余詳考《新》、《舊》二史，嗣真是年與嗣初、嗣玄同封，然嗣真實帝之第四子，非長子也。長子乃嗣直也，次子則嗣謙也。先天元年，封嗣直郯王，嗣謙郢王。」

〔四〕「之言」，胡本、《通鑑》胡註此二字互乙。

尚在也。竟不知死於何年，故附此。

三年，正月，突厥十姓降者萬餘帳。

《實録》：「二年九月壬子，葛邏禄、車鼻施失鉢羅俟斤等十二人詣涼州内屬。乙卯，胡禄屋闕及首領等一千三十一人來降。十月庚辰，胡禄屋二萬帳詣北庭内屬。明年正月，突厥葛邏禄下首領裴羅達干來降。二月，突厥十姓部落左廂五咄陸啜、右廂五弩失畢俟斤等相繼内屬，前後二千餘帳。三月，突厥支副忌等來朝，詔曰『胡禄屋大首領之匐忌』。四月，三姓葛邏禄率衆歸國。五月，詔葛邏禄、胡屋、鼠尼施等。」又云：「宜令北庭都護湯嘉惠與葛邏禄、胡屋等相應，安西都護吕休璟與鼠尼施相應。」又云：「及新來十姓大首領計會掎角。」《唐曆》，九月云「胡禄屋闕啜」，十月云「胡禄屋二萬帳」。《新·傳》前云「胡禄屋」，後云「胡屋」〔一〕。按：十姓有胡禄居闕啜〔二〕、鼠尼施處半啜。諸書名號雖各參差，要之葛邏、胡禄屋、鼠尼施爲三姓必矣。然胡禄屋以二萬帳，而十姓内屬前後二千餘帳，參差難據。今從《舊·傳》〔三〕。

〔一〕「胡屋」，孔本、《四庫》本、胡本、廣雅本作「胡禄」。按：《新唐書·西突厥傳》先作「胡禄屋」，其後長壽中作「胡禄」，長安中作「胡屋」。

〔二〕「居」，《通鑑》胡註作「屋」。按：《舊唐書·西突厥傳》作「居」，《新唐書·西突厥傳》作「屋」。

〔三〕《通鑑》胡註曰：「余考《新》、《舊》史，時默啜既破突騎施，不能撫安，西突厥十姓故來降。」

五月，姚崇奏遣御史捕蝗。

《舊·傳》：「開元四年，山東蝗大起，崇奏請捕瘞。」按《本紀》：「三年六月，山東諸州大蝗，姚崇奏請差御史下諸道[一]，促官吏遣人驅撲焚瘞，從之。是歲，田收有獲，人不甚飢。」四年又云：「是夏，山東、河南、河北蝗蟲大起，遣使分捕而瘞之。」又《實録》，今年十一月，「制以間者，河南、河北災蝗水潦」。明年正月辛未，「以右丞倪若水爲汴州刺史」。五月敕曰：「今年蝗暴，乃是孳生，所由官司不早除遏，信蟲成長，看食田苗，不恤人災，自爲身計。向若信其拘忌，不有指麾，則山東之苗，掃地俱盡。」然則三年有蝗，崇令討捕不能盡，明年又有蝗也。今從《本紀》。

十二月，或上言「按察使煩擾」。

《開元宰臣奏》云李伯等。不知伯何人也，今去其名。

四年，五月，試縣令以理人策，盧從愿、李朝隱左遷。

《韋濟傳》云「問安人策一道」。今從《唐曆》。《盧從愿傳》曰：「上盡召新授縣令，一時於

[一]「請」，《通鑑》胡註無此字。按：《舊唐書·玄宗紀》原有「請」字。

殿庭策試，考入下第者，一切放歸學問。」《唐曆》試在四月，從愿、李朝隱貶在五月〔一〕。《朝隱傳》云：「四年春，以授縣令非其人，貶。」今從《唐曆》。又《韋濟傳》曰：「時有人密奏上曰：『今歲吏部選敘太濫，縣令非材，全不簡擇。』及縣令謝官日，引入殿庭，問安人策。試者二百餘人〔二〕，獨濟策第一，或有不書紙者。擢濟爲醴泉令，二十餘人還舊官，四十五人放歸習讀〔三〕。」今亦從《唐曆》。

六月，癸亥，上皇崩。

《睿宗》、《玄宗實録》皆作「甲子」〔四〕。按下云：「己巳，睿宗一七齋，度萬安公主爲女道士。」今從《舊·本紀》、《唐紀》〔五〕。

默啜破拔曳固於獨樂水，頡質略斬之，歸其首於大武軍子將郝靈荃〔六〕。

《唐曆》作「勃曳固」。今從《實録》。《唐曆》又云：「靈荃引特勒回紇部落斬默啜于毒樂

〔一〕「李」，《通鑑》胡註無此字。
〔二〕「二」，原誤作「一」，今據《通鑑》胡註及《舊唐書》、《新唐書》《韋濟傳》改。
〔三〕「四十五」，《舊唐書·韋濟傳》原作「四五十」。
〔四〕「作」，《通鑑》胡註作「曰」。
〔五〕「紀」，兩浙本、孔本、《四庫》本、胡本、廣雅本、《通鑑》胡註作「曆」。
〔六〕《通鑑》正文此事在六月癸酉。按：《舊唐書》、《新唐書》《玄宗紀》原在六月癸酉。

河。」今從《舊·傳》。《舊·傳》云「入蕃使郝靈儉」〔二〕。今從《唐曆》〔三〕。又《新》、《舊》《紀》皆云，六月癸酉斬默啜。《唐曆》亦在六月。《玄宗實録》：「七月戊寅，詔書與降附突厥云：『乘其衰弱，早就翦除。其能捉獲默啜者，已立賞格。』」蓋未奏到耳。

十一月〔三〕，盧懷慎薨。

鄭處誨《明皇雜録》云：「懷慎爲黄門監、吏部尚書，卧病既久，宋璟、盧從愿相與訪焉。懷慎常器重二人，持二人手謂曰〔四〕：『公出入爲藩輔，主上求治甚切，然享國歲久，近者稍倦于勤，必有人乘此而進矣。君其志之。』」按：懷慎初爲吏部時，璟貶睦州，及卒，璟猶未歸。從愿未嘗入相。又，四年未爲享國歲久。今不取。

杖趙誨，流嶺南。

《朝野僉載》：「紫微舍人倪若水贓至八百貫，因諸王内宴，姚元崇諷之曰：『倪舍人正直，百司嫉之，欲成事，何不爲上言之！』諸王入，衆共救之，遂釋，一無所問。主書趙誨受蕃餉一刀

〔二〕「儉」，《舊唐書·突厥傳》原作「荃」，《新唐書·突厥傳》作「佺」。
〔三〕「唐」，原誤作「廣」，今據兩浙本、胡本、《通鑑》胡註改。
〔三〕「十一月」，《通鑑》正文此事在十一月乙未。按：《舊唐書·玄宗紀》原在十一月辛丑。
〔四〕「二」，原誤作「一」，今據孔本、《四庫》本、胡本、廣雅本、《通鑑》胡註改。

子，或直六七百錢，元崇宣敕處死。後有降，崇乃劾曰：『別敕處死者，決一百，配流。』大理決趙誨一百，不死，夜，遣給使縊殺之。」「劾」蓋「批」字也。今從《舊·傳》。

五年，正月，幸東都，欲免河南尹及知頓使官，宋璟諫。

《實録》：此年「五月乙巳，以李朝隱爲河南尹。」《宋璟傳》云：「上次永寧之崤谷，馳道隘陜，車騎停擁。河南尹李朝隱、知頓使王怡失於部伍，上令黜其官爵。」二傳相違。蓋當時河南尹不知何人，非朝隱耳。又《明皇雜録》曰：「上幸東都，至綉嶺宮，當時炎酷，上以行宮狹隘，謂左右曰：『此有佛寺乎？吾將避暑於廣夏。』或云：『六軍填委於其中，不可速行。』上謂高力士曰：『姚崇多計，弟往覘之〔一〕。』力士回奏曰：『姚崇方縝絺綌〔二〕，乘小駟，按轡於木陰下。』上悦曰：『吾得之矣。』遽命小駟，而頓銷煩溽〔三〕，乃歎曰：『小事尚如此，觸類而長之，天下固受其惠矣。』」按：正月東幸，二月至東都，未炎暑也。今不取。

〔一〕「弟」，廣雅本、《通鑑》胡註作「第」。按：鄭處誨《明皇雜録》（北京中華書局一九九四年《唐宋史料筆記叢刊》點校本，下同）原作「第」。
〔二〕「縝」，《通鑑》胡註作「紾」。按：《明皇雜録》原作「紾」。
〔三〕「煩」，《通鑑》胡註作「暑」。按：《明皇雜録》原作「煩」。

十月，蘇獻，頲之從祖兄。

《唐曆》曰：「獻，頲之再從叔。」今從《舊·志》、《新·表》。

十一月，丙申，契丹王李失活入朝。

《長曆》，十一月丁酉朔，丙申，十月晦也。與《實録》差一日。《舊·紀》、《唐曆》皆云：「十一月己亥，契丹李失活來朝。」今從《實録》。

十二月，桑泉尉韋述。

《舊·傳》爲櫟陽尉。今從韋述《集賢注記》。

六年，二月〔二〕**，以拔曳固等五都督爲討擊使，皆受天兵軍節度。**

《實録》：「壬辰，制大舉擊突厥，五都督及拔悉密金山道總管處木昆執米啜、堅昆都督骨篤禄毗伽、契丹都督李失活、奚都督李大酺、及默啜之子右賢王默特勤逾輪等夷夏之師，凡三十萬，並取朔方道行軍大總管王晙節度。」而於後俱不見出師勝敗。按：此年正月，突厥請和，帝有答詔，而二月伐之，恐無此事。《舊》《紀》及《王晙》、《突厥傳》皆無此月出兵事。《新·突厥傳》云：「默棘連遣使請和，帝以不情，答而不許。俄下詔伐之，以王晙統之，期以八年並集稽落

〔二〕「二月」，《通鑑》正文此事在二月戊子。

水上。」行兵貴密，不應前二年半先下詔[一]。蓋取《實録》，附會《舊·傳》耳。

三月[二]**，徵處士盧鴻。**

《舊·傳》作「盧鴻一」，《本紀》、《新·傳》皆作「鴻」。按：《中岳真人劉君碑》云盧鴻撰，今從之。

七年，三月，大祚榮卒。

《實録》：「六月丁卯，祚榮卒，遣左監門率吴思謙攝鴻臚卿，充使弔祭。」按：此月丙辰已云祚榮卒，蓋六月方遣思謙弔祭耳。

八年，正月，丙辰，褚無量卒。

《舊·本紀》：「正月甲子朔，皇太子加元服。壬申，右散騎常侍褚無量卒。」按《長曆》，正月甲寅朔，甲子十一日也。《唐曆》亦云：「壬申，無量卒。」今從《實録》。

辛巳，宋璟、蘇頲罷。

《唐曆》云「二十八日辛卯」，《舊·紀》云「己卯」。按：是月無辛卯。今從《實録》。

[一]「半」，《通鑑》胡註作「早」。

[二]「三月」，《通鑑》正文此事在三月乙巳。按：《舊唐書·玄宗紀》原在二月甲戌。

六月，瀍、穀張溢，漂溺幾二千人。

《實録》云：「漂居人四百餘家。」《舊・紀》云：「漂没九百餘户，溺死八百餘人，掌閑溺死者千一百餘人〔一〕。」今從《舊・紀》人數。

十一月〔二〕，突厥寇甘、涼等州。

《唐曆》，突厥寇涼州在九月。《舊・突厥傳》云：「八年冬，御史大夫王晙爲朔方大總管，奏請西徵拔悉密，東發奚、契丹兩蕃，期以明年秋初，引朔方兵數道俱入，掩突厥衙帳於稽落河上〔三〕。」按：王晙此月爲幽州都督。今從《實録》、《舊・紀》。

九年，四月，康待賓反，陷六胡州。

《實録》：「四月庚寅，康待賓反，命王晙討平之，斬于都市。五月丁巳，既誅康待賓，下詔云云。壬寅，叛胡康待賓僞稱葉護安慕容以叛。七月己酉，王晙擒康待賓至京師，腰斬之。」前後重複，交錯相違。今從《舊・紀》。

〔一〕「閑」下，《舊唐書・玄宗紀》原有「番兵」二字。
〔二〕「十一月」，《通鑑》正文此事在十一月辛未。按：《舊唐書・玄宗紀》原在十一月辛未。
〔三〕「衙」，《通鑑》胡註作「牙」。按：《舊唐書・突厥傳》原作「衙」。

九月〔一〕**，張説同三品。**

《朝野僉載》曰：「説爲并州刺史，諂事王毛仲。毛仲巡邊，説於天兵軍大設酒肴，恩敕忽降，授兵部尚書、同中書門下三品〔二〕，謝訖，便抱毛仲起舞，嗚其靴鼻。」今不取。

十一月〔三〕**，元行沖上《羣書四録》。**

《集賢注記》在九年春。今從《唐曆》、《統紀》、《舊·紀》。

〔一〕「九月」，《通鑑》正文此事在九月癸亥。按：《舊唐書》、《新唐書》《玄宗紀》原在九月癸亥。

〔二〕「三」，原誤作「二」，今據兩浙本、孔本、《四庫》本、胡本、廣雅本、《通鑑》胡註及《太平廣記》卷二四〇「張説」條引《朝野僉載》改。

〔三〕「十一月」，《通鑑》正文此事在十一月丙辰。按：《舊唐書·玄宗紀》原在十一月丙辰。

資治通鑑考異卷第十三

端明殿學士兼翰林侍讀學士太中大夫提舉西京嵩山崇福宮上柱國河内郡開國公食邑二千六百户食實封壹阡户臣司馬光奉敕編集

唐紀五

開元十年，八月〔一〕，杖裴景仙，流嶺南。

《實録》初云〔二〕：「上令集衆殺之，李朝隱執奏；又下制云『集衆決殺』，朝隱又奏，乃流嶺南。」蓋本欲斬之也。

〔一〕「八月」，《通鑑》正文此事在八月癸卯。

〔二〕「初云」，《通鑑》胡註此二字互乙。

楊思勗討梅叔焉〔一〕。

《舊·紀》云「八月丙戌」。按：八月庚子朔，無丙戌。《思勗傳》云：「首領梅玄成自稱黑帝，與林邑、真臘國通謀，陷安南府。」今從《本紀》。

十一年，五月，陸堅欲奏罷麗正供給。

《舊·傳》作「徐堅」。今從《集賢注記》〔二〕。

十一月，戊寅，祀南郊。

《實録》：「癸酉，日長至。戊寅，祀南郊。」《唐曆》：「戊寅，冬至，祀南郊。」按《長曆》，去年閏五月，來年閏十二月。《唐曆》近是。

十二月〔三〕**，王晙坐黨引疏族，貶蘄州刺史。**

《舊·傳》云：「上親郊祀，追晙赴京以會大禮。晙以時屬冰壯，恐虜騎乘隙入寇〔四〕，表辭不

〔一〕「焉」，《舊唐書·玄宗紀》原作「鸞」，《通鑑》胡註亦曰：「周尹《上神宗書》作『梅叔鸞』。」

〔二〕「賢」，原誤作「堅」，今據兩浙本、孔本、《四庫》本、胡本、廣雅本、《通鑑》胡註改。

〔三〕「十二月」，《通鑑》正文此事在十二月庚申。按：《舊唐書》、《新唐書》《玄宗紀》原在十二月庚申。

〔四〕「虜」，原誤作「構」，今據兩浙本、孔本、《四庫》本、胡本、廣雅本、《通鑑》胡註及《舊唐書·王晙傳》改。

赴。手敕慰勉，仍賜衣一副。會許州刺史王喬家奴告喬與晙潛謀構逆〔二〕，敕侍中源乾曜、中書令張説鞫其狀。晙既無反狀，乃以違詔追不到罪之。」今從《實録》。

十二年，四月，壬寅，敕宗室旁繼爲嗣王者，並令歸宗。

《舊·紀》在「癸卯」。今從《實録》。

岳臺晷長一尺五寸微彊。

《新·志》云：「浚儀岳臺晷尺五寸三分。」今從僧一行《大衍曆議》及《舊·志》。

十一月〔三〕，上御馬登泰山。

《實録》、《唐曆》、《統紀》皆云：「備法駕，登泰山。」《開天傳信記》云：「上將封泰山，益州進白騾，上親乘之，不知登降之倦。纔下山，無疾而殪，謚曰白騾將軍。」按：泰山非法駕可登，白騾近怪。今從《舊·志》。

〔二〕「構」，原誤作「舊」，今據兩浙本、孔本、《四庫》本、胡本、廣雅本、《通鑑》胡註及《舊唐書·王晙傳》改。

〔三〕「十一月」，《通鑑》正文此事在十三年十一月丙戌，《資治通鑑目録》亦在十三年。按：《舊唐書》《玄宗紀》、《禮儀志》原在十三年十一月己丑。

張萬歲掌國馬。

《統紀》云：「萬歲三代典羣牧〔一〕，恩信行隴右，故隴右人謂馬歲爲齒，爲張氏諱也。」按《公羊傳》，晉獻公謂荀息曰：「吾馬之齒亦已長矣〔二〕。」然則謂馬歲爲齒，有自來矣。

十四年，正月〔三〕，以東華公主妻李邵固。

東華出降，《實録》在三月壬子，於此終言之。

二月，己酉，遣楊思勗討梅大海等〔四〕。

《舊·紀》作「庚戌朔」。今從《實録》。

四月，上欲以武惠妃爲后，或上言諫。

《唐會要》云：「侍御史潘好禮聞上欲以惠妃爲皇后，進疏諫曰：『臣嘗聞《禮記》曰〔五〕：父

〔一〕「代」，《通鑑》胡註作「世」。

〔二〕「亦」，孔本、《四庫》本、廣雅本作「抑」，胡本、《通鑑》胡註作「則」。按：《春秋公羊傳》（北京中華書局一九八〇年影印《十三經注疏》本）原作「亦」。

〔三〕「正月」，《通鑑》正文此事在正月癸未。按：《舊唐書·玄宗紀》原在正月癸亥。據《二十史朔閏表》，是年正月庚辰朔，初四癸未，無癸亥。

〔四〕「梅」，《通鑑》正文作「梁」。按：《舊唐書》《玄宗紀》、《楊思勖傳》、《新唐書》《玄宗紀》、《楊思勖傳》原作「梁」。

〔五〕「嘗」，《通鑑》胡註無此字。按：《唐會要·皇后》原有「嘗」字。

母之讎，不可共戴天。《公羊傳》曰：子不復父讎，不子也。昔齊襄公復九代之讎〔一〕，丁蘭報木母之怨〔二〕。陛下豈得欲以武氏爲國母，當何以見天下之人乎！不亦取笑於天下乎！又惠妃再從叔三思、再從父延秀等〔三〕，並干紀亂常，遞窺神器，豺狼同穴，梟獍共林。且匹夫匹婦欲結髮爲夫妻者，尚相揀擇，況陛下是累聖之貴，天子之尊乎！伏願詳察古今，鑒戒成敗，慎擇華族之女，必在禮義之家，稱神祇之心，允億兆之望。又見人間盛言，尚書右丞相張説自被停知政事之後，每諂附惠妃，欲取立后之功，更圖入相之計。伏願杜之於將漸，不可悔之於已成。且太子本非惠妃所生，惠妃復自有子，若惠妃一登宸極，則儲位實恐不安。古人所以諫其漸者〔四〕，良爲是也。昔商山四皓，雖不食漢庭之禄，尚能輔翊太子，況臣愚昧，職忝憲府。』」蘇冕駁曰：「此表非潘好禮所作。且好禮先天元年爲侍御史，開元十二年爲温州刺史致仕。表是十四年獻，而云『職忝憲府』。若題年恐錯，則武惠妃先天元年始年十四，王皇后有寵未衰，張説又未爲右丞相。

〔一〕「代」，《通鑑》胡註作「世」。按：《唐會要·皇后》原作「世」。
〔二〕「怨」，《唐會要·皇后》原作「恩」。
〔三〕「再從父」，點校本《通鑑》胡註「父」下補「兄」字。按：《唐會要·皇后》原作「從父」。
〔四〕「諫」，《唐會要·皇后》原作「見」。

竟未知此表是誰獻之。」今去其名也〔二〕。

十月，庚申，上幸汝州廣成湯。

令狐峘《代宗實録》云：「上以開元十四年十月十三日生。時玄宗幸汝州之温湯，有望氣者云，宫中有天子氣，玄宗即日還宫。是夜代宗降誕。」按《玄宗實録》，此月十六日庚申始幸温湯，己巳乃還宫，與《代宗實録》不同。《舊·紀》云：「十二月十三日生。」《舊·后妃傳》：「章敬皇后吴氏，坐父事没入掖庭。開元二十三年，玄宗幸忠王邸，見王服御蕭然，傍無媵侍，命將軍高力士選掖庭宫人以賜之，而吴后在籍中〔三〕。明年，生代宗皇帝。十八年〔三〕，薨。」按：代宗此年生，而云二十三年以吴后賜忠王〔四〕，十八年薨，蓋誤以十三年爲二十三年也。《次柳氏舊聞》：「肅宗在東宫，爲李林甫所構，勢幾危者數矣，無何，須鬢斑白。嘗早朝，上見之，愀然曰：『汝歸第，吾當幸汝。』及上至，顧見宫庭殿宇皆不洒掃，而樂器塵埃，左右使令無有妓女。上爲之動色，使力士詔掖庭按籍閲視，得三人，乃以賜太子，而章敬吴皇后在選中，生代宗。」按：開元二

〔二〕「去」、《通鑑》胡註作「除」；「也」，《通鑑》胡註無此字。
〔三〕「后」，原誤作「氏」，今據兩浙本、孔本、《四庫》本、胡本、廣雅本、《通鑑》胡註及《舊唐書·后妃傳》改。
〔三〕「十八」，《舊唐書·后妃傳》原作「二十八」。
〔四〕「王」，原誤作「五」，今據兩浙本、孔本、《四庫》本、胡本、廣雅本、《通鑑》胡註改。

十三年，李林甫初爲相，二十五年廢太子瑛，二十六年乃立肅宗爲太子，天寶五年李林甫始構韋堅之獄。《舊聞》所記，事皆虛誕，年月不合。《新書·后妃傳》全取之，今皆不取。

十五年，正月，王君㚟勒兵躡吐蕃。

《吐蕃傳》云：「君㚟畏其鋒，不敢出。」今從《君㚟傳》。

君㚟破吐蕃後軍。

《君㚟傳》曰：「十六年冬，吐蕃大將悉諾邏帥衆入寇大斗谷，又移攻甘州，焚燒市里而去。君㚟襲其後，敗之於青海之西。」據《實録》及《吐蕃傳》，入寇在十四年冬，此云十六年冬，誤也。

九月〔二〕**，回紇殺王君㚟。**

《舊·傳》云：「回紇既殺君㚟，上命郭知運討逐。」按：知運九年已卒，君㚟代鎮涼州，《舊·傳》誤也。

〔二〕「九月」，《通鑑》正文此事在閏九月。按：《舊唐書》、《新唐書》《玄宗紀》原在閏九月。

十六年〔一〕**，廣州獠馮璘等反，命楊思勗發桂州及嶺北近道兵討之。**

《本紀》作「馮仁智」。今從《思勗傳》〔二〕。

七月〔三〕**，張忠亮大破吐蕃。**

《實録》、《唐曆》、《蕭嵩傳》作「張志亮」。今從《舊》《本紀》、《吐蕃傳》〔四〕。

十月，己卯，幸温泉。己丑，還宮。

《實録》十二月丁卯又云「幸温泉宫」，不言其還。《唐曆》：「丁卯，幸温泉。丁丑，還宫。」按：此月已幸温泉，恐重複，不取。

十七年，八月，癸亥，上以生日宴百官。

《實録》云「癸亥朔」。按《長曆》，是月己未朔，癸亥，五日也。顧況歌曰：「八月五夜佳氣新，昭成太后生聖人。」《實録》誤也。

〔一〕「十六年」，《通鑑》正文此事在十六年正月乙卯。按：《舊唐書·玄宗紀》在十六年正月，《新唐書·玄宗紀》在十六年正月乙卯。

〔二〕「思」上，《通鑑》胡註有「楊」字。

〔三〕「七月」，《通鑑》正文此事在七月乙巳。按：《舊唐書》、《新唐書》《玄宗紀》原在七月乙巳。

〔四〕按：《舊唐書》《玄宗紀》原作「張志亮」，《吐蕃傳》作「張忠亮」。

九月〔一〕，宇文融貶汝州刺史。

《舊·傳》曰：「殿中侍御史李宙驛召禕，將下獄，禕既申訴得理，融坐阿黨李宙貶。」今從《唐曆》。

十月，又貶平樂尉。

《唐曆》云：「裴光庭等諷有司劾之，積其贓鉅萬計。」《舊·傳》曰：「裴光庭時兼御史大夫，又彈融交遊朋黨，及男受贓等事〔二〕。」今從《實録》、《統紀》。又《唐曆》云「十月乙未」。按《長曆》，十月戊午朔，無乙未。今從《統紀》。

十八年，正月。

《實録》云：「癸酉，上御含元殿，受朝賀。」按《長曆》，是月丙戌朔，無癸酉。《實録》此年事與《本紀》、《唐曆》、《統紀》皆不同，正月甲子全差誤，疑本書闕亡，後人附益之。《新·紀》止據《舊·紀》，全不取此年《實録》。又云：「丁巳，親迎氣於東郊〔三〕，下制：『十八年正月五日以前，天下囚徒常赦所不免者，咸赦放之。』」按：是月無丁巳，《書》及《會要》皆無十八年親迎氣

〔一〕「九月」，《通鑑》正文此事在九月壬子。按：《舊唐書》、《新唐書》《玄宗紀》原在九月壬子。
〔二〕「及」，原誤作「又」，今據孔本、《四庫》本、胡本、廣雅本、《通鑑》胡註及《舊唐書·宇文融傳》改。
〔三〕「親」，原誤作「新」，今據《通鑑》胡註改。

事。《唐曆》在二十六年正月七日丙子，《統紀》在二十六年正月，《實録》二十六年正月丁丑又載迎氣大赦，其制文推恩大略與此年相似。或者《實録》誤重出於此。今不取。

四月。

《實録》云：「乙巳，駕幸温泉宫。丁未，至自温泉宫。」按《長曆》，是月乙卯朔，無乙巳、丁未。《舊·紀》、《唐曆》亦無幸温泉事。今不取。

六月。

《唐朝年代記》云：「初，裴光庭娶武三思女，高力士私焉。光庭有吏材，力士爲之推轂，因以入相，時彦鄙之。宋璟、王晙酒後舞《回波樂》以爲戲謔。光庭患之，乃奏：『天下三十餘州缺刺史。昇平日久，人皆不樂外官，請重臣兼外官領刺史，以雄其望。』於是擬璟揚州，晙魏州，陸象先荆州，凡十餘人。蕭嵩執奏：『天下務重，實賴舊臣宿德訪其得失。今盡失之，則朝廷空矣。』上乃悟，遂止。」按《實録》，是歲閏六月，「以太子少保陸象先兼荆州長史」，璟、晙未嘗除外官。今不取。

烏承玼破可突干於捺禄山。

韓愈《烏氏先廟碑》云：「尚書諱承洽，開元中管平盧先鋒軍，屢破奚、契丹，從戰捺禄，走可突干。」《新·傳》云：「承玼，開元中與族兄承恩皆爲平盧先鋒，沈勇而決，號轅門二龍。」據此，則承玭、承洽一人也。今從《新書》。

十月，吐蕃遣論名悉獵入貢。

《實録》：「十九年七月癸巳，吐蕃遣其大臣名悉獵來朝，請固和好之約，且獻書」云云。按《長曆》，十九年七月丁未朔，無癸巳。今從《唐曆》、《舊》《本紀》、《吐蕃傳》。

十九年，正月，壬戌，王毛仲貶瀼州別駕。

《實録》：「十八年六月乙丑，王毛仲貶瀼州。」按《唐曆》、《統紀》、《舊・紀》，毛仲貶皆在十九年正月，今從之。

辛未，遣崔琳使吐蕃，金城公主求書。

《實録》：「十八年七月壬申〔一〕，敕遣崔琳充入吐蕃使。癸未，命有司寫《毛詩》、《禮記》等賜金城公主，于休烈諫。丁亥，以崔琳爲御史大夫。八月辛卯，降書與吐蕃。」按《吐蕃傳》，此年十月論名悉獵至京師，《本紀》、《唐曆》皆同。十九年正月辛未，乃遣崔琳報使；二月甲午，以琳爲御史大夫；三月乙酉，琳享于吐蕃〔二〕；金城公主因名悉獵請書，于休烈乃諫。《實録》皆誤在

〔一〕「八」，原誤作「一」，今據孔本、《四庫》本、胡本、廣雅本改。

〔二〕「享」，兩浙本、孔本、《四庫》本、胡本、廣雅本作「使」。按：《舊唐書・玄宗紀》原作「使」。

前年七月、八月。按：七月癸丑朔，亦無丁亥。

二十年，二月〔一〕，己巳，信安王禕等大破奚、契丹。

《唐曆》作「庚辰」。今從《實録》。

二十一年，正月，遣大門藝討勃海王武藝。

《新書·烏承玼傳》云：「可突干殺其王邵固，降突厥，而奚亦亂。是歲，奚、契丹入寇，詔承玼擊之，破於捺禄山。」又云：「勃海大武藝引兵至馬都山，屠城邑。承玼窒要路，塹以大石，亘四百里。於是流民得還土少休〔二〕，脱鎧而耕，歲省度支運錢。」按：韓愈爲烏重胤作《廟碑》，敘重胤父承洽云：「屢破契丹〔三〕，從戰捺禄，走可突干勃海上〔四〕，至馬都山，吏民逃徙失業。尚書領所部兵塞其道，塹原累石，綿四百里，深高皆三丈，寇不得進。民還其居，歲罷錢三千萬〔五〕。」

〔一〕「二月」，《通鑑》正文此事在三月。按：《資治通鑑目録》所録《長曆》、《二十史朔閏表》，二十年二月甲辰朔，無己巳。三月甲辰朔，二十六日己巳。

〔二〕「民」，《通鑑》胡註作「人」。按：《新唐書·烏承玼傳》原作「民」。

〔三〕「破」下，《通鑑》胡註有「奚」字。按：韓愈《昌黎先生文集·烏氏廟碑銘》（上海商務印書館《四部叢刊》影印上海涵芬樓藏元刊本，下同）原有「奚」字。

〔四〕「海」下，《昌黎先生文集·烏氏廟碑銘》原有「擾海」二字。

〔五〕「錢」上，兩浙本、孔本、《四庫》本、胡本、廣雅本有「運」字。按：《昌黎先生文集·烏氏廟碑銘》原有「運」字。

疑《新書》約此《碑》作《承玼傳》。按《新》、《舊》《帝紀》及《勃海傳》，皆無武藝入寇至馬都山事，或者韓《碑》云「走可突干勃海上，至馬都山」，謂破走可突干勃海上，追之至馬都山耳。二十一年，郭英傑與可突干戰都山。然則都山蓋契丹之地也。吏民逃徙失業，蓋因可突干入寇而然，與上止是一事，《新書》承之致誤。然未知《新書·承玼傳》中餘事，别據何書。

二十二年，正月，己丑，至東都。

《唐紀》：「二十六日戊子，至東都。己丑，張九齡至自韶州。」今從《實録》。

四月，李林甫爲黄門侍郎。

《舊·傳》云：「初，侍中裴光庭妻武三思女，詭譎有材略，與林甫私。中官高力士本出三思家，及光庭卒，武氏銜哀祈於力士，請林甫代其夫位，力士未敢言。玄宗使中書令蕭嵩擇相，嵩久之〔一〕，以右丞韓休對。玄宗然之，乃令草詔。力士遽漏於武氏，乃令林甫白休。休既入相，甚德林甫，與嵩不和。乃薦林甫堪爲宰相，惠妃陰助之，因拜黄門侍郎，玄宗眷遇益深。」按：光庭妻，一寡婦耳，豈敢遽引所私代其夫爲相！韓休正直，雖得林甫先報，必不至薦之爲相。今不取。

〔一〕「嵩」，《通鑑》胡註無此字。按：《舊唐書·李林甫傳》原有「嵩」字。

六月〔一〕**，張守珪大破契丹。**

《實録》：「守珪大破林胡。」按《會要》契丹事，二十二年，守珪大破之。蓋《實録》以契丹即戰國時林胡地，故云然。

七月，裴耀卿爲江淮、河南轉運使〔二〕**。**

《舊·紀》云：「充江、淮以南回造使〔三〕。」今從《舊·食貨志》。

八月，耀卿運米，省僦車錢三十萬緡。

《舊·志》云「四十萬貫」。今從《耀卿傳》。《舊·志》又云：「明年，耀卿拜侍中，蕭炅代焉。」按：耀卿二十一年建此議，今年爲侍中，始置河陰倉，後三年方見成效，則非作侍中時解此職也。

十二月〔四〕**，張守珪斬契丹王屈烈及可突干，傳首。**

《舊·守珪傳》「屈烈」作「屈剌」。《契丹傳》來年正月傳首。今從《實録》。

〔一〕「六月」，《通鑑》正文此事在六月壬辰。按：《新唐書·玄宗紀》原在六月壬辰。
〔二〕「使」上，《舊唐書·食貨志》原有「都」字。
〔三〕「回造」，《舊唐書·玄宗紀》原作「轉運」。
〔四〕「十二月」，《通鑑》正文此事在十二月乙巳。按：《舊唐書》、《新唐書》《玄宗紀》原在十二月乙巳。

牙官李過折。

《舊・契丹傳》作「遇折」[一]。今從《實録》及《守珪傳》。

突厥毗伽可汗卒，子伊然立，尋卒，弟登利可汗立。

《舊・傳》：「伊然立，詔宗正卿李詮弔祭[二]，册立伊然，爲立碑廟。無幾，伊然病卒，又立其弟爲登利可汗。」按《張九齡集・敕登利可汗書》云：「今又遣從叔金吾大將軍佺弔祭。」又云：「建碑立廟，貽範紀功。」然則告喪時，登利已立矣。《實録》「詮」亦作「佺」。

二十三年，正月，李過折檢校松漠州都督。

《實録》云「同幽州節度副大使」。《舊・傳》云「授特進、檢校松漠州都督」。按：過折雖有功，唐必未肯使爲幽州節度使[三]。今從《舊・傳》。

元德秀遣樂工歌《于蔿》。

《明皇雜録》作「于蔿」，《新・傳》作「于蔿于」。未詳其義，今從《雜録》。

[一] 「遇」，《舊唐書・契丹傳》原作「過」。
[二] 「詮」，《舊唐書・突厥傳》原作「佺」。
[三] 「必未」，孔本、《四庫》本、胡本、廣雅本、《通鑑》胡註此二字互乙。

閏月，壬午朔，日有食之。

《舊·紀》作「十一月壬申朔」。按《長曆》，十一月壬子朔。今從《實録》、《唐曆》。

十二月[一]，册楊玄琰女爲壽王妃。

《實録》載册文，云「玄璬長女」。按陳鴻《長恨歌傳》云：「詔高力士潛搜外宫，得楊玄琰女於壽邸。」《舊·楊貴妃傳》云：「玄琰女早孤，養於叔父玄璬。」又云：「或奏玄琰女容色冠代，宜蒙召見。時妃衣道士服，號太真。」《新·傳》云「始爲壽王妃」云云，「遂召内禁中，即爲自出妃意者，匄籍女官，號太真，更爲壽王娶韋昭訓女，而太真得幸」。《舊》史蓋諱之耳。

契丹王過折爲其臣涅禮所殺。

《舊·傳》云[二]：「過折爲可突干餘黨泥裹所殺。」不云朝廷如何處置泥裹。今據《張九齡集》有此《賜契丹都督涅禮敕》，又有《賜張守珪敕》，云：「涅禮自擅，難以義責，而未有名位，恐其不安，卿可宣示朝旨，使知無它也。」蓋泥裹即涅禮也。

[一]「十二月」，《通鑑》正文此事在十二月乙亥。

[二]「云」，《通鑑》胡註無此字。

二十四年，二月，庚申〔一〕，更皇子名。

《舊·紀》、《唐曆》：「二十三年七月景子〔二〕，太子、諸王皆改名〔三〕。」今從《實録》。

四月，張九齡請誅安禄山。

《玄宗實録》：「四月辛亥，張守珪奏禄山統戎失律，挫敗軍威，請依軍法斬決，許之。禄山臨刑抗声言曰：『兩蕃未和，忍殺壯士！豈爲大夫謀也！』守珪以禄山嘗捷於擒生，聞其言，遂捨之以聞。」《肅宗實録》云：「禄山爲互市牙郎，盗羊事發，守珪怒，追捕至，欲擊殺之。禄山大呼曰：『大夫不欲滅奚、契丹兩蕃邪！而殺壯士！』守珪奇其貌，壯其言，遂釋之。」姚汝能作《禄山事迹》，其盗羊事與《肅宗實録》同。又云：「二十一年，守珪令禄山奏事，中書令張九齡見之，謂侍中裴光庭曰：『亂幽州者，此胡也。』」又云：「二十四年，禄山爲平盧將，討奚、契丹失利。守珪奏請斬之，九齡批曰：『穰苴出軍，必誅莊賈；孫武行令，亦斬宫嬪。守珪軍令若行，禄山不宜免死。』玄宗惜其勇鋭，但令免官，白衣展效。九齡執奏請誅之〔四〕，玄宗曰：『卿豈以王夷甫

〔一〕「庚申」，《通鑑》正文此事在庚午。按：《舊唐書·玄宗紀》在二十三年七月丙子。

〔二〕「景」，《舊唐書·玄宗紀》作「丙」。按：以「景」代「丙」，乃唐人避唐高祖之父名「昞」之諱。

〔三〕「太」上，《通鑑》胡註有「皇」字。

〔四〕「請」，《通鑑》胡註無此字。

識石勒，便臆斷禄山難制邪！』竟不誅之。」孫樵作《西齋録》，其序曰：「張守珪以安禄山叛者何？貸刑咈教，稔禍階也。禄山乃張守珪部將，嘗犯令，張曲江令守珪斬之，不從，果使亂天下。」故書曰：『張守珪以安禄山叛。』」《舊・張九齡傳》云：「張守珪以裨將安禄山討奚、契丹，敗衄，執送京師，請行朝典。九齡奏劾曰：『穰苴出軍，必誅莊賈；孫武教戰，亦斬宫嬪。守珪軍令必行，禄山不宜免死。』上特捨之。九齡奏曰：『禄山狼子野心，面有逆相，臣請因罪戮之，冀絶後患。』上曰：『卿勿以王夷甫知石勒故事，誤害忠良。』遂放歸藩〔二〕。」《新・傳》語裴光庭事如《事迹》，執送京師事如《舊・傳》。《舊・禄山傳》盗羊事如《事迹》，而無失利請斬事。《新・傳》亦然。《舊・傳》仍云：「二十年，守珪爲幽州節度使，禄山盗羊事覺。」按：裴光庭二十一年卒，是年冬，九齡乃爲相，云與光庭語，誤也。孫樵云「曲江令守珪斬之」，尤爲失實。《實録》，二十一年，守珪猶在隴右與吐蕃立分界碑，未至幽州。《舊・傳》云「二十年爲節度」，亦誤也。按：禄山若始爲互市牙郎，守珪安能知其終亂天下，釋而不殺！孫樵豈得遽以叛罪加之邪！若如《舊・九齡傳》，守珪執送京師，玄宗自赦之，則守珪何罪而時人咎之也！若謂盗羊、喪師，兩次當死，則禄山豈祇用辭而得免兩死邪！若如《玄宗實録》，守珪奏請行法，得報聽許，感

〔二〕「藩」，《通鑑》胡註作「蕃」。按：《舊唐書・張九齡傳》原作「藩」。

其一言輒捨之，則守珪必不敢輕易反覆如此。且九齡何從得見其面，而云面有逆相邪！若云守珪未嘗奏請行法，則《張九齡集》有《賜守珪敕》云：「禄山等輕我兵威，曾不審料，致令損失，宜其就誅。卿既行之，軍法合爾。」又《賜平盧將士敕》云：「安禄山之誅，緣輕敵太過，勿因此畏懦，致失後圖。」是當時曾許之行誅矣。若云守珪自捨之，非玄宗意，則又《賜守珪敕》云：「禄山勇而無謀，遂至失利，衣甲資盜，挫我軍威，論其輕敵，合加重罪。然初聞勇鬬，亦有誅殺；又寇戎未滅，軍令從權，故不以一敗棄之，將欲收其後效也。不行薄責，又無所懲，宜且停官，令白衣將領。卿更審量本狀，亦任隨事處之。」今以諸書參考，蓋禄山失律，守珪奏請行法，故前敕云：「卿既行之，軍法合爾。」又云「禄山之誅，緣輕敵太過。」似謂守珪已誅之矣。既而守珪感其所言，惜其驍勇，欲殺則不忍，欲捨則先已奏聞，且恐不能厭服將士之心，或者報許之敕未到〔二〕，故執送京師，使上自裁之，冀上見其材力而赦之，亦猶陳平執樊噲，衛青囚蘇建耳。上因是欲赦之，而九齡執奏云：「守珪軍令若行，禄山不宜免死。」是并劾守珪不斷於閫外，乃更執以諉上之辭也。九齡因此見之，而云「面有逆相」，上終欲赦之，故九齡不得已草敕云：「卿更審量本狀，隨事處之。」守珪得此敕，即捨之以聞。如此，則與《玄宗實録》相應，而於人情差似相近。

〔二〕「許之敕」，《通鑑》胡註無此三字。

史窣干與安禄山先後一日生。

《舊·傳》云：「思明除日生，禄山元日生。」按《禄山事迹》：「天寶十載正月二十日〔一〕，上及貴妃爲禄山作生日。」今不取。

十月，帝欲以牛仙客爲尚書，張九齡執不可，李林甫言九齡不達大體。

《舊·林甫傳》曰：「林甫以九齡言告仙客，仙客翌日見上，泣讓官爵。」按：時不聞仙客在京。今從《唐曆》。

十一月，李林甫日夜短九齡於上，上浸疏之。

《明皇雜録》云：「林甫請見，屢陳仙客實封，九齡頗懷誹謗。于時方秋，上命高力士以白羽扇賜之。九齡惶恐，作賦以獻。」《新·傳》亦云然。按《實録》，仙客加實封在十月。而《九齡集·白羽扇賦序》云：「開元二十四年夏，盛暑，奉敕使大將軍高力士賜宰相白羽扇，九齡與焉。竊有所感，立獻賦」云云。敕報曰：「朕頃賜羽扇，聊以滌暑，佳彼勁翮，方資利用，與夫棄捐篋笥，義不同也。」然則上以盛夏遍賜宰臣扇，非以秋日獨賜九齡，但九齡因此獻賦，自寄意耳。

〔一〕「二十」，姚汝能《安禄山事迹》（上海古籍出版社《續修四庫全書》影印清宣統三年葉氏刻本，下同）原作「一」。

牛仙客同三品，遥領朔方節度使〔一〕。

《唐曆》曰：「宰相遥領節度，自仙客始。」按：蕭嵩已遥領河西，非始此。

補闕杜璡〔二〕。

《唐曆》作「杜珽」〔三〕。今從《新書》。

二十五年，四月〔四〕**，周子諒彈牛仙客，杖，流瀼州，死。**

《舊·紀》云：「子諒以妄陳休咎，於朝堂決殺。」《實録》此月則云〔五〕：「子諒彈奏仙客非才，引妖讖爲證。上怒，召入禁中責之。左右拉者數四，氣絶而蘇。」及《仙客傳》則云：「子諒竊言於御史大夫李適之曰：『牛仙客不才，濫登相位。大夫國之懿親，豈得坐觀其事！』適之遽奏子諒之言。上大怒，廷詰子諒，子諒詞窮，於朝堂決杖，配流瀼州，行至藍田死。」《舊·仙客傳》亦然。今從此月《實録》及《舊·紀》〔六〕。柳宗元《周君墓碣》云：「有唐貞臣汝南周氏，諱某字

〔一〕《通鑑》正文此事在十一月壬寅。按：《舊唐書》、《新唐書》《玄宗紀》原在十一月壬寅。

〔二〕「璡」，《通鑑》正文作「璡」。按：《新唐書·李林甫傳》原作「璡」。

〔三〕「杜」，原誤作「柱」，今據兩浙本、孔本、《四庫》本、胡本、廣雅本、《通鑑》胡註改。

〔四〕「四月」，《通鑑》正文此事在四月辛酉。按：《舊唐書》、《新唐書》《玄宗紀》原在四月辛酉。

〔五〕「云」，《通鑑》胡註作「曰」。

〔六〕「紀」，《通鑑》胡註作「傳」。按：據《考異》文意，疑當作「傳」。

某。」又曰：「在天寶年，有以諂諛至相位，賢臣放退。公爲御史，抗言以白其事，得死于墀下。」《宗元集》此碣雖無名字，然其事則子諒也；云在天寶年，誤矣。

楊洄譖太子瑛、鄂王瑶、光王琚構異謀〔一〕。

《新·傳》曰：「二十五年，洄復構瑛、瑶、琚與妃之兄薛鏽異謀。惠妃使人詭召太子、二王曰：『宮中有賊，請介以入。』太子從之。妃白帝曰：『太子、二王謀反，甲而來。』帝使中人視之，如言。遽召宰相林甫議，答曰：『陛下家事，非臣所宜豫。』帝意決，乃廢瑛等。」按：瑛等與惠妃相猜忌已久，雖承妃言，豈肯遽被甲入宮！又按廢太子制書云：「陷元良於不友，誤二子於不義。」不言被甲入宮也。蓋洄譖瑛等云欲害壽王瑁耳。今從《舊·傳》，但云「潛構異謀」〔二〕。

瑛等皆廢爲庶人〔三〕。

獨孤及作《裴稹行狀》云：「公爲起居郎，三庶人以罪廢，壽王以母寵子愛，議者頗有奪宗之嫌。道路惘默，朝野疑懼。公乃從容請間，慷慨獻諫，上述新城之殷鑒，下陳戾園之元龜，謂興亡之由，在廢立之地。天子感悟，改容以謝，因詔以給事中授公。公曰：『陛下絶招諫之路，爲

〔一〕「譖」，《通鑑》正文作「奏」，《資治通鑑目録》作「譖」。
〔二〕「潛」，《舊唐書·庶人瑛傳》原作「常」。
〔三〕《通鑑》正文此事在四月乙丑。按：《舊唐書》、《新唐書》《玄宗紀》原在四月乙丑。

日固久，今臣一言而荷殊寵，則言者衆矣，何以錫之？』」上善其敏而多其讓，乃止不拜。尋除尚書祠部員外郎。」按：稹，光庭之子。當是時，周子諒杖死，張九齡遠貶，稹若敢爲太子直冤，則聲振宇宙，豈得湮没無聞！而諸書皆不言此事，蓋出及之虚美耳〔一〕。

七月〔二〕**，徐嶠奏「鵲巢大理樹」。**

《舊》《紀》作「徐岵」。今從《刑法志》、《通典》。

賜李林甫爵晉公，牛仙客豳公〔三〕。

《實録》：「七月戊寅，有司奏囚減少，上歸美宰臣，制曰：『斷獄五十，殆至無刑。』遂封二人。」又：「十月丙午，上因聽政，問京城囚徒，有司奏有五十人，怡然有喜色，下制曰：『日者叢棘之地，烏鵲來巢。今結諸刑名，纔逾五十。其刑部侍郎鄭少微等各賜中上考。』」二者未詳其爲一事、二事。今從《舊·紀》。

〔一〕「出」下，《通鑑》胡註有「於」字。
〔二〕「七月」，《通鑑》正文此事在七月己卯。按：《舊唐書·玄宗紀》原在七月己卯。
〔三〕《通鑑》正文此事在七月庚辰。按：《舊唐書·玄宗紀》原在七月庚辰。「公」上，《通鑑》正文各有「國」字，《資治通鑑目録》亦曰「賜爵國公」。按：《舊唐書·玄宗紀》、《舊唐書》、《新唐書》二人本傳原有「國」字。

太常博士王璵〔一〕。

《舊·傳》不言璵鄉里世系。《新·傳》云「方慶六世孫」。又《新》、《舊》《傳》皆云：「抗疏請置春壇，因遷太常博士。」不知其本何官也。《新·表》：「王方慶五世孫璵，相肅宗〔二〕。」按：方慶長安二年卒，距此才三十六年，不應已有五世、六世孫能上疏，恐璵偶與之同名，實非也。今不取。

二十六年，三月，以吐蕃新城爲威戎軍。

《舊·傳》作「威武軍」。今從《實録》。

五月，高力士言「但推長而立」。

《統紀》敘力士語云「但從大㭊」，注謂肅宗也。「大㭊」語不可曉。今從《新·傳》。

六月〔三〕**，王昱爲劍南節度使。**

《舊·傳》作「王昊」。今從《實録》、《唐曆》。

〔一〕《通鑑》正文此事在九月。

〔二〕「相」，原脱，《通鑑》胡註作「事」，今據兩浙本、孔本、《四庫》本、胡本、廣雅本及《新唐書·宰相世系表》補。

〔三〕「六月」，《通鑑》正文此事在六月辛丑。

突騎施莫賀達干、都摩度。

《會要》作「莫賀咄達干」。今從《實録》。《新・傳》作「都摩支」。今從《實録》、《舊・傳》。

爾微特勒據怛邏斯城。

《唐曆》作「恒邏斯」。今從《實録》。

七月，己巳，册太子。

元載《肅宗實録》云：「二十七年七月壬辰，行册禮〔二〕。」今從《玄宗實録》。

九月，王昱爲吐蕃所敗，死者數千人。

《舊・傳》：「將士數萬人，皆没于賊。」今從《實録》。

六詔：蒙舍、蒙越、越析、浪穹、樣備、越澹。

《新書》：「六詔曰蒙巂、越析、浪穹、邆睒〔三〕、施浪、蒙舍。」今從竇滂《雲南別録》。

細奴邏生邏盛，邏盛生盛邏皮，盛邏皮生皮邏閤。

《新・傳》云：「蒙氏父子以名相屬，細奴邏生邏盛炎，邏盛炎生炎閤。武后時，邏盛炎身入

〔二〕「册」，《通鑑》胡註作「典」。

〔三〕「睒」，《新唐書・南詔傳》原作「睒」。

朝，妻方娠，生盛邏皮，喜曰：『我又有子，雖死唐地足矣。』炎閣立，死。開元時，弟盛邏皮立，生皮邏閣，授特進，封臺登郡王。炎閣未有子時，以閣羅鳳爲嗣，及生子，還其宗，而名承閣遂不改。」按：邏盛炎之子盛邏皮，豈得云「以名相屬」！既有炎閣，豈得云「我又有子，雖死唐地足矣」。今從《舊》《南詔傳》及《楊國忠傳》、《雲南別録》。又《舊·南詔傳》「閤」皆作「閣」。今從《新·傳》。

二十八年，三月〔一〕，蓋嘉運請立阿史那昕爲十姓可汗，從之。

《舊·傳》云：「嘉運欲立懷道之子昕爲可汗以鎮撫之，莫賀達干不肯，曰：『討平蘇禄，本是我之元謀，若立史昕爲主，則國家何以酬賞於我！』乃不立史昕，便令莫賀達干統衆。二十七年，嘉運詣闕獻俘，仍令將吐火仙獻于太廟。」《會要》：「二十九年，以斛瑟羅之孫、懷道之子昕爲可汗，遣兵送之。天寶元年，昕至碎葉西南俱南城，爲莫賀咄達干所殺。三年，安西節度使馬靈詧斬之，更立其酋長爲伊地米里骨咄禄毗伽可汗〔二〕。」按《實録》：「開元二十八年三月甲寅，蓋嘉運俘吐火仙來獻。四月辛未，册十姓可汗阿史那昕妻李氏爲交河公主。十二月乙卯，突騎

〔一〕「三月」，《通鑑》正文此事在三月甲寅。

〔二〕「酋」，原誤作「首」，今據孔本、《四庫》本、胡本、廣雅本、《通鑑》胡註改。按：《唐會要》不載此事，見於樂史《太平寰宇記》（臺灣商務印書館影印清文淵閣《四庫全書》本），亦作「酋」。

施可汗莫賀達干率其妻子及纛官首領百餘人内屬。初，莫賀達干與烏蘇萬洛扇誘諸蕃叛于我，上命蓋嘉運宣恩招諭，皆相率而降。」《新·傳》云：「達干不肯立昕，即誘部落叛。詔嘉運招諭，乃率妻子等降，遂命統其衆。後數年，復以昕爲可汗，遣兵護送。昕至俱蘭城，爲莫賀咄所殺，莫賀咄自爲可汗，安西節度使夫蒙靈詧誅斬之。」若如《舊·傳》所言，嘉運便以莫賀達干爲可汗統衆，則莫賀不應復叛。且立可汗當須朝廷册命，嘉運豈得擅立於塞外也！若未以爲可汗，則《實録》十二月不應謂之突騎施可汗莫賀達干也。若如《會要》所言，二十九年始立昕爲可汗，則《實録》二十八年四月不應已謂昕爲十姓可汗也。蓋嘉運既平突騎施，即奏立昕爲十姓可汗，故莫賀達干不服而叛。明皇乃以莫賀達干爲小可汗，止統突騎施之衆，使嘉運招諭之，故來降。然昕爲十姓可汗，兼統諸部，故明皇遣兵送之，而爲莫賀達干所殺，事或然也。但《實録》脱落〔二〕，疑不敢質，故略采諸書所見，存其梗概書之。

二十九年，六月，臧希液破吐蕃。

《舊·傳》作「盛希液」。今從《唐曆》。

〔二〕「落」，兩浙本、孔本、《四庫》本、胡本、廣雅本、《通鑑》胡註作「略」。

七月，突厥骨咄葉護自立爲可汗。

《舊·傳》云：「左殺自立爲烏蘇米施可汗。」《唐曆》、《新·傳》皆云：「判闕特勒子爲烏蘇米施可汗，天寶初立。」今從之。

八月〔一〕，安禄山爲營州都督、平盧軍使。

《實録》：此年「八月乙未，以幽州節度副大使安禄山爲營州刺史，充平盧、勃海、黑水軍使。」《舊·紀》〔二〕：「以幽州節度副使安禄山爲營州刺史、平盧軍節度副使。」《會要》：「二十八年，王斛斯爲平盧節度使，遂爲定額。」按《舊·傳》，禄山自平盧兵馬使爲平盧軍使，蓋以平盧兵馬使帶幽州節度副使之名耳。《實録》「大」，衍字也〔三〕。天寶元年，始以平盧爲節度，《會要》誤也。

天寶元年，正月，州三百三十一。

《舊·紀》云「三百六十二」。按《地理志》，開元二十八年，州府三百二十八，至此才二年，不應遽增三十餘州。今從《唐曆》、《會要》、《統紀》。

〔一〕「八月」，《通鑑》正文此事在八月乙未。

〔二〕「紀」，原脱，今據孔本、《四庫》本、胡本、廣雅本、《通鑑》胡註及《舊唐書·玄宗紀》補。

〔三〕「大衍」，《通鑑》胡註此二字互乙。

鎮兵四十九萬。

此兵數，《唐曆》所載也。《舊·紀》：「是歲，天下健兒、團結、彍騎等總五十七萬四千七百三十三。」[二] 此蓋止言邊兵，彼并京畿諸州彍騎數之耳。

四月，發兵納阿史那昕，至俱蘭城。

《會要》作「俱南城」，胡語不明耳。

八月，王忠嗣盛兵磧口。

《新》、《舊書》《忠嗣傳》皆曰：「是歲，忠嗣北伐，與奚怒皆戰于桑乾河，三敗之，大虜其衆。」又曰：「明年，再破怒皆及突厥之衆，自是塞外晏然。」按：朔方不與奚相接，不知所云奚怒皆何也。今闕之。

阿布思、葛臘哆等來降[三]**。**

《實録》、《舊·紀》皆云：「突厥阿布思及默啜可汗之孫、登利可汗之女與其黨屬來降。」《唐曆》云：「烏蘇米施可汗遁逃，其西葉護阿布思及毗伽可汗、可敦、男西殺葛臘哆率其部千餘

[二] 按：《舊唐書·玄宗紀》不載此語。

[三] 《通鑑》正文此事在八月丁亥。按：《舊唐書·玄宗紀》原在八月丁亥。

帳來降。」《舊・王忠嗣傳》云：「三部落攻米施可汗，走之，忠嗣因出兵伐之，取其右廂而歸。其西葉護及毗伽可敦、男西殺葛臘哆率其部落千餘帳入朝〔一〕。」《突厥傳》云：「西殺妻子及默啜之孫勃德支特勒、毗伽可汗女大洛公主、伊然可汗小妻余塞匐、登利可汗女余燭公主及阿布思、頡利發等並帥其部衆相次來降。」今參取用之。

九月，辛亥，宴突厥降者。

《本紀》作「辛卯」。按《長曆》，是月癸卯朔，無辛卯。《唐曆》云「九日辛卯」〔二〕，亦誤也。

十二月，回紇骨力裴羅入貢。

《舊・傳》云：「天寶初，其酋長葉護頡利吐發遣使入朝〔三〕，封奉義王。」《唐曆》：「天寶三載，突厥拔悉蜜可汗又爲回紇葛邏禄等部落襲殺之，立回紇爲主，是爲骨咄禄毗伽闕可汗。遣使立爲奉義王，又加懷仁可汗。」《新・突厥傳》云：「回紇葛邏禄殺拔悉蜜可汗，奉回紇骨力裴羅定其國，是爲國咄禄毗伽闕可汗〔四〕。」按：奉義王、懷仁可汗是一人，而《新》《突厥》、《回紇

〔一〕「西殺」，《通鑑》胡註無此二字。按：《舊唐書・王忠嗣傳》原有「西殺」二字。

〔二〕「日」，《通鑑》胡註作「月」。

〔三〕「酋」，原誤作「首」，今據孔本、《四庫》本、胡本、廣雅本、《通鑑》胡註及《舊唐書・迴紇傳》改。

〔四〕「國」，《新唐書・突厥傳》原作「骨」。

傳》其名不同。然《新·傳》自吐迷度以來，世系皆可譜，今從之。

二年，十月，戊寅，幸温泉。乙卯，還宫。

《舊·紀》：「十月戊寅，幸温泉宫。十一月乙卯，還京〔一〕。」與《實録》同。「十二月戊申，又幸温泉宫。丙辰，還宫。」《實録》無。按：十二月丙寅朔，無戊申、丙辰。《唐曆》：「十一月戊申，幸温泉宫。丙辰，還京〔二〕。」又與《實録》、《本紀》不同。今皆不取。

三載，五月，夫蒙靈詧斬莫賀達干。

《會要》作「馬靈詧」。今從《實録》〔三〕。

更請立伊里底蜜施骨咄禄毗伽。

《會要》作「伊地米里骨咄禄毗伽」。今從《實録》。

四載，六月，蕭炅引吉温爲法曹。

《唐曆》云：「温聯按大獄，倚法附邪以出入人命者凡十餘年。性巧詆，忍而不忌，失意眉睫

〔一〕「京」，兩浙本、孔本、《四庫》本、胡本、廣雅本、《通鑑》胡註作「宫」。

〔二〕「京」，兩浙本作「宫」。

〔三〕《通鑑》胡註曰：「按《元和姓纂》云：　夫蒙本西羌姓，後秦有建威將軍夫蒙羌，今蒲、同二州多此姓，或改姓馬氏。」

者，必引而陷之；其欲膠固之，雖王公大人，立可親也。初，蕭炅以贓下獄，温深竟其罪。後爲萬年縣丞，炅拜京兆尹，温見炅於高力士第，乃與之相結，爲膠漆之交，引爲法曹，而薦於林甫；温之進也，反以炅力。」《舊・傳》云：「炅爲河南尹，有事，京臺差温推詰，堅執不捨。及温選，炅已爲京兆尹，一唱萬年尉，即就其官，人爲危之。」今參取二書用之。

八月，壬寅，册楊太真爲貴妃。

《統紀》：「八月，册女道士楊氏爲貴妃。」《本紀》「甲辰」，《唐曆》「甲寅」。今據《實録》：「八月壬寅，贈太真妃父玄琰等官。」甲辰、甲寅皆在後，恐册妃在贈官前。《新・本紀》亦云：「八月壬寅，立太真爲貴妃。」今從之。

楊錡尚太華公主〔二〕。

《實録》、《舊・傳》皆以銛、錡爲再從兄，國忠爲從祖兄，然則從祖亦再從也，推恩之時，何以及銛、錡而不及國忠？《新・傳》謂之宗兄。《唐曆》以銛爲玄琰之子。借使非子，比於國忠，必應稍親，今但謂之從兄。《舊・傳》云，錡爲侍御史。今從《實録》。

〔二〕《通鑑》正文此事在八月癸卯。

鮮于仲通爲劍南采訪支使。

《唐曆》云：「爲節度巡官。」按：顔真卿所作《仲通碑》見存，云「爲采訪支使」，今從之〔一〕。

九月〔二〕，罷韋堅諸使，以楊慎矜代之。

《舊・食貨志》：「三載，以楊釗爲水陸運使。」誤也。今從《實録》。

褚詡戰死。

《新・傳》作「諸葛詡」〔三〕。今從《實録》。

五載，正月，韋堅下獄，李林甫使楊慎矜、王鉷、吉温鞫之。

《舊・林甫傳》云：「林甫潛令慎矜伺堅隙，奏上。」《慎矜傳》云：「鉷推堅，慎矜引身中立以候望，鉷恨之，林甫亦憾焉。」二傳自相矛楯。今從《唐曆》。

韋堅貶縉雲太守〔四〕。

《舊・紀》：「貶括蒼太守。」今從《實録》及《舊・傳》。

〔一〕《通鑑》胡註曰：「唐采訪、節度等使幕屬有判官，有支使，有掌書記、推官、巡官、衙推等。宋朝始定制，書記、支使不得並置，有出身者爲書記，無出身者爲支使。」

〔二〕「九月」，《通鑑》正文此事在九月癸未。

〔三〕「詡」，《通鑑》胡註作「翊」。按：《新唐書・吐蕃傳》原作「詡」。

〔四〕《通鑑》正文此事在正月癸酉。按：《舊唐書・玄宗紀》原在正月癸酉。

十二月，甲戌，杜有鄰、柳勣等杖死。

《舊·紀》、《唐曆》皆作「辛未」。今從《實録》。《實録》云：「勣與其黨並伏法。」詔書則云〔一〕：「猶寬極刑，俾從杖罪。其王曾等，各決重杖一百。杜有鄰、柳勣念以微親，特寬殊死，決一頓，貶嶺南新興尉。」《吉温傳》則云：「勣等杖死，積尸於大理寺。」蓋詔雖與杖，其實皆死杖下也。

六載，十月，己酉，幸温泉。

《舊·紀》、《唐曆》皆作「戊申」。今從《實録》。

十一月，李林甫知王鉷與楊慎矜有隙，密誘使圖之。

《明皇雜録》曰：「慎矜父墓封域之内〔二〕，草木流血，慎矜大懼，問術者史敬思。敬思曰：『禳之可以免。』於慎矜後園大陳法事，令貫桎梏坐於叢林間以厭之。」《唐曆》云：「敬思本胡人，出家還俗，涉獵書傳陰陽玄象，慎矜與之善。每言天下將亂，居於臨汝山中，亦勸慎矜於臨汝買得山莊良田數十頃。嘗於慎矜第夜坐談宴，怒婢春草，將杖殺之。敬思曰：『七郎何須虚

〔一〕「云」，《通鑑》胡註作「曰」。

〔二〕「域」，原誤作「城」，今據孔本、《四庫》本、胡本、廣雅本、《通鑑》胡註及《太平廣記》卷一四三「楊慎矜」條引《明皇雜録》改。

殺卻十頭壯牛！』慎矜曰：『何謂也？』敬思曰：『賣卻買牛，每年耕田十頃。』慎矜雅厚敬思，曰：『任公收取。』明旦至市，賣與太真柳氏姊，得錢一百二十千文〔二〕，買牛以歸。柳氏數將春草來往宮中，玄宗見其狀貌壯大，應對分明，數目之，謂柳曰：『幾錢買得此婢？』以實對。遂留之。玄宗曾晝寢，問春草曰：『汝本何人？何以得至柳家？』春草曰：『本楊慎矜婢，賣與柳家。』玄宗曰：『慎矜豈少錢而賣你？』春草曰：『不是要錢。本將殺某，敬思救，得不殺，所以賣之。』玄宗素聞敬思名，因詰問。春草以實對曰：『每夜坐中庭，或説天文，遥指宿曜，某亦盡知其言。』玄宗怒，變色良久。後王鉷因奏事言引慎矜，玄宗悖然曰：『慎矜與卿有親，更不須相往來。』鉷初内怨慎矜凌己，常忍隱不泄，至是覺上意異。楊釗先知之，以告鉷，鉷心喜，數悖慢以侵之，慎矜尤怒。」《明皇雜録》又曰：「慎矜之侍婢有美者，字明珠，敬思數目之，慎矜則以遺之〔三〕，兼以囊裝甚厚，以車送之。敬思乘馬隨之，路經貴妃妹八姨樓下。方登樓張樂。姨素與敬思相識，固邀敬思登樓，乃曰：『車中美人，請以見遺。』敬思不敢拒。姨明日入宮，婢從。上見而異之，問所從來。明珠曰：『本楊慎矜家人也，近贈史敬思。』上曰：『敬思何人，而慎矜輒

〔二〕「二」，孔本、《四庫》本、胡本、廣雅本、《通鑑》胡註無此字。
〔三〕「則」，《四庫》本、胡本、《通鑑》胡註作「即」。

贈以婢〔二〕？』明珠乃具言厭勝之事。上大怒曰：『彼爲妖乎！』遂告林甫。林甫素忌慎矜才，恐其作相，以告中丞吉温〔三〕。温險害，亦有憾於慎矜，因構成其事。」今參取書之。

三司按王忠嗣。

《新·傳》，李林甫屢白太子宜有謀上云云〔三〕。按：林甫雖志欲害太子，亦未肯自言之。今不取。

李林甫屢起大獄，太子以仁孝謹靜得免。

《明皇雜録》云：「上與李林甫議立太子，意屬忠王〔四〕。林甫從容言於上曰：『古者建立儲君，必推賢德，苟非有大勳於社稷，則惟元子。』上默然曰：『朕長子琮，往年因獵苑中，所傷面目尤甚。』林甫曰：『破面不猶愈於破國乎！陛下其圖之。』上微感其言，徐思之。林甫亦素知其有疾，意欲動揺肅宗，而託附武惠妃，因以壽王瑁爲請；竟以肅宗孝友聰明，中外所屬，故奸邪之

〔二〕「婢」，原誤作「俾」，今據兩浙本、孔本、《四庫》本、胡本、廣雅本、《通鑑》胡註及《太平廣記》卷一四三「楊慎矜」條引《明皇雜録》改。

〔三〕「吉」，原誤作「告」，今據兩浙本、孔本、《四庫》本、胡本、廣雅本、《通鑑》胡註及《太平廣記》卷一四三「楊慎矜」條引《明皇雜録》改。

〔三〕「白」，原誤作「自」，今據兩浙本、孔本、《四庫》本、胡本、廣雅本、《通鑑》胡註改。

〔四〕「意」，原誤作「息」，今據兩浙本、孔本、《四庫》本、胡本、廣雅本、《通鑑》胡註改。

計，莫得行焉。」按：是時忠王若未爲太子，上用林甫之言，則琮爲太子矣，安能及瑁！《新書・李林甫傳》云：「林甫數危太子，未得志。一日，從容曰：『古者立儲君，非有大勳於宗稷，則莫若元子。』帝久之曰：『慶王往年獵，爲豽傷面甚。』答曰：『破面不愈於破國乎！』帝頗惑，曰：『朕徐思之。』」此則情理似近。然《新書》此事必出於《雜録》，若太子已立，則不當云上與林甫議立太子，意屬忠王也。今《雜録》本於「所傷」字上，脱「爲豽」兩字，别本必有之。按《説文》：「豽，獸名，無前足。」此非常有之物，或者「豹」字誤爲「豽」字耳。事既可疑，今不取。

十二月〔二〕**，李嗣業破吐蕃。**

《舊・嗣業傳》云「天寶七載」。今從《實録》及《封常清傳》。

〔二〕「十二月」，《通鑑》正文此事在七月。

資治通鑑考異卷第十四

端明殿學士兼翰林侍讀學士太中大夫提舉西京嵩山崇福宫上柱國河内郡開國公食邑二千六百户食實封壹阡户臣司馬光奉敕編集

唐紀六

九載，二月，高仙芝破朅師，虜其王勃特没。

《實録》，去載十一月，吐火羅葉護請使安西兵討朅師，上許之。不見出師。今載三月庚子，册朅師國王勃特没兄素迦爲王。册曰：「頃勃特没，於卿不孝，於國不忠。」不言朅師爲誰所破。按：十載正月，高仙芝擒朅師王來獻，然則朅師爲仙芝所破也。

十月，王玄翼言妙寶真符。

《舊・志》：「王鉷奏玄翼見玄元於寶仙洞中，遣鉷與張均、王倕、王濟〔一〕、王翼、王嶽靈於洞中〔二〕，得玉石函、《上清護國經》、寶券、紀籙等獻之。」今從《實録》〔三〕。

楊釗，張易之之甥。

鄭審《天寶故事》云：「楊國忠本張易之之子。天授中，易之恩幸莫比〔四〕，每歸私第〔五〕，詔令居樓上，仍去其梯。母恐張氏絶嗣，乃密令女奴蠙珠上樓，遂有娠而生國忠。」其説曖昧無稽，今不取。

庚辰，復易之兄弟官爵。

《唐曆》在七月二十五日。今從《實録》。

〔一〕「王濟」，《舊唐書・禮儀志》原作「韋濟」。
〔二〕「洞」，原誤作「侗」，今據兩浙本、孔本、《四庫》本、胡本、廣雅本、《通鑑》胡註及《舊唐書・禮儀志》改。
〔三〕「録」下，《通鑑》胡註有「云」字。
〔四〕「易」上，《通鑑》胡註有「張」字。
〔五〕「第」，原作「弟」，今據兩浙本、孔本、《四庫》本、胡本、廣雅本、《通鑑》胡註改。按：原本「弟」、「第」亦可通，以下徑改，不再出校。

十載，正月，爲安禄山起第〔一〕，禄山出入宮掖。

《禄山事迹》：「正月二十日〔二〕，禄山生日，玄宗及太真賜禄山器皿衣服〔三〕，件目甚多。後三日，召禄山入内，貴妃以錦綉繃縛禄山〔四〕，令内人以綵輿舁之，宮中歡呼動地〔五〕。玄宗使人問之，報云：『貴妃與禄兒作三日洗兒〔六〕。』玄宗就觀之，大悦，因賜貴妃洗兒金銀錢物，極歡而罷〔七〕。自是，宮中皆呼禄山爲禄兒，不禁其出入。」温畬《天寶亂離西幸記》：「禄山諂約楊妃，誓爲子母，自號國已下，次及諸王，皆戲禄兒，與之促膝娱宴。上時聞後宮三千合處喧笑，密偵，則禄山果在其内。貴戚猥雜，未之前聞。凡曰釵鬟，皆啗厚利，或通宵禁掖，暱狎嬪嫱。和士開之出入卧内，方此爲疏；薊城侯之獲厠刑餘，又奚足尚！」王仁裕《天寶遺事》云：「禄山常與妃子同食，無所不至。帝恐外人以酒毒之，遂賜金牌子繫於臂上，每有王公召宴，欲沃以巨觥，即禄山

〔一〕「起」，《資治通鑑目録》同，《通鑑》正文作「治」。
〔二〕「二十」，《安禄山事迹》原作「二」。
〔三〕「皿」，原誤作「血」，今據兩浙本、孔本、《四庫》本、胡本、廣雅本、《通鑑》胡註改。按：《安禄山事迹》原作「物」。
〔四〕「錦綉繃縛」，《安禄山事迹》原作「綉繃子繃」。
〔五〕「宮中」，《安禄山事迹》原無此二字。
〔六〕「禄兒」，《安禄山事迹》原作「禄山」。
〔七〕「歡」，《安禄山事迹》原作「樂」。

以金牌示之，云『準敕戒酒』。」今略取之。

二月，禄山養曳落河八千餘人。

《禄山事迹》云「養爲己子」[二]。按：養子必無八千之數，今不取。

四月[三]，鮮于仲通大敗於瀘南。

《楊國忠傳》：「南蠻質子閤羅鳳亡歸不獲，帝怒，欲討之。國忠薦閬州人鮮于仲通爲益州長史，令率精兵八萬討南蠻。」按《南詔傳》：「七年，蒙歸義死，詔閤羅鳳襲雲南王。」不云嘗爲質子亡歸也。九年，姚州自以張虔陀侵之故反，時鮮于仲通已爲益州長史。《國忠傳》與《南詔傳》相違，《新》、《舊書》皆如此，恐誤。

楊國忠掩其敗狀，仍敘其戰功。

《唐曆》云「令仲通白衣領節度事」，《舊・傳》無之。按：既掩敗敘功，豈得復白衣領職！

高仙芝將蕃、漢三萬衆擊大食。

馬宇《段秀實别傳》云「蕃、漢六萬衆」。今從《唐曆》。

〔二〕「己」，《安禄山事迹》原作「假」。

〔三〕「四月」，《通鑑》正文此事在四月壬午。按：《新唐書・玄宗紀》原在四月壬午。

八月〔二〕**，武庫火，燒兵器三十七萬。**

《唐曆》云「四十七萬事」。今從《實録》。

十一載，二月，庚午，命有司易惡錢。

《舊·紀》、《唐曆》皆作「癸酉」。今從《實録》。

六月〔三〕**，楊國忠奏劍南破吐蕃。**

《實録》：「兵部侍郎兼御史中丞、劍南節度使楊國忠破吐蕃于雲南，拔故隰州等三城，獻俘于朝。」《唐曆》：「國忠上言破吐蕃于雲南，拔故洪州等三城。」按：國忠時在長安，蓋劍南破吐蕃，以國忠領節制，故使之上表獻俘耳。時國忠已爲大夫，云中丞，誤也。隰州，從《實録》。

十二月，國忠建議選深者注官。

《唐曆》此敕在十月二十七日，《統紀》在七月。《舊·紀》：「十二月甲戌，國忠奏請兩京選人銓日便定留放，無長名。」按：國忠作相，始兼文部尚書，七月末也。今從《舊·紀》。

〔二〕「八月」，《通鑑》正文此事在八月丙辰。按：《舊唐書》、《新唐書》《玄宗紀》原在八月丙辰。

〔三〕「六月」，《通鑑》正文此事在六月甲子。按：《新唐書·玄宗紀》原在六月壬午。

丁亥，還宮。

《本紀》、《唐曆》皆云「己亥還京」。今從《實録》。

十二載，十月，戊寅，幸華清宮。

《舊·紀》、《唐曆》皆作「戊申」。按《長曆》，是月無戊申。今從《實録》。然《實録》在辛巳後，蓋誤。

十三載，正月〔一〕，安禄山入朝。

《肅宗實録》：「十二載，楊國忠屢言禄山潛圖悖逆。五月，玄宗使輔璆琳伺之。禄山厚賂璆琳，盛言禄山忠於國。國忠又言：『禄山自此不復見矣。』玄宗手詔追禄山，禄山來朝。」《舊·傳》亦同。按《玄宗實録》并《禄山事迹》，遣璆琳送甘子于范陽，覘禄山反狀，在十四載五月，而《肅宗實録》及《舊·傳》云「十二載」，誤也。今從《唐曆》。

三月，貶張均、張垍、張埱。

《唐曆》云：「垍嘗贊相禮儀，雍容有度，上心悦之，翌日，謂垍曰：『朕罷希烈相，以卿代之。』垍曰：『不敢。』貴妃在坐，告國忠斥之。」《舊·垍傳》：「天寶中，玄宗嘗幸垍内宅，謂垍

〔一〕「正月」，《通鑑》正文此事在正月己亥。

曰：『希烈累辭機務，朕擇其代者，孰可？』垍錯愕未對。帝即曰：『無踰吾愛壻矣。』垍降階陳謝。楊國忠聞而惡之，及希烈罷相，舉韋見素代垍〔二〕，垍深觖望。」按《本紀》，三月丁酉垍貶官，韋見素八月乃知政事，而云垍深觖望，《舊·傳》誤也。《明皇雜録》云：「上幸張垍宅，謂垍曰：『中外大臣才堪宰輔者，與我悉數，吾當舉而用之。』垍逡巡不對。上曰：『固無如愛子壻。』垍降階拜舞。上曰：『即舉成命。』既逾月，垍頗懷怏怏，意其爲李林甫所排。會禄山自范陽入覲，禄山潛賂貴妃，求帶平章事，上不許。垍因私第備言：『上前時行幸内第，面許相垍，與明公同制入輔，今既中變，當必爲奸臣所排。』禄山大懷恚怒，明日謁見，因流涕請罪。上慰勉久之，因問其故。禄山具以垍所陳對。上命高力士送歸焉，亦以怏怏聞。由是上怒。」按：李林甫時已死，亦誤也。

八月〔三〕**，陳希烈罷相，韋見素同平章事。**

《舊·見素傳》曰：「時楊國忠用事，左相陳希烈畏其權寵，凡事唯諾，無敢發明。玄宗知之，不悦。天寶十三年秋，霖雨六十餘日，天子以宰相或未稱職，見此咎徵，命楊國忠精求端士。

〔二〕「垍」，《舊唐書·張垍傳》原無此字。
〔三〕「八月」，《通鑑》正文此事在八月丙戌。按：《舊唐書·玄宗紀》在八月丁亥，《新唐書·玄宗紀》在八月丙戌。

時兵部侍郎吉温方承寵遇，上意用之〔一〕。國忠以温禄山賓佐，懼其威權，奏寢其事。國忠訪於中書舍人竇華、宋昱等，華、昱言見素方雅，柔而易制；上亦以經事相王府，有舊恩，可之。」《希烈傳》曰：「國忠用事，素忌疾之，乃引韋見素同列，罷希烈知政事。」按：明皇若惡希烈阿徇國忠，當更自擇剛直之士，豈得尚卜相於國忠〔二〕！今從《希烈傳》。

十四載，二月〔三〕，安禄山請以蕃將代漢將。

《實録》：「正月辛巳，禄山表請以蕃將三十人代漢將，上遣中使袁思藝宣付中書，令即日進畫，便寫告身。楊國忠、韋見素相謂曰：『流言傳禄山有不臣之心，今又請代漢將，其反明矣。』乃請陳事。既見，上先曰：『卿等有疑禄山之意邪？』國忠等遽走下階，垂涕具陳禄山反狀，因以禄山表留上前而出。俄頃，上又令袁思藝宣曰：『此之一奏，姑容之，朕徐爲圖之。』國忠奉詔。自後國忠每對，未嘗不懇陳其事〔四〕。國忠曰：『臣有一策，可銷其難，伏望下制以禄山帶左僕射、平章事，追赴朝廷，以賈循等分帥三道。』上許之。草制訖，留之未行。上潛令輔璆琳送甘

〔一〕「意」下，《通鑑》胡註有「欲」字。按：《舊唐書·韋見素傳》原無此字。
〔二〕「卜」，原誤作「十」，今據兩浙本、孔本、《四庫》本、胡本、廣雅本、《通鑑》胡註改。
〔三〕「二月」，《通鑑》正文此事在二月辛亥。
〔四〕「陳」，《通鑑》胡註作「請」。

子，私候其狀。還，固稱無事，其制遂寢。先是，上引宰相對見，常置白麻於座前，及璆琳還，上乃謂宰臣曰：『禄山必無二心，其制朕已焚矣。』後璆琳受禄山賄事泄，上因祭龍堂，遣備儲供，責以不虔，乃命左右撲殺之，始有疑禄山意。」《禄山事迹》云：「請不以蕃將代漢將，論禄山反狀，及請追禄山赴闕，並是韋見素之意旨〔一〕，國忠曾無預焉。仍語見素曰：『禄山出自寒微，位居衆上，時所忌嫉，成疑似耳。』見素曰：『公若實爲此見，社稷危矣。』將至上前懇論〔二〕，見素約以：『事如未諧，公繼之〔三〕。』國忠都無一言，俯僂而退。見素卻到中書，嗚咽流涕。此非他也，國忠要禄山速反〔四〕，以明己之先見耳。」宋巨《玄宗幸蜀記》云：「是歲春二月二十二日辛亥，禄山使何千年表請以蕃將三十二人代漢將掌兵。其日，宰相韋見素、楊國忠在省受旨〔五〕，見素慘然，國忠問曰：『堂老何色之戚也？』見素曰：『禄山逆狀，行路共知。今以蕃酋代漢〔六〕，是亂將作矣。與公位當此地，能無戚乎！』國忠於是亦惘然久之，乃曰：『與奪之間，在於宸斷，豈我輩

〔一〕「旨」，《安禄山事迹》原無此字。
〔二〕「論」下，《安禄山事迹》原有「其事」二字。
〔三〕「公」上，《安禄山事迹》原有「請」字。
〔四〕「速」，《安禄山事迹》原作「先」。
〔五〕「受旨」，《通鑑》胡註無此二字。
〔六〕「漢」下，《通鑑》胡註有「將」字。

所能是非邪！』見素曰：『知禍之萌而不能防，亦將焉用彼相矣！明日對見，僕必懇論，冀其萬一。若不允，子必繼之。』國忠曰：『事脱不諧[一]，恐虚犯龍顔，自貽伊戚。』見素曰：『如正其言而獲死，猶愈於阿從而偷生。』翌日壬子，二相入對。見素言：『禄山潛貯異圖，迹已昭彰。』因叩頭流涕久之。國忠但俯僂逡巡，更無所補。上不悦，遂以他事議之。既退還省，見素謂國忠曰：『聖意未回，計將安出？』國忠曰：『禄山未必有反意，但時所誹嫉，便成疑似耳。』見素曰：『公若爲此見，社稷危矣。』遂憫然不言。二十四日癸丑，上又使思藝宣旨，令『且依此發遣，卿等所議，後别籌之』。自是見素數奏其凶狀。三月己未朔，見素請以禄山同中書門下平章事，追赴闕庭。及輔璆琳送甘子，禄山紿璆琳曰：『主上耄年，信任非次，國忠之輩，苟徇榮班。今若進逆耳之言，苦口之藥[二]，以吾之心，事將無益。今欲耀兵彊諫，以迹釁拳，此意決矣。』禄山以物贈璆琳。璆琳既受金帛，及還，奏曰：『禄山盡忠奉國，必無二心，特望官家不以東北爲慮。』上然之，謂宰臣曰：『禄山朕自保之，卿勿憂也！』見素起曰：『臣忤拂聖旨，僭黷大臣，罪合萬死。然愚者千慮，或有一中，願陛下審察之。』」自餘與《實録》及《事迹》所述略同。按：禄山方賂璆

〔一〕「脱」，《通鑑》胡註作「則」。

〔二〕「苦」，原誤作「若」，今據兩浙本、孔本、《四庫》本、胡本、廣雅本、《通鑑》胡註改。

琳，泯其反迹，安肯對之遽出悖語！又國忠平日數言禄山欲反，此際安得不與見素同心！蓋所謂天下之惡皆歸焉者也。今取其可信者。

四月，楊國忠使京兆尹圍安禄山第。

《肅宗實録》：「國忠日夜伺求禄山反狀，或矯詔以兵圍其宅，或令府縣捕其門客李起、安岱、李方來等，皆令侍御史鄭昂之陰推劾，潛槌殺之。慶宗尚郡主，又供奉在京，密報其父，禄山轉懼。」《唐曆》：「是夏，京兆尹李峴貶零陵太守。先是，楊國忠使門客蹇昂、何盈求禄山陰事，命京兆尹圍捕其宅，得安岱、李方來等與禄山反狀，使侍御史鄭昂之縊殺之。禄山怒，使嚴莊上表自理，具陳國忠罪狀二十餘事。上懼其生變，遂歸過於峴以安之。」《安禄山事迹》與《唐曆》同，外有「命京兆尹李峴於其宅得李起、安岱、李方來等〔一〕，又貶吉温爲澧陽長史，以激怒禄山，幸其速反。上竟不之悟」。《玄宗幸蜀記》與《事迹》同。按《李峴傳》：「十三載〔二〕，連雨六十餘日，國忠歸咎京兆尹，貶長沙太守。」《新・宗室宰相傳》：「楊國忠使客騫昂〔三〕、何盈摘安禄山陰事，諷京兆捕其第，得安岱、李方來等與禄山反狀，縊殺之。禄山怒，上書自言。帝懼變，出峴爲

〔一〕「於」，《安禄山事迹》原作「圍捕」。
〔二〕「三」，《通鑑》胡註作「二」。按：《舊唐書・李峴傳》原作「三」。
〔三〕「騫」，《通鑑》胡註作「蹇」。按：《新唐書》《宗室宰相・李峴傳》原作「騫」，《外戚・楊國忠傳》作「蹇」。

零陵太守。」今從《實録》。

七月，遣馮神威賫手詔諭禄山。

《禄山事迹》作「承威」。今從《玄宗幸蜀記》。

十月，庚寅，幸華清宫。

《舊·紀》「壬辰」。今從《實録》、《新·紀》。

十一月，甲子，安禄山反。

平致美《薊門紀亂》曰：「自其年八月後，慰諭兵士，磨厲戈矛，頗異於常，識者竊怪矣。至是，禄山勒兵夜發。將出，命屬官等謂曰：『奏事官胡逸自京回，奉密旨，遣禄山將隨身兵馬入朝來，莫令那人知[二]。羣公勿怪，便請隨軍。』那人，意楊國忠也。」

禄山遣何千年劫楊光翽[三]。

《肅宗實録》云：「先令千年領壯士數千人，詐稱獻俘，以車千乘，包旌旗、戈甲、器械，先俟于河陽橋。」不見後來所用。又千年時方詣太原，執楊光翽，未暇向河陽也。今不取。《薊門紀

[二] 「那」，原誤作「郡」，今據孔本、《四庫》本、胡本、廣雅本、《通鑑》胡註改。

[三] 《通鑑》正文此事在十一月乙丑。「翽」，原誤作「劌」，今據兩浙本、孔本、《四庫》本、胡本、廣雅本、《通鑑》正文、《資治通鑑目録》及《安禄山事迹》、《舊唐書》、《新唐書》《玄宗紀》改。按：原本「翽」皆誤作「劌」，以下徑改，不再出校。

亂》云：「是月甲午，縛光翽。」按：是月有甲子，安得甲午！亦不取。

甲戌，禄山斬光翽。

《幸蜀記》云：「十九日甲戌，至真定南，逢楊光翽。」按《唐曆》：「禄山遣驍騎何千年等劫光翽歸，遇於博陵郡，殺之[二]。」蓋《幸蜀記》誤以「定州」爲「真定」耳。《禄山事迹》曰：「其年九月甲午，傳太原尹楊光翽首至。」按：禄山十一月始反，而《事迹》云九月取光翽，誤也。

張介然爲河南節度使。

《實録》以介然爲汴州刺史，《舊·紀》以介然爲陳留太守。按：是時無刺史，郭納見爲太守，介然直爲節度使耳。

十二月，庚寅，禄山陷陳留，斬介然。

《舊·紀》：「辛卯，陷陳留郡。」《禄山事迹》：「庚午，陷陳留郡，傳張介然、茘非守瑜等首至[三]。」今從《實録》。

[二]「之」，原誤作「崔」，今據廣雅本、《通鑑》胡註改。

[三]「守」，《通鑑》胡註作「元」。按：《安禄山事迹》原作「守」。

癸巳，陷滎陽，殺崔無詖。

《唐曆》、《舊·紀》作「甲午」。今從《實録》。

丁酉，陷東京，封常清戰敗，西走。

常清表云：「自今月七日交兵，至十三日不已。」按：七日禄山猶未至滎陽，蓋與賊前鋒戰耳。

常清説仙芝守潼關。

《肅宗實録》云：「仙芝領大軍初至陜，方欲進師，會常清軍敗至，欲廣其賊勢以雪己罪，勸仙芝班師。仙芝素信常清言，即日夜走保潼關，朝廷大駭[二]。」今從《本傳》。

辛丑，制太子監國。

《唐曆》、《幸蜀記》皆云「十六日辛丑」。按《長曆》，辛丑，十七日也。《實録》又作「己丑」，尤誤。《肅宗實録》云：「詔以上監國，仍令總統六軍，親征寇逆。」按制書云：「今親總六師，率衆百萬，鋪敦元惡，巡撫洛陽。」則是上親征，使太子留守也。今從《玄宗實録》。

[二] 「廷」，《通鑑》胡註作「野」。

顔真卿斬段子光〔一〕。**賈載、穆寧等斬劉道玄，傳首平原。**

《舊·穆寧傳》：「禄山僞署劉道玄爲景城守。寧唱義起兵，斬道玄首，傳檄郡邑，多有應者。賊將史思明來寇郡，寧以攝東光令將兵禦之。思明遣使説誘，寧立斬之。郡懼賊怨深，後大兵至，奪寧兵及攝縣。初，寧佐採訪使巡按，嘗過平原，與太守顔真卿密揣禄山必叛。至是，真卿亦唱義，舉郡兵以拒禄山。會間使持書遺真卿曰：『夫子爲衛君乎？』更無他詞。真卿得書大喜，因奏署大理評事、河北采訪支使。」按：寧以道玄首謁李暐，暐即族嚴莊家〔二〕，豈有懼賊怨深而奪寧兵乎！真卿既殺段子光，帥諸郡以討禄山，寧書中何必尚爲隱語！道玄首至平原，真卿已召寧計事，豈待得此書然後用之！況真卿領采訪使，乃在明年常山陷後。今皆不取。

饒陽太守盧全誠。

包諝《河洛春秋》作「盧皓」。今從殷仲容《顔氏行狀》。

封常清草遺表，附邊令誠上之。

《明皇幸蜀記》、《安禄山事迹》皆曰：「常清配隸仙芝軍，感憤頗深，遂作遺表，飲藥而死。

〔一〕《通鑑》正文此事在十二月壬寅。

〔二〕「暐」，原皆誤作「暉」，今據胡本、廣雅本、《通鑑》胡註及《新唐書》《顔真卿傳》、《史思明傳》改。

令誠至，常清已死。」而《舊·傳》以爲：「敕令卻赴潼關，自草表待罪。是日臨刑，託令誠上之。」蓋二書見常清表有「仰天飲鴆，向日封章。即爲尸諫之臣，死作聖朝之鬼」，故云然。今從《舊·傳》。

河西、隴右節度使哥舒翰。

《舊·金梁鳳傳》云：「天寶十三載，哥舒翰入京師，裴冕爲河西留後，在武威。」是翰雖病在京師，猶領河西、隴右兩鎮也。

翰將兵八萬，號二十萬，軍于潼關。

《肅宗實録》云：「以翰爲皇太子先鋒兵馬使、元帥，領河、隴、朔方募兵十萬，并仙芝舊卒，號二十萬，拒戰於潼關。十二月十七日，大軍發。」《唐曆》亦云「先鋒兵馬使、元帥」。《舊·傳》云「先鋒兵馬元帥」。《禄山事迹》云：「翰爲副元帥，領河、隴諸蕃部落奴剌、頡、跌、朱邪、契苾、渾、蹛林、奚結、沙陀、蓬子、處蜜、吐谷渾、思結等十三部落，督蕃、漢兵二十一萬八千人，鎮于潼關。」《舊·紀》云：「丙午，命翰守潼關。」按《玄宗實録》：「癸卯，斬常清、仙芝，命翰爲兵馬副元帥，統兵八萬，鎮潼關。」時榮王爲元帥，故以翰副之。蓋誅仙芝之日，即命翰代仙芝。《舊·紀》「丙午」，《肅宗實録》「十七日軍發」，皆太早也。《玄宗實録》所云八萬者，蓋止謂漢兵隨翰東征者耳，并諸蕃部落及仙芝舊兵，則及十餘萬，因號二十萬也。

薛忠義寇靜邊軍，郭子儀敗之。

陳翃《汾陽王家傳》，此戰在十二月十二日。嫌其與禄山陷東都相亂，故并置此。

丙午，顔杲卿殺李欽湊，擒高邈、何千年，河北十七郡皆歸朝廷。

《河洛春秋》曰：「禄山至藁城，杲卿上書陳國忠罪惡宜誅之狀，且曰：『鉞下才不世出，天實縱之〔一〕，所向輒平，無思不服。昔漢高仗赤帝之運，猶納食其之言；魏武應黄星之符，亦用荀彧之策。』又曰：『今河北殷實，百姓富饒，衣冠禮樂，天下莫敵。孔子曰：十室之邑，必有忠信。萬家之邦，非無豪傑，如或結聚，豈非後患者乎？伏惟精彼前軍，嚴其後殿，所過持重〔二〕。且詳觀地圖，凡有隘狹，必加防遏；慎擇良吏，委之腹心。自洛已東，且爲己有，廣輓芻粟，繕理甲兵；傳檄西都，望風自振。若唐祚未改，王命尚行，君相協謀，士庶奔命，則盛兵鞏、洛，東據敖倉，南臨白馬之津，北守飛狐之塞，自當抗衡上國，割據一方。若景命已移，謳歌所繫，即當長驅岐、雍，飲馬渭河，黔首歸命，孰有出鉞下之右者！』禄山大悦，加杲卿章服，仍舊常山太守并五軍團練使，鎮井陘口。留同羅及曳落河一百人〔三〕，首領各一人。其趙、邢、洺、相、衛等州，並

〔一〕「實」，原誤作「寳」，今據兩浙本、孔本、《四庫》本、胡本、廣雅本、《通鑑》胡註改。

〔二〕「持」，原誤作「特」，今據兩浙本、孔本、《四庫》本、胡本、廣雅本、《通鑑》胡註改。

〔三〕「同」，原誤作「司」，今據孔本、《四庫》本、胡本、廣雅本、《通鑑》胡註改。

皆替换。及滄、瀛、深不從禄山，張獻誠圍深州月餘不下，前趙州司户包處遂、前原氏尉張通幽、藁城縣尉崔安晟、恒州長史袁履謙等同上書説杲卿曰：『明公身荷寵光，位居牧守，乃棄萬全之良計，履必死之畏途，取適於目前，忘累於身後，竊爲明公不取。今若拒禄山之命，招十萬之兵，峙乃芻茭，積其食粟，分守要害，大振威聲，通井陘之路，與東都合勢，如此，則洪勳盛烈，何可勝言者哉！輕進瞽言，萬無一用。魂銷東岱，先懷屠裂之憂；心拱北辰，願立忠貞之節。』杲卿覽書大悦。於是僉議，僞以禄山命追井陘鎮兵就恒州宴設，酋長各賜帛三百段，馬一匹，金銀器各一床〔二〕，美人各一，其餘通賜物一萬段。設於州南焦同驛，自曉至暮，并以歌妓數百人悦其意。密於酒中致毒〔三〕，與飲，令盡醉，悉無所覺，乃盡收其器械，一一縛之。明日，盡斬，棄尸於滹沱河中。」殷亮《顔杲卿傳》曰：「禄山起，杲卿計無所出，乃與長史袁履謙謁于藁城縣。禄山以杲卿嘗爲己判官，矯制賜紫金魚袋，使自守常山郡，以其孫誕、弟子詢爲質，俾崇郡刺史蔣欽湊以趙郡甲卒七千人守土門，約杲卿，將見欽湊，以私號召之。杲卿罷歸，途中，指其衣服而謂履謙曰：『此害身之物也。禄山雖以誅君側爲名，其實反矣。我與公世爲唐臣，忝居藩翰，寧可從之

〔二〕「器」下，兩浙本、孔本、《四庫》本、胡本、廣雅本有「物」字。
〔三〕「致」，《通鑑》胡註作「置」。

作逆邪！』履謙愀然變色，感歎良久，曰：『爲之奈何，唯公所命，不敢違。』杲卿乃使人告太原尹王承業以殺欽湊，俟其緩急相應，承業亦使報命。杲卿恐漏泄，示己不事事，多委政於履謙，終日不相謁，唯使男泉明往來通其言。召前真定令賈深、處士權涣、郭仲邕就履謙以謀之。適會杲卿從父弟真卿據平原，殺段子光，使杲卿妹子盧逖并以購禄山所行敕牒潛告。杲卿大悦，匿逖于家。逖之未至，杲卿先使人以私號召欽湊，至，杲卿辭之曰：『日暮，夜恐有它盜，城門閉矣，請俟詰朝相見。』因遣參軍馮虔、宗室李峻、靈壽尉李栖默、郡人翟萬德等即于驛亭偶欽湊，夜久醉熟，以斧斫殺之，悉散土門兵。先是，禄山使其腹心僞金吾將軍高邈徵兵于范陽，路出常山，杲卿候知之。其日，邈至于滿城驛，杲卿令崔安石、馮虔殺之。邈前驅數人先至，遽殺之，遂生擒邈，送于郡。遇何千年狎至，安石於路絶行人之南者，馳至醴泉驛候千年，亦斬其人而擒之如邈。日未午，二凶偕致。」《肅宗實録》：「杲卿初聞禄山起兵於范陽，杲卿召長史袁履謙、前真定令賈深、内丘丞張通幽謂之曰：『令禄山一朝以幽、并騎過常山，趨洛陽，有問鼎之志。天子在長安，方欲徵天下兵，東向問罪，事不及矣。如賊軍暴至，吾屬爲虜必矣。不若因其未萌，招義徒，西據土門，北通河朔，待海内之救，上以安國家，下以全臣節，此策之上者。』遂即日購士，得千餘人，命履謙將兵鎮土門，命賈深防東路，通幽守郡城。賊將李歸仁令弟欽湊領步騎五千人先鎮土門，仍令以兵隸於杲卿；又使麾下騎將高邈馳報禄山，令促其行。覘者知其謀而白杲卿，杲卿召履謙告之。履謙曰：『事將亟矣，若不早誅欽湊，謀不集也。』遂詐追欽湊，令赴郡計事，命履謙署人吏以待之。欽湊夜至郡，杲卿令憩於驛〔二〕，乃使參軍李循、馮虔、縣尉李栖默等享欽湊於驛，醉而夜殺之。履謙持欽湊首謁于杲卿，杲卿與履謙且喜事之捷，又懼賊之來，相對泣。杲卿收淚，勵履謙曰：『大丈夫名不挂青史，安用生爲！吾與公累世事唐，豈偷安於胡羯。但使死而不朽，亦何恨也！』有頃，藁城尉崔安石報高邈自禄山所至，已宿上谷郡界；又使馮虔、縣吏翟萬德并命安石共方略〔三〕。詰朝，邈騎數人先至驛，虔盡坑之。邈繼至，虔紿之曰：『太守將音樂迎候。』邈無疑，至廳下馬，虔、安石等指揮人吏，以棒亂擊，邈仆，生縛之。無何，南界又報何千年自東京宿趙郡，安石、萬德先於郡南醴泉驛候之。千年至，知邈被擒，令麾下騎與安石戰，敗；又生擒千年，並送于郡。」《舊·傳》曰：「禄山陷東都，杲卿忠誠感發，懼賊寇潼關〔三〕，即危宗社。時從弟真卿爲平原太守，遣信告杲卿〔四〕，相與起義兵，犄角斷賊歸路，以紓西

〔二〕「令」，《通鑑》胡註作「命」。
〔三〕「共」，胡本、廣雅本作「具」。
〔三〕「寇」上，《舊唐書·顏杲卿傳》原有「遂」字。
〔四〕「信」，《舊唐書·顏杲卿傳》原作「使」。

寇之勢。杲卿乃與長史袁履謙、前真定令賈深、前内丘丞張通幽等謀閉土門以背之〔一〕。禄山遣蔣欽湊、高邈帥衆五千守土門。杲卿欲誅欽湊，開土門之路。時欽湊軍隸常山郡，屬欽湊遣高邈往幽州未還，杲卿遣吏召欽湊至郡計事。是月二十二日夜，欽湊至，舍之於傳舍。會飲既醉，令袁履謙與參軍馮虔、縣尉李栖默、手力翟萬德等殺欽湊。中夜，履謙攜欽湊首見杲卿〔二〕，相與垂泣，喜事之濟也〔三〕。是夜，藁城尉崔安石報高邈還至滿城，即令馮虔、翟萬德與安石往圖之。詰朝，邈之騎從數人至藁城驛，安石皆殺之。俄而邈至，安石紿之曰：『太守備酒樂於傳舍。』邈方據廳下馬，馮虔等擒而縶之。是日，賊將何千年自東都來趙郡，馮虔、翟萬德伏兵於醴泉驛，千年至，又擒之。即日縛二賊將還郡。」按：禄山初自漁陽擁數十萬衆南下〔四〕，常山當其所出之塗，若杲卿不從命，遽以千餘人拒之，則應時齏粉，安得復守故郡乎！況時禄山猶以誅楊國忠爲名，未僭位號，杲卿迎於藁城，受其金紫，殆不能免矣。《肅宗實録》所云者，蓋欲全忠臣之節耳。然杲卿忠直剛烈，糜軀徇國，捨生取義，自古罕儔，豈肯更上書媚悦禄山，比之漢高、魏武，爲之

〔一〕「閉」，《舊唐書・顔杲卿傳》原作「開」。
〔二〕「攜」，《舊唐書・顔杲卿傳》原作「以」。
〔三〕「之」，《舊唐書・顔杲卿傳》原作「交」。
〔四〕「漁」，《通鑑》胡註作「范」。

畫割據併吞之策，此則粗有知識者必知其不然也。蓋包諝乃處遂之子，欲言杲卿初無討賊立節之意，由己父上書勸成之，以大其父功耳。觀所載杲卿上禄山書，處遂等上杲卿書，田承嗣上史朝義疏，其文體如一，足知皆諝所撰也。又張通幽兄爲逆黨，又教王承業奪杲卿之功，終以反覆被誅，其行事如此。而包諝云初與處遂同上書，勸杲卿爲忠義，尤難信也。《舊·傳》云：「欽湊、高邈同守土門，欽湊遣邈往幽州！今從殷亮《杲卿傳》，禄山自遣邈徵兵是也。《河洛春秋》云「留同羅及曳落河百人」，彼鎮井陘，遏山西之軍，重任也，豈百人所能守乎！《殷傳》云「七千人守土門」，此七千人又非履謙一夕所能縛也。蓋禄山留精兵百人以爲欽湊腹心爪牙，其餘皆團練民兵脅從者耳，故履謙得醉之以酒，誅欽湊及百人而散其餘耳。《河洛春秋》云「酒中置毒」，按時履謙等與欽湊同飲，豈得偏置毒於客酒中乎！今不取。《舊·傳》及《殷傳》皆云欽湊姓蔣，今從《玄宗》、《肅宗實録》、《唐曆》姓李。《玄宗實録》：「十二月己亥，杲卿殺賊將李欽湊，執何千年、高邈送京師。」按己亥，十五日也。而真卿以壬寅斬段子光，壬寅，十八日也。真卿既殺子光，乃報杲卿同舉義兵。今從《舊·傳》，

〔二〕「土」，原誤作「士」，今據兩浙本、孔本、《四庫》本、胡本、廣雅本、《通鑑》胡註改。按：原本「土」、「士」二字或以形近而誤，以下徑改，不再出校。

爲二十二日丙午殺欽湊。《肅宗實録》又云：「杲卿之斬欽湊等，因使徇諸郡，曰：『今上使榮王爲元帥，哥舒翰爲副，徵天下兵四十萬，東向討逆。』」按《實録》，癸卯始命翰爲副元帥，計丙午，常山亦未知。今不取。《河洛春秋》云「十三郡悉舉義兵歸朝廷」，殷亮《顔氏行狀》、《舊・顔真卿傳》、《唐曆》皆云「十七郡歸順」。蓋《河洛春秋》不數平原、景城、河間、饒陽先定者耳。《顔氏行狀》云「不款者六郡而已」〔二〕，時魏郡亦未下，蓋舉其終數耳。

禄山將攻潼關，聞河北有變而還。

《玄宗實録》：「十五年正月壬戌，禄山將犯潼關，次于新安，聞有備而還。」按：禄山以此月丁酉陷東都，至壬戌凡二十六日，非乘虚掩襲也，豈得至新安然後知其有備乎！蓋常山有變，則幽、薊路絶，故懼而歸耳。今從《肅宗本紀》。

肅宗至德元載，正月〔三〕，禄山以達奚珣爲侍中，張通儒爲中書令。

《幸蜀記》云：「以珣爲左相，通儒爲右相。」今從《實録》。

〔二〕「云」，《通鑑》胡註作「曰」。

〔三〕「正月」，《通鑑》正文此事在正月乙卯朔。按：《舊唐書・玄宗紀》原在正月乙卯。

顔杲卿起兵纔八日，史思明、蔡希德引兵至城下。

《河洛春秋》云：「十二月乙未，思明、希德齊至城下。」杲卿丙午始殺李欽湊，云乙未，誤也。今從諸書。

壬戌，城陷。

《實録》：「癸亥，城陷。」《河洛春秋》：「正月一日，城陷。」《舊・思明傳》：「正月六日，圍常山。九日，拔之。」今從《玄宗實録》、《唐曆》、《舊》《紀》、《杲卿傳》。

郭子儀薦李光弼爲河東節度使〔二〕。

杜牧《張保皋傳》曰：「安禄山亂，朔方節度使安思順以禄山從弟賜死，詔郭汾陽代之。後旬日，復詔李臨淮持節，分朔方半兵，東出趙、魏。當思順時，汾陽、臨淮俱爲牙門都將，二人不相能，雖同盤飲食，常睇相視，不交一言。及汾陽代思順，臨淮欲亡去，計未決，詔至，分汾陽兵東討。臨淮入請曰：『一死固甘，乞免妻子。』汾陽趨下，持手上堂偶坐，曰：『今國亂主遷，非公不能東伐，豈懷私忿時邪！』悉召軍吏，出詔書讀之，如詔約束。及別，執手泣涕，相勉以忠義。」按：於時玄宗未幸蜀，唐之號令猶行於天下，若制書除光弼爲節度使，子儀安敢擅殺之！杜或

〔二〕《通鑑》正文此事在正月癸亥。按：《舊唐書・玄宗紀》在正月庚申，《新唐書・玄宗紀》在正月癸亥。

得於傳聞之誤也。今從《汾陽家傳》及《舊·傳》。

二月，光弼將步騎萬餘、弩手三千出井陘。

《玄宗實録》：「己亥，光弼以朔方馬步五千，東出土門，收常山郡。」《河洛春秋》云：「光弼從大同城下領蕃、漢兵馬步一萬餘人，并太原弩手三千人，救真定。」蓋《實録》言朔方元領之兵，《河洛》言到真定之數耳。

令狐潮走，賈賁得入雍丘。

《肅宗實録》曰：「雍丘令狐潮據城以應禄山[一]，百姓有違令者百餘人，將殺之。覘者報官軍至，潮不及行刑，遂反縛，仆于地，令人守之，遽出軍以禦官軍。縛者忽一人幸脱，殺守者，互解其縛，閉城門以拒潮[二]，相持累日。賁聞之，入其城，領衆殺潮母、妻及子，以堅人志。」《舊·張巡傳》：「潮欲以城降賊，民吏百餘人不從命，潮皆反接，仆之于地，將斬之。會賊來攻城，潮遽出鬭，而反接者自解其縛，閉城門拒潮，召賁，賁與巡引衆入雍丘。」《新·傳》：「潮舉縣附賊，遂自將東敗淮陽兵，虜其衆，反接在廷，將殺之，暫出行部。淮陽囚更解縛起[三]，殺守者，迎賁等

[一]「令」，《通鑑》胡註此字重文。
[二]「潮」，原誤作「朝」，今據兩浙本、孔本、《四庫》本、胡本、廣雅本、《通鑑》胡註改。
[三]「囚」，《通鑑》胡註作「兵」。按：《新唐書·張巡傳》原作「囚」。

入。潮不得歸，巡乃屠其妻、子，磔城上。」按：潮既欲以城降賊，賊來即當出迎，豈有更出鬭者。今從李翰《張中丞傳》及《新·傳》。

三月，壬午，李光弼爲河北節度使。

《實録》云：「乙丑，光弼收趙郡。」按：壬午，三月二十九日；乙丑，十二日也。《河洛春秋》收趙郡在四月，今從之。

李萼乞師於顏真卿。

《顏氏行狀》作「李華」。今從《舊·傳》。

賀蘭進明克信都。

《顏氏行狀》云：「進明失律於信都城下，有詔抵罪，公縱之，使赴行在。進明之全，乃公之護也。」今從《舊·傳》。又《唐曆》：「三月四日乙酉，真卿充河北采訪使。時進明起義兵，北度河，與真卿同經略。六月，真卿破袁知泰於堂邑。」進明再拔信都〔二〕，《統紀》皆在三月。《舊·紀》破知泰，拔信都，皆在六月。按：三月無乙酉，乙酉，四月二日也。今從《統紀》。

〔二〕「信」，原誤作「言」，今據兩浙本、孔本、《四庫》本、胡本、廣雅本、《通鑑》胡註改。

五月〔一〕**，魯炅衆潰，走保南陽。**

《玄宗實録》云：「炅擕百姓數千人奔順陽川。」今從《舊·傳》。

子儀、光弼議曰：「賊倦矣，可以出戰。」

《河洛春秋》以此爲光弼語，《汾陽家傳》作子儀語，蓋二人共議耳。

壬午，戰于嘉山，大破史思明。

《實録》云「六月壬午」。按《長暦》，六月癸未朔，壬午，五月二十九日也。《汾陽家傳》、《舊·禄山傳》亦云〔二〕：「六月，戰嘉山。」《河洛春秋》云：「六月二十五日，光弼破賊於嘉山。」今從《實録》而改其月。

河北十餘郡降。

《河洛春秋》云：「五月，蔡希德從東都見禄山，禄山又與馬步二萬人，至邢州，取堯山、招慶，射趙州東界，效曲、鼓、鹿城間，渡滹池水，入無極，至定州。牛介從幽州占歸、檀、幽、易，兼大同、紇、蠟共萬餘人，帖思明。思明軍既壯，共五萬餘人，其中精騎萬人，悉是同羅〔三〕、曳落河，

〔一〕「五月」，《通鑑》正文此事在五月丁巳。按：《舊唐書·玄宗紀》在五月戊午，《新唐書·玄宗紀》在五月丁巳。

〔二〕「禄」，原誤作「録」，今據兩浙本、孔本、《四庫》本、胡本、廣雅本、《通鑑》胡註改。

〔三〕「同」，原誤作「司」，今據兩浙本、孔本、《四庫》本、胡本、廣雅本、《通鑑》胡註改。

精於馳突。光弼以十五萬衆頓軍恒陽，樵採往來，人有難色，召有策者試之。時趙州司户參軍先臣亡父包處遂上書與光弼曰：『思明用軍，唯將勁悍，觀其布措，實謂無謀。昔秦、趙爭山，先居者勝，豈不爲勞逸勢倍，高下相懸。今宜重出軍人有膂力者五萬，被甲兩重，陌刀各二。東有高山甚大，先令五千甲士於山上設伏，後出二千人山東取糧。賊見必追之，則奔山上。伏兵馬與一百面鼓，應山上避賊百姓，壯者亦與器械，令隨大軍，老弱者令居險固守，遥爲聲援。賊必圍山攻之。城内出五萬人，擇將二人統之，各領二萬，一將於南面，一將於城北門出。賊營悉在山東，其軍夜出，長去賊三十里行，廣張左右翼，以天曉合圍。其軍每二十五爲隊，每隊置旗兩口，鼙鼙鼓子一具，圍落纔合，則動鼓子，賊必不測人之多少。然於城東門出軍一萬人，布掌底陣，山上亦擊鼓而下，齊攻之，必克勝。』光弼尤然此計，乃出朔方計會，出人取糧。賊果然來襲，即奔山上。至六月二十五日，依前計大破賊於嘉山陣，斬首數萬餘級，生擒數千。思明落馬步遁，至夜〔一〕，柱折槍歸營。希德中槍索，押衙劉旻斫斷而走。生擒得旻。至二十六日，覆陣。二十七日，有詔至恒陽，云潼關失守，駕幸劍南。」包諝專欲歸功其父，而它書皆無之。今不取。

〔一〕「夜」，《通鑑》胡註作「暮」。

阿浩，田乾真小字也。

《禄山事迹》作「阿法」。今從《唐曆》、《統紀》、《舊・傳》。

王思禮說哥舒翰誅楊國忠。

《玄宗實録》云：「或勸翰：『留兵二萬守關，悉以精鋭回誅楊國忠，此漢挫七國之計也，公以爲何如？』翰心許之，未發。有客泄其謀於國忠，國忠大懼。」按：翰若回兵誅國忠，則正與禄山無異。思禮勸翰抗表言國忠罪，猶不敢，況敢舉兵乎！事必不然。且翰雖心許〔二〕，它人安得知之！正由翰按兵不進，故國忠及其黨疑懼，恐翰回兵誅之，其實翰無此心也。若果欲誅國忠，則安肯慟哭出關乎！《幸蜀記》云：「翰使王思禮至陝郡，見賊僞御史中丞、無敵將軍、平西大使崔乾祐，令傳檄與禄山，數其干紀亂常，背天逆理，且曰：『若面縛而來，束身歸死，赦爾九族，罪爾一身。如更屈彊王師，遲疑未決，大軍一鼓，玉石俱焚。爾審思之，悔無及矣。』」按：翰與乾祐方對壘相攻，思禮軍中大將，豈可使賫罵禄山之檄詣乾祐乎！必無此理。今不取。

〔二〕「許」，原誤作「計」，今據胡本、廣雅本、《通鑑》胡註改。

六月〔二〕，翰斬杜乾運，引兵出關。

《幸蜀記》曰：「賊將崔乾祐於陝郡西潛鋒蓄鋭，卧鼓偃旗，而偵者奏云，賊全無備。上然之。」又曰：「玄宗久處太平，不練軍事，既被國忠眩惑，中使相繼督責於公，不得已，撫膺慟哭久之，乃引師出關。國忠又令杜乾運領所募兵於馮翊境上，潛備哥舒公。公曰：『今軍出關，勢十全矣。更置乾運於側以爲疑軍，人心憂疑，即不俟見賊，吾軍潰矣。必當併之，以除内憂。』遂令衙前總管叱萬進追軍，誡之曰：『若不受追，即便斬頭來。』乾運果不肯赴。進詐詞如欲叛哥舒，竊請見。乾運遂喜，遽見之。與語，進忽抽佩刀曰：『奉處分，取公頭。』乾運驚懼。其左右悉新招募者，悉投仗散走，進遂斬乾運，攜首至於軍門，衆皆攝氣，乃統其軍赴關。」按：翰若擅殺乾運而奪其軍，則是已反也，朝廷安能趣之出關乎！蓋奏乞以其軍隸潼關，朝廷已許之，翰召乾運受處分，或有所違拒，因託軍法以斬之耳。凌凖《邠志》云：「郭子儀、李光弼將進軍，聞朝廷議出潼關〔三〕，圖復陝、洛。二公議曰：『哥舒公老疾昏耄，賊素知諸軍烏合，不足以戰。今禄山悉鋭南馳宛、洛，賊之餘衆盡委思明，我且破之，便覆其巢，質叛徒之族，取禄山之首，其勢必矣。

〔二〕「六月」，《通鑑》正文斬杜乾運在六月癸未，出關在丙戌。

〔三〕「潼」，原誤作「僮」，今據兩浙本、孔本、《四庫》本、胡本、廣雅本、《通鑑》胡註改。

若潼關出師，有戰必敗。關城不守，京室有變，天下之亂，何可平之！』乃陳利害以聞，且請固關無出。」《唐曆》：「會偵人自陝至，云：『崔乾祐所將衆不滿四千，不足圖也。』上大悦。」《舊·翰傳》：「翰既斬乾運，心不自安，又素有風疾，至是頗甚，軍中之務，不復躬親，委政於行軍司馬田良丘。良丘復不敢專斷，教令不一，頗無部伍。其將王思禮、李承光又爭長不叶，人無鬭志。」今兼采之。

己丑，遇賊。庚寅，會戰。

《肅宗實録》：「乙酉，翰與乾祐會戰。」《舊·傳》：「四日〔二〕，次靈寶西原。八日，與賊交戰。」《新·傳》：「丙戌，次靈寶西原。庚寅，與乾祐戰。」〔三〕按：翰軍既遇賊，必不留四日然後戰。《玄宗實録》：「丙戌，翰出關。己丑，遇賊。庚寅，戰。」此近是，今從之。《幸蜀記》亦然。

崔乾祐以草車焚前驅。

《幸蜀記》曰：「野中先有官草，積數十堆，因風焚之。」今從《舊·傳》。

〔二〕「日」，原誤作「百」，今據孔本、《四庫》本、胡本、廣雅本、《通鑑》胡註及《舊唐書·哥舒翰傳》改。

〔三〕按：《新唐書·哥舒翰傳》載此事止言六月，不記日。

楊國忠首唱幸蜀之策〔二〕。**甲午，移仗北内。**

《幸蜀記》：「上遣中使曹仙領千人擊鼓於春明門外，又令燒閑廄草積，煙焰燎天。上將乘馬，楊國忠諫，以爲：『當謹守宗祧，不可輕動。』韋見素力爭，以爲：『賊勢逼近，人心不固，陛下不可不出避狄。國忠暗與賊通，其言不可聽。』往返數四，上乃從見素議。加魏方進御史大夫，充前路知頓使。」按：賊陷潼關，鑾輿將出，人心已危，豈有更擊鼓燒草以驚之！國忠久蓄幸蜀之謀，見素乃其所引，豈得上前有此爭論！此蓋宋巨欲歸功見素，事乃近誣，今不取。

乙未，上出延秋門。

《幸蜀記》云：「丙申，百官尚赴朝。」此乙未日事，宋巨誤也。

食時，至望賢宫。

《唐曆》：「至望賢頓，御馬病。上曰：『殺此馬，拆行宫舍木煮食之。』衆不忍食。」《幸蜀記》：「至望賢宫，行從皆飢。上入宫，憩於樹下，拂然若有棄海内之意〔三〕。高力士覺之，遂抱上足，嗚咽開諭，上乃止。」《肅宗實録》：「楊國忠自入市，衣袖中盛餬餅，獻上皇。」《天寶亂離

〔二〕《通鑑》正文此事在六月壬辰。

〔三〕「拂」，兩浙本、孔本、《四庫》本、胡本、廣雅本、《通鑑》胡註作「怫」。

記》：「六月十一日，大駕幸蜀，至望賢宮，官吏奔竄。殆曛黑〔一〕，聞百姓有稍稍來者〔二〕。上親問之：『卿家有飯否？不擇精麤，但且將來。』老幼於是競擔挈壺漿，雜之以麥子飯，送至上前。先給兵士，六宮及皇孫已下，咸以手掬而食。頃時又盡，猶不能飽。既乏器用，又無釭燭，從駕者枕藉寢止，長幼莫之分别，賴月入户庭，上與六宮、皇孫等差異焉。」按：上九日幸蜀，温畬云「十一日」，非也。餘則兼采之。

上意在入蜀，韋諤請且至扶風〔三〕。

《幸蜀記》曰：「上意將幸西蜀，有中使常清奏曰：『國忠久在劍南，又諸將吏或有連謀，慮遠防微，須深詳議。』中官陳全節奏曰：『太原城池，固莫之比，可以久處，請幸北京。』中官郭希奏曰：『朔方地近，被帶山河，鎮遏之雄，莫之與比。以臣愚見，不及朔方。』中使駱承休奏曰：『姑臧一郡，嘗霸五原〔四〕，秦、隴、河、蘭，皆足徵取，且巡隴右，駐蹕涼州，翦彼鯨鯢，事將取易。』左右各陳其意見者十餘輩，高力士在側而無言。上顧之曰：『以卿之意，何道堪行？』力士曰：

〔一〕「殆」，《通鑑》胡註作「迨」。
〔二〕「聞」，《通鑑》胡註無此字。
〔三〕《通鑑》正文此事在六月丁酉。按：《舊唐書》、《新唐書》《玄宗紀》原在六月丁酉。
〔四〕「五」，廣雅本、《通鑑》胡註作「中」。

『太原雖固，地與賊鄰，本屬禄山，人心難測。朔方近塞，半是蕃戎，不達朝章，卒難教馭。西涼懸遠，沙漠蕭條，大駕順動，人馬非少，先無備擬，必有闕供，賊騎起來，恐見狼狽。劍南雖窄，土富人繁，表裏江山，内外險固。以臣所料，蜀道可行。』上然之，即除韋諤御史中丞，充置頓使。」今從《唐曆》。

父老留太子，建寧王倓、李輔國勸之。

《舊・宦者傳》：「李靖忠啓太子請留，張良娣贊成之。」〔一〕按：太子獨還宣慰百姓，良娣不在旁，何以得贊成留計！今不取。《天寶亂離記》云〔二〕：「大駕至岐州，上取褒斜路幸蜀，儲皇取彭原路抵靈武。」此誤也。

壬寅，上至散關，使潁王璬先行。

《肅宗實録》：「七月景寅，上皇入劍門，幸普安郡，命潁王璬先入蜀。」今從《玄宗實録》。康軿《劇談録》：「上至駱谷山，登高望遠，嗚咽流涕，謂高力士曰：『吾昔若取九齡語，不到此。』命中使往韶州祭之。」按：玄宗入蜀不自駱谷，康軿誤也〔三〕。《舊・張九齡傳》曰：「上皇

〔一〕按：此語不載《舊唐書》《宦者傳》，見於《肅宗張皇后傳》中。
〔二〕「云」，《通鑑》胡註無此字。
〔三〕「軿」，廣雅本、《通鑑》胡註皆作「駢」。按：《新唐書・藝文志》作「軿」。

在蜀，思九齡之先覺[一]，下詔贈司徒，仍遣就韶州致祭[二]。」按其詔，乃德宗贈九齡司徒詔也。《張九齡事迹》云「建中元年七月詔」。《舊·傳》誤也[三]。

以周泌爲河西、彭元耀爲隴右節度使。

《肅宗實録》：「即位之日，以泌爲河西、耀爲隴右節度使。」或者玄宗已命以二鎮，二人至靈武見肅宗，又加新命乎？《唐曆》作「周泌」[四]，今從《玄宗實録》。

禄山遣孫孝哲將兵入長安。

《肅宗實録》、《禄山事迹》惟載七月丁卯、己巳，禄山害諸妃、主。諸書皆無賊入長安之日，惟《亂離記》云：「六月二十三日，孫孝哲等攻陷長安，害諸妃、主、皇孫。七月一日，禄山遣殿中御史張通儒爲西京留守。」此書多抵捂，不足爲據。然以日月計之[五]，賊以六月八日破潼關，其入長安必在此月内矣。《新·傳》云：「賊不謂天子能遽去，駐兵潼關十日，乃西行，時已至扶

〔一〕「九」上，《通鑑》胡註有「張」字。按：《舊唐書·張九齡傳》原無此字。
〔二〕「遣」下，《舊唐書·張九齡傳》原有「使」字。
〔三〕「誤也」，原脱此二字，今據兩浙本、孔本、《四庫》本、胡本、廣雅本、《通鑑》胡註補。
〔四〕「泌」，兩浙本、孔本、《四庫》本、廣雅本作「佖」，胡本、《通鑑》胡註作「祕」。
〔五〕「日月」，《通鑑》胡註此二字互乙。

風〔二〕。」按：玄宗十六日至扶風縣，十七日至扶風郡，若賊駐潼關十日，則於時未能至長安也。又云：「禄山使張通儒守東京，田乾真爲京兆尹。」又云：「禄山未至長安，士人皆逃入山谷，羣不逞剽左藏大盈庫，百司帑藏竭，乃火其餘。禄山至，怒，乃大索三日。」按《舊·傳》，通儒爲西京留守。遍檢諸書，禄山自反後未嘗至長安，《新·傳》誤也。

〔二〕「時」下，《新唐書·安禄山傳》原有「行在」二字。

資治通鑑考異卷第十五

端明殿學士兼翰林侍讀學士太中大夫提舉西京嵩山崇福宫上柱國河内郡開國公食邑二千六百户食實封壹阡户臣司馬光奉敕編集

唐紀七

至德元載，七月，庚午，上皇至巴西。

《肅宗實録》作「辛未」。今從《玄宗實録》。《次柳氏舊聞》：「上始入斜谷〔一〕，天尚早，煙霧甚昧〔二〕，知頓使、給事中韋倜於墅中得新熟酒一壺，跪獻于馬首者數四，上不爲之舉。倜懼，乃注於他器，自引滿於前。上曰：『卿以我爲疑也？始吾御宇之初，嘗大醉，損一人，吾悼之，因以

〔一〕「斜」，原誤作「料」，今據兩浙本、孔本、《四庫》本、胡本、廣雅本、《通鑑》胡註及李德裕《次柳氏舊聞》（臺灣商務印書館影印清文淵閣《四庫全書》本，下同）改。

〔二〕「昧」，原誤作「味」，今據兩浙本、孔本、《四庫》本、胡本、廣雅本、《通鑑》胡註改，《次柳氏舊聞》原作「晦」。

爲戒；迨今四十年矣，未嘗甘酒味。』指力士、近臣曰：『此皆知之，非紿卿也。』從者聞之，無不感悦。」《幸蜀記》：「上皇在巴西郡，宰臣請高力士奏蜀中氣候温瘴，宜數進酒。上皇令高力士宣旨曰：『朕本嗜酒，斷之已久，終不再飲，深愧卿等意也。』力士因説：『上皇開元四年，因醉怒殺一人，明日都不記得，猶召之。左右具奏，上愴然不言，乃賜御庫絹五百匹用給喪事，更令力士就宅宣旨致祭。從兹斷酒，雖下藥，亦不輒飲。』」按：玄宗荒于聲色，幾喪天下，斷酒小善，夫何足言！今不取。

遣使召李泌，謁見於靈武。

《舊·傳》云「謁見於彭原」。今從泌子繁所爲《鄴侯家傳》，云「即位八九日矣」。

欲以泌爲右相，固辭。

《舊·傳》：「泌稱山人，固辭官秩，得以散官寵之〔一〕。解褐，拜銀青光禄大夫，俾掌樞務。」《鄴侯家傳》曰：「初欲拜爲右相，恐戎事，固辭爵，願以客從，曰：『陛下待以賓友，則貴於宰相矣，何必屈其志！』上無以逼。」今從之。

〔一〕「得」，《四庫》本、胡本、廣雅本作「特」，《通鑑》胡註亦曰：「『得』當作『特』。」按：《舊唐書·李泌傳》原作「特」。

同羅、突厥逃歸朔方〔一〕。

《肅宗實録》：「忽聞同羅、突厥背禄山走投朔方，與六州羣胡共圖河、朔，諸將皆恐。上曰：『因之招諭，當益我軍威。』上使宣慰，果降者過半。」《舊·崔光遠傳》云：「同羅背禄山，以厩馬二千出至滻水〔二〕，孫孝哲、安神威從而召之，不得，神威憂死。」陳翃《汾陽王家傳》云：「禄山多譎詐〔三〕，更謀河曲熟蕃以爲己屬，使蕃將阿史那從禮領同羅、突厥五千騎僞稱叛〔四〕，乃投朔方，出塞門，説九姓府、六胡州，悉已來矣，甲兵五萬，部落五十萬，蟻聚於經略軍北。」按：同羅叛賊，則當西出，豈得復至滻水！此《舊·傳》誤也。若禄山使從禮僞叛，則孝哲何故召之？神威何爲怖死？又必須先送降款於肅宗，如此，則諸將當喜而不恐。賊之陰計，豈徒取河曲熟蕃也！蓋同羅等久客思歸，故叛禄山，欲乘世亂，結諸胡，據邊地耳。《肅宗録》所謂「共圖河、朔」者〔五〕，欲據河西、朔方兩道〔六〕，猶言「河、隴」也。肅宗從而招之，必有降者；若云太半，則似太

〔一〕《通鑑》正文此事在七月甲戌。按：《舊唐書·肅宗紀》原在七月甲戌。
〔二〕「滻」，原皆誤作「涯」，今據孔本、《四庫》本、胡本、廣雅本、《通鑑》胡註及《舊唐書·崔光遠傳》改。
〔三〕「詐」，原誤作「許」，今據孔本、《四庫》本、胡本、廣雅本、《通鑑》胡註改。
〔四〕「僞」，原誤作「爲」，今據孔本、《四庫》本、胡本、廣雅本、《通鑑》胡註改。
〔五〕「録」上，《通鑑》胡註有「實」字。
〔六〕「西朔」，此二字原誤乙，今據《通鑑》胡註乙正。

多。今參取諸書可信者存之。

崔光遠至靈武，以爲御史大夫〔二〕。

《天寶亂離記》：「禄山以張通儒爲西京留守。通儒素憚侍中苗公晉卿、内史崔公光遠，二人並僞於通儒處請復本職，通儒許之。由是微申存撫兩街百姓，長安稍見寧帖；密宣喻人主蒼惶西幸之意，老幼對泣，悲不自勝，皆感恩旨。苗公乘驢間道赴蜀奔駕，光遠亦潛去焉。通儒素憚兩公名德，内特寬之。」按《舊・苗晉卿傳》：「潛遁山谷，南投金州。」未嘗受賊官。今不取。

上命河西李嗣業將兵五千赴行在。

《段秀實别傳》曰：「詔嗣業將安西五萬衆赴行在。」今從《舊・傳》。

令狐潮圍雍丘，張巡大破之。

《張中丞傳》：「自三月二日，潮至雍丘城下，攻守六十餘日，潮大敗而走。」然則於時已五月初矣。又云：「未幾，潮又帥衆來攻，謂巡曰：『本朝危蹙，兵不出關。』」則是潼關未破也。又巡答潮書：「主上緣哥舒被衄，幸于西蜀。孝義皇帝收河、隴之馬，取太原之甲，蕃、漢雲集，不減

〔二〕《通鑑》正文此事在七月己卯。按：《舊唐書・肅宗紀》原在七月己卯。

四十萬衆[一]，前月二十七日已到土門。蜀、漢之兵，吴、楚驍勇，循江而下。永王、申王部統，已到申、息之南門。竊料胡虜遊魂，終不臘矣。」則是七月十五日丁卯以後也。其曰「前月二十七日兵到土門」[二]，蓋圍城中傳聞之誤也。又云：「相守四十餘日，潮收兵入陳留，不敢出。」其下乃云：「五月，魯炅敗於葉。六月，哥舒翰敗於潼關，上皇幸蜀，皇帝北巡靈武。六月九日，賊將瞿伯玉據圍城。十二日，賊屯白沙渦。十四日夜，巡襲破之。七月十二日，潮、伯玉至雍丘[三]，又破之。」其日月前後差舛，不可考按[四]。蓋李翰亦得於傳聞，不能精審。今但置闗破以前事於五月，闗破以後事於七月耳。

烏承恩，承玼之族兄。

韓愈《烏氏先廟碑》云：「承恩，承洽之兄。」今從《新・傳》。

八月，壬午朔，郭子儀、李光弼並同平章事。

《肅宗實録》：「八月壬午，子儀、光弼皆於常山郡嘉山大破賊。子儀等俱奉詔，領士馬五萬

〔一〕「減」，原誤作「咸」，今據兩浙本、孔本、《四庫》本、胡本、廣雅本、《通鑑》胡註改。
〔二〕「二」，原誤作「一」，今據兩浙本、孔本、《四庫》本、胡本、廣雅本、《通鑑》胡註改。
〔三〕「潮」，原誤作「朝」，今據兩浙本、孔本、《四庫》本、胡本、廣雅本、《通鑑》胡註改。
〔四〕「按」，廣雅本、《通鑑》胡註無此字。

至自河北，以子儀爲某官，光弼爲某官。」《汾陽家傳》：「六月八日，破史思明於嘉山之下。公謂光弼曰：『賊散矣，其餘幾何，可長驅而南，以定天下。』其月，發恒陽，至常山。中使邢延恩至，奉詔取河北路，席卷而南。會哥舒翰敗績，玄宗幸蜀，肅宗如朔方。公聞之，獨總精兵五萬奔肅宗行在。玄宗有誥，以肅宗嗣皇帝位，肅宗奉誥歔欷，哀不自勝。公諫云云，跪上天子璽，以七月十三日即皇帝位〔一〕。二十七日，制：可武部尚書、平章事。」《幸蜀記》：「六月十一日，玄宗追郭子儀赴京，李光弼守太原。」《河洛春秋》：「六月二十五日，大破賊於嘉山。二十六日，覆陳。二十七日，有詔至恒陽，云：潼關失守，駕幸劍南，儲君又往靈武。由是拔軍入井陘口。」《邠志》：「六月八日，敗史思明于嘉山，會潼關失守，二公班師。」《唐曆》：「七月二十八日，子儀、光弼並加平章事。又詔子儀收軍赴朔方，光弼赴太原。」《河洛春秋》又云：「光弼至太原，殺王承恩，固守晉陽。」《舊・紀》與《實録》同。《子儀傳》：「七月，肅宗即位，以賊據兩京，方謀收復，詔子儀班師。八月，子儀與光弼帥步騎五萬至自河北。」《光弼傳》：「肅宗理兵於靈武，遣中使劉智達追光弼、子儀赴行在。」又云：「以景城、河間之卒五千赴太原。」《玄宗實録》：「六月壬午，光弼、子儀破史思明於嘉山。」《舊・紀》：「六月癸未朔，庚寅，哥舒翰敗於靈寶。其日，光

〔一〕「十三日」，按：《舊唐書》、《新唐書》《肅宗紀》，肅宗七月甲子即位，是月癸丑朔，甲子爲十二日。

弼破思明於嘉山[二]。」《子儀》、《光弼傳》皆云「六月」，無日。諸書言李、郭事不同如此。按《歲朔曆》，六月癸未朔，與《舊・紀》同。《玄宗實録》云「壬午」，誤也。《肅宗實録》「八月壬午」，朔日也，子儀、光弼皆於嘉山大破賊，領士馬至自河北，以爲某官、某官。蓋壬午乃拜官日，因言已前事耳。《汾陽家傳》、《邠志》皆云六月八日破思明，與《舊・紀》同。《家傳》云勸肅宗即位，上璽，則恐不然。哥舒翰以六月八日敗，亦須旬日方傳至河北。肅宗七月十二日即位[三]，若六月二十七日班師，七月十二日豈能便達靈武也！《河洛春秋》二十五日破賊，與諸書皆不合，恐太後也。今據《舊・玄宗紀》、《汾陽家傳》、《邠志》、《唐曆》，皆云六月八日破史思明，宜可從。《幸蜀記》，十一日，玄宗召子儀、光弼，事或如此。但二傳皆云肅宗召之，恐是二人在河北，聞潼關不守，已收軍赴難，在道遇肅宗中使，遂趨靈武。今從《舊・傳》。《唐曆》拜相在七月二十八日，《汾陽家傳》二十七日，《肅宗實録》八月一日，三書皆不相遠。《子儀傳》云「八月」，雖無日，與《實録》亦略相應。今從《實録》。據《舊・傳》，光弼亦曾到靈武，疑朔方兵盡從肅宗，故光弼但領河北兵赴太原耳。《河洛春秋》月日尤疏，所云殺王承恩，固守晉陽，必誤也。

[二] 「思」上，《通鑑》胡註有「史」字。
[三] 「二」，原誤作「三」，今據孔本、《四庫》本、胡本、廣雅本改。

癸未，上皇下制，赦天下〔一〕。

《玄宗實録》、《舊·紀》皆云「八月癸未朔」。《肅宗實録》、《唐曆》、《舊·紀》、《長曆》皆云「壬午朔」〔二〕，今從之。

癸巳，靈武使者至蜀。

《肅宗實録》：「癸未，上奉表至蜀。」《玄宗實録》：「八月癸未朔，赦天下。時皇太子已至靈武，七月甲子即位，道路險澀，表疏未達。及下是詔數日，北使方至，具陳羣臣懇請、太子辭避之旨。辛卯，下詔稱太上皇。庚子，遣韋見素等奉册。」今從《舊·紀》、《唐曆》。

九月，上欲以建寧王倓爲元帥，李泌諫，乃以廣平王俶爲之。

《鄴侯家傳》曰：「以李光弼爲元帥左廂兵馬使，出井陘，以攻常山，圖范陽；郭子儀爲右廂兵馬使，帥衆南取馮翊、河東。」按《汾陽家傳》，時郭子儀方北討同羅，未向河東也。《鄴侯家傳》又曰：「上召光弼、子儀議征討計，二人有遷延之言。上大怒，作色叱之，二人皆仆地，不畢詞而罷。上告公曰：『二將自偏裨，一年，遇國家有難，朕又即位於此，遂至三公、將相；看已有

〔一〕《通鑑》胡註曰：「是時上皇尚未知太子即位於靈武。」

〔二〕按：《舊唐書·肅宗紀》原作「八月壬午，朔方節度使郭子儀」，非云「八月壬午朔」。

驕色，商議征討，欲遷延；適來叱之，皆倒。方圖剋復而將已驕，朕深憂之。朕今委先生戎事，府中議事，宜示以威令，使其知懼。』對曰：『陛下必欲使畏臣，二人未見廣平，伏望令王亦暫至府。二人至，時寒，臣與飲酒。二人必請謁王，臣因爲酒令，約不起，王至，但談笑，共臣同慰安。酒散，乃諭其修謁於元帥。則二人見元帥以帝子之尊，俯從臣酒令，可以知陛下方寵任臣，軍中之令必行，他時或失律，能死生之也。』上稱善。又奏曰：『伏望言於廣平，知是聖意，欲李、郭之畏臣，非臣敢恃恩然也。』上曰：『廣平於卿，豈有形迹！』對曰：『帝子國儲，以陛下故親臣，臣何人，敢不懼！』明日將曉，王亦至。及李、郭至，具軍容，修敬，乃坐飲。二人因言未見元帥，乃使報王。王將至，執盞爲令，並不得起。及王至，先公曰：『適有令，許二相公不起。』王曰：『寡人不敢。』遽就座飲。李、郭失色。談笑皆歡。先公云：『二人起謝。』廣平曰：『先生能爲二相公如此，復何憂，寡人亦盡力。今者同心成宗社大計，以副聖意。』既出，李謂郭曰：『適來飲令，非行軍意，皆上旨也，欲令吾徒稟令耳。』」按：肅宗温仁，二公沈勇，必無面叱仆地之事。今不取。

阿史那從禮誘諸胡數萬，將寇朔方，命郭子儀討之。

《汾陽家傳》云：「甲兵五萬，部落五十萬。」今從《舊·子儀傳》。《汾陽家傳》又云：「九月十九日，駕欲幸彭原，命公赴天德軍，伐叛蕃。」按《實録》：「戊辰，行幸彭原。」戊辰，十七日也。

《汾陽傳》誤。

南詔陷越嶲。

《唐曆》，是月，吐蕃陷嶲州。《新·傳》，是歲，閤羅鳳乘釁取嶲州會同軍云云。蓋二國兵共陷嶲州也。

十月，第五琦請市輕貨，令漢中王瑀陸運以助軍。

《鄴侯家傳》云：「薦元載，令於鄖鄉縣置院以督運。」按《載傳》，是時在蘇州及洪州，未嘗在鄖鄉。今不取。

賀蘭進明短房琯，上由是疏之。

《唐曆》：「上以房琯有重名，虛己以待之，禮遇加等。琯推誠謇諤，亦以天下爲己任，知無不爲。其所引進，皆一時名士。其嫉惡太甚，雅有宰相望。其於彌綸天下，非所長也。後頗以直忤旨，上以名高隱忍，漸不能容矣。琯遂請兵爲元帥，許之。」今從《實録》〔二〕。

李峘爲劍南節度使。

《肅宗實録》，明年正月甲寅，以峘爲劍南節度使。蓋峘已受上皇命，而肅宗申命之也。

〔二〕《通鑑》胡註曰：「據《考異》，則上之疏琯，非特因進明之言也。」

上皇欲誅延王玢，漢中王瑀救之。

《明皇雜録》：「賀蘭進明之初守北海也，城卑不完，儲積於外，寇又將至，懼資其用，進明遂焚之。適有寺人至北海，求貨於進明，不獲，歸，以損軍用間於上〔一〕，遂詔罷郡守。屬延王玢從上不及，遣中使訪之，而加刑焉。會進明赴蜀，遇使，訪于路，曰：『王罪不宜及刑，願少留於路。』使者感而受約。既至蜀，進明言於上曰：『延王，陛下之愛子也，無兵權以變其心，無郡國以驕其志，間道於豺狼，乃責其不以時至，陛下罪之，人復何望！臣恐漢武望思之築，將見於聖朝矣！』因遽馳使赦之，謂進明曰：『俾父子如初，卿之力也！』遂遣進明往靈武，道遇延王，進明馳馬以慰之〔二〕。王望之，降車稽首而去。肅宗謂之曰：『卿解平原之圍，阻賊寇之軍，而不以讒口介意，復全我兄弟，乃社稷之臣。』因授御史大夫。」今從《舊·傳》。

史思明陷清河、博平。

《河洛春秋》云：「蔡希德引兵攻貝州，貝州陷。攻博州，五日，城陷。」今從《肅宗實録》。

〔一〕「間」，孔本、《四庫》本、胡本、廣雅本、《通鑑》胡註作「聞」。

〔二〕「以」，《通鑑》胡註誤作「亦」。

張興守饒陽，賊攻彌年不能下。

此事出《河洛春秋》，前云：「賊攻深州，經月不下。」後云：「興戰守彌年，而城池轉固。」蓋前云經月者，今次攻城也；後云彌年者，并計前後之數也。

二載，正月，張良娣、李輔國譖建寧王倓，上賜倓死。

《鄴侯家傳》曰：「肅宗自馬嵬北行，至同官縣，食於土豪李謙家。張良娣稱腹痛不能乘馬，并小女寄謙家而去。上即位，使人迎之。迎者或有它説，建寧聞而數以爲言。」《舊・傳》曰：「倓屢言良娣頗專恣，與護國連結内外〔二〕，欲傾動皇嗣。」未知孰是。《實録》、《新》、《舊》《本紀》皆無倓死年月。《列傳》云：「倓死，明年冬，廣平王復兩京。」然則倓死在至德元載也。按《鄴侯家傳》：「上從容言曰：『廣平爲元帥經年，今欲命建寧爲元帥。』」則是至德二載倓猶在也。又云：「代宗使自彭原迎倓喪。」故置於此。

廣平王俶謀去輔國及良娣，李泌止之。

《鄴侯家傳》曰：「先公在内院未起，輔國體肥重，因近床語，遂以身壓先公。先公素服氣，乃閉氣良久而去。」按：泌方爲上所厚，恐輔國亦不敢擅殺。今不取。

〔二〕「護國」，廣雅本作「輔國」，《通鑑》胡註亦曰：「『護國』當作『輔國』。」按：《舊唐書・承天皇帝倓傳》原作「輔國」。

李泌言以爵土賞功臣。

《鄴侯家傳》曰：「泌既與上論封爵之事，因曰：『若臣者，受賞與它人異。』上曰：『何故？』公曰：『臣絶粒無家，禄位與茅土皆非所要。爲陛下帷幄運籌，收京師後，但枕天子膝睡一覺，使有司奏客星犯帝座，一動天文，足矣！』上大笑。及南幸扶風，每頓，皆令先公領元帥兵先發，清行宫，收管鑰，奏報，然後上至。至保定郡，先公於本院寐，上來入院，不令人驚，登床，捧先公首置於膝上，久方覺。上曰：『天子膝已枕睡了，剋復效在何時，還朕可也。』欲起謝恩，持之不許。對曰：『當如郡名，必保定矣。』」此近戲謔，今不取。

二月〔一〕**，永王璘敗死。**

《新》、《舊》《紀》、《傳》、《實録》、《唐曆》皆不見璘敗時在何處，唯云「璘進至當塗」。若在當塗，不應登城望見瓜步、揚子。李白《永王東巡歌》云：「龍盤虎踞帝王州，帝子金陵訪古丘。」又云：「初從雲夢開朱邸，更取金陵作小山。」如此，似已據金陵。但於諸書别無所見，疑未敢質〔二〕。

〔一〕「二月」，《通鑑》正文此事在二月戊戌。按：《舊唐書·肅宗紀》原在二月戊戌。

〔二〕《通鑑》胡註曰：「余詳考下文，璘所登以望瓜步、揚子者，蓋登丹楊郡城也。璘自當塗進兵，擊斬丹楊太守閻敬之，遂據丹楊城，然後可以望見揚子及瓜步江津之兵。及其敗也，自丹楊奔晉陵以趣鄱陽。其道里節次可驗。」

郭子儀遣子旰等破潼關[一]。

《實録》：「三月，朔方節度使郭子儀大破賊於潼關。」《汾陽家傳》云：「正月二十八日，使宗子懷又潛募郭俊[二]、苟文俊入河東，構忠義，與大軍約期以翻城。公乃進軍出洛郊[三]，分兵收馮翊[四]。二月十一日，郭俊等伺大軍將至，中夜舉火，剋斬幽、檀勁卒千人，崔乾祐尋縋而免。乾祐先置兵於城北廢府，遂以三千兵攻城，自領馬步五千伏於關城中。公使旰及僕固懷恩等先擊之，賊大破，遽焚橋，我軍蹈之而滅。乾祐棄關城，尋白涇嶺而逸，遂收河東郡。」《舊・子儀傳》曰：「二年三月，子儀大破賊於潼關，崔乾祐退保蒲津。時永樂尉趙復、河東司户韓旻、司士徐炅[五]、宗子李藏鋒等陷賊，在蒲州，四人密謀，俟王師至則爲内應[六]。及子儀攻蒲州，趙復等斬賊守陴者，開門納子儀。乾祐與麾下數千人北走安邑，百姓僞降，乾祐兵入將半，下懸門擊之。乾祐未入，遂得脱身東走。子儀遂收陜郡永豐倉。自是潼、陜之間無復寇鈔。」《唐曆》云：「子

[一]《通鑑》正文此事在二月庚子。按：《新唐書・肅宗紀》原在二月庚子。
[二]「又」，《通鑑》胡註作「文」；「募」，原誤作「墓」，今據兩浙本、孔本、《四庫》本、胡本、廣雅本、《通鑑》胡註改。
[三]「郊」，《通鑑》胡註作「交」。
[四]「馮」，原誤作「馬」，今據孔本、《四庫》本、胡本、廣雅本、《通鑑》胡註改。
[五]「炅」，原誤作「灵」，今據兩浙本、孔本、《四庫》本、胡本、廣雅本、《通鑑》胡註及《舊唐書・郭子儀傳》改。
[六]「俟」，《通鑑》胡註作「伺」。按：《舊唐書・郭子儀傳》原作「俟」。

儀收蒲州，又襲下潼關。」按：潼關在河東、馮翊之南，若未破河東、馮翊，安能先取潼關！又《實録》云「三月取河東」，而下復載二月戊戌以後事，與《舊・傳》皆誤也。今從《汾陽家傳》及《唐曆》。

安慶緒救潼關，旴等大敗。

《汾陽家傳》云：「僞關西節度安守忠率兵至。二十九日，公使僕固懷恩、王仲昇陳於永豐倉南。及暮，百戰，斬一萬級。李韶光、王祚決戰而死。」《唐曆》：「子儀襲下潼關及同州，盛兵潼關以守之。賊將李歸仁來救，子儀戰，大敗，死者萬餘衆，退守河東。歸仁遂攻陷同州，刺史蕭賁死之，盡屠城中。」《舊・僕固懷恩傳》云：「懷恩退至渭水，無舟楫，抱馬以度，存者僅半，奔歸河東。」按：子儀不得馮翊則西路不通，後奉詔赴鳳翔，歷馮翊而去，則馮翊不陷也。潼關者，兩京往來之路，賊所必爭也，子儀若不敗，則何以棄潼關而不守！今參取衆書可信者存之。

四月，郭子儀爲司空。

《唐曆》：「四月，子儀爲司空。尋以廣平王爲元帥，子儀爲副元帥。」按《鄴侯家傳》，廣平在靈武已爲元帥。《唐曆》誤也。

子儀使李若幽等伏兵擊賊[一]。

《汾陽家傳》作「桑如珪」。今從《舊·傳》。

五月[二]**，子儀爲賊所敗，退保武功。**

《汾陽家傳》曰：「賊帥安守忠、李歸仁領八萬兵，屯於昆明池西。五月三日，陣於清渠之側。公大破之，追奔十餘里，斬首二萬級。六日，救兵至，又陣于清渠，我師敗績。以冒暑毒，師人多病，遂收兵赴鳳翔。」今從《舊·傳》。

六月[三]**，王去榮免死，於陝郡效力。**

《實録》云：「於河東承天軍效力。」據《賈至集》，陝郡也。今從之。

八月，許叔冀奔彭城。

《實録》云：「拔其衆南投睢陽郡。」按《張中丞傳》云：「許叔冀在譙郡。」蓋叔冀欲投睢陽，爲賊所圍[四]，遂投彭城、譙郡耳。今從《新·紀》。

[一]《通鑑》正文此事在四月庚寅。按：《新唐書·肅宗紀》原在四月庚寅。

[二]「五月」，《通鑑》正文此事在五月癸丑。按：《舊唐書》、《新唐書》《肅宗紀》原在五月癸丑。

[三]「六月」，《通鑑》正文此事在六月壬辰。

[四]「爲」上，孔本、《四庫》本、胡本、廣雅本有「睢陽」二字。

南霽雲嚙指。

韓愈《書張中丞傳後》云：「因拔所佩刀，斷一指，血淋漓，以示賀蘭。一座大驚，皆感激，爲雲泣下。」按柳宗元《霽雲碑》云：「自噬其指曰：『噉此足矣。』」今從《舊·傳》。

閏月，戊辰，遣郭子儀等攻長安。

《汾陽家傳》：「閏八月二十三日，肅宗授代宗鉞，俾誅元惡，詔公爲副元帥。二十三日，出鳳翔。」《實録》：「九月丁亥，元帥領兵十五萬辭出。」又云：「戊子，回紇葉護至扶風[一]。」蓋郭子儀以閏月二十三日先行屯扶風，九月十二日廣平乃發也。

十月，張巡、許遠謀：「若棄睢陽，是無江、淮。」

唐人皆以全江、淮爲巡、遠功。按：睢陽雖當江、淮之路，城既被圍，賊若欲取江、淮，繞出其外，睢陽豈能障之哉！蓋巡善用兵，賊畏巡爲後患，不滅巡則不敢越過其南耳。

賊陷睢陽，巡等被殺[二]。

《新·傳》曰：「虢王巨之走臨淮，巡有姊嫁陸氏[三]，遮巨勸勿行，不納。賜百縑，弗受。爲

[一]「護」，原誤作「獲」，今據孔本、《四庫》本、胡本、廣雅本、《通鑑》胡註改。

[二]《通鑑》正文此事在十月癸丑。按：《舊唐書》、《新唐書》《肅宗紀》原在十月癸丑。

[三]「姊」，原誤作「妹」，今據孔本、《四庫》本、胡本、廣雅本及《新唐書·張巡傳》改。

巡補縫行間，軍中號陸家姑。先巡被害。」按：巨在彭城，若走臨淮，陸姊在睢陽城，何以得遮之！今不取。

張鎬杖殺譙郡太守閭丘曉。

《舊·傳》作「豪州刺史」[一]，《新·傳》作「濠州刺史」，《統紀》作「亳州刺史」。按：濠州在淮南，去睢陽遠。亳州與睢陽接境，必亳州也。今從《統紀》[二]。

己未，郭子儀等遇賊於新店，大破之。

《實録》無新店戰日，但云：「子儀與嗣業等至新店，遇賊，大破之，逐北五十餘里，人馬相枕籍，器械戈甲自陝至洛城委棄道路無空地。庚申，慶緒走，其夜，自東京苑門率其衆黨奔河北[三]。壬戌，元帥、廣平王與子儀收陝郡。」《汾陽家傳》：「九月，安慶緒自洛疾使諸將至陝，兼收敗卒，猶十五萬。十月四日，於陝西依山而陳，彼則憑高下擊，此乃進軍上衝，賊屹立不動。公使僞退，引令下山，使回紇驀澗走險以襲其背[四]，賊乃敗績，斬九萬級，擒一萬人。」《汾陽家

[一]「豪」，《舊唐書·張鎬傳》原作「濠」。
[二]《通鑑》胡註曰：「余按：《通鑑》改《統紀》之亳州爲譙郡，以此時未復郡爲州也。讀者宜知之。」
[三]「京」，《通鑑》胡註作「都」。
[四]「紇」、「背」，原誤作「紀」、「皆」，今據兩浙本、孔本、《四庫》本、胡本、廣雅本、《通鑑》胡註改。

傳》：「十月四日，破賊於陜西。八日，收洛陽。」《年代記》：「十月己未，破賊于新店。辛酉，慶緒聞軍敗，率其黨投相州。」《舊・紀》：「庚申，慶緒奔河北。壬戌，廣平王入東京。」《新・紀》：「戊申，敗賊新店，克陜郡。壬子，復東京。」按：陜洛之間〔一〕，幾三百里，《汾陽傳》、《新・紀》太早，《實録》壬戌收陜郡太晚，今從《年代記》、《幸蜀記》。

許遠死於偃師。

《實録》、《舊・傳》皆曰：「尹子奇執送洛陽，與哥舒翰、程千里俱囚於客省。及安慶緒敗，渡河北走，使嚴莊皆害之。」《張中丞傳》：「相里造誄曰：『唐故御史中丞張、許二君，以守城睢陽陷，張君遇害，許君爲羯賊所擒，求死不得，降逼至偃師縣〔二〕，亦被兵焉。』」今從之。

田承嗣、武令珣走河北。

《舊・魯炅傳》云：「炅保南陽，賊使武令珣攻之。令珣死，又令田承嗣攻之〔三〕。」下又云：「王師收兩京，承嗣、令珣奔河北。」《唐曆》：「慶緒據鄴，武令珣自唐、鄧至。」《炅傳》云武令珣

〔一〕「陜」、「間」，原誤作「夾」、「門」，今據兩浙本、孔本、《四庫》本、胡本、廣雅本、《通鑑》胡註改。
〔二〕「降」，孔本、《四庫》本、胡本、廣雅本作「牽」。
〔三〕「又」，原誤作「人」，今據兩浙本、孔本、《四庫》本、胡本、廣雅本、《通鑑》胡註及《舊唐書・魯炅傳》改。

死，誤也。

安慶緒改元天成。

《唐曆》曰改年天和〔一〕，《薊門紀亂》曰改元至成，與《實録》年號不同。《紀年通譜》兩存之。今從《實録》。

十二月〔二〕，上皇上馬，上親執鞚，行數步。

《幸蜀記》云：「執轡鞚，出宫門，上皇令左右扶上馬。」今從《實録》。

加李光弼司空〔三〕。

《實録》，光弼舊守司徒。按《舊·傳》，光弼檢校司徒耳〔四〕。《實録》誤也。

立皇子係爲趙王，僙爲襄王，倕爲杞王。

《實録》「係」爲「傑」〔五〕，「僙」爲「傜」〔六〕，「倕」爲「傀」。今從《唐曆》、《統紀》、《新》、《舊》

〔一〕「年」，《通鑑》胡註曰「元」。

〔二〕「十二月」，《通鑑》正文此事在十二月丁未。按：《舊唐書》《玄宗紀》、《肅宗紀》原在十二月丙午。

〔三〕《通鑑》正文此事在十二月戊午。

〔四〕「檢」，原誤作「撿」，今據兩浙本、孔本、《四庫》本、胡本、廣雅本、《通鑑》胡註及《舊唐書·李光弼傳》改。

〔五〕「係」，原誤作「孫」，今據孔本、《四庫》本、胡本、廣雅本、《通鑑》胡註改。

〔六〕「傜」，原誤作「傜」，今據孔本、《四庫》本、胡本、廣雅本、《通鑑》胡註改。

《紀》、《傳》、《年代記》。

阿史那承慶〔一〕**、安守忠以五千勁騎自隨。**

《舊·傳》云「三千騎」〔二〕。今從《實録》。

史思明遣竇子昂奉表降，乙丑，至京師。

《河洛春秋》：「乾元元年四月，烏承恩受命入幽州，陳禍福，思明乃有表。」今從《實録》。《實録》曰：「明日，遂拘承慶，斬守忠之首以徇。」《舊·傳》亦曰：「遂拘承慶，斬守忠、李立節之首以徇〔三〕。」《新·烏承玼傳》曰：「思明斬承慶。」按《實録》，明年二月，承慶、守忠遣人賫表狀歸順。《舊·郭子儀傳》，明年七月，破賊河上，擒安守忠。然則此際未死也。蓋二人既被拘，則降於思明，復爲之用耳。

以思明爲范陽節度使。

《河洛春秋》及《舊·傳》皆云「河北節度使」。按：安禄山爲范陽節度使兼河北采訪使，思明蓋襲禄山舊官耳。今從《實録》。

〔一〕「那」，原誤作「郍」，今據孔本、《四庫》本、胡本、廣雅本、《通鑑》正文及《舊唐書》、《新唐書》《史思明傳》改。

〔二〕「三」，《舊唐書·史思明傳》原作「五」。

〔三〕「以徇」，《舊唐書·史思明傳》無此二字。

上欲免張均、張垍死，上皇不從。

柳珵《常侍言旨》云：「太上皇召肅宗，謂曰：『張均弟兄皆與逆賊作權要官，就中張均更與賊毁阿奴、三哥家事，雖犬彘之不若也。其罪無赦。』肅宗下殿，叩頭再拜曰：『臣比在東宫，被人誣譖，三度合死，皆張説保護，得全首領，以至今日。説兩男一度合死，臣不能力爭，儻死者有知〔二〕，臣將何面目見張説於地下！』烏咽俯伏。太上皇命左右曰：『扶皇帝起。』乃曰：『與阿奴處置，張垍宜長流遠惡處，張均宜棄市。阿奴更不要苦救這賊也〔三〕。』肅宗掩泣奉詔。」按：肅宗爲李林甫所危時，説已死，乃得均、垍之力。均、垍以説遺言盡心於肅宗耳。今略取其意。

河中領蒲、絳等州。

諸地理書皆云，某郡，乾元元年復爲某州，不見在何月日。是歲十二月戊午赦云：「近日所改百官額及郡名、官名，一切依故事。」蓋此即復以郡爲州之文也。比頒下四方，已涉明年矣，故皆云乾元元年也。

〔二〕「儻」，原誤作「黨」，今據孔本、《四庫》本、胡本、廣雅本、《通鑑》胡註改。

〔三〕「苦」，原誤作「若」，今據兩浙本、胡本、廣雅本、《通鑑》胡註改。

乾元元年，正月，戊寅，上皇授册，加上尊號。

《實録》：「戊寅，玄宗御宣政殿，授上傳國寶。禮畢，册上加尊號。上上言讓曰：『伏奉聖旨，賜臣典册，曰光天文武大聖孝感皇帝，授傳國寶符、受命寶符各一。』」按：去年十二月癸亥，上已受國璽，告太清宫。甲子，玄宗御宣政殿，授上傳國璽，於殿下涕泣拜受。今又云授寶，事似複重。《唐曆》、《統紀》、《年代記》、《舊·紀》皆云，去年十二月授傳國璽〔二〕，此年正月戊寅册尊號，今從之。

五月，王璵同平章事。

《舊·傳》云「三年七月」。今從《實録》。

六月，初，史思明事平盧軍使烏知義。

《舊·傳》：「知義爲節度使。」按：安禄山始爲平盧節度使。《舊·傳》誤也。

思明殺烏承恩、耿仁智。

《唐曆》、《舊·傳》皆云四月殺承恩。今據《河洛春秋》，四月始爲節度副使，六月死。

〔二〕「授」，原誤作「複」，今據兩浙本、孔本、《四庫》本、胡本、廣雅本、《通鑑》胡註及《舊唐書·肅宗紀》改。

郭子儀入朝〔一〕。

《實録》：「郭子儀擒逆賊將安太清，送闕下。」按：上元元年，李光弼拔懷州，始擒太清。《實録》誤也。《唐曆》、《本紀》等皆無之。《舊·子儀傳》：「七月，破賊河上，擒安守忠以獻。」諸書亦無之，今不取。

八月〔二〕**，青、登等五州節度使許叔冀。**

《實録》云：「青、徐等五州節度使季廣琛，青、登等五州節度使許叔冀。」按：青州豈可屬兩節度！又廣琛先爲荆州長史，今年五月爲右常侍，九月討安慶緒時，《實録》稱鄭蔡節度使。《汾陽家傳》稱淮西、荆、澧，《舊·紀》稱荆州，未嘗鎮青、徐。《實録》於此稱青、徐，恐誤也〔三〕。

九月，安慶緒殺蔡希德。

《河洛春秋》：「十月，蔡希德有密款歸國，將襲殺慶緒，以爲内應。左右泄之，慶緒斬希德

〔一〕《通鑑》正文此事在七月乙未。

〔二〕「八月」，《通鑑》正文此事在八月壬寅。按：《舊唐書·肅宗紀》原在八月壬寅。

〔三〕《通鑑》胡註曰：「余按《新書·方鎮表》，至德元載置青密節度使，領北海、高密、東牟、東萊四郡。乾元元年，青密節度增領滑、濮二州。青密節度，即前所云北海節度也，領青、密、登、萊四州，增領滑、濮，是爲六州節度使。若以青、登五州增滑、濮二州，則七州矣，其數不合。」

於鄴中。」又曰：「慶緒既殺蔡希德〔一〕，始有土崩之兆矣。」《薊門紀亂》：「史思明常畏希德，自知謀策、果斷、英武皆不及之。時希德在相州，爲慶緒竭節展效，思明未敢顯背〔二〕。無何，希德爲慶緒所殺。思明初聞，驚疑不信，及知其實，大喜見於顔色焉。」今從《實録》。

庚寅，命郭子儀等九節度討安慶緒。

《實録》有李奐，無崔光遠，而云凡九節度。《汾陽家傳》有光遠，無奐，又有河東兵馬使薛兼訓。蓋《實録》脱光遠，《汾陽傳》脱奐名耳。兼訓蓋光弼裨將，光弼未至間，先遣赴鄴城也。《汾陽傳》又以炅爲襄鄧，廣琛爲淮西、荆澧。《舊・本紀》廣琛爲荆州〔三〕。今從《實録》。《汾陽傳》又云：「公九月十二日出洛，師涉河而東。」今從《實録》，涉庚，二十一日也〔四〕。

十月，甲辰，册太子。

《實録》云：「可大赦天下。」頃者頻興大典，累洽殊私，率土之間，屢經蕩滌。猶慮近者或滯犴牢，其天下見禁囚徒已下罪，一切放免。」按：既云大赦，則死罪皆免，豈有但免徒以下罪邪！

〔一〕「蔡」，《通鑑》胡註無此字。
〔二〕「背」，原誤作「皆」，今據兩浙本、孔本、《四庫》本、胡本、廣雅本、《通鑑》胡註改。
〔三〕「荆州」，《舊唐書・肅宗紀》原作「鄭蔡」。
〔四〕「涉庚」，孔本、《四庫》本、胡本、廣雅本作「庚寅」，《通鑑》胡註亦曰：「余按：『涉庚』當作『庚寅』。」

恐「可大赦天下」是衍字耳。今不書赦。

郭子儀等破安慶緒於愁思岡。

《汾陽家傳》：「十月五日，戰愁思岡。」據《實録》：「癸丑，子儀破賊，擒安慶和。」癸丑，十四日也，蓋捷奏始到。

二年，正月[一]，史思明以周摯爲行軍司馬。

《河洛春秋》作「周萬至」，《邠志》作「周至」，《舊・傳》作「周贄」。今從《實録》。

二月，百官請加皇后尊號「輔聖」。

《舊・紀》作「翊聖」。今從《實録》。

三月[二]，諸節度之師皆潰，惟李光弼、王思禮全軍以歸。

《邠志》曰：「史思明自稱燕王。牙前兵馬使吴思禮曰：『思明果反。蓋蕃將也，安肯盡節於國家！』因目左武鋒使僕固懷恩。懷恩色變，陰恨之。三月六日，史思明輕兵抵相州，郭公率諸軍禦之，戰于萬金驛。賊分馬軍並滏而西，郭公使僕固懷恩以蕃、渾馬軍邀擊，破之。還遇吴

[一] 「正月」，《通鑑》正文此事在正月己巳朔。

[二] 「三月」，《通鑑》正文此事在三月壬申。按：《舊唐書》、《新唐書》《肅宗紀》原在三月壬申。

思禮於陳，射殺之，呼曰：『吴思禮陣没。』其夕收軍，郭公疑懷恩爲變，遂脱身先去。諸軍相繼潰于城下。」今從《實録》。

四月〔一〕**，制停口敕處分等，李輔國由是忌李峴。**

《實録·李峴傳》曰：「時李輔國專典禁中兵權，詔旨或不由中書而出。峴切陳其狀，肅宗甚嘉之，即日下詔，如峴奏。由是挫輔國威權，輔國頗忌之。」蓋即此詔也。

史思明稱應天皇帝〔二〕。

《河洛春秋》曰：「上元二年春三月，思明懷西侵之謀，慮北地之變，乃令男朝義留守相城〔三〕，自領士馬歸范陽，因僭號後燕，改元順天元年。」按《實録》，此年正月一日，思明稱燕王，立年號。《實録》、《舊·傳》皆不載所改年名。《紀年通譜》，此年即思明順天元年。柳璨《正閏位曆》，思明有順天、應天二號。按《薊門紀亂》：「思明既殺烏承恩，不稱國家正朔，亦不受慶緒指麾，境内但稱某月而已。乾元二年四月癸酉，思明僭位於范陽，建元順天，國號大燕，立妻辛氏爲皇后，次子朝興爲皇太子，長子朝義爲懷王。六月，於開元寺造塔，改寺名爲順天。上元二年

〔一〕「四月」，《舊唐書·肅宗紀》原在四月壬寅。

〔二〕「應天皇帝」，《資治通鑑目録》同，《通鑑》正文作「大燕皇帝，改元順天」，上元二年正月方「改元應天」。

〔三〕「留」，原誤作「當」，今據兩浙本、孔本、《四庫》本、胡本、廣雅本、《通鑑》胡註改。

正月癸卯，思明大赦，改元應天。」《實録》云：「正月，立年號。」《河洛春秋》云：「上元三年僭號。」《薊門紀亂》云：「立朝興爲太子。」按：思明欲立少子爲太子，左右泄其謀，故朝義弑之。《紀亂》云於時已立爲太子〔二〕，誤也。按《長曆》，四月丁酉朔，無癸酉。

五月〔三〕，李峴貶蜀州刺史。

《代宗實録》云：「屬有盜發鳳翔，管在北軍者，詔遣御史訊鞫，盜已伏罪。李輔國執奏重覆。殿中侍御史毛若虚奏覆與輔國協。肅宗大怒，下三司推鞫之。峴以若虚不直，陳於上前。及三司覆奏，與峴理協，肅宗以爲朋黨。會同列李揆希旨，遂貶峴爲通州刺史，三司大臣皆貶官。」今從《肅宗實録》、《舊》《紀》、《傳》。

七月，以李光弼代郭子儀爲朔方節度使。

《邠志》曰：「四月，肅宗使丞相張公鎬東都慰勉諸軍。郭公陳饌於軍，張公不坐而去，軍中不悦，朋肆流議。居十日，有中使追郭公。」《汾陽家傳》曰：「六月，公朝于京師，三讓元帥。上許之，乃詔李光弼代公爲副。」《段公别傳》曰：「五月，李光弼代子儀爲副元帥，守東都。」今因

〔二〕「亂」，原誤作「綱」，今據兩浙本、孔本、《四庫》本、胡本、廣雅本、《通鑑》胡註改。

〔三〕「五月」，《通鑑》正文此事在五月辛巳。按：《舊唐書》、《新唐書》《肅宗紀》原在五月辛巳。

《實録》七月除趙王係爲元帥，并言之。

以趙王係爲兵馬元帥，光弼副之[一]。

《舊·傳》：「思明縱兵河南，加光弼太尉兼中書令，代郭子儀爲朔方節度、兵馬副元帥，以東師委之。」《新·傳》曰[二]：「帝貸諸將罪，以光弼兼幽州大都督府長史、知諸道節度行營事，又代子儀爲朔方節度使。未幾，爲天下兵馬副元帥。」按《實録》，光弼加太尉、中書令，在上元元年破史思明後；爲幽州都督，在此年八月；其代子儀節制朔方[三]，《實録》無月日。制辭云：「宜副出車之命，仍踐分麾之寵[四]。」蓋只在此時耳。

光弼斬張用濟。

《舊·傳》曰：「用濟承子儀之寬，懼光弼之令，與諸將頗有異議，欲逗留其衆[五]。光弼以數千騎出次汜水縣，用濟單騎迎謁，即斬於轅門，諸將懾伏，以辛京杲代之[六]。復追都兵馬使僕固

[一]《通鑑》正文此事在七月辛巳。按：《舊唐書》、《新唐書》《肅宗紀》原在七月辛巳。

[二]「曰」，《通鑑》胡註作「云」。

[三]「制」，孔本、《四庫》本、胡本、廣雅本作「度」。

[四]「寵」，原誤作「龐」，今據兩浙本、孔本、《四庫》本、胡本、廣雅本、《通鑑》胡註及《舊唐書·李光弼傳》載制書改。

[五]「逗」，原誤作「逼」，今據兩浙本、孔本、《四庫》本、胡本、廣雅本、《通鑑》胡註及《舊唐書·李光弼傳》改。

[六]「以辛京杲代之」，《舊唐書·李光弼傳》原無此六字。

懷恩，懷恩懼[一]，先期而至。」《邠志》曰：「五月二十三日，詔河東節度使李公代子儀兼統諸軍。李公既受命，以河東馬軍五百騎至東都，夜入其軍。張用濟在河陽，聞之曰：『朔方軍，非叛人也，何見疑之甚！』欲率精騎突入東都，逐李公，請郭公。李公知之，遂留東都，表請濟師于河陽。冬十月，思明引衆渡河。李公曰：『思明渡河，必圖洛城。我當守武牢關，揚兵於廣武原以待之。』遂引軍東出師汜水縣。檄追河陽諸將[二]，用濟後至，李公數其罪而戮之，以辛京杲代領其職[三]。明日，引軍入河陽。」按《實録》，此月光弼爲副元帥，九月始移軍河陽耳。

九月，光弼移軍河陽。

《實録》，光弼謂韋陟曰：「洛城無糧，不可守。」按：河陽糧纔支十日，亦非糧多也。今不取。

十月，李日越、高庭暉降。

《新·傳》曰：「上元元年，光弼降賊將高暉、李日越。」按：此月己亥，高庭暉授特進，疑即

[一]「復追」、「懷恩懼」，《舊唐書·李光弼傳》原無此五字。
[二]「檄」，原誤作「撽」，今據兩浙本、孔本、《四庫》本、胡本、廣雅本、《通鑑》胡註改。
[三]「辛」，原誤作「幸」，今據兩浙本、孔本、《四庫》本、胡本、廣雅本、《通鑑》胡註改。

高暉也。丁巳，李日越又授特進。是此月皆已降。《新・傳》誤。《邠志》曰：「三年三月〔一〕，思明引衆南去，使其子朝義圍河陽。四月一日，思明陷洛城。上元元年五月，思明耀兵于河清，宣言曰：『我且渡河，絶彼餉道，三城食盡，不攻自下。』李公聞之，師于野水渡。既夕，還軍。」與《實録》亦相違。今從《實録》。

李光弼大破史思明，斬首千餘級，周摯遁去，擒徐璜玉〔二〕、李秦授，走安太清〔三〕。

《舊・傳》：「斬萬餘級，生擒八千餘人，擒其大將徐璜玉、李秦授、周摯。」按：李秦授上元元年四月乃見擒，周摯二年三月爲史朝義所殺。今從《實録》。《實録》云：「擒僞懷州節度安太清并男朝俊〔四〕、僞貝州刺史徐璜玉。」按：太清上元元年九月拔懷州始擒之。今從《舊・傳》〔五〕。

〔一〕「三年」，原誤作「二年」，今據孔本、《四庫》本、胡本改。按：《二十史朔閏表》，乾元三年閏四月己卯改元上元，則乾元三年與上元元年實爲同年。《邠志》於此，即依次記載乾元三年三、四及五月事。

〔二〕「玉」，原誤作「王」，今據兩浙本、孔本、《四庫》本、胡本、廣雅本、《通鑑》正文改。原本「玉」或誤作「王」，以下徑改，不再出校。

〔三〕《通鑑》正文此事在十月乙巳。按：《舊唐書》、《新唐書》《肅宗紀》原在十月乙巳。

〔四〕「度」下，《通鑑》胡註有「使」字。

〔五〕《通鑑》胡註曰：「余按：《通鑑》書擒徐璜玉、李秦授，蓋從《舊・傳》，而以《舊・傳》擒周摯爲誤。《實録》所云擒安太清、朝俊，《通鑑》皆不取，而《考異》謂之『今從《實録》』，此四字不可曉。若參取二書，又考本末，則此時只當書擒徐璜玉，如李秦授亦未當書擒。」

上元元年，閏月[一]，史思明入東京。

按：去年九月，思明已入東京。《實録》至此復云爾者，蓋當時城空，李光弼在河陽，思明還屯白馬寺，不入宫闕，今始移軍入城耳[二]。

六月，如仙媛。

《常侍言旨》作「九仙媛」，《唐曆》作「九公主[三]、女媛」。今從《新》、《舊》《傳》。蓋舊宫人也。

十一月，以劉展爲都統淮南東、江南西、浙西三道節度使。

沈既濟《劉展亂紀》云：「淮南東道、浙江西道凡二十三州，置都統節度。」下云：「以展爲都統江南、淮南節度使。」下又云：「三道皆發吏申圖籍。」按《舊·李峘傳》：「峘都統淮南、江南、江西節度[四]。」展既代峘，其所統亦三道耳。淮南者，東道揚、楚、滁、和、舒、廬、濠、壽八州也；江南者，浙西昇、潤、常、蘇、湖、杭、睦七州也；江西者，洪、虔、江、吉、袁、信、撫七州也；凡

[一]「閏月」，《通鑑》正文此事在閏月己卯。
[二]「入」下，《通鑑》胡註有「其」字。
[三]「主」，原誤作「王」，今據兩浙本、孔本、《四庫》本、胡本、廣雅本、《通鑑》胡註改。
[四]「度」下，孔本、《四庫》本、胡本、廣雅本有「使」字。

二十二州。《亂紀》誤以「二」爲「三」，又脱「江南西道」字耳。

甲午，展陷潤州。

《實録》：「十一月壬子，淮南節度奏展反，鄧景山、李峘戰敗。八日[一]，展陷潤州。十日，陷昇州。」按：八日甲午，十日丙申，壬子二十六日，乃奏到日也。《唐曆》：「壬子，淮南奏宋州刺史劉展赴鎮，揚州長史淮南節度鄧景山、都統尚書李峘承詔拒之，兵敗，奔於壽州。乙未，劉展陷揚州。景申，陷潤州。丁酉，陷昇州。」壬子在前，蓋因《實録》也。今從《劉展亂紀》及《新書・本紀》。

李光弼拔懷州，擒安太清。

《舊・傳》云：「擒安太清、周摯、楊希文等，送於闕下。」按：周摯於時不在懷州城中，明年爲史朝義所殺，非光弼所擒也。

十二月，田神功入廣陵。

《劉展亂紀》云：「二年春，神功舉兵東下。」《實録》、《唐曆》，神功入揚州在此月。今從之。

[一]「八」，原誤作「入」，今據孔本、《四庫》本、胡本、廣雅本、《通鑑》胡註改。